Brenda Hill

Invitación al español   dos
Nuestro mundo

CONSULTANTS

Anne Phillips
George W. Hewlett High School,
Long Island, N.Y.

Theodore E. Rose
The University of Wisconsin

Joe Bas
San Bernardino State College

Invitación al español dos

Nuestro mundo

Zenia Sacks Da Silva

THE MACMILLAN COMPANY
COLLIER-MACMILLAN LIMITED, LONDON

ACKNOWLEDGMENTS

American Museum of Natural History, p66B; Z.S. Da Silva, pp. 366, 406, 452; De Wys, Inc., pp. 237, 322; *Hester and John Bonnell*, p. 79B; *Jahn*, p. 450; Graphic House: *James McNally*, p. 390B; Keystone Press Agency, Inc., pp. 198, 203, 204; Jane Latta, pp. 64, 65, 79A, 80, 96, 110, 114, 126, 135, 144, 147, 407, 408; Inga Lippmann, p. 390A; Monkmeyer Press Photo Service, pp. 146, 190, 337; *Fujihira*, pp. 252, 335; *Dieter Grabitzky*, pp. 239A, 254; *Gross*, p. 161; *Fritz Henle*, pp. 191, 404; *Dick Huffman*, pp. 422, 423; *Herbert Lanks*, pp. 77, 95, 125; *Linares*, pp. 284, 351, 352A-B; *Marilu Pease*, pp. 66A, 268; *Tiers*, 239B; Anthony Paccione, p. 449; Photo Researchers, Inc.: *Martin J. Dain*, p. 435; *Carl Frank*, p. 111; *Tom McHugh*, p. 133; Rapho Guillumette Pictures Inc.: *Marc and Evelyne Bernheim*, pp. 62, 188; *J. Allen Cash*, pp. 305, 314, 365; *Dr. Georg Gerster*, pp. 222, 225, 271A, 287, 302, 306, 321, 367; *Hans Hannau*, p. 159; *Interphoto*, p. 172; *Tim Kantor*, p. 255; *Hans Namuth*, p. 108; *C. A. Peterson*, p. 389; *Davis Pratt*, p. 336; *Realphoto*, p. 259; *Bernard G. Silberstein*, p. 271B; *Ted Spiegel*, p. 320; *Stan Wayman*, p. 175; *Sabine Weiss*, p. 436; *Yan*, p. 421; Will Robbins, pp. 392, 427, 437; Standard Oil Co., N.J., p. 160; J. Walter Thompson, p. 174; United Nations, p. 84.

Illustrated by Tom Eton and Marie Michal

Copyright © Da Silva Publications, Inc. 1970

All rights reserved. No part of this book may be reproduced or transmitted in any form or by any means, electronic or mechanical, including photocopying, recording, or by any information storage and retrieval system, without permission in writing from the publisher.

The Macmillan Company
Collier-Macmillan Canada, Ltd., Toronto, Ontario
Printed in the United States of America

Para mi suegro, Jack Da Silva, con mi cariño

Contents

Lección de Conversación

    I. VAMOS A PRESENTARNOS 1
        Repaso: The present tense of regular verbs

   II. HABLEMOS DE USTED(ES) 3
        Repaso: *ser* and *estar*

  III. ¿QUIÉN ES . . .? ¿DÓNDE ESTÁ . . .? 6
        Repaso: *estar* + the present participle

  IV. ¿EN QUÉ ESTOY PENSANDO? 8
        Repaso: *gustar*

   V. ¿LE GUSTA . . .? ¿LE GUSTA (N) . . .? 10
        Repaso: *tener* and *venir;* idioms with *tener*

  VI. ¿TIENE FRÍO . . .? ¿HACE FRÍO . . .? 14
        Repaso: Stem-changing verbs and irregular first persons

 VII. VERBOS Y MÁS VERBOS 17
        Repaso: The preterite tense of regular verbs

VIII. ¿QUÉ PASÓ AYER? 20
        Repaso: Ordinal numbers

  IX. PRIMERO, SEGUNDO, TERCERO 23
        Repaso: Cardinal numbers 1–1,000,000

   X. MATEMÁTICAS. 26
        Repaso: Irregular preterites

  XI. ¿DÓNDE ESTUVO UD.? ¿QUÉ HIZO? 28
        Repaso: Possessives

 XII. ¿DE QUIÉN ES . . .?—ES MÍO 31
        Repaso: The imperfect tense

XIII. CUANDO YO ERA PEQUEÑO 34
        Repaso: Time of day

XIV. ERA LA MEDIANOCHE. 37
        Repaso: Polite commands

 XV. SIMÓN DICE 40
        Repaso: The first concept of the subjunctive: Indirect or implied command

XVI. Que lo haga Jorge 44
      Repaso: The second concept of the subjunctive: Emotion

XVII. ¡Ojalá . . . ! 47
      Repaso general

XVIII. Repaso y juegos de palabras 49

XIX. Segunda vista del mundo hispánico 51

Lección Primera 53

Conversación

Escenas de la Vida: Un Día Nuevo

Estructura: 1. Familiar Affirmative Commands: The Second Person
2. Familiar Negative Commands

Notas Hispánicas: México

Pasatiempo: Pablo Te Dice . . .

Lección Segunda 68

Conversación

Escenas de la Vida: Viaje en Autobús

Estructura: 3. The Past Participle   4. The Present of *haber*   5. What Is the Present Perfect Tense?

Notas Hispánicas: Guatemala y la Península de Yucatán

Pasatiempo: Misterios de un Minuto

Lección Tercera 83

Conversación

Escenas de la Vida: Entrevista

Estructura: 6. The Reflexive with Certain Verbs   7. (To) Each Other

Notas Hispánicas: El Salvador

Pasatiempo: Charla o Teatro

Lección Cuarta 98

Conversación

Escenas de la Vida: Una Hora con Manolito

Estructura: 8. The Past (Pluperfect) Tense   9. *Pero* vs. *Sino*   10. *de* + a Noun in place of an Adjective

Notas Hispánicas: Honduras

Pasatiempo: Vólibol Perfecto

Lección Quinta **113**

CONVERSACIÓN

ESCENAS DE LA VIDA: Contrapunto

ESTRUCTURA: 11. Review of Common Negatives   12. Indefinites vs. Negatives   13. The Present Perfect Subjunctive

NOTAS HISPÁNICAS: Nicaragua

PASATIEMPO: Nada, Nunca, con Nadie

Repaso Primero **128**

I. Repaso de Gramática   II. Pequeño Teatro   III. Pasatiempo: *Naturaleza*

Lección Sexta **134**

CONVERSACIÓN

ESCENAS DE LA VIDA: Punto de Vista (1)

ESTRUCTURA: 14. The Difference between *¿Qué . . .?* (What?) and *¿Cuál . . .?* (What? Which?)   15. More about Interrogatives   16. Exclamations   17. *y > e* and *o > u*

NOTAS HISPÁNICAS: Costa Rica

PASATIEMPO: ¿En Quién Estoy Pensando?

Lección Séptima **149**

CONVERSACIÓN

ESCENAS DE LA VIDA: Punto de Vista (2)

ESTRUCTURA: 18. The Future Tense: First and Third Person Singular   19. Irregular Futures   20. The Future of Probability

NOTAS HISPÁNICAS: Panamá

PASATIEMPO: El Adivino

Lección Octava **163**

CONVERSACIÓN

ESCENAS DE LA VIDA: Casa de Apartamentos

ESTRUCTURA: 21. The Future: First and Third Person Plural   22. *tanto (a, os, as) . . . como* as much (as many) . . . as   23. *tan . . . como* as (+ adjective or adverb) . . . as

NOTAS HISPÁNICAS: Cuba

PASATIEMPO: Fiesta de Navidad

Lección Novena **179**
Conversación

Escenas de la Vida: Su Peso y Su Fortuna

Estructura: 24. The Future: Second Person   25. Review of the Future Tense   26. The Future Perfect Tense

Notas Hispánicas: Puerto Rico

Pasatiempo: Charla o Teatro

Lección Décima **193**
Conversación

Escenas de la Vida: La Cita

Estructura: 27. The Meaning of the Conditional Tense   28. The Conditional: First and Third Person Singular   29. The Conditional of Probability

Notas Hispánicas: La República Dominicana

Pasatiempo: Créalo o No

Repaso Segundo **207**
I. Repaso de Gramática   II. Pequeño Teatro   III. Pasatiempo: *Viajes*

Lección Once **212**
Conversación

Escenas de la Vida: Entre Amigas

Estructura: 30. The Conditional: First and Third Person Plural   31. *Would*   32. *Should*

Notas Hispánicas: Venezuela

Pasatiempo: Clínica de Problemas

Lección Doce **227**
Conversación

Escenas de la Vida: Manolito Me Mandó

Estructura: 33. The Conditional: Second Person   34. Review of the Conditional Tense   35. The Conditional Perfect

Notas Hispánicas: Colombia

Pasatiempo: Esencias

Lección Trece **242**
Conversación

Escenas de la Vida: Concierto

ESTRUCTURA: 36. The Third Concept of the Subjunctive: Unreality
37. *I doubt, I deny* . . .   38. Subjunctive and Indicative with *creer*
NOTAS HISPÁNICAS: El Ecuador
PASATIEMPO: Charla o Teatro

Lección Catorce 258

CONVERSACIÓN
ESCENAS DE LA VIDA: Lotería
ESTRUCTURA: 39. Unreality (cont.): In case . . ., Unless . . ., Even though . . .
40. When . . ., As soon as . . ., Until . . .
NOTAS HISPÁNICAS: El Perú
PASATIEMPO: Puertas

Lección Quince 273

CONVERSACIÓN
ESCENAS DE LA VIDA: Los Filósofos
ESTRUCTURA: 41. Unreality (cont.): Referring Back to Something Indefinite
42. The Three Concepts of the Subjunctive in Review
NOTAS HISPÁNICAS: La Argentina
PASATIEMPO: La Batalla de los Sexos

Repaso Tercero 289

I. Repaso de Gramática   II. Pequeño Teatro   III. Pasatiempo: *Sobre Tiendas y Tenderos*

Lección Dieciséis 294

CONVERSACIÓN

ESCENAS DE LA VIDA: Y en la Pantalla Gloriosa

ESTRUCTURA: 43. When We Need a Past Subjunctive   44. Regular Forms of the Imperfect Subjunctive: First and Third Person Singular   45. Irregular Forms of the Imperfect Subjunctive: First and Third Person Singular

NOTAS HISPÁNICAS: El Uruguay

PASATIEMPO: Partido de Tenis

Lección Diecisiete 308

CONVERSACIÓN

ESCENAS DE LA VIDA: Fuga

ESTRUCTURA: 46. The Imperfect Subjunctive: First and Third Person Plural
47. *If*-clauses

NOTAS HISPÁNICAS: Chile

PASATIEMPO: Si Yo Fuera Usted . . .

Lección Dieciocho **324**
Conversación
Escenas de la Vida: Al Teléfono
Estructura: 48. The Imperfect Subjunctive: Second Person   49. Review of the Imperfect Subjunctive   50. The Verb *oír*   to hear
Notas Hispánicas: El Paraguay
Pasatiempo: Déjeme Soñar

Lección Diecinueve **339**
Conversación
Escenas de la Vida: Fiesta de Compromiso
Estructura: 51. The Uses of *para*   52. About Fractions—½ to ⅒   53. When Not to Use *un* and *una*
Notas Hispánicas: Bolivia
Pasatiempo: Charla o Teatro

Lección Veinte **354**
Conversación
Escenas de la Vida: Entre Familias
Estructura: 54. The Uses of *por*   55. Chart of *por* and *para*   56. Masculine nouns ending in *–a*
Notas Hispánicas: El Brasil
Pasatiempo: Use Su Imaginación

Repaso Cuarto **370**
I. Repaso de Gramática   II. Pequeño Teatro   III. Pasatiempo: *Vamos en Automóvil*

Lección Veintiuna **377**
Conversación
Escenas de la Vida: Llegada de los Trenes
Estructura: 57. Spelling Changing Verbs: $g>gu$; $c>qu$ 58. Spelling Changing Verbs: $g>j$; $c>z$; $gu>g$ 59. Spelling Changing Verbs: $z>c$; $i>y$
Notas Hispánicas: Castilla, Corazón de España
Pasatiempo: Detective de Palabras

10. Y estas cosas, ¿qué son?

B. Ahora conteste otra vez:
1. ¿Dónde está su madre ahora? ¿Y su padre?
2. ¿Dónde están sus hermanos? ¿Dónde estamos nosotros?
3. ¿Dónde está la Casa Blanca? ¿y la Torre Eiffel? ¿el Coliseo? ¿el Parlamento de Inglaterra? ¿el Río Amazonas?
4. ¿Cómo está Ud. hoy? ¿Y cómo están sus padres?
5. ¿Están Uds. sentados o parados (standing) ahora?
6. ¿Está Ud. sentado cerca de la ventana? ¿cerca de la puerta?
7. ¿Está Ud. casado? ¿Están casados sus hermanos?
8. ¿Está Ud. cansado de estudiar? ¿y de contestar preguntas?
9. ¿Está abierta o cerrada ahora la puerta de su clase? ¿Están abiertas o cerradas las ventanas?
10. Y usted, ¿está dormido o muy despierto (wide awake) ahora? ¿Está enamorado? (¡Muy bien!)

Tarea

A. Conteste en español:
1. En su opinión, ¿quién es la mujer más hermosa del mundo?
2. ¿Es Ud. mayor o menor que sus hermanos? ¿Es Ud. un hijo único?
3. ¿Dónde está el televisor en su casa?
4. ¿Está Ud. muy interesado en estudiar lenguas?
5. ¿Es de Uds. la casa en que viven? (Sí, es nuestra . . . No, . . .)

B. Repaso de Estructura

Estar + the present participle forms what we call the progressive tense. We call it "progressive" because it describes an action *in progress*, what is actually happening right now. Incidentally, the present participle is formed as follows:

hablar: **hablando**   comer, vivir: **comiendo, viviendo**

¿Estás muy ocupada?—Sí, estoy trabajando.	Are you very busy?—Yes, I'm working.
Por favor, llámeme más tarde. Estamos comiendo ahora.	Please, call me later. We're eating now.

Ejercicio

Cambie al «tiempo progresivo» las frases siguientes. Por ejemplo: Estudiamos español.   *Estamos estudiando español.*

1. Acabo ahora.   **2.** Trabajas demasiado.   **3.** Mamá prepara la comida ahora mismo.   **4.** En este momento salen para Madrid.   **5.** Me rompes el corazón. (Me estás . . .)   **6.** ¿Qué hacen?   **7.** ¿Funciona bien la máquina?   **8.** Lo llamo ahora.

IV ¿EN QUÉ ESTOY PENSANDO?

A. ¿Cuántos de los artículos siguientes recuerda Ud.?

el cua . . .   la piza . . .   ti . . .   el mapa

el pa . . .   la tin . . .   el lá . . .   la regla

la goma de borrar   el borrador   el armario   el estante   el cesto

B. Observe Ud. bien todas las cosas que hay en la sala de clase. Y después, vamos a ver si Ud. puede descubrir en qué (o en quién) estoy pensando. Por ejemplo:

1. La abro cuando hace calor y la cierro cuando hace frío. ¿En qué estoy pensando?   *Está pensando en la ventana.*
2. La uso cuando estoy escribiendo en la pizarra. ¿En qué estoy pensando?
3. La uso frecuentemente en la clase de matemáticas. ¿En qué estoy pensando?

4. Esta persona nos está enseñando a hablar bien en español. ¿En quién estoy pensando?
5. Los necesito todas las noches para estudiar mis lecciones. ¿En qué estoy pensando?
6. María está escribiendo una carta. El artículo que está usando es blanco. ¿En qué estoy pensando?
7. Ya no necesitamos estos papeles, y queremos limpiar la mesa. ¿Qué estamos buscando?
8. Es viernes y la clase está nerviosa. La maestra no está hablando. Todos los alumnos están escribiendo. ¿Qué están tomando?
9. Vemos México, Centroamérica y la América del Sur. ¿Qué estamos mirando?
10. Si no la encuentro, no puedo terminar de escribir la tarea. Mi pluma está seca (dry). ¿Qué estoy buscando?

Tarea

A. Conteste en español:

1. ¿Qué está haciendo en este momento su madre?
2. ¿Está Ud. aprendiendo mucho en la clase de español?
3. ¿Están Uds. esperando visitas (visitors) esta semana?
4. ¿Qué ejercicio estamos haciendo ahora?
5. ¿Está Ud. pensando en su novio (o en su novia) ahora?

B. Repaso de Estructura

Gustar means *to be pleasing*. However, we may use *gustar* in a special way that expresses the meaning *to like*. Notice that in Spanish, the *thing* or the *person* that you like *is pleasing* to you. ¿Le gusta . . . ?—*Sí, me gusta* . . . And the *things* or the *people* that you like *are pleasing* to you. ¿Le gustan . . . ?—*Sí, me gustan* . . .

¿Le gusta cantar? —Sí, me gusta mucho.	Do you like to sing? —Yes, I like *it* very much. (*It* is pleasing to me.)
¿Le gustan las canciones nuevas?— Sí, me gustan mucho.	Do you like the new songs? —Yes, I like *them* very much. (*They* are pleasing to me.)
¿Les gusta a Uds. el fútbol?—Sí, nos gusta bastante.	Do you-all like soccer? —Yes, we like *it* a good deal. (*It* is pleasing to us.)

¿Les gusta*n los equipos* profesionales?—Nos gustan muchísimo.
Do you-all like the professional teams?—We like *them* very very much. (*They are pleasing to us.*)

¿Le gusta a su madre cocinar?—No, no le gusta mucho.
Does your mother like to cook? (Is cooking pleasing to her?)—No, she doesn't like it much.

¿Le gustan a su madre las comidas congeladas? —¡Pero cómo le gustan!
—Does your mother like frozen dinners? (Are they pleasing to her?)—And how she likes them!

Ejercicio

Complete con la forma correcta de *gustar* las frases siguientes:

1. ¿Te _____ el español? 2. ¿Te _____ todas tus clases? 3. A mi hermano no le _____ el béisbol. 4. Le _____ más el fútbol y el tenis. 5. No me _____ los exámenes. 6. Pero a mi maestro le _____ siempre dar exámenes. 7. No nos _____ mucho las modas nuevas. 8. A mis padres no les_____ gastar dinero. 9. ¿Les _____ más a Uds. la carne o el pescado? 10. Nos _____ una buena comida italiana.

V ¿LE GUSTA . . . ? ¿LE GUSTAN . . . ?

(*Do you like . . . ?*)

A. ¿Le gusta comer?—Pues vamos a ver . . .

la carne   pescado   las legumbres   el postre

el tomate   lechuga   el pan   mantequilla   queso

manzana   naranja   durazno   piña   uvas

Ahora díganos:
1. ¿Le gusta más la carne o el pescado? (Me gusta más . . .)
2. ¿Le gusta el pan? ¿Le gusta el pan tostado? ¿Le gusta más el pan con mantequilla o con queso?
3. ¿Le gusta el chocolate? ¿Le gusta el té? ¿el café?
4. ¿Le gustan los postres? (Sí, me gustan . . . No, no me gustan . . .)
5. ¿Le gustan mucho las legumbres?
6. ¿Le gustan las ensaladas? ¿Le gustan los tomates? ¿Le gusta una ensalada de lechuga y tomate? ¿Le gusta más con salsa (dressing) francesa o con salsa rusa? ¿Le gusta sin salsa?
7. ¿Le gustan las hamburguesas?   ¿los perros calientes?   ¿los helados?

 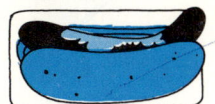 

B. ¿Qué más le gusta?
(What else do you like?)

1. ¿Le gusta estudiar? ¿Le gusta aprender español?
2. ¿Le gustan los deportes? ¿Le gusta jugar al tenis? ¿al fútbol? ¿al básquetbol? ¿Le gusta nadar (swim)?
3. ¿Le gusta el cine? ¿Qué actor le gusta más? ¿Qué actriz?
4. ¿Qué cantantes (singers) populares le gustan más?
5. ¿Le gusta leer? ¿trabajar? ¿ayudar a su mamá? ¿cocinar? (cook) ¿escuchar discos? ¿gastar dinero? ¿bailar? ¿cantar?
6. ¿Les gusta a Uds. tomar exámenes? (Sí, nos gusta . . . No, . . .)
7. ¿Les gusta levantarse temprano (get up early)?
8. ¿Les gustan los partidos de fútbol? (Sí, nos gustan . . . No, . . .)

C. ¿Le gusta hacer preguntas?
(Do you like to ask questions?)

Estudie las ilustraciones siguientes, y después haga preguntas usando *¿Le gusta(n) . . .?, ¿Te gusta(n) . . .? ¿Te gusta más . . .? ¿Le gusta(n) a su padre . . .?, ¿Les gusta(n) a sus amigos . . .?, etc.*

Por ejemplo:
¿Le gusta la escuela? ¿Le gustan sus maestros? ¿Le gusta estudiar? ¿Te gusta la clase de español? ¿Les gusta a sus (tus) amigos estudiar?, etc. Ahora, ¿qué otras preguntas puede Ud. hacer respecto a la escuela?

¿Le gusta(n) . . . ?

Tarea

A. Conclusiones

Lea los diálogos siguientes, y después indique cuál es la mejor conclusión. Por ejemplo:

1. —Felipe, ¿por qué comes tanto chocolate?
   —Porque me gusta. Me gusta más que la comida entera.
   —Pues seguro, Felipe, tú (*vas a engordar*, vas a adelgazar, vas a ser muy rico).
2. —Ramiro, ¿te gusta mucho viajar?
   —Sí, pero me gusta llegar rápidamente. Por eso siempre (camino, tomo el autobús, voy en avión).
3. —¿Qué te pasa, Paquita?
   —Nada, mamá. Es que mañana tengo tres exámenes, y no me gusta (cocinar, estudiar, cantar).
4. —Ahora, señor, ¿le gusta también un poco de lechuga con tomates?
   —No, gracias. No me gustan (las ensaladas, los pescados, las carnes).
5. —Muchachos, ¿no les gusta ir al cine conmigo?
   —Gracias, pero esta tarde jugamos al béisbol, y mañana tenemos un partido de fútbol. Nos gustan mucho esos partidos.
   —Ah, entonces Uds. son unos grandes (intelectuales, deportistas, estudiantes).

a. ¿Cuántas personas hay en esta escena?
b. ¿Cómo se llaman?
c. ¿En qué estación del año estamos?
d. ¿Qué tiempo hace?
e. ¿Qué tiene la joven—frío o calor?
f. ¿Adónde piensa Ud. que van?

a. ¿Qué nombres les da Ud. a estos tres jóvenes?
b. ¿Cuántos años cree Ud. que tienen?
c. ¿Qué estación del año es?
d. ¿Qué tiempo hace?
e. ¿Qué tiene el muchacho—hambre o sed?
f. ¿Le gusta a Ud. la Coca Cola cuando tiene mucha sed?

Tarea

A. Diálogos

Escriba los diálogos siguientes empleando a lo menos *tres* expresiones idiomáticas con *tener*, y *dos* expresiones relacionadas con el tiempo (related to the weather).

1. Elvira y Felipe están hablando. Felipe lo pregunta si quiere ir con él al cine. Elvira dice que no puede porque está muy ocupada hoy, tiene muchas cosas que hacer, y además, está haciendo muy mal tiempo.

2. El señor Arias acaba de volver a casa. Su esposa lo saluda y le pregunta si quiere comer algo. El señor contesta que no tiene mucha hambre en este momento. Prefiere tomar un poco de té frío y descansar antes de comer. Es un día muy caluroso (hot).

B. Repaso de Estructura

1. Stem-Changing Verbs

This is the pattern for the present tense of stem-changing verbs. Remember that the stressed *e* becomes *ie*, the stressed *o* becomes *ue*, and with a few *–ir* verbs, the stressed *e* becomes *i*.

cerrar (to close)	**mover** (to move)	**pedir** (to ask for)
c*ie*rro	m*ue*vo	p*i*do
c*ie*rras	m*ue*ves	p*i*des
c*ie*rra	m*ue*ve	p*i*de
cerramos	movemos	pedimos
cerráis	movéis	pedís
c*ie*rran	m*ue*ven	p*i*den

2. Irregular First Person Singular Forms

Many irregular verbs are irregular only in the "yo" form of the present indicative. For example:

hacer: to make; do
hago, haces, hace, hacemos, hacéis, hacen

valer: to be worth
valgo, vales, ——, ——, ——, ——

poner: to put, place
pongo, ——, ——, ——, ——, ——

traer: to bring
traigo, ——, ——, ——, ——, ——

caer: to fall
caigo, ——, ——, ——, ——, ——

salir: to go out, leave
salgo, ——, ——, salimos, salís, ——

conocer: to know, be acquainted with
conozco, conoces, ——, ——, ——, ——

parecer: to seem
parezco, ——, ——, ——, ——, ——

producir: to produce
produzco, ——, ——, ——, ——, ——

saber: to know, know how
sé, sabes, ——, ——, ——, ——

3. ir, dar, estar

ir (to go): voy, vas, va, vamos, vais, van

dar (to give): doy, das, da, damos, dais, dan

estar (to be): estoy, estás, está, estamos, estáis, están

Ejercicio

¿Puede Ud. encontrar en el Grupo **2** la conclusión de las frases del Grupo **1**?

1	**2**
Siempre duermen	de memoria . . . el lunes . . . ocho horas o
Salgo para México	más . . . mucho dinero . . . al Rector . . . el
No conozco bien	almuerzo? . . . de hambre . . . en esta silla?
¿Cierro o abro	. . . las ventanas? . . . la lección?
Lo sé	
Nos piden	
¿Por qué no te sientas	
¿No entienden Uds.	
El pobre se muere	
¿A qué hora sirven	

VII VERBOS Y MÁS VERBOS

A. Conteste las preguntas siguientes:

1. ¿Se despierta Ud. tarde o temprano? (Me despierto . . .) ¿Se despierta temprano su padre? ¿A qué hora se despiertan sus hermanos?
2. ¿Se acuesta Ud. muy tarde? ¿Se acuesta después de la medianoche? ¿A qué hora se acuesta los sábados por la noche?
3. ¿A qué hora vuelve Ud. a casa por la tarde? ¿A qué hora vuelve su papá? ¿y sus hermanos?
4. ¿Recuerda Ud. a sus maestros de la escuela elemental? ¿A quién recuerda Ud. más? ¿Recuerda Ud. el título de este libro? ¿y del libro del año pasado?
5. ¿Piensa Ud. mucho en los problemas del mundo? ¿Piensa Ud. mucho en los deportes? ¿y en sus estudios? ¿y en sus amigos?
6. ¿A qué hora comienza esta clase? ¿A qué hora empieza su clase de inglés? ¿Comienzan Uds. a trabajar en seguida en esta clase? ¿Pierden Uds. mucho tiempo en la clase? ¿Pierde Ud. mucho tiempo en casa?
7. ¿Sirven buenas comidas en la cafetería del colegio? ¿A qué hora sirven el almuerzo? ¿A qué hora sirve su madre la comida?
8. ¿Se viste Ud. rápidamente por la mañana? ¿Viste Ud. bien? ¿Sigue Ud. las últimas modas (fashions)? (Sí, sigo . . ., No, . . .)
9. Cuando hace calor, ¿cerramos o abrimos las ventanas? Si tenemos aire acondicionado, ¿cerramos o abrimos las ventanas? Cuando es muy tarde, ¿cierran o abren las puertas?

10. Si un niño miente mucho, ¿es bueno o malo? Si una persona se siente muy triste, ¿llora o ríe? Si Ud. tiene mucho sueño, ¿se duerme o se despierta? (Me . . .)

   B. Conteste las primeras preguntas, y después haga más preguntas a sus amigos según las indicaciones:

1. ¿Se sienta Ud. en la primera fila de esta clase? ¿Se sienta en la segunda fila? ¿en la tercera? ¿en la última?

¿Se sienta cerca de ?

¿Se sienta cerca de ? ¿Se sienta cerca de ?

2. ¿Entiende Ud. ? ¿Entienden Uds. ?

3. ¿Encendemos ahora las luces? ¿Encendemos ahora ?

4. ¿Cuesta mucho dinero ? ¿y ? ¿y ?

   C. Conteste una vez más:
1. ¿Hace Ud. las comidas en su casa? (Sí, hago . . . No, . . .)
2. ¿Hace Ud. muchos viajes? ¿Hacen muchos viajes sus padres? ¿o sus amigos?

3. ¿A qué hora sale Ud. de casa por la mañana? ¿A qué hora salen sus hermanos?
4. ¿Vale Ud. un millón de dólares? ¿Mil dólares? ¿Vale mil dólares un coche nuevo?
5. ¿Me trae Ud. algo? (Sí, le traigo . . ., No, . . .) ¿Me trae Ud. la tarea? ¿los ejercicios escritos? ¿una manzana?
6. ¿Conoce Ud. a una persona famosa? ¿Conocen sus padres a una persona muy importante? ¿A quién conoce Ud. mejor?
7. ¿Sabe Ud. qué hora es? (Sí, lo sé. Son las . . . No, no lo sé.) ¿Sabe Ud. si va a llover mañana? ¿Sabe Ud. si va a nevar?
8. ¿Adónde va Ud. esta tarde? ¿Va al cine este fin de semana? ¿Va a la biblioteca? ¿Va a un partido de fútbol? ¿Van Uds. frecuentemente al cine? ¿Van frecuentemente al cine sus padres?

Tarea

A. Diálogos

Escriba un diálogo de unas 5–6 líneas sobre uno de los tópicas siguientes:

1. Un muchacho (o una muchacha) pide dinero a su padre porque quiere comprar algo. El padre pregunta cuánto cuesta, etc.
2. La madre está furiosa. Juan(ita) nunca se despierta hasta las ocho y media y siempre llega tarde a la escuela. La mamá dice que debe acostarse más temprano, pero Juan(ita) dice que no puede porque . . .
3. Roberto, el novio de Elena, tiene un secreto. Elena piensa que le trae un regalo y quiere saber qué es. Pero . . .

B. Repaso de Estructura

1. The preterite tense tells what took place in the past. It reports, it records, it narrates. (I came, I saw, I conquered.) These are its regular forms:

amar	beber	vivir
amé	bebí	viví
amaste	bebiste	viviste
amó	bebió	vivió
amamos	bebimos	vivimos
amasteis	bebisteis	vivisteis
amaron	bebieron	vivieron

Did you remember?:
- a. The "we" form of **-ar** verbs is exactly the same as in the present indicative
- b. **-er** and **-ir** verbs have identical endings in the preterite

2. Four irregular preterites: **ser, ir, dar,** and **ver**

> **ser**: fui, fuiste, fue, fuimos, fuisteis, fueron
> **ir**: fui, fuiste, fue, fuimos, fuisteis, fueron
> **dar**: di, diste, dio, dimos, disteis, dieron
> **ver**: vi, viste, vio, vimos, visteis, vieron

(Yes, **ser** and **ir** are identical in the preterite. But the meaning of each sentence will make it all clear.)

Ejercicio

Complete de una manera original:

1. Ayer mi amigo (amiga) y yo fuimos . . .
2. Dígame, ¿quién . . . anoche?
3. El otro día fui a la tienda y . . .
4. ¿Ya terminaste . . .?
5. ¿Por qué no . . . ayer?

VIII ¿QUÉ PASÓ AYER?

A. La mañana

1. ¿A qué hora se despertó Ud. ayer? (Me desperté . . .) ¿Se levantó en seguida?
2. ¿A qué hora se despertaron sus padres? ¿Y sus hermanos?
3. ¿Se bañó Ud. (Did you take a bath) ayer por la mañana? ¿Se lavó la cara y las manos? ¿Se peinó?

4. ¿Tomó Ud. un desayuno (breakfast) grande o pequeño? ¿Qué comió?
5. ¿A qué hora salió de casa? ¿A qué hora salió su papá? Y los demás miembros de su familia, ¿a qué hora salieron?
6. ¿Fue a trabajar su padre? ¿y su madre? ¿Fue Ud. a la escuela? ¿Fueron Uds. a la iglesia (church)?
7. ¿Le dio dinero ayer su padre? (Sí, mi padre me . . . No, . . .) ¿Le preparó el almuerzo su mamá?
8. ¿Tomó Ud. el autobús para venir a la escuela? ¿Tomó el metro (subway) o el tren? ¿Caminó a la escuela?
9. ¿Fue en coche, en autobús, o en tren su papá?
10. ¿Llevó Ud. abrigo (Did you wear a coat) ayer? ¿Llevó sombrero? ¿y guantes (gloves)?

  B. La tarde

1. ¿Trabajó Ud. mucho ayer? ¿Qué lección estudió en la clase de español? ¿Le dieron un examen? (Sí, me . . .)
2. ¿Qué lengua hablaron Uds. en la clase de español? ¿y en sus otras clases?
3. ¿Escribieron Uds. una composición en la clase de inglés? ¿Aprendieron algo interesante en la clase de matemáticas? ¿Lo comprendió Ud.?
4. ¿Vio Ud. a muchos de sus amigos ayer? (Sí, vi . . .) ¿Vio a sus abuelos?
5. ¿A qué hora tomó el almuerzo? ¿Dónde lo comió—en casa o en el colegio? ¿Le gustó? (Sí, me gustó. No, . . .)
6. ¿Compró Ud. algo ayer? ¿Compró algo ayer su madre? ¿Compraron algo sus hermanos? ¿Vendieron Uds. algo?
7. ¿Cuánto dinero gastó Ud. ayer? ¿Ganó algún (some) dinero?
8. ¿A qué hora volvió Ud. a casa ayer por la tarde? ¿A qué hora llegaron sus hermanos? ¿Y sus padres?
9. ¿Llamó Ud. a algún amigo ayer? ¿Le llamó a Ud. alguien? (Sí, alguien me . . . No, nadie . . .)
10. ¿Llovió ayer? (Did it rain?) ¿Nevó? ¿Fue un día muy frío?

C. La noche

1. ¿A qué hora comieron Uds. anoche? ¿Quién preparó la comida? ¿Les gustó? (Sí, nos gustó . . . No, . . .)
2. ¿Comieron carne o pescado? ¿Comieron legumbres? ¿frutas? ¿postre? ¿Qué plato le gustó más a Ud.? (Me . . .)
3. ¿Vio Ud. un programa de televisión anoche? ¿Cuántos programas vio? ¿Cuál le gustó más? ¿A qué hora comenzó?
4. ¿Miraron la televisión también sus padres? ¿Escucharon la radio? ¿Escucharon música? ¿Escuchó Ud. algunos discos?
5. ¿Cuántas tareas preparó Ud. anoche? ¿Cuál fue la más difícil? ¿Cuál fue la más larga? ¿y la más interesante?
6. ¿Salió Ud. de casa anoche? ¿Salieron sus padres? ¿o sus hermanos? ¿Adónde fueron?
7. ¿Ayudó Ud. a su madre a limpiar la cocina? ¿La ayudaron sus hermanos?
8. ¿Se bañó Ud. anoche? ¿Se lavó el pelo? (Sí, me lavé . . .)
9. ¿Preparó Ud. su ropa (clothing) para hoy? ¿Cerró o abrió las ventanas de su cuarto?
10. ¿A qué hora se acostó? (¡Muy buenas noches!)

Tarea

A. Composición Libre

Escriba una composición o un diálogo original de unas 50 palabras sobre uno de los temas siguientes:
1. Cómo pasé el fin de semana
2. Ayer en mi casa

But *millón* does.

    1,000,000   un millón   2,000,000   dos millones

And when "million" stands before a noun, it is followed by *de*.

    un millón de dólares   a million dollars
    cincuenta millones de   fifty million Frenchmen
      franceses

Incidentally, there is another way to spell the numbers from 16–19 and 21–29. You may use whichever spelling you choose.

    16 (diez y seis) dieciséis   18 dieciocho
    17 diecisiete   19 dieci_____
    21 veintiuno, veintiún, veintiuna   26 veintiséis
    22 veintidós   27 veinti_____
    23 veintitrés   28 _____
    24 veinti_____   29 _____
    25 _____

No other numbers have alternate spellings—ever!

Ejercicio

Vamos a contar calorías, ¿está bien? Lea en voz alta mi *confesión*. Hoy comí . . .

Desayuno

una naranja grande	100
pan con mermelada	350
dos huevos fritos	250
tocino	220
leche	125
café con crema y azúcar	85
	?

Almuerzo

sopa: crema de tomate	175
hamburguesa	240
pan	160
queso	135
papas fritas	390
leche	125
Coca Cola	170
	?

Comida

coctel de frutas	200
biftec	630
papas fritas	450
legumbres	155
pan con mantequilla	275
postre	450
té con crema y azúcar	85
	?

Ahora conteste:
1. ¿Cuántas calorías comí en el desayuno?
2. ¿Cuántas comí en el almuerzo?
3. ¿Cuántas comí en la comida?
4. ¿Voy a adelgazar (get slim) o engordar (get fat)?

X MATEMÁTICAS

A. Vamos a hacer un poco de aritmética fácil ahora:

$+$ y $-$ menos $\times$ por *or* veces $\div$ dividido por

a. $9 + 7 =$ b. $13 + 15 =$ c. $30 - 10 =$ d. $5 \times 8 =$
e. $7 \times 6 =$ f. $50 + 50 =$ g. $40 + 35 =$ h. $84 \div 12 =$

B. Ahora diga en español:
1. 110, 248, 595, 789, 963
2. 1492, 1776, 1812, 1865, 1914, 1948, 1972, 1984

C. Y finalmente, algunos problemas económicos
1. El papá de María le dio 1000 pesos ayer para comprarse ropa. María fue a una tienda esta mañana y se compró los artículos siguientes:

un vestido azul	135 pesos
un vestido rojo	195
un abrigo negro	300
un par de zapatos	85
un par de guantes	40
un sombrero	70
dos pares de medias	45
	?

a. ¿Cuánto dinero gastó María?   b. ¿Cuánto le queda?

2. Vamos a tener una comida en casa esta noche. Nosotros somos tres personas, y van a venir cuatro invitados. Tengo que comprar los artículos siguientes:

dos kilos de carne	35 pesos
un kilo de arroz	6
legumbres	9
huevos	10
pan	2
postre	15
vino	7
	?

a. ¿Cuánto me va a costar la comida?
b. ¿Cuánto cuesta para cada persona?
c. Si vamos a un restaurante, cobran (they charge) 30 pesos por persona. ¿Cuánto dinero ahorro (do I save) haciendo la comida en mi propia casa?

Tarea

A. Conteste en español:

1. ¿Cuántos días hay en una semana? ¿en dos semanas? ¿en marzo? ¿en febrero?
2. ¿Cuántos meses hay en un año?
3. ¿Cuántos años hay en un siglo (century)? ¿en un dólar?
4. ¿En qué año estamos ahora?

B. Repaso de Estructura

1. Irregular Preterites
   Most irregular verbs follow a similar pattern in the preterite tense. Notice especially that the first person singular ends in an unstressed *e*, the third person singular, in an unstressed *o*.

   a. **u**-stems
   tener: tuve, tuviste, tuvo, tuvimos, tuvisteis, tuvieron
   estar: estuve, ———, ———, ———, ———, ———
   andar: anduve, ———, ———, ———, ———, ———
   poder: pude, ———, ———, ———, ———, ———
   poner: puse, ———, ———, ———, ———, ———
   saber: supe, ———, ———, ———, ———, ———
   producir: produje, ———, ———, ———, ———, produjeron

   b. **i**-stems
   hacer: hice, hiciste, hizo, hicimos, hicisteis, hicieron
   venir: vine, ———, ———, ———, ———, ———
   querer: quise, ———, ———, ———, ———, ———
   decir: dije, ———, ———, ———, ———, dijeron

   c. **a**-stems
   traer: traje, ———, ———, ———, ———, trajeron

2. The Preterite of –ir Stem-Changing Verbs

sentir	morir
sentí	morí
sentiste	moriste
s*i*ntió	m*u*rió
sentimos	morimos
sentisteis	moristeis
s*i*ntieron	m*u*rieron

Did you remember?:
  a. *e* changes to *i*, *o* changes to *u* in the third person of the preterite of –*ir* verbs
  b. There are *no* stem changes at all in the preterite of –*ar* and –*er* stem-changing verbs

Ejercicio

Conteste en español:

1. ¿Murió recientemente una persona famosa?
2. ¿Cuántas horas durmió Ud. anoche?
3. ¿Hizo Ud. bien su trabajo hoy?
4. ¿Dónde estuvo Ud. ayer?
5. ¿Se sintió bien hoy su mamá?

XI ¿DÓNDE ESTUVO UD.? ¿QUÉ HIZO?

A. Dígame:

1. ¿Dónde estuvo Ud. ayer? ¿Estuvo con sus hermanos?
2. ¿Estuvo Ud. enfermo la semana pasada? ¿Estuvo enferma recientemente su mamá? ¿Estuvo enfermo otro miembro de su familia?
3. ¿Tuvo Ud. mucho trabajo anoche? ¿Cuántas tareas tuvo que preparar? ¿Tuvo mucha dificultad con la lección de español? ¿Pudo Ud. acabarla? ¿Pudo contestar todas las preguntas?
4. ¿Anduvo Ud. a la escuela esta mañana? ¿Anduvo solo o con sus amigos?
5. ¿Puso Ud. estos papeles en mi mesa? ¿Puso su abrigo en el armario (closet)?

B. Conteste otra vez:

1. ¿Qué hizo Ud. ayer por la mañana? ¿y por la tarde? ¿y por la noche? ¿Hizo bien todas sus tareas? ¿Hizo frío o calor anoche?

B. Repaso de Estructura

1. Direct commands— *Ud.*, *Uds.*, and *nosotros* (Let's . . .)

    a. Regular verbs simply reverse the final vowel: **a > e; e > a**

Ud. habla . . .	You are speaking . . .	**Hable Ud.**	Speak!
Uds. suben.	You are going up.	**Suban Uds.**	Go up!
Bebemos.	We drink.	**Bebamos.**	Let's drink.

    –ar and *–er* stem-changing verbs are just like the regular.

Cierre Ud. la puerta.	Close the door.
No pierdan tiempo.	Don't lose any time.
Encendamos las luces.	Let's turn on the lights.

    b. Most irregular verbs find their command forms in the first person singular of the present indicative. For example: decir (to say, tell): digo . . . **diga, digan, digamos**
    Here are some more:

hago:	*haga(n), hagamos*	**valgo:** _____, _____
tengo:	*tenga(n),* _____	**caigo:** _____, _____
vengo:	_____, _____	**traigo:** _____, _____
pongo:	_____, _____	**conozco:** _____, _____
salgo:	_____, _____	**produzco:** _____, _____

    c. A few exceptions are:

    ser: *sea(n), seamos*   **dar:** *dé, den, demos*
    saber: *sepa(n), sepamos*   **ir:** *vaya(n), vayamos*

2. Where to put object pronouns with commands

    a. Object pronouns *must be attached* to the end of direct affirmative commands.

Ciérrela . . . ¿Ah, no? Pues, ábrala entonces.	Close it . . . No? Well, open it then.
Siéntense, por favor.	Please sit down.
Encendámoslas.	Let's turn them on.

    Notice, however: When the reflexive *nos* is added to a *nosotros* command, the final *s* of the verb form disappears.

Sentémonos.	Let's sit down.
Vámonos.	Let's go (off).

    b. Object pronouns go in their normal position *before* the verb in a negative command.

No la cierre Ud.	Don't close it.
No los pierdan.	Don't lose them.
No las encendamos.	Let's not turn them on.

3. Vamos a . . .

Vamos a + an infinitive is another way to say *Let's* . . . It is used only affirmatively.

Vamos a bailar. Bailemos.	Let's dance.
Vamos a hacerlo. Hagámoslo.	Let's do it.
Vamos a sentarnos. Sentémonos.	Let's sit down.

Ejercicio

Conteste según los modelos:

¿Las abro?   *Sí, ábralas.*
¿La llamamos?   *Sí, llámenla,* o *Sí, llamémosla.*

1. ¿Lo acepto?
2. ¿Se lo mando?
3. ¿Las compramos?
4. ¿Los vendemos?
5. ¿Lo cubrimos?
6. ¿Lo hago ahora?
7. ¿Se lo pongo?
8. ¿Lo traduzco al español?
9. ¿Le digo la verdad?
10. ¿Le decimos la verdad?

XV SIMÓN DICE . . .

¿Sabe Ud. obedecer órdenes (obey orders)? Pues vamos a ver.

A. Su profesor(a) le va a dar una orden. Repita Ud. la orden a otra persona de su clase, y esa persona la tiene que obedecer. Naturalmente, si la otra persona le da una orden a Ud., . . . Por ejemplo: Dígame su nombre . . . *Mi nombre es* (*Roberto, Carmen,* etc.) o *Me llamo* . . . Vamos a comenzar.

1. Levante Ud. la mano.
2. Levante las manos.
3. Levante el libro.
4. Levante su cuaderno.
5. Pase a la pizarra.
6. Pase al frente de la clase.
7. Pase al fondo de la clase.
8. Abra la puerta, por favor.
9. Abra una ventana, por favor.
10. Ahora cierre la puerta.
11. Cierre la ventana.
12. Abra la boca.
13. Ciérrela, por favor.
14. Abra las manos.
15. Ciérrelas, por favor.
16. Présteme un lápiz, por favor.

17. Présteme una pluma.
18. Présteme ahora su libro.
19. Levántese Ud.
20. Ahora siéntese ... Bueno.

21. Dígame su nombre.
22. Dígame la dirección de su casa.
23. Dígame cuántos años tiene Ud.
24. Díganos cómo se llama su papá.

    B. Ahora la clase se va a dividir en dos mitades (halves). El primer grupo va a dar las órdenes siguientes, y el segundo grupo las tiene que obedecer. Después el segundo grupo las da, y el primer grupo ... Ud. sabe lo demás, ¿verdad?

1. Levántense Uds.
2. Levanten la mano derecha.
3. Levanten la mano izquierda.
4. Levanten las dos manos.
5. ¡Ahora denme todo su dinero!
6. Levanten el pie derecho.
7. Levanten el pie izquierdo.
8. Bueno. Siéntense.

    a. Repitan Uds.: 1, 2, 3
    b. Repitan otra vez: Uds. son brillantes.
    c. Repitan una vez más: Uds. son maravillosos. ... (Gracias.)
    d. Abran Uds. la boca.
    e. Ciérrenla.
    f. Cierren los ojos.
    g. Ábranlos.
    h. Digan Uds.: Me gusta el español. ... (Magnífico.)

1. Digan Uds.: ¡Viva nuestra clase!
2. Digan otra vez: ¡Viva nuestro profesor (nuestra profesora)!
3. Digan finalmente: ¡Viva (*el nombre de su escuela*)!
4. Pregúntenle al maestro (a la maestra) cómo se llama.
5. Pregúntenle de dónde es.
6. Pregúntenle cuántos años tiene. (!!)
7. Saquen Uds. papel y pluma.
8. Ahora escriban el número de nuestra sala de clase.

    a. Saluden a la persona que está detrás de Uds.
        (Hola. ¿Qué tal? ¿Cómo está?, etc.)
    b. Saluden a la persona que está delante de Uds.
    c. Saluden a su profesor(a) ... (Muy bien hecho.)
    d. Sonrían Uds. (smile).
    e. Ahora rían en voz alta.

    f. Lloren un poco.
    g. ¡Cállense! (Hush up!)
    h. Dígannos «Adiós» . . . ¡Hasta la vista!

C. Repita y después haga Ud. negativos los mandatos siguientes. Por ejemplo:

Hágalo en seguida . . . *No. No lo haga en seguida.*

1. Ábralos. (No, no los . . .)
2. Ciérrela.
3. Siéntense.
4. Levántense.
5. Termínelo en seguida.
6. Dígaselo.
7. Digámoselo. (No se lo . . .)
8. Pídanselo.
9. Pidámoselo.
10. Pregúntenselo.
11. Preguntémoselo.
12. Mandémoselas.
13. Comprémoselos.
14. Vendámosela.
15. Démoselo.
16. Cantémoselas.
17. Quitémoselo.
18. Pongámoselo.
19. Enseñémoselas.
20. Escribámosela.

Tarea

A. Diálogos en miniatura

¿Puede Ud. relacionar las frases del Grupo **1** con las del Grupo **2**?

1	2
1. Présteme una pluma.	Está haciendo mucho calor.
2. El pobre tiene hambre.	No sé. Pregúnteselo al maestro.
3. Ya es tarde.	Está sucio.
4. Abra las ventanas, por favor.	Quiero escribir una carta.
5. ¿A qué hora comienza el examen?	El almuerzo se está poniendo frío.
6. La casa es magnífica, ¿no?	Démosle de comer.
7. Estudiemos toda la tarde.	Pues vámonos en seguida.
8. No lo ponga en la mesa.	No gastemos tanto dinero.
9. Comamos ahora mismo.	Sí. Comprémosla.
10. Cuesta 100 dólares.	Mañana tenemos examen.

B. Repaso de Estructura

1. The subjunctive is technicolor as compared to the indicative's black and white. It depends on three concepts: the impact of a command, the color of an emotion, the shadow of the non-existent or doubtful or unreal. First let's look at its present tense:

    a. The present subjunctive of regular verbs reverses the final vowel of the ending: **a > e; e > a**

tomar	romper	recibir
tome	rompa	reciba
tomes	rompas	recibas
tome	rompa	reciba
tomemos	rompamos	recibamos
toméis	rompáis	recibáis
tomen	rompan	reciban

–ar and *–er* stem-changing verbs do the same.

cerrar:
cierre, cierres, cierre, cerremos, cerréis, cierren

entender:
entienda, entiendas, entienda, entendamos, entendáis, entiendan

b. *–ir* stem-changing verbs change **e > i, o > u** in the first and second persons plural.

sentir	morir
sienta	muera
sientas	mueras
sienta	muera
sintamos	muramos
sintáis	muráis
sientan	mueran

c. Most irregular verbs base their present subjunctive on the first person singular of the present indicative.

hacer ... hago:
haga, hagas, haga, hagamos, hagáis, hagan

tener ... tengo:
tenga, _____, _____, _____, _____, _____

conocer ... conozco:
conozca, _____, _____, _____, _____, _____

(See page 39 on the direct commands for others of this type.)

d. And here are a few exceptions:

ir:
vaya, vayas, vaya, vayamos, vayáis, vayan

ser:
sea, seas, sea, _____, _____, _____

saber:
sepa, _____, _____, _____, _____, _____

2. The first concept of the subjunctive: *Indirect or Implied Command*
   When an order is not given directly, but is included within an expression of one person's desire *that someone else do something*, that is an indirect or implied command. For example:

      Vaya Ud.   Go. (Direct command.)

Quiero que Ud. vaya.	I want you to go.
Le ruego que vaya.	I beg you to go.
Le pedimos que vaya.	We ask you to go.
Insisten en que vaya.	They insist that you go.

   } Indirect Commands

   Do you see the hidden commands in these statements?:

Les dice que salgan.	He tells them to leave. (He says to them: "Leave!")
Sugiero que no lo hagas.	I suggest that you don't do it. (I suggest: "Don't do it!")

Ejercicio

Conteste las preguntas siguientes:

1. ¿Prefiere Ud. que esta clase sea por la mañana o por la tarde?
2. ¿Quiere Ud. que tengamos más sesiones de laboratorio o menos?
3. ¿Le dicen sus padres que estudie más? (Sí, mis padres me . . .)
4. ¿Insiste su profesor(a) en que escriban Uds. todos los ejercicios?
5. ¿Sugiere Ud. que pasemos más tiempo en esta lección?

XVI QUE LO HAGA JORGE . . .

A. Vamos a ser un poco desagradables por un momento, ¿está bien? Por ejemplo, si alguien le pide que haga algo (asks you to do something), Ud. va a contestar: «*No. Que lo haga Jorge . . . Carolina, Juan, etc.*» (Let George, etc. do it.) Vamos a empezar.

1. Vaya Ud. a la pizarra. (No. Que vaya . . .)
2. Cierre las puertas. (No. Que las . . .)
3. Abra Ud. el libro. (No. Que lo . . .)
4. Acabe Ud. la carta.
5. Llámeme mañana.
6. Tráigame una Coca Cola. (No, que se la . . .)
7. Cómpreme una taza de café.
8. Deme un lápiz. (No. Que se lo dé . . .)
9. Deme cinco pesos.
10. Deme un beso.

B. Ahora haga Ud. algunos mandatos originales según las ilustraciones. Y sus amigos van a contestar siempre: «No. Que ...», como hicimos antes.

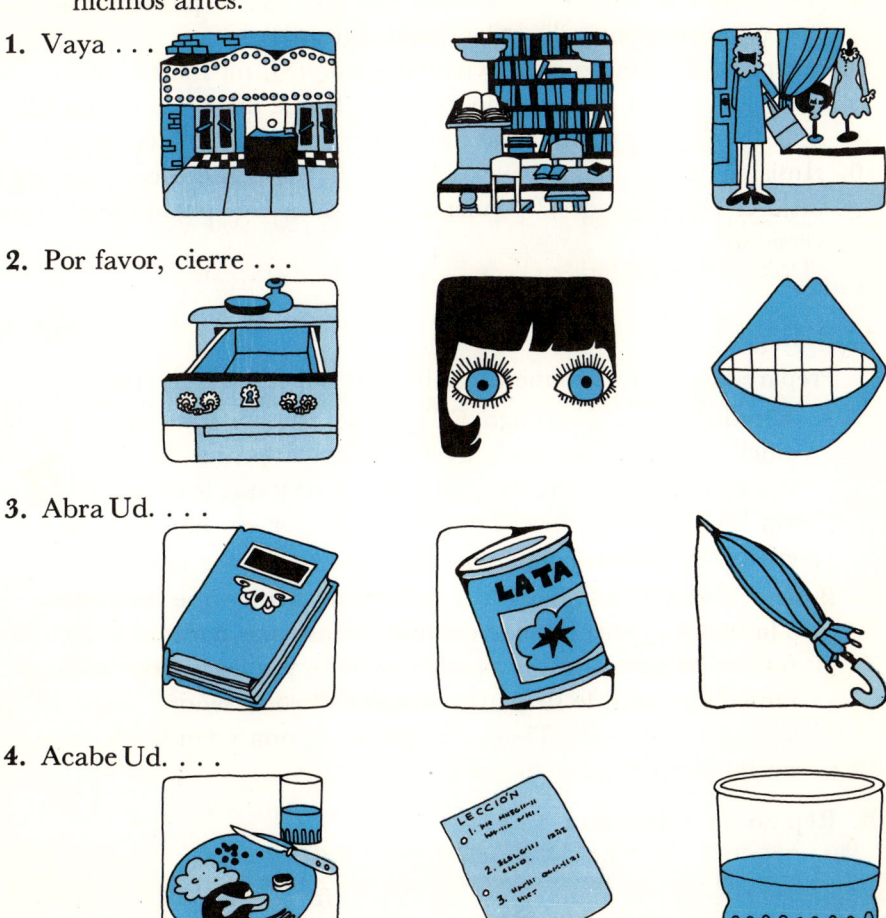

1. Vaya ...

2. Por favor, cierre ...

3. Abra Ud. ...

4. Acabe Ud. ...

C. Conteste finalmente en español:
1. ¿Quiere Ud. que tengamos las ventanas abiertas o cerradas?
2. ¿Prefiere que tengamos la puerta abierta o cerrada? ¿y el libro?
3. ¿Recomienda Ud. que hablemos más en inglés? ¿en español?
4. ¿Recomienda Ud. que invitemos al Rector a visitar nuestra clase? ¿que invitemos a sus padres? ¿que invitemos a otras clases?
5. ¿Sugiere Ud. que vayamos algún día a ver una película en español?
6. ¿Quiere que comamos algún día en un restorán español? ¿argentino?

7. ¿Quiere Ud. que su profesor(a) les dé menos exámenes? (Sí, quiero que nos . . . No, . . .) ¿menos trabajo? ¿más trabajo?
8. ¿Me pide Ud. que le preste cien dólares? (Sí, le pido que me . . .) ¿mil dólares? ¿cien mil? (¡Con mucho gusto!)
9. ¿Le pide su mamá que la ayude en casa? (Sí, mi mamá me . . . No, . . .) ¿Le pide su papá que lo ayude a él? ¿Le dicen sus padres que se acueste más temprano? ¿que coma más? ¿que no fume (smoke)?
10. ¿Insisten sus padres en que Ud. estudie más? ¿Le dicen que traiga mejores notas (grades)? ¿Quieren que asista Ud. algún día a la universidad?

Tarea

A. Diálogos

Prepare Ud. de una manera original los diálogos siguientes.

1. Alfredo dice a su amigo Felipe que está en una situación muy difícil y que quiere que lo ayude. Felipe le pregunta cómo. Alfredo le pide que vaya a hablar con su maestro y que le diga que Alfredo está muy enfermo en el hospital y que por eso no puede tomar el examen mañana. Felipe dice que . . .
2. La señora Costa llama a su hija Marisa y le dice que vaya en seguida a la tienda. Quiere que le compre varias cosas para hacer una torta (cake). Marisa está muy contenta de ir y quiere saber si puede ir también a casa de su amiga Dolores. Pero la señora insiste en que vuelva en seguida. Tiene que preparar una comida elegante esta noche porque . . .

B. Repaso de Estructura

1. The Second Concept of the Subjunctive: *Emotion*
   Whenever the main clause expresses emotion about the action that action is expressed by the subordinate clause using the subjunctive.

Espero que Riqui me llame.	I hope Ricky calls me.
¡Ojalá que vengan pronto!	How I wish they come soon! (Oh, if only . . .!)
Sentimos que esté enfermo.	We're sorry (that) he's sick.
Se alegra de que vayamos.	He's glad we're going.
Temo que sea Juan.	I'm afraid that it's John.
Es lástima que no lo conozcas.	It's a pity that you don't know him.
Me sorprende que no quiera venir.	It surprises me that he doesn't want to come.

2. But if there is no change of subject, there is usually no subordinate clause. And so, no subjunctive. Just an infinitive, that's all.

Siento oírlo.	I'm sorry to hear it.
Espera ir.	He hopes to go. (He hopes he can go.)
Me alegro de estar aquí.	I'm happy to be here. (I'm happy that I am here.)

Ejercicio

Indique cuál de las conclusiones corresponde mejor:

1. Espero que lleven impermeable (raincoats) y paraguas. Creo que (comienza a nevar, acaba de llover, comienza a llover).
2. ¡Ojalá que no suene ahora el teléfono. La abuela (está dormida, está despierta, está visitando a su amiga Pilar).
3. ¿Dónde pueden estar? Ya son las cuatro y media. Temo que (no lleguen a tiempo, lleguen temprano, vengan en seguida).
4. ¡Imagínense! Cincuenta mil pesos ganaron en la lotería. ¡Ay, Dios mío! ¡Ojalá que (perdamos también, salgamos pronto, ganemos también)!

XVII ¡OJALÁ ... !

La emoción es uno de los aspectos más interesantes de la condición humana. Y por eso hoy vamos a hablar un poco de nuestros deseos y sentimientos. Por ejemplo:

A. Conteste Ud.:
1. ¿Se alegra Ud. de que estemos estudiando español?
2. ¿Se alegra de que terminemos pronto esta Lección de Conversación? ¿y de que tengamos examen pronto?
3. ¿Teme Ud. que su profesor(a) le (la) llame más frecuentemente?
4. ¿Teme Ud. que llueva mañana? ¿que haga mucho frío? ¿que nieve?
5. ¿Espera Ud. que le llame alguien esta tarde? ¿Espera que venga alguien a visitarle?
6. ¿Le gusta a su profesor(a) que hablen Uds. siempre en español?
7. ¿Le sorprende a Ud. que entienda español? ¿Le sorprende que sepamos hablarlo?
8. ¿Se alegra Ud. de ser nativo de este país? ¿Se alegra Ud. de vivir en este estado? ¿en esta ciudad? ¿Se alegra Ud. de poder asistir a esta escuela?

B. Ahora lea en voz alta el diálogo siguiente, y después conteste.

—Rosario, ¿tú vienes a la fiesta, verdad?
—Temo que no sea posible, Linda. Mañana voy a tener tres exámenes, y tengo que estudiar.
—¡Ay, no, Rosario! Es lástima que no puedas venir. ¿Sabes? El otro día Manolo Cárdenas estaba preguntando por ti. Él va a estar en la fiesta, y dijo que esperaba verte allí.
—¿Manolo Cárdenas? Pues . . . entonces . . . sí, voy. ¡Y ojalá que tengamos una buena nevada (snowstorm) mañana!
—¿Por qué?
—Entonces le voy a rogar a Dios que suspenda (cancel) todas las clases. Hasta pronto, Linda, hasta pronto.

Conteste: **a.** ¿Qué pregunta Linda a Rosario?
    b. ¿Por qué teme Rosario que no sea posible?
    c. ¿Por qué dice Linda que es lástima que no pueda ir?
    d. ¿A quién esperaba ver allí Manolo Cárdenas?
    e. ¿Qué decisión toma entonces Rosario?
    f. ¿Qué espera que tengamos mañana?
    g. ¿Qué le va a rogar a Dios?

C. ¡Ojalá . . . !

Ahora termine Ud. los diálogos siguientes, usando siempre *¡Ojalá . . . !* Por ejemplo:

—Dicen que Ramón no va a venir.
—*¡Ojalá que venga! ¡Ojalá que no venga! ¡Ojalá que no esté enfermo!*, etc.

¿Entiende? Pues trate de ser un poco original, y vamos a comenzar.

1. —El Rector viene mañana a visitar la clase.
   —*¡Ojalá que . . . !*
2. —Creo que va a llover esta tarde.
   —*¡Ojalá . . . !*
3. —María y su familia se van a Colombia a vivir.
4. —Me gusta mucho el coche, pero no tengo dinero para comprarlo.
5. —Ernesto acaba de darle un anillo a Juanita. Se van a casar en mayo.
6. —Mañana tenemos examen de inglés.

Tarea

A. Minifrases

¿Puede Ud. encontrar en el Grupo **2** la terminación de cada frase del Grupo **1**?

1	2
Me alegro de	digan tal cosa . . . vuelva tan tarde . . .
Me sorprende que Uds.	estar con Uds. . . . nieve mañana . . .
¡Ojalá que el jefe	tener que molestarle . . . lo quieras . . .
Los chicos esperan que	no nos vea!
Siento	
No nos gusta que una niña	
Se alegra mucho de que tú	

B. Repaso de Estructura

1. Repase el presente del indicativo (páginas 2 y 3) y escriba cuatro oraciones originales empleándolo. Trate de usar también algunos verbos irregulares.
2. Complete las frases siguientes:
   a. Hace un año que . . .
   b. Hace dos semanas que . . .
3. Repase el pretérito y el imperfecto, (páginas 19 y 33) y escriba cinco *preguntas* originales usándolos. (Si quiere, puede emplear los dos tiempos en una sola oración.)
4. Escriba una oración original usando *hace* . . . (ago).
5. Estudie las páginas 42 y 46 y escriba un diálogo original de 6–10 líneas empleando a lo menos dos veces el subjuntivo, y a lo menos un mandato afirmativo y un mandato negativo. Ahora copie en dos papeles su diálogo.

XVIII REPASO

A. Lea Ud. las oraciones originales que preparó usando el presente del indicativo.

1. Ahora conteste afirmativamente:
   a. ¿Hace Ud. las comidas en su casa?
   b. ¿Cuántos años tiene Ud.?
   c. ¿Sale Ud. de casa temprano por la mañana?
   d. ¿Conoce Ud. a una persona famosa?
   e. ¿Sabe Ud. hablar español?
2. Y conteste negativamente:
   a. ¿Dice Ud. siempre la verdad?
   b. ¿Va Ud. a la biblioteca esta tarde?
   c. ¿Viene Ud. siempre muy bien preparado a la clase?
   d. ¿Da Ud. muchas fiestas en casa?
   e. ¿Está Ud. muy cansado ahora?

B. ¿Cómo completó Ud. las frases siguientes? Léalas en voz alta:
1. Hace un año que . . .
2. Hace dos semanas que . . .

Ahora conteste:
   a. ¿Cuánto tiempo hace que está Ud. en esta clase?
   b. ¿Cuánto tiempo hace que estudian Uds. español?

C. Haga Ud. a sus amigos las preguntas que preparó anoche usando el pretérito y el imperfecto. Y después, conteste Ud. las preguntas de ellos.

D. Lea en voz alta su oración original usando *hace* . . . (ago). Ahora conteste:
1. ¿Estudiaba Ud. español hace dos años?
2. ¿Dónde estaba Ud. hace media hora?

E. Ahora queremos que Ud. y sus amigos presenten en forma dramatizada los pequeños diálogos que prepararon para hoy. (¡Magnífico!)

Tarea

A. Repase el uso de *estar* con el participio del presente (página 7) y escriba tres frases originales.

B. Estudie *gustar* (página 9) y después complete las oraciones siguientes:
1. ¿Le gusta a Ud. . . .?
2. No me gusta . . .
3. Me gustan mucho los . . .
4. A mis amigos les gusta . . .
5. Siempre nos gustaba . . .

C. Repase otra vez la hora del día (página 36) los números cardinales (página 24) y los números ordinales (página 23).

Ahora conteste:
1. ¿En qué año fue descubierto el Nuevo Mundo?
2. ¿En qué año nació Ud.?
3. ¿En qué año estamos ahora?
4. ¿En qué página comienza la *Lección Primera* de este libro?
5. ¿En qué página comienza la *Lección Décima?*

D. Vuelva a la página 30 y estudie los adjetivos posesivos. Ahora conteste afirmativamente:
1. ¿Es de Ud. la carta? —*Sí, es* . . .
2. ¿Son de Uds. los billetes? —*Sí, son* . . .
3. ¿Son tuyas estas plumas?
4. ¿Es de sus padres la casa?
5. ¿Es mío el anillo?

XIX SEGUNDA VISTA DEL MUNDO HISPÁNICO

Ya lo conocemos un poco. España, la *metrópoli*, que ocupa con Portugal aquel rincón del suroeste de Europa que se llama la Península Ibérica. De allí salieron los valientes exploradores que descubrieron y conquistaron las tierras del Nuevo Mundo. *Colón*, Cortés, Pizarro, De Soto, Coronado, Ponce de León, y otros. Y así comenzó la época colonial, una época que iba a durar más de tres *siglos*, desde *fines* del siglo XV hasta principios del XIX. Durante ese período España trajo a América su propia cultura— su lengua, sus costumbres, su religión y su arte— toda su *manera de ser*. Y construyó ciudades y comenzó a explotar sus *riquezas*. Pero los indios americanos también tenían una cultura *propia*, y el español, *al mezclarse* con ellos, se americanizó también. Así es que nació una cultura *mestiza*, un carácter y una personalidad que llamamos «hispanoamericanos».

Hispanoamérica se liberó de España en los primeros años del siglo XIX, y entonces comenzó su vida independiente. Pero *en vez* de formar una sola nación grande, el antiguo *imperio* español *se fragmentó* en muchos países. Y hoy vemos diez y nueve banderas donde antes había solamente una.

Los problemas de Hispanoamérica *siguen siendo* graves—problemas políticos, económicos y sociales. Pero debemos *tener presentes* también los factores geográficos—las enormes extensiones de tierra, la vasta cordillera de los Andes, las *selvas* tropicales, y las zonas áridas donde no se puede cultivar casi nada. Sin embargo, Hispanoamérica tiene una considerable importancia económica, y sobre todo, un gran arte, una gran literatura. Éste es el mundo de que vamos a hablar. Y en medio de todo está el hombre, el hispano. Vamos a conocerlo más.

mother country

Columbus

centuries ∼ the end

way of life
riches
of their own
upon mixing
mixed

instead
empire ∼ broke up

continue to be

bear in mind

jungles

ESTADOS UNIDOS
MÉXICO
OCÉANO ATLÁNTICO
CUBA
HAITÍ
REPÚBLICA DOMINICANA
PUERTO RICO
GUATEMALA
HONDURAS
EL SALVADOR
NICARAGUA
COSTA RICA
PANAMÁ
OCÉANO PACÍFICO
VENEZUELA
GUAYANAS
COLOMBIA
ECUADOR
RÍO AMAZONAS
PERÚ
BRASIL
BOLIVIA
PARAGUAY
CHILE
URUGUAY
ARGENTINA
N
HISPANO-AMÉRICA
TIERRA DEL FUEGO

Lección Primera

I CONVERSACIÓN

Today we're going to be quite familiar—*tú*-form users—but we're also going to be quite uncooperative. So no matter what command you are given, just give it right back. Por ejemplo:

A.

1 Mira. (Look!) Mira tú. (*You* look!)
2 Habla.
3 Contesta.
4 Escucha.
5 Trabaja.
6 Llega más temprano.
7 Come. (Eat!) Come tú.
8 Lee ahora.
9 Abre la puerta.
10 Aprende a bailar.
11 Prométeme. (Promise me.)
12 Cállate. (Be quiet!)

B. Esta vez, además de contestar, actúe cada uno de los mandatos. (Now besides answering, act out the commands with gestures, too.)

1 Ven acá. (Come here.)
2 Ven en seguida.
3 Ten paciencia. (Have . . .)
4 Sal en seguida. (Come out . . .)
5 Sal por aquí. (Go out through here.)

6 Ponte los guantes. (Put on your gloves.)
7 Ponte la corbata.
8 Ponte el sombrero.
9 Hazme un favor. (Do me . . .)
10 Sé bueno, chico. (Be . . .)
11 Sé más puntual, ¿eh?
12 Dime la verdad. (Tell me . . .)
13 Dime adónde vas.
14 Vete, muchacho, vete. (Go away . . .)

C. Ahora vamos a contestar, pero de una manera un poco diferente. Por ejemplo:

1 Cierra la puerta.   Ciérrala tú.
2 Abre las ventanas.   Ábrelas tú.
3 Compra el coche.   Cómpralo tú.
4 Mueve los discos.   Muévelos tú.
5 Prepara la comida.
6 Repite las palabras.
7 Estudia la lección.
8 Cubre los libros. (Cover . . .)
9 Mándale la carta.   Mándasela tú.
10 Dale el dinero.   Dáse (lo, etc.) . . .
11 Véndeles la casa.
12 Préstale los discos.

D. Ahora vamos a adoptar una actitud completamente negativa, ¿está bien? Por ejemplo:

1 Habla.   No. No hables.
2 Tómalo.   No. No lo tomes.
3 Ayúdala.   No, no la . . .
4 Gástalo.   No, . . .
5 Cántalas.
6 Estúdialos.
7 Apréndelo.   No, no lo aprendas.
8 Créelos.   No, no los creas.
9 Léela.   No, no la . . .
10 Permítela.
11 Repítelas.
12 Pídeselo. (Ask him for it.)   No, no se lo . . .

II ESCENAS DE LA VIDA

Un Día Nuevo

    SRA.: Sra. Sara María de Campos
DAV.: David, 17 años   EL.: Elisa, 9 años
  DAN.: Daniela, hermana gemela de David
      SR.: Sr. Ernesto Campos

Son las ocho de la mañana y estamos en casa de la familia Campos. La señora Campos está preparando el *desayuno*.   breakfast

SRA.: Pero, ¿y dónde está Daniela?
5 DAV.: Creo que está dormida.
SRA.: ¿Todavía? Pues llámala. Mejor, tú, Elisa, *ve*   go
    a su alcoba y despiértala.
EL.: No está dormida, mamá. Está en el baño, *desde*   for an hour already
    hace una hora.
10 SRA.: ¿Ah, sí? Pues *dile que salga* en seguida. El   tell her to come out
    desayuno está listo.
EL.: Está bien, mamá. (Elisa llama a la puerta del
    baño.) Daniela, *sal* en seguida. Mamá dice . . .   come out
DAN.: Ya lo sé. Espera un momentito. *Allá voy*.   I'll be right there.
15 SR.: Pero Sarita, ¿qué hace *ahí* por una hora la   there
    chica?
SRA.: No tengo la menor idea.
(Elisa vuelve a la cocina.)
EL.: Yo lo sé. *Se está poniendo las pestañas*.   She's putting on her eyelashes.
20 SR.: ¿Las . . . qué?
EL.: Las pestañas nuevas. Las compró ayer para
    irse a buscar trabajo hoy.   to go job-hunting
SR.: ¿Entonces para ser secretaria necesita pestañas
    postizas? ¿Qué busca esa chica—un *empleo* o un   false ~ job
25   novio?
DAV.: *Déjala*, papá. Daniela tiene que *estar* muy   Let her ~ look
    bonita si quiere *conseguir* un empleo.   get
SR.: Yo no sé. En mi *época* una secretaria tenía que   time
    ser *buena mecanógrafa, nada más*.   a good typist, that's all.

55

30 DAV.: Pues aquéllos fueron otros tiempos. Además, Daniela no es muy buena mecanógrafa.
• (Daniela entra en este momento. Tiene los ojos medio cerrados por el *peso* de las pestañas.) — weight
DAN.: *Tan mala no soy.* Puedo escribir veinte pa- — I'm not that bad.
35 labras por minuto.
DAV.: ¡Estupendo! ¿*Y no te suspendieron en taqui- grafía?* — didn't they fail you in shorthand?
SRA.: David. *Hazme* un favor y habla de otra cosa, ¿está bien? — Do me
40 DAN.: Sí, David. *No me pongas* nerviosa. — Don't make me
SR.: Escúchame, Daniela. No te dejo salir de casa así con los ojos medio cerrados. Vas a *tropezar con* un autobús. — walk smack into
(Los ojos de Daniela *se llenan de lágrimas.*) — fill with tears
45 EL.: ¿Ya ves, mamá? Daniela está llorando, como una *criatura*. — baby
SRA.: Elisa, *cállate y come.* (*Se vuelve* a su esposo y le habla *al oído.*) Ernesto, por favor, no le hables así a Daniela. *Trátala con más suavidad.* — hush up and eat / She turns ~ in his ear / Treat her more gently.
50 SR.: Bien, bien . . . Daniela, ven acá y siéntate . . . Ahora chica, créeme. Tú no necesitas pestañas ni nada para estar bonita. *Lo eres*, realmente, como tu mamá . . . — You are (pretty)
(Daniela todavía tiene los ojos *húmedos.*) — wet
55 DAN.: Gracias papá, pero . . .
SR.: No hay peros. *Quítate esos cepillos* . . . Ahora levanta la cabeza y dame una *sonrisa.* . . . Así. — Take off those brushes / smile
(Daniela hace una *mueca de tristeza*, pero se quita las pestañas, y camina hacia la puerta. David se — sad face
60 acerca a ella y le *susurra* al oído.) — whispers
DAV.: Daniela. *Óyeme. Estás estupenda* con las pes- tañas. *Póntelas* más tarde, ¿entiendes? — Listen to me. You look great ~ Put them on
(Daniela le *guiña el ojo.*) — winks
DAN.: Gracias, David. No te preocupes. Ya las
65 tengo en *el bolso.* — my purse
SRA.: Daniela, ¿*te marchas así no más* sin comer nada? — you're leaving just like that
DAN.: Es tarde ya, mamá. Y tengo *mucho que hacer.* — a lot to do
SRA.: Pues bien, hija. *Cuídate*, y buena suerte. — Take care
SR.: Sí, Daniela. Es un día nuevo.

Vocabulario Activo

bolso purse
cepillo brush
criatura baby
desayuno breakfast
peso weight

pestañas eyelashes
sonrisa smile
tristeza sadness
mecanógrafa typist
trabajo work; job

conseguir (**consigo**—*like* **seguir**) to get, obtain
guiñar to wink

marcharse to go away, walk off
susurrar to whisper
tropezar con (**tropiezo**) to come upon, bump into, meet

húmedo wet

No me pongas nervioso.
  Don't make me nervous.
Tengo mucho que hacer.
  I have a lot to do.

Cuídate. Cuídese. Take care (of yourself). Be careful. Watch out.
así no más just like that

Preguntas

1. ¿Qué hora es cuando comienza esta Escena?
2. ¿Dónde estamos?
3. ¿Qué está haciendo la señora Campos?
4. ¿Dónde está Daniela?
5. ¿Cuánto tiempo hace que está allí?
6. ¿Qué le dice Elisa cuando llama a la puerta del baño?
7. ¿Qué está haciendo Daniela?
8. ¿Por qué se compró pestañas postizas?
9. Según David, ¿por qué tiene que estar muy bonita Daniela si quiere conseguir un empleo?
10. ¿Cuántas palabras escribe por minuto Daniela?
11. ¿En qué materia (subject) la suspendieron?
12. ¿Qué favor pide la mamá a David?
13. Según el papá, ¿qué va a pasar si Daniela sale a la calle con los ojos medio cerrados?
14. ¿Qué dice Elisa cuando los ojos de Daniela se llenan de lágrimas?
15. ¿Cómo le contesta su mamá?
16. Según el señor Campos, ¿por qué no necesita pestañas postizas Daniela?

17. ¿Se quita las pestañas Daniela o las deja puestas (on)?
18. ¿Qué le recomienda su hermano David?
19. ¿Por qué se marcha Daniela sin comer nada?
20. ¿Qué le dicen sus padres antes de salir?

Discusión

1. ¿Le gustan a Ud. las pestañas postizas? ¿Las usa Ud. o sus amigas?
2. ¿Le permiten sus padres comprar su propia ropa (clothing)? ¿Tratan de influir en sus gustos a ese respecto (influence your tastes in that respect)? ¿Cree Ud. que los padres deben ser muy estrictos o poco estrictos con sus hijos? ¿Por qué?
3. ¿Qué piensa Ud. de la familia Campos? ¿Cree Ud. que emplean buena psicología o mala psicología los padres de Daniela?
4. ¿Le dan muchas órdenes (orders) los padres de Ud.? ¿Puede Ud. decirnos algunas de las órdenes típicas que le dan?

III ESTRUCTURA

1. Familiar Affirmative Commands: The Second Person

a. The *tú* form

1. The affirmative command for *tú* is almost always the same as the *third person singular of the present indicative*.[1]

¡**Habla!**	Speak!	¡**Come!**	Eat!	¡**Repite!**	Repeat!
¡**Mira!**	Look!	¡**Lee!**	Read!	¡**Duerme!**	Sleep!

   Of course, object pronouns are attached, as always.

   Cállate. Hush up. **Bébelo.** Drink it. **Ábrelas.** Open them.
   Dámelo. Give it to me. **Pregúntaselo.** Ask him (it).

2. There are only *eight* irregular forms:

Ven	Come	**Haz**	Do. Make
Ten	Have	**Sé**	Be
Pon	Put	**Di**	Say. Tell
Sal	Leave. Go out.	**Ve**	Go

   1. In fact, the second person affirmative commands are the only commands that don't come from the present subjunctive. Do you remember?: *Hable Ud. Coma(n) Ud(s). Repitan.*

Ven acá, ¡en seguida!—Ten paciencia, chico.
Come here, right away!—Have patience, boy.

Hazme un favor, David.
—Cómo no! ¿Qué quieres?
—Déjame en paz.
Dime, ¿qué te dijo el jefe?
—Ve y pregúntaselo tú.

Do me a favor, David.—Of course. What do you want?—Leave me alone.
Tell me, what did the boss say to you?—You go and ask him.

b. The *vosotros* form

1. All affirmative commands in *vosotros* are formed in one and the same way. Merely change the final *r* of the infinitive to *d*. There are no exceptions.

   hablar: **hablad**   tener: **tened**   salir: **salid**
   dar: **dad**   ser: **sed**   ir: **id**
   cerrar: _____   mover: _____   sentir: _____

   Habladnos en español.   Speak to us in Spanish.
   Dádmelo.   Give it to me.

2. When the reflexive pronoun *os* is attached, the *d* disappears.
   For example: sentad + os = **sentaos**
                poned + os = **poneos**
                vestid + os = **vestíos**

   Sentaos, niños.   Sit down, children.
   Poneos los guantes. Está haciendo frío. Put on your gloves. It's cold out.
   Vestíos ahora mismo.   Get dressed right now.

   Notice that *-ir* verbs need an accent mark on the *i*.

3. Only *id* does not drop the *d* when *os* is attached.
   Idos con ellos.   Go away with them!

Ejercicios

A. Diga el mandato afirmativo de *tú* usando los verbos siguientes:
1. descansar, estudiar, guiñar, susurrar, marcharse (. . . te)
2. cerrar, comenzar, tropezar, sentarse (. . . te), recordar, contar
3. comprender, romper, entender, encender, mover, volverse (. . . te)
4. abrir, permitir, sentir, mentir, servir, pedir, repetir, dormir, morir
5. tener, venir, poner, salir; hacer, ser, decir, ir

B. Ahora diga la forma de *vosotros* de los verbos de A.

C. Cambie de *Ud.* a *tú* los mandatos siguientes. Por ejemplo:
Acabe en seguida. *Acaba en seguida.*
Escríbale hoy. *Escríbele hoy.*
Cómpremelo. *Cómpramelo.*

1. Use el cepillo nuevo.
2. Abra el bolso.
3. Llame al jefe.
4. Cierre los ojos.
5. Halle un buen trabajo.
6. Susúrrele al oído.
7. Ayúdela con la tarea.
8. Cuídese. (... te)
9. Deme una sonrisa.
10. Cómpreme un anillo.
11. Despiértese.
12. Duerma bien.
13. Tenga cuidado.
14. Venga mañana.
15. Salga temprano.
16. Póngalo aquí.
17. Hágame un favor.
18. Sea bueno, ¿eh?
19. Dígaselo.
20. Vaya a la tienda.

D. Ahora lea bien los diálogos, y después indique cuál es la conclusión mejor.

1. —Son las ocho y media ya. ¿Dónde está Alfredo?
   —Está dormido todavía.
   —Pues (despiértalo, aguántalo, búscalo)
2. —La chica no puede levantar la silla por sí sola. Es muy grande.
   —Pues bien, (llámala, ayúdala, susúrrale al oído)
3. —Cuesta mucho dinero vivir hoy día. ¿Qué voy a hacer?
   —¿Sabes lo que te recomiendo yo? (consigue un trabajo, dame una sonrisa, márchate en seguida.)
4. —¿Qué tal, Alonso? ¿Cómo estás?
   —Regular. Estoy trabajando demasiado y no me siento bien.
   —Bueno, hombre, (levántate más temprano, abre otra tienda, cuídate, ¿eh?)
5. —No puedo ver muy bien hoy. Tengo los ojos medio cerrados.
   —Escucha, Daniela. (quítate esas pestañas postizas, come mejor el desayuno, quítate las gafas.)

2. Familiar Negative Commands

The familiar negative commands, just like the polite commands (*Ud.* and *Uds.*) come from the present subjunctive. Of course, as with all negative commands, the object pronouns go *before* the verb.

Háblame, amor mío. Bésame.— No soy tu amor.—Bueno. *No me hables* entonces.

Speak to me, my love. Kiss me.— I am not your love.—All right. Then don't speak to me.

¿Abro la ventana?—No. *No la abras.* Tengo frío.
Shall I open the window?— No. Don't open it. I'm cold.

No lo pongas allí. Ponlo aquí.
Don't put it there. Put it here.

No vengas muy temprano. Quiero dormir mañana.
Don't come very early. I want to sleep tomorrow.

No le habléis así.
Don't talk to him that way.
No las mováis. Dejadlos.
Don't move them. Leave them.
No se lo deis.
Don't give it to him.

Ejercicios

A. Haga negativos los mandatos siguientes:

1. Entra por aquí.
2. Lee en voz alta.
3. Escucha este disco.
4. Repite la misma frase.
5. Cántame la canción. (No me . . .)
6. Márchate. (No te . . .)
7. Ven por la tarde.
8. Sal en seguida.
9. Hazme el almuerzo.
10. Tráeme un reloj.
11. Díselo ahora.
12. Póntelos.
13. Tradúcelo al inglés.
14. Vuelve inmediatamente.
15. Duerme en esa cama.
16. Acuéstate tarde.
17. Despiértate temprano.
18. Siéntate ahí.
19. Pídeselo.
20. Vete. (. . .)

B. Lea los diálogos siguientes, y después conteste las preguntas:

1. —¿Qué estás haciendo, Pedro?
   —Una composición para la clase de inglés.
   —No la hagas así. Escribe más claramente . . . así. Y no uses esa pluma. No me gusta el color de la tinta.
   —¿Ah, no?
   —Seguro. Ahora comienza otra vez desde el principio. Primero pon el título, y después . . .
   —Escúchame, Juanita. Déjame en paz y no me pongas nervioso. ¿Entiendes?
   —Bueno, no te enfades (get angry). Sólo quería ayudarte, nada más. ¡Qué chico, eh!

Conteste: **a.** En su opinión, ¿quiénes son Pedro y Juanita?
  b. ¿Cuántos años cree Ud. que tienen?
  c. ¿Qué composición está escribiendo Pedro?
  d. ¿Qué le dice Juanita?
  e. ¿Por qué le dice Juanita que no use esa pluma?
  f. ¿Cómo le contesta finalmente Pedro?
  g. ¿Conoce Ud. a alguien como Juanita?

2. —Hola, Antonio. ¿Qué tal?
   —Bien. ¿Y tú?
   —Bien, gracias. Óyeme, Antonio. Tengo dos boletos (tickets) para la corrida esta tarde. Ven conmigo, ¿eh?
   —No puedo. Tengo mucho que hacer hoy.
   —No me digas eso. ¿Qué tienes que hacer? Tú nunca estás ocupado. No trabajas, ni nada. Ya te conozco.
   —Es que . . . es que esta tarde me voy a casar. Mi novia me está esperando.
   —Pues dile que hoy no puedes.
   —¿Así no más?
   —Claro, hombre. Cásate mañana. La corrida no puede esperar.

   Conteste: **a.** ¿Cómo piensa Ud. que se llama el amigo de Antonio?
     b. ¿Adónde le invita?
     c. ¿Por qué dice: «No me digas eso»?
     d. ¿Qué tiene que hacer esta tarde Antonio?
     e. ¿Quién le está esperando?
     f. ¿Qué consejo (advice) le da su amigo?
     g. ¿Qué piensa Ud. de los dos señores?

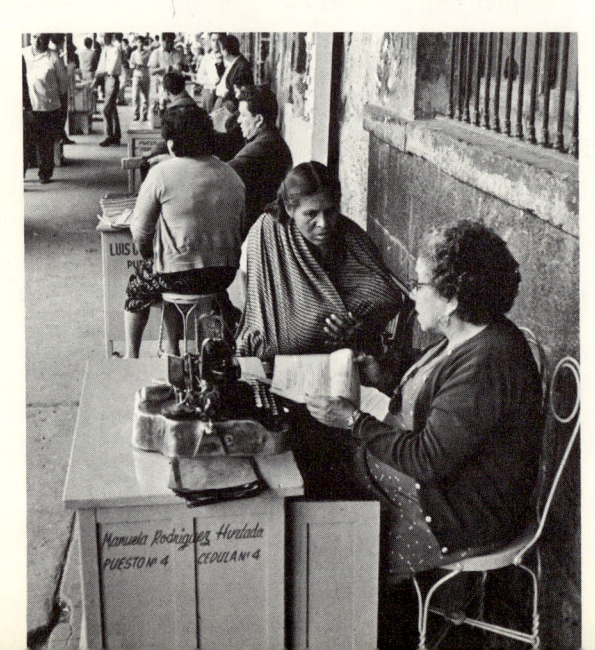

Los escribanos (scribes) públicos ayudan a la gente a escribir sus cartas y documentos. *México.*

Área: aprox. 760,000 millas cuadradas
Población: aprox. 50,000,000
Unidad monetaria: peso

IV NOTAS HISPÁNICAS

México

Cuando los conquistadores españoles llegaron a Tenochititlán, la capital de los aztecas, encontraron una ciudad grande y opulenta *construida en medio de un lago*. Y *tan maravillados quedaron ante* la vista de sus hermosos palacios y templos que la *denominaron* «otra Venecia», tierra de sueños e ilusiones. La antigua ciudad y el lago ya no existen, pero en su lugar se levanta ahora la capital de una gran república. Y allí comienza nuestra *historia*.

México, D. F. (Distrito Federal) es una de las ciudades más interesantes, y más *paradójicas* del mundo. Situada en una zona semi-tropical, *goza sin embargo de* un clima fresco. ¿Por qué? Porque se halla a una *altura* de casi 7,500 pies sobre *el nivel del mar*, y los picos de las montañas que la rodean—Ixtaccíhuatl, Popocatépetl—están cubiertos siempre de nieve. Es una ciudad inmensa, cosmopolita, moderna, más grande que Madrid o Barcelona, y segunda sólo a Buenos Aires en la América hispana. Pero junto a los edificios modernos *se ven* todavía las hermosas estructuras españolas de la época colonial. Es una ciudad dinámica, ruidosa, comercial. Y al mismo tiempo es una ciudad de parques y de anchos bulevares donde la *gente se recrea y se pasea*. Es una ciudad «siglo XX», como *cualquiera* de las grandes metrópolis europeas y norteamericanas. Pero por todas partes se ve el *recuerdo* de tiempos pasados, de una civilización *indígena* que *no deja de* vivir.

built in the middle of a lake
so amazed were they at
called

story

full of contradictions
it enjoys nevertheless

height ~ sea level

are seen

people relax and stroll
any

remembrance
native ~ doesn't cease to

63

La capital de México, como México mismo, es una *amalgama* del indio y del blanco. Los españoles trajeron su cultura, establecieron sus escuelas y construyeron sus *iglesias* y sus catedrales. Y los mexicanos «*se españolizaron.*» Pero los españoles «*se mexicanizaron*» también. La primera generación que nació en México después de la conquista fue una generación *mestiza*. Así es hoy el pueblo mexicano. Así es su cultura. Y la *Virgen morena* de Guadalupe, cuyo *santuario* es el lugar más visitado de México, es su santa patrona y el símbolo de su raza.

Salimos de la capital, y vamos a Teotihuacán. El viaje es corto, y de repente nos encontramos en otro mundo, un mundo que *desafía* a la imaginación. Allí se levantan las grandes *pirámides* de la Luna y del Sol. Allí se ven los antiguos dioses *esculpidos en piedra*. Allí *aparece* la figura de la *serpiente emplumada*. Subimos lentamente los *escalones* del gran templo del Sol, y llegamos a la *cima* donde los *sacerdotes*

blending

churches
became Hispanized

of mixed blood

dark-skinned Virgin
shrine

defies
pyramids
sculptured in stone
appears ~ feathered serpent
steps
top ~ priests

Un mosaico basado en temas históricos adorna la fachada de la Biblioteca de la Universidad de México.

Xochimilco. Jardines flotantes.

hacían sus sacrificios humanos. Sentimos un frío *extraño* y bajamos. El día es *caluroso*, y nos hallamos
50 rodeados de niños que quieren vendernos pequeñas *reliquias* de tiempos remotos. Y vemos en esas *caritas* indias las *huellas* de sus *antepasados*.

    Seguimos nuestro camino. Xochimilco, con sus jardines *flotantes*, Xochimilco, donde los *jardineros* del
55 emperador azteca *cultivaban las flores* para la mesa *real*. Cuernavaca y Acapulco, *meca* de turistas. Oaxaca, donde la tradición antigua *se refleja* en sus *trajes*, sus bailes, sus *tejidos*, su cerámica. Taxco, con su *joyería* y sus objetos de plata. Pátzcuaro, tierra de
60 *pescadores*, tierra de una *loza* tan verde como las *esmeraldas* y de magníficos sarapes[2] multicolores. Guadalajara, grande, limpia, progresista, de un clima ideal, y donde viven, según la tradición, las

strange ~ hot

relics ~ little faces
traces ~ ancestors

floating ~ gardeners
raised flowers
royal ~ gathering place
is reflected
costumes ~ textiles
jewelry
fishermen ~ pottery
emeralds

2. Un sarape es una clase de manta (blanket) tradicional que llevan sobre el hombro los indios mexicanos.

65

mujeres más hermosas de todo México. Morelia, una *joya* colonial *montada* en un valle verde. Y hay otras ciudades, otros pueblos, innumerables, *encantadores*. Pero esta primera vista tiene que ser un poco rápida.

    Como toda la América hispana, como gran parte del mundo, en efecto, México es un país de enormes contrastes. En los grandes centros *se están desarrollando* varias industrias, y la tecnología moderna comienza a elevar su condición económica. México produce *plata y hierro*, *algodón*, telas, carnes, *cerveza*, y azúcar. Pero la economía es mayormente *agrícola*, y en muchas partes se usan todavía métodos e instrumentos primitivos. Así es que existen unos extremos *asombrosos* de riqueza y de pobreza. Sin embargo, México es uno de los pocos países latinoamericanos donde la clase media representa un *porcentaje significativo* de la población. Tiene un sistema *educativo* moderno. La educación es obligatoria hasta la edad de quince años y la hermosa

jewel ~ set
enchanting

are developing

silver and iron, cotton ~ beer
agricultural

startling

significant percentage
educational

Reliquias del indio mexicano. La famosa piedra calendaria y las serpientes emplumadas del templo de Quetzalcóatl.

Ciudad Universitaria, en las *afueras* de la capital, es una de las universidades mejores y más antiguas del mundo hispánico.

¿Cuál es entonces el panorama general de México? Es el de un país que está caminando *tenazmente* hacia el futuro, un país fascinante, producto de dos culturas y *consciente* de su identidad. Su historia conoce guerras y revoluciones. En efecto, la Revolución Mexicana, que comenzó en 1910, fue la primera gran revolución *agraria* del siglo XX. Su sistema político no es enteramente democrático ni enteramente dictatorial, y mañana puede traer cambios. Pero México es una nación estable y unida ahora y ahí está su fuerza y su *razón* de ser.

outskirts

steadily
conscious

agrarian (for land reform)

reason for being

Preguntas

1. ¿Dónde estaba construida la antigua capital de los aztecas?
2. ¿Qué clase de ciudad es México, D.F.? ¿Qué contrastes vemos allí?
3. ¿De qué elementos fundamentales está compuesta la cultura mexicana?
4. ¿Quién es la santa patrona de México? ¿Qué simboliza?
5. ¿Qué encontramos en Teotihuacán?
6. ¿Qué otros pueblos mexicanos conoce Ud.?
7. ¿Qué industrias tiene México?
8. ¿Qué condiciones existen frecuentemente en las regiones rurales?
9. ¿Cuáles son algunos aspectos positivos de la vida mexicana?
10. ¿Cuál es el panorama general de México hoy?

V PASATIEMPO

Pablo Te Dice . . .

Ésta es una versión auténtica de *Simón Dice* . . . La única diferencia es que Pablo tiene una relación mucho más familiar con los estudiantes, y por eso, siempre usa la forma de la segunda persona del singular. Si Ud. quiere participar en este juego, prepare una lista de veinte mandatos—diez afirmativos y diez negativos—empleando la forma de *tú*, y venga bien preparado a la clase. ¿Quién sabe? Ud. puede ser «Pablo» también.

2

Lección Segunda

I CONVERSACIÓN

A.
1 ¿Está Ud. sentado o parado ahora?
2 ¿Está sentado o parado su maestro?
3 ¿Quién está sentado a su derecha?
4 ¿Se siente cansado hoy?   Sí, me siento ... No, ...
5 ¿Están muy atestados (crowded) los trenes por la mañana?
6 ¿Están atestados los autobuses?
7 ¿Tiene Ud. un hermano casado?
8 ¿Estaba Ud. dormido esta mañana a las seis?

B.
1 ¿Ha estado Ud. alguna vez en México? (Have you ever been ...?)   Sí, he estado ... (Yes, I have ...)
   No, no he estado ...[1]
2 ¿Ha visitado Ud. alguna vez la Casa Blanca?   Sí, he ...
3 ¿Ha viajado Ud. a Europa?
4 ¿Ha pasado Ud. tiempo en otro país?
5 ¿Ha estudiado Ud. otras lenguas?
6 ¿Ha leído Ud. el periódico hoy? (Have you read ...?)
7 ¿Ha comido ya el almuerzo?
8 ¿Ha comprendido estas preguntas?

C.
1 (Dorotea), ¿has preparado bien los ejercicios? (Have you ...)   Sí, he preparado ...

   1. Do not change the ending.

2 (Miguel), ¿has borrado la pizarra? (Have you erased . . .?)
3 (Carolina), ¿has comprado algo recientemente?
4 (Roberto), ¿has jugado al fútbol esta semana?
5 (Emilia), ¿has perdido tu libro de español?

D.
1 ¿Han tenido Uds. un examen esta semana? (Have you had . . .?)   Sí, hemos tenido . . . (Yes, we have . . .) No, no hemos tenido . . .
2 ¿Cuántas clases han tenido Uds. ya hoy?
3 ¿Han trabajado mucho?
4 ¿Han aprendido algo interesante?
5 ¿Han ido al cine recientemente? (Have you gone . . .?)
6 ¿Han visto Uds. mi pluma? (Have you seen . . .?)
7 ¿Han visto una película (film) buena?   Sí, hemos visto . . .
8 ¿Han escrito Uds. en la pizarra hoy? (Have you written . . .?)   Sí, hemos . . .
9 ¿Han escrito Uds. alguna vez un poema?

E.
1 ¿Ha ocurrido alguna vez un accidente en su casa?   Sí, ha ocurrido . . . No, no ha . . .
2 ¿Ha ocurrido un accidente serio en su barrio (neighborhood)?
3 ¿Ha ocurrido un robo (robbery)?
4 ¿Ha entrado en nuestra clase un estudiante nuevo?
5 ¿Ha venido a visitarnos recientemente el Rector?
6 ¿Han visitado esta clase sus padres? (Have your parents . . .?)   Sí, mis padres han visitado . . .
7 ¿Han comprado un coche nuevo este año sus padres?
8 ¿Han vivido en otro estado?
9 ¿Cuántos hijos han tenido?

II ESCENAS DE LA VIDA

Viaje en Autobús

CH.: Chófer   1°: Primer hombre
2°: Segundo hombre   DAN.: Daniela

Son las nueve menos cuarto de la mañana y el autobús de la Avenida Sierra está *atestado*.   crowded

CH.: Por favor, *pasen al fondo* del bus. ¡Pa-sen al fon... (Varias personas tratan de *abrirse paso*.)   move to the back / make their way

5 VOCES: Perdón... ¡Cómo no!... Permiso... Con permiso... ¿Me hace el favor?... *¡Qué demonios!* ¡Cinco personas *me han pisado* ya los pies!... Ay, perdone... Permiso... Permiso...   What the...! / have stepped on my

(Un joven que está sentado en el quinto *asiento* a la
10 izquierda se levanta para ofrecerle el *lugar* a una señorita bonita. Un viejo que *ha estado leyendo el periódico por encima del hombro del joven* cierra los ojos *tristemente* y se duerme.... Dos hombres están sentados en el tercer asiento a la derecha.)   seat / place / has been reading the paper over the young man's shoulder ~ sadly

15 1°: ¿Qué tal, Fernández?
2°: Un poco cansado, pero bien. ¿Y Ud.?
1°: Excelente. Es un día estupendo... A propósito, ¿*ha visto* el periódico hoy?   have you seen
2°: No. No he tenido tiempo. ¿Ha pasado algo?
20 1°: Pues *hubo un robo* ayer muy cerca de donde yo vivo. En *pleno día, figúrese*.   there was a robbery / broad daylight, imagine.
2°: ¿Ah, sí? Han ocurrido varios recientemente en nuestro barrio. ¡Y cuántos accidentes! ¿Sabe Ud.? Este *mismo* mes *han muerto* ya seis personas.   very ~ have died
25 1°: *Lástima*.   (It's a) pity.
(Los hombres *guardan silencio* por un momento.)   keep silent
2°: *Ea*, Gonzalo, ¿ha visto a la *muñequita* que acaba de *subir*?   Hey ~ doll / gotten on?
1°: ¡Caramba! ¡Qué muchacha, eh! Siempre *me
30 ha encantado el pelo rojo*.   red hair has always gotten me
(Otro silencio más largo mientras los dos *contemplan a la pelirroja*.)   gaze at the redhead

70

1°: *¿Sabe? He oído* en la radio que los *rojos se han levantado* otra vez en el norte. *Han hecho* una huelga general y el *gobernador* . . .

2°: ha declarado un estado de emergencia. Como siempre.

1°: Pues así es el mundo. Nadie quiere vivir en *paz*.

2°: ¿Paz? Ya no existe esa palabra. Yo leí el otro día que han inventado una nueva bomba que . . .

1°: Pero eso no es nada comparado con los rayos cósmicos.

2°: Y los *cohetes* . . .

1°: ¿Los Cohetes, *ha dicho?* ¡Qué equipo, eh! Nadie *se fijaba en ellos, ¡y pum!, se han llevado el campeonato.*

2°: Pues con ese Humberto Salinas han tenido que ganar. Es una maravilla.

1°: Así es . . . Pues, creo que hemos llegado.

2°: *Es cierto.* Hasta pronto, ¿eh? Y *que le vaya muy bien.*

1°: Igualmente. Es un día estupendo.

(El autobús *se detiene.* Algunos *pasajeros* bajan, y suben tres o cuatro más. El viejo que está dormido en el quinto asiento a la izquierda *ronca tranquilamente.* Daniela Campos y Carmen Sastre están sentadas en el último asiento a la derecha.)

C.: Bueno. Aquí nadie nos va a ver. *Préstamelas.*

DAN.: *Ya, Ya.* Las tengo en el bolso . . . Aquí están. (Daniela saca del bolso sus pestañas postizas y Carmen la ayuda a ponérselas.)

C.: Muy bien. La primera está perfecta. Ahora cierra el otro ojo.

(Daniela guiña el ojo derecho, y un hombre que está parado cerca de ella *le devuelve el guiño.*)

HOMBRE: *¡Bendita sea la madre que te parió,* hermosa!²

DAN.: ¡Dios mío!

C.: *No le hagas caso.* Es un piropo ordinario.

DAN: No es eso. He perdido la otra pestaña. Creo que *se ha caído.*

C.: No la has perdido. Ahí está, debajo del asiento de la señora gorda . . . No te preocupes. Yo la

2. This is a typical *piropo*, a flirtatious remark that men will often make, without offensive intentions, to a pretty girl on the street.

puedo *alcanzar con el pie.* (Carmen hace un poco   reach it with my foot
de *acrobacia* debajo del asiento, y por fin sale   acrobatics
triunfante con la pestaña entre los dedos.)

DAN.: Tú *sí que eres* buena amiga, Carmen.   really are

75 C.: Nada . . . Ahora cierra otra vez el ojo . . . así . . .
así . . . Bueno . . . Daniela, ¡estás estupenda!

DAN.: Gracias, Carmen. ¿Pero sabes? Hemos pasado
ya nuestra *esquina.*   corner

C.: No importa. *Valió la pena.*   It was worth it.

80 DAN.: Tienes razón. Siempre podemos caminar.
(Las muchachas bajan y otros pasajeros suben.)

CH.: Pasen al fondo, por favor. Al fon- . . .
(El viejo que está dormido en el quinto asiento se
despierta con un *ronquido.* Abre los ojos, ve que una   snore

85 señora fea está parada delante de él, cierra otra vez
los ojos, y *se vuelve a dormir.*)   he goes back to sleep

Vocabulario Activo

dedo finger	**huelga** strike
pasajero passenger	**robo** robbery

alcanzar to reach; obtain	**caerse (me caigo)** to fall down
devolver (devuelvo) to give back, return (something)	**llevarse** to take away, make off with

atestado crowded	**último** last

debajo de under	**(por) encima de** on top of, over

abrirse paso to make one's way	**Es cierto.** That's right.
fijarse en to notice	**Figúrese.** Just imagine!
hacerle caso a alguien to pay attention to, listen to, heed	**Lástima.** That's a pity.
valer la pena to be worth while	**Que le vaya bien.** Good luck. May things go well with you

Preguntas

1. ¿Cómo está el autobús de la Avenida Sierra?
2. ¿Qué grita el chófer?
3. ¿Qué dicen los pasajeros cuando quieren abrirse camino?
4. ¿Qué hace el joven que está sentado en el quinto asiento?
5. ¿Y qué hace el viejo que ha estado leyendo el periódico del joven?
6. ¿Quiénes están sentados en el tercer asiento a la derecha?
7. ¿Por qué no ha visto hoy el periódico Fernández?
8. ¿Qué cosas malas han ocurrido recientemente en su barrio?
9. De repente, ¿qué pregunta Fernández a Gonzalo?
10. ¿Qué ha oído Gonzalo en la radio?
11. ¿Qué ha hecho el gobernador?
12. ¿Qué ha leído Fernández en el periódico?
13. ¿Qué cosa se han llevado Los Cohetes?
14. ¿Quiénes están sentadas ahora en el último asiento del autobús?
15. ¿Qué saca Daniela del bolso?
16. ¿Por qué dice Daniela: «¡Dios mío!»?
17. ¿Cómo alcanza Carmen la pestaña perdida?
18. ¿Por qué tienen que caminar Daniela y Carmen?
19. ¿A quién ve el viejo del quinto asiento cuando se despierta?
20. ¿Qué hace el viejo?

Discusión

1. ¿Toma Ud. frecuentemente el autobús? ¿Se detiene el autobús en la esquina de su calle? ¿Cómo viene Ud. al colegio? Si tiene que hacer un viaje largo (take a long trip), ¿prefiere Ud. ir en tren, en coche, en autobús, o en avión? ¿Por qué?

2. ¿Lee Ud. el periódico todos los días? ¿Escucha Ud. las noticias en la radio? ¿Las ve Ud. en la televisión? ¿A qué horas tienen programas de noticias en la televisión? ¿Le gustan esos programas?

3. ¿Qué noticia de las últimas dos o tres semanas le ha impresionado más a Ud.? ¿Ha ocurrido recientemente una huelga en su ciudad? ¿Han ocurrido algunos robos? ¿Han muerto muchas personas en accidentes de automóviles? ¿Ha oído Ud. recientemente una noticia muy buena o muy divertida (funny)? ¿Cuál fue?

III ESTRUCTURA

3. The Past Participle

a. The past participle (been, seen, gone, done, written, spoken, etc.) is regularly formed by changing the infinitive ending –ar to –ado; –er or –ir to –ido.

	–ar			**–er, –ir**	
hablar	hablado	spoken	comer	comido	eaten
dar	dado	given	ir	ido	gone
estar	estado	been	ser	sido	been
comenzar	_____	begun	saber	_____	known

b. There are a few irregular past participles (many fewer, as a matter of fact, than in English!).

abrir	*abierto*	open(ed)	decir	*dicho*	said, told
cubrir	*cubierto*	covered	hacer	*hecho*	done, made
morir	*muerto*	died, dead	ver	*visto*	seen
volver	*vuelto*	returned	escribir	*escrito*	written
poner	*puesto*	put	romper	*roto*	broken

c. Very often the past participle is used as an adjective, and then, of course, it agrees with the noun to which it refers. We have used many of them already. Do you remember?

¿Dónde está Gloria?—Está *dormida*. Estaba muy *cansada*.
Where's Gloria?—She's asleep. She was very tired.

¿Por qué no tomaste el tren?—Porque estaba *atestado*.
Why didn't you take the train?—Because it was crowded.

Dos hombres estaban *sentados* cerca de nosotros. Parecían muy *agitados*.
Two men were seated near us. They seemed very upset.

Ejercicios

A. Diga el participio pasivo (past participle) de los verbos siguientes:
1. cerrar, jurar, sentar, parar, casar, encontrar, invitar
2. meter, tener, saber, conocer, crecer, perder, entender, poder
3. salir, sentir, pedir, dormir, venir, servir, seguir, vestir
4. poner, componer[3]; volver, devolver; cubrir, descubrir, abrir; escribir, ver, hacer, decir; morir, romper

---

3. Spanish verbs ending in *–poner* generally correspond to English verbs that end in *–pose*. How many do you know? Of course they are all conjugated just like *poner*.

B. Ahora cambie según las indicaciones:
1. Todos los trenes estaban *atestados*. (ocupar)
2. Temo que el *perro* esté perdido. (papeles)
3. Lo encontraron *dormido* en el parque. (morir)
4. No dejen *abiertas* las ventanas. (cerrar)
5. Casi todos estaban *sentados*. (parar)
6. ¿Está escrita ya la *carta*? (ejercicios)
7. ¿Así es? ¿Otra promesa *rota*? (olvidar)
8. Mi *hermana* mayor está casada ya. (hermanas)
9. ¿Por qué está cubierto el *frasco*? (máquinas)
10. Ésta es una *clase* muy interesada. (grupo)

4. The Present Tense of *haber*[4]

Haber means *to have* (*done, gone, spoken*, etc.) It is an *auxiliary* verb, and in this sense, can never stand alone. Followed by a past participle, it *helps* make up what we call the compound or perfect tenses. Here is the present of *haber*.

he	I have (written, seen, etc.)
has	you (tú) have . . .
ha	he, she, it has . . ., you (Ud.) have . . .
hemos	we have . . .
habéis	you (vosotros) have . . .
han	they, you (Uds.) have . . .

Do not confuse *haber* with *tener*. *Tener* means *to have* (*something*), *to have and to hold*. *Haber* merely supports the past participle that follows it, and has no real meaning on its own.

5. What is the Present Perfect Tense?

a. Compound or perfect tenses are composed of two parts: the auxiliary *to have* + a past participle. That is why they are called "compound." But why are they also called "perfect"? Simply because "perfect" comes from the Latin word *perfectum: completed*. And so, the perfect tenses deal with completed actions. The function of the auxiliary verb is to tell *when* the action *has* been, *had* been, *will have* been, or *would have* been completed.

[4] Actually, we have already used a special impersonal form of *haber* in two common idiomatic expressions: *hay* there is, there are; and *hay que* . . . one must . . ., it is necessary to . . .

b. The *present* perfect tense, as its name implies, tells what *has* happened. It consists of the present tense of *haber*, followed by a past participle. Notice that the past participle never changes its form when it follows *haber*.

¿Has comido ya?—No. No he comido nada.
Have you eaten already?— No. I haven't eaten anything.

Hemos pasado nuestra esquina. —No importa. Es temprano todavía.
We have passed our corner. —It doesn't matter. It's still early.

Han declarado una huelga en el sur. —¡Ay, no! ¿Otra vez?
They have declared a strike in the South. —Oh, no! Again?

c. Important: Object pronouns always go **before** *haber*. In fact, never put **anything** between *haber* and the past participle, no matter what the English equivalent may be. *Haber* + past participle is **one inseparable unit!**

¿Lo has hecho ya? —Todavía no. No he tenido tiempo.
Have you done it already?— Not yet. I haven't had time.

¿La han leído los estudiantes?— Sí, esta mañana.
Have the students read it?— Yes, this morning.

Te lo he dicho mil veces. —No. Sólo cien.
I have told you it a thousand times. —No. Only a hundred.

Ejercicios

A. Cambie según las indicaciones:

1. La he *invitado*.
   (llamar, contestar, recibir)
2. ¿No lo has *visto* todavía?
   (hacer, decir, poner)
3. ¿Quién lo ha *leído*[5]?
   (traer, creer, escribir)
4. Las hemos *terminado*.
   (romper, abrir, cubrir)
5. Han *querido* verlos.
   (venir a, ir a, tratar de)
6. No *me he* marchado todavía.
   (Juan, Ana y yo, ellos)
7. ¿Quién *se lo ha* llevado?
   (¿Tú?, ¿Ud.?, ¿Uds.?)
8. Nunca le *han* hecho caso.
   (yo, Pío y yo, los chicos)

B. Conteste en español:

1. En su opinión, ¿quién ha sido nuestro mejor presidente? 2. ¿Quién ha contribuido más a la ciencia? ¿a las matemáticas? ¿a la música? ¿al arte? ¿a la literatura del mundo? 3. ¿Ha estudiado Ud. arte? ¿música?

---

[5]. Verbs ending in *–eer* or *–aer* (*leer, traer,* etc.) need a written accent on the past participle: leído, traído. Do you know why?

4. ¿Ha participado Ud. alguna vez en una producción dramática? ¿o musical? 5. ¿Ha tocado Ud. alguna vez en una orquesta? 6. ¿A cuántas escuelas ha asistido Ud.? 7. ¿En cuántas casas ha vivido? 8. ¿Han escrito Uds. este ejercicio o lo han preparado oralmente? 9. ¿Han comprendido Uds. esta lección? 10. ¿Ha valido la pena estudiar? 11. ¿Ha habido (Has there been) una huelga recientemente en su ciudad? 12. ¿Han ocurrido muchos robos?

    C.   Responda ahora según los modelos:

            ¿Van a venir hoy sus tíos? —*Han venido ya.*
            ¿Llega pronto el tren? —*Ha llegado ya.*
            ¿Puedes escribirle esta tarde? —*Le he escrito ya.*

1. ¿La vas a llamar mañana? 2. ¿Puedes alcanzarlo con el pie? 3. ¿Por qué no los devuelve Ud.? 4. ¿Lo hacen Uds. ahora? 5. ¿Cuándo van Uds. a terminar el libro? 6. ¿Van a traerlos esta noche? 7. Temo que el pobre se esté muriendo. 8. ¿A qué hora suben los pasajeros? 9. ¡Cuidado! No te caigas. (Me he . . .) 10. ¡No te quemes (burn) los dedos! (Me los he . . .)

    D.   Diga finalmente en español:

1. I haven't seen him today. 2. We have passed our corner. —That's right. 3. Have you noticed that girl? 4. Imagine! He has made off with my coat. 5. I have told (it to) her, but she hasn't paid me any attention. 6. Several people have made their way to the back of the bus.

Sacando agua del pozo.   *Yucatán.*

Área: aprox. 42,000 millas cuadradas
Población: aprox. 4,000,000
Unidad monetaria: peso

IV NOTAS HISPÁNICAS

Guatemala y la Península de Yucatán

Dejando *atrás* a México y *prosiguiendo* hacia el sur, llegamos a Guatemala, tierra del *maya*. Guatemala es un país relativamente pequeño y pobre. No se puede llamar un «*poder* internacional», *ni mucho*
5 *menos*. Sin embargo, su civilización es probablemente la más vieja del hemisferio occidental, y seguramente una de las más interesantes de la historia humana. Estudiémosla por un momento.

Los antiguos habitantes de Guatemala, como sus
10 descendientes modernos, se llamaban mayas. Su cultura no tenía la gran riqueza en oro y plata ni la estructura económica y política de la sociedad azteca. Pero se distinguían en una forma especial— su amor *a* la ciencia y a la paz. Entre las *miles* de
15 escenas *esculpidas* en sus monumentos y en sus obras de arte, no encontramos casi ninguna evidencia de la guerra. Y el calendario que nos han dejado los mayas, un calendario hecho en la más remota *antigüedad*, es mucho más preciso que el de los astró-
20 nomos europeos de la época de la conquista. La mayor parte de sus «libros», escritos con símbolos en una clase de tela, fueron destruidos por los conquistadores españoles. Pero han quedado *unos cuantos*, y estas obras nos revelan algunos de sus
25 *conocimientos* científicos y las *fábulas* de su religión, los misterios de la creación interpretada por el hombre primitivo.

atrás behind ~ *prosiguiendo* continuing on
maya Maya Indian

poder power ~ *ni mucho menos* by any means

miles of ~ thousands
esculpidas carved

antigüedad antiquity

unos cuantos a few
conocimientos knowledge ~ *fábulas* tales

Parece que los antiguos mayas vivían en sus *ciudades-estados*, unidos sólo por la *necesidad de mantener* la vida en un mundo difícil y de *apaciguar* a los dioses de la tierra. Porque el indio dependía de la tierra. *El maíz* era el fundamento de su vida, y los dioses no eran fáciles *de* apaciguar. *Exigían* un gran número de sacrificios humanos, y por eso los mayas, como los toltecas y los aztecas después de ellos, construyeron grandes templos, y allí *realizaban* los crueles sacrificios. Aunque no conocían el uso del *arco*, han dejado sin embargo en el gran templo de Chichén Itzá uno de los ejemplos más impresionantes de la arquitectura indígena.

Por *razones desconocidas* gran parte de la civilización maya *se trasladó* a la península de Yucatán durante el siglo seis después de Cristo. Allí *se volvieron a establecer*, y en aquella región, que hoy es una provincia de México, han continuado viviendo hasta el presente. La vida ha cambiado muy poco para ellos *a través de los siglos*. Todavía hay en Yucatán y en partes de Guatemala tribus de indios mayas que no han tenido casi ningún contacto con la civilización blanca. Siguen cultivando la tierra con sus viejos instrumentos, y la *tortilla de maíz* es el *sostén* de su vida. Hacen sus propios *tejidos* según la manera tradicional y *crean* pequeñas obras de arte con madera y piedras y *plumas*. Siguen *rezando* a sus dioses de la tierra, mientras que las iglesias construidas por los misioneros *quedan* abandonadas *en la selva*.

city-states ~ need to maintain ~ appease

corn
to ~ They demanded

they performed

arch

unknown reasons
moved
they established themselves again

over the centuries

corn cake
staple ~ fabrics
create
feathers ~ praying

are left ~ in the jungle

Un barrio central de la capital.

El templo de Chichén Itzá, *Yucatán.*

La mayor parte de la población guatemalteca es india, con un 45% por ciento más o menos de mestizos y otros. Con pocas excepciones casi todos
60 son católicos. Pero el concepto del catolicismo que tiene el indio es en realidad una *mezcla* de ritos cristianos y paganos. Y en la iglesia india de Chichicastenango el maya moderno reza al mismo tiempo al Señor de los cristianos y a sus dioses antiguos—
65 *por si acaso* . . .

    mixture

    just in case

La capital de Guatemala, llamada sencillamente *Guatemala*, ha tenido una historia turbulenta. Destruida varias veces por *temblores de tierra*, (*tal* fue el destino también de Antigua, la capital *anterior*) ha
70 sido reconstruida durante los últimos cuarenta años. Y así encontramos ahora una ciudad más bien moderna, de pocos edificios altos, pero limpia, *ordenada*, y *agradecida* por los años de tranquilidad relativa que acaba de tener.

Guatemala City
earthquakes ∼ such
previous

orderly
grateful

75   La capital está unida al resto del país por numerosos caminos, cosa bastante rara en la América hispana. Consciente de la necesidad de tener buenos medios de comunicación, el gobierno guatemalteco

Indios guatemaltecos celebrando un rito medio cristiano, medio pagano. Por si acaso...

ha creado un sistema de *impuestos* especiales para la   taxes
80 construcción de caminos y *carreteras*. Y si un indi-   highways
viduo no puede o no quiere pagar el impuesto, ¡pues
entonces tiene que pasar dos semanas *al año* traba-   per year
jando en los caminos! Así es que con la buena
transportación aérea y los excelentes caminos que
85 tienen a su disposición, los productos del pequeño
país maya—café, *chicle*, algodón y bananas—pueden   gum
llegar a los mercados del mundo.

Hemos dicho que Guatemala es un país pobre,
y *lo es*. Aun delante del Palacio Nacional se ven   it *is*
90 indios caminando *descalzos* con sus ponchos *al hombro*.   barefoot ~ on the
El nivel de vida no es muy alto, pero a lo menos du-   shoulders ~ The
rante los últimos años Guatemala ha podido defen-   standard of living
derse contra varios *intentos* comunistas. Su futuro no   attempts
es seguro todavía. Tiene que pensar más en los pro-
95 blemas del pueblo. Pero hay *esperanza*, y la esperanza   hope
anima.   gives courage

Preguntas

1. ¿Por qué no se puede llamar a Guatemala un «poder internacional»?
2. ¿Cómo se distinguía la antigua civilización maya?
3. ¿Cómo sabemos que eran buenos astrónomos los antiguos mayas?
4. ¿De qué dependía—y depende todavía—el indio maya?
5. ¿Cómo era su religión en tiempos remotos?
6. ¿Adónde se trasladó en el siglo VI gran parte de la civilización maya?
7. ¿Cómo viven ahora los mayas de Guatemala y Yucatán?
8. ¿Cuál es la composición racial de Guatemala hoy día?
9. ¿Cómo es su capital?
10. ¿Qué otros aspectos de la vida guatemalteca conoce Ud.?

V PASATIEMPO

Misterios de un Minuto

¿Puede Ud. solucionar estos misterios? Vamos a ver . . .

1. Un hombre ha alquilado (rented) un apartamento en el piso quince de una casa muy grande. Le ha gustado esta casa más que ninguna otra, pero ahora tiene un problema muy grande. Cada día cuando sale de su apartamento toma el ascensor en el piso quince y baja sin dificultad.

Pero cuando vuelve por la tarde, aunque toma el mismo ascensor, siempre toca el botón del piso décimo, y después tiene que subir a pie (walk up) los otros cinco pisos. ¿Por qué ha encontrado esta dificultad el hombre? ¿¿¿¿Cómo explica Ud. el caso????

2. Un misionero español ha decidido visitar una isla donde viven dos tribus muy curiosas. Según lo que ha leído el misionero, los miembros de la primera tribu siempre dicen la verdad. Y los miembros de la otra tribu siempre mienten (lie). Pues bien, un día mientras que el misionero está caminando en la selva, tropieza con dos nativos. Evidentemente los dos no son de la misma tribu, y el misionero decide preguntarles a qué tribu pertenecen (they belong).

—¿Dice Ud. siempre la verdad?, le pregunta al más alto.

—Ugggghhmm—contesta el hombre.

El misionero reconoce la palabra «Ugggghhmm», pero no puede recordar si significa (it means) «Sí» o «No». Así que se vuelve al hombre más bajo, quien habla español, y le pregunta:

—¿Qué ha dicho su amigo? ¿Ha dicho que sí o que no?

Y el hombre más bajo le contesta:

—Ha dicho que sí, pero él siempre miente.

Ahora, ¿¿¿¿¿¿¿puede Ud. descubrir quién ha mentido, el nativo más alto o el más bajo????????

Bueno. Si Ud. sabe otros cuentos de misterio, ¿nos hace el favor de traerlos a la clase y de decírnoslos en español?

Las Soluciones

1. El hombre es un enanito (midget) y no puede alcanzar el botón del piso quince. Por eso ha tenido siempre que tocar el botón del piso décimo, el más alto que puede alcanzar, y después sube a pie hasta el piso quince. Pero cuando sale de su apartamento y quiere bajar a la planta baja (ground floor), sólo tiene que alcanzar el botón más bajo, y ya no tiene ninguna dificultad.

2. La palabra «Ugggghhmm» tiene que significar «Sí», porque si el hombre siempre dice la verdad, seguramente contesta «Sí». Y si miente, también contesta «Sí, siempre digo la verdad». Por eso, cuando el hombre más bajo dice que su compañero ha dicho que sí, pero que ha mentido, aquél (el más bajo) está diciendo la verdad. El más alto ha estado mintiendo. El más bajo pertenece a la tribu que siempre dice la verdad.

3

Lección Tercera

I CONVERSACIÓN

A.

1 ¿Se acuesta Ud. tarde o temprano?   Me acuesto . . .
2 ¿A qué hora se acostó anoche?   Me acosté a . . .
3 ¿Se durmió en seguida? (Did you fall asleep . . .?)   Sí, me dormí . . .
4 ¿A qué hora se despertó esta mañana?
5 ¿Se levantó inmediatamente?
6 ¿Se bañó esta mañana?
7 ¿Se lavó las manos y la cara?
8 ¿Se peinó bien?
9 ¿Se limpió los dientes?
10 ¿Qué crema dental usa Ud. para limpiarse los dientes?
11 ¿De qué colores se vistió hoy?

B.

1 ¿A qué hora se abre la escuela?   La escuela se . . .
2 ¿A qué hora se cierra por la tarde?
3 ¿Se sienta Ud. cerca de la puerta en esta clase?
4 ¿Se sientan cerca de Ud. sus amigos?   Sí, mis amigos . . .
　　No, . . .
5 ¿Se duerme Ud. de vez en cuando en la clase?
6 ¿Se enoja Ud. (Do you get angry) fácilmente?   Sí, me enojo . . .
　　No, . . .
7 ¿Se ha enojado Ud. recientemente?   Sí, me he . . .
　　No, . . .

8 ¿Se ha perdido Ud. (gotten lost) alguna vez?
9 ¿Se han perdido alguna vez sus hermanos?
10 ¿Se cansa Ud. (Do you get tired) rápidamente?

C.

1 ¿En qué año se casaron sus padres?
2 ¿Se casaron en este estado?
3 ¿Se ha casado ya un hermano suyo (of yours)?
4 ¿Se han casado unos primos suyos?
5 ¿Se ha marchado (gone away) recientemente un amigo suyo?
6 ¿Se han marchado algunos vecinos?
7 ¿Se detiene en su esquina el autobús? (Does the bus stop . . .?)
8 ¿Se detiene en la esquina del colegio?
9 ¿Se reúne todos los días esta clase? (Does this class meet . . .?)
10 ¿Se reúne hoy el Club Español?
11 ¿Se reúnen todos los días Ud. y sus amigos?   Sí, nos reunimos . . .
                                                  No, . . .
12 ¿Se ven (Do you see each other) frecuentemente?   Sí, nos vemos . . .

Un vendedor de maíz estrena una carretera en construcción.   *El Salvador.*

II ESCENAS DE LA VIDA

Entrevista

Daniela llega al gran Hotel Continental, y se dirige al *conserje*.¹

DAN.: Por favor, señor, ¿me puede decir en qué *piso* está la oficina del *gerente*?

5 CONS.: En el décimo, señorita. *Ahí mismo* está el ascensor.

DAN.: Mil gracias.

CONS.: De nada.

(Daniela se acerca al ascensor y toca el botón. *A poco*
10 llega el ascensor y se abre la puerta.)

DAN.: El piso décimo, por favor.

ASCENSORISTA: Muy bien, señorita.

(Daniela *se vuelve*, y ella y el ascensorista *se miran* por un momento.) ¡Daniela! ¡Daniela Campos! No te
15 *reconocí* al principio.

DAN.: ¡Lorenzo! ¿Qué haces tú aquí?

LOR.: Pues estoy trabajando, desde febrero. ¿Y tú?

DAN.: Dicen que el gerente busca una secretaria y recepcionista, y . . .

20 LOR.: ¿Y tú *solicitas* el trabajo?

DAN.: Sí.

LOR.: Pues, ¿eres buena mecanógrafa?

DAN.: Así, así. *No tan* buena.

LOR.: No importa. Eres bonita, y eso está en tu
25 favor. Además, yo te voy a decir *lo que* debes hacer para conseguir el trabajo.

DAN.: ¿Ah, sí?

LOR.: Seguro. El gerente es un *tipo muy vanidoso*. Todo el mundo lo sabe. *Así que lo primero que debes*
30 *hacer al entrar* es decirle que *se ve* muy joven para ser gerente de un hotel tan importante.

DAN.: Ajá.

LOR.: Y que tiene una oficina elegantísima, y de un gusto exquisito.

35 DAN.: Ajá. *Entendido*.

---

1. The *concierge* is a combined key-holder, message and mail dispatcher, and information man in European and Spanish-American hotels.

Glosses:
- Interview
- concierge, hall porter
- floor
- manager
- Right there ~ the elevator
- Shortly
- turns around ~ look at each other
- recognize
- are applying for
- Not so
- what
- very vain guy
- So the first thing you should do when you go in ~ he looks
- good taste
- Got you

85

(Dos señores entran en el ascensor.)
1°: Piso segundo, por favor.
2°: Tercero.
LOR.: Gracias, señores. En seguida. (Lorenzo se
40 vuelve otra vez a Daniela.) Otra cosa, Daniela. Tienes que *alabarle* mucho *la voz.* Ese tipo tiene unas ilusiones de ser actor ...   praise his voice
DAN.: *De acuerdo.*   Got it.
(Otros señores entran en el ascensor.)
45 3°: El quinto piso, por favor.
4°: Y el cuarto.
5°: El séptimo, y *con prisa,* ¿está bien?   in a hurry
LOR.: Sí, sí, señores. Ya subimos. (Lorenzo *pone en marcha* el ascensor, pero sigue hablándole al oído a   starts up
50 Daniela.) Y una cosa más, Daniela ...
(El ascensor acaba de pasar el piso primero[2]. Llega al segundo, pero *no se detiene.*)   it doesn't stop
1°: Ea, mozo, yo le pedí el segundo.
2°: Y yo el tercero.
55 (Lorenzo no les hace caso. El ascensor pasa el piso cuarto, y el quinto, y el sexto, y Lorenzo sigue hablando con Daniela.)
5°: Oiga, joven, ya *basta de hablar.* Ya hemos pasado...   enough talking
4°: ¿*Qué sucede* aquí?   What's going on
60 LOR.: Lo siento, señores. Pero en este ascensor *atendemos* primero a las señoritas. (Se vuelve otra vez a Daniela.) Oye, Daniela, hay una cosa más. Si hablas con el gerente, *no le mires nunca la cabeza.*   we attend
DAN.: ¿Ah, no? ¿Por qué?   don't ever look at his head
65 LOR.: Porque *tiene el pelo de dos colores.*   his hair is two colors
DAN.: ¿Cómo de dos colores?
LOR.: Es que el pobre tipo *usa peluca.* Él piensa que nadie se fija, pero *a dos kilómetros se puede ver* que el color no es *igual al* de su pelo natural. Así que ...   wears a hairpiece / a mile away one can see / the same as that
70 DAN.: *De acuerdo.*
(El ascensor se acerca al piso décimo, y se para por fin.)

---

2. The *piso primero* is the first floor *above* the ground floor or mezzanine.

86

LOR.: *Ya estás*, Daniela. A la derecha tienes la oficina del gerente. Buena suerte. Yo te veo más tarde. — Here you are

DAN.: Un millón de gracias, Lorenzo. (Daniela sale del ascensor, llama a la puerta de la oficina del gerente, y el gerente se levanta para recibirla.)

GER.: ¿Señorita?

DAN.: Perdone, señor, pero busco al gerente. Solicito . . .

GER.: Pues *ése soy yo*, señorita, para servirla. — that's me

DAN.: ¡Ay, no! No puede ser. Es Ud. muy joven para ser gerente de un hotel tan importante.

GER.: Ud. es muy amable, señorita.

DAN.: ¡Y qué oficina más elegante! Es de un gusto exquisito.

GER.: Gracias, señorita. Siéntese, por favor. ¿Ud. se llama . . . ?

DAN.: Daniela Campos, a sus órdenes. (Daniela *se cuida de no* mirarle la cabeza.) Pero ¿sabe Ud. señor?, tiene Ud. una voz magnífica—resonante, fuerte, como un actor de cine . . . — takes care not to

Vocabulario Activo

el ascensor elevator	**el gerente** manager
el botón button	**tipo** type, kind; guy
oficina office	**la voz** voice

alabar to praise	**dirigirse a (me dirijo, te diriges)** to turn to, go toward
atender a to attend to (a person or a matter)	**reconocer (reconozco)** to recognize
detenerse (me detengo) to stop	**solicitar** to solicit, seek
	suceder to happen (*not* succeed!)

aquí mismo right here	**De acuerdo.** Agreed. I agree. Got you!
al entrar upon entering	**Basta de hablar.** Enough talking!
al principio at the beginning, at first	**poner en marcha** to start up, set in motion
a poco in a little while, soon	

87

Preguntas

1. ¿Adónde llega Daniela?
2. ¿Qué pregunta al conserje?
3. ¿Qué le contesta el conserje?
4. ¿Adónde se dirige Daniela?
5. ¿Qué dice el ascensorista cuando la ve?
6. ¿Quién es el ascensorista?
7. ¿Qué busca el gerente?
8. ¿Es muy buena mecanógrafa Daniela?
9. ¿Qué tiene Daniela en su favor?
10. Según Lorenzo, ¿qué debe decir Daniela primero al gerente?
11. ¿Qué más le debe decir?
12. ¿Por qué debe alabarle la voz?
13. ¿Qué pisos piden los señores que están en el ascensor?
14. ¿Qué dicen los señores cuando el ascensor no se detiene en sus pisos?
15. ¿Qué les contesta Lorenzo?
16. Según Lorenzo, ¿qué no debe hacer Daniela si habla con el gerente?
17. ¿Cómo es que el gerente tiene el pelo de dos colores?
18. ¿En qué piso se para por fin el ascensor?
19. ¿Sigue Daniela los consejos (advice) de Lorenzo cuando habla con el gerente?
20. En su opinión, ¿va a conseguir Daniela el trabajo?

Discusión

1. ¿Qué piensa Ud. de Lorenzo? ¿Por qué quiso ayudar a Daniela? ¿Cree Ud. que hizo bien o mal (right or wrong)?

2. ¿Conoce Ud. a una persona muy vanidosa? ¿Qué pretensiones tiene esa persona? ¿Le gusta a Ud.?

3. ¿Se considera Ud. hermosa (guapo)? ¿Se considera inteligente? ¿superior? ¿brillante? ¿En qué campo sobresale Ud.? (In which field do you excel?) ¿Es Ud. muy buen(a) atleta? ¿Tiene talento dramático? ¿Tiene talento musical? ¿Tiene mucho talento para aprender lenguas extranjeras?

4. ¿Usa Ud. peluca? ¿Le gustan las pelucas? ¿Le gusta el color de su pelo natural? ¿Ha cambiado Ud. alguna vez el color de su pelo?

III ESTRUCTURA

6. The Reflexive with Certain Verbs

As you know, the reflexive pronouns *me*, *te*, *se*, etc. are used whenever the subject does the action to itself.

Cuidado. No se corte.	Careful. Don't cut yourself.
Así que me dije . . .	So I said to myself . . .

Any verb can be used this way, as long as the meaning makes sense. Spanish, however, uses the reflexive much more than English does. Here are some of its special uses:

a. Many English verbs that cannot take an object (verbs like *to sit down*, *get up*, etc.) are expressed in Spanish by making a normal active verb reflexive. (If you look hard, you'll see that usually the subject is doing the action to itself.)

sentar	to seat (someone)	**sentarse**	to sit down, seat oneself
levantar	to raise, lift up	**levantarse**	to rise, get up
acostar	to put to bed	**acostarse**	to go to bed
despertar	to wake (somebody else)	_____	to awaken (yourself)
detener	to stop (something)	_____	to (come to a) stop
abrir	to open (something)	_____	to (be) open(ed)
reunir	to gather (things or people) together	_____	to get together, meet

Por favor, siéntense aquí. —Gracias.	Please, sit here. —Thank you.
Mañana no me levanto hasta las diez. —¡Qué suerte!	Tomorrow I'm not getting up till ten. —What luck!
Oye. Si te despiertas temprano, despiértame a mí. —Muy bien.	Listen. If you wake up early, wake *me*. —All right.
¿A qué hora se abren las puertas? —Al mediodía.	What time do the doors open? —At noon.

Now do you understand why we say: *¿Cómo se llama Ud.?*

89

b. Often the reflexive adds the idea *to become* or *get* to the action described by the verb.

perder	to lose	perderse	to get lost
cansar	to tire, bore	cansarse	to get tired, bored
enojar	to anger	————	to get angry
vestir	to dress (someone)	————	to get dressed
casar	to marry (off)	————	to get married
llenar	to fill	————	to become filled

c. The reflexive may even change the meaning of a verb or make it more emphatic.

ir	to go	irse	to go away
llevar	to bring, carry	llevarse	to carry away, make off with
dormir	to sleep	dormirse	to fall asleep
caer	to fall	caerse	to fall down
hacer	to make, do	hacerse	to become (a doctor, etc.)
poner	to put, place	ponerse	to put on (clothing); to get or become (pale, sick, nervous, etc.)

d. And there are a few verbs that are always reflexive. Here are two of them:

quejarse (de)   to complain (about)
atreverse (a)   to dare (to)

Ejercicios

A. ¿Puede Ud. hallar en el Grupo **2** la conclusión de las frases del Grupo **1**?

1	2
¡Cuidado,	temprano hoy . . . no se caiga! . . . y se
Óyeme, niño.	durmieron en seguida . . . Vístete ahora
Acaba de casarse	mismo . . . mi hermana mayor . . . se pier-
Se puso enfermo, y	dan . . . de lágrimas . . . sin decirme nada
¡Ojalá que no	. . . médico . . . lo llevamos al hospital
Nos despertamos	
¿Sabes? Se marchó	
Sus ojos se llenaron	
Se acostaron tarde	
Pepe quiere hacerse	

B. Lea bien los diálogos, y después conteste las preguntas:

1. —Antonio, tú tienes que hablar con Miguel.
   —¿Por qué? ¿Qué le pasa?
   —Pues figúrate. No se levanta nunca hasta las once y media. Ya no quiere bañarse ni peinarse ni cortarse el pelo. No quiere vestirse como la gente, y . . .
   —No te preocupes, Adela. Se ha hecho un hombre moderno, nada más.

   Conteste: **a.** ¿De quién se está quejando Adela?
   b. ¿A qué hora se levanta Miguel?
   c. ¿Qué no quiere hacer ya?
   d. Viste bien o mal Miguel?
   e. ¿Cómo explica el caso Antonio?
   f. En su opinión, ¿quiénes son Adela y Antonio?
   g. ¿Cuántos años cree Ud. que tiene Miguel?

2. —Hola, Chulo. ¿Cómo le va?
   —Bien, bien, gracias. Muy bien. Sólo que . . .
   —¿Qué?
   —Pues se fue mi mujer.
   —¿Adónde?
   —No sé. Se cansó de mí, y se fue, así no más. Hasta se llevó el perro.
   —Pobre. ¿Y su hermano Pepe?
   —Se enojó conmigo y se marchó.
   —No me diga.
   —Y su hermano menor— ¿cómo se llama?— ah, sí, Romualdo.
   —Pobre Romualdo. Se cayó en un túnel y desapareció.
   —¿Y Leonor, su hermana? ¿Qué se ha hecho de ella?
   —Pues nada. Se puso enferma y se murió. Pero dígame, Gabriel, ¿no quiere venir a visitarme algún día?
   —Gracias, Chulo, pero francamente, me parece muy peligroso. No me atrevo a ir.

   Conteste: **a.** ¿Qué hizo la mujer de Chulo?
   b. ¿Por qué se fue la señora?
   c. ¿Qué se llevó con ella?
   d. ¿Qué hizo Pepe, el hermano de Chulo?
   e. ¿Qué le ocurrió a Romualdo?
   f. ¿Qué se ha hecho de su hermana Leonor?
   g. ¿Por qué no quiere ir Gabriel a la casa de Chulo?

C. Diga ahora en español:

1. The train doesn't stop at this station. **2.** They went away two days ago. **3.** Don't get angry with me. **4.** The passengers have gotten very tired. **5.** We got married in June. **6.** She goes over to the elevator and touches the button. **7.** The great day was approaching. **8.** You complain too much. —Only about you, dear. **9.** What do you want to become some day? —A millionaire. **10.** Watch out! —Don't worry. I'm not going to fall (down). . . . ¡Ay-y-y-y!

7. (To) Each Other

The reflexive may also be used in Spanish when people are doing the action to *each other*.

Se quieren mucho. Se adoran. —¿Entonces por qué no se casan?	They love each other. They adore each other.—Then why don't they marry (each other)?
¿Has tenido noticias de Carlos? —Ah, sí. Nos escribimos todos los días.	Have you had news of Charles? —Oh, yes. We write to each other every day.

When we want to emphasize the fact that the subjects are doing the action to *each other* (not to themselves), we add *uno a otro* or *unos a otros*. Of course, if all the parties involved are feminine, we say *una a otra*, *unas a otras*.

Deben ayudarse más uno a otro. —¿Para qué? Nos odiamos.	You should help each other more. —What for? We hate each other.
¡Ay, que tristeza! ¡Qué tragedia! ¡Se han matado unos a otros!	Oh, what a sad thing. What a tragedy. They have killed each other!

Ejercicios

A. Cambie según las indicaciones:
1. No nos conocíamos.
   _____ (ver)
   ____ se _____.
   _____ (comprender)
2. Estaban abrazándose.
   _____ (besar)
   _____ (ayudar)
   Estábamos _____

3. No se han dicho nada.
   _____ (hacer)
   _____ (prometer)
   _____ hemos _____
4. Se alaban uno a otro.
   _____ (temer)
   _____ (necesitar)
   Nos_____

B. Estudie bien los dibujos siguientes, y después describa Ud. las acciones. (¡No se olvide de usar el reflexivo!)

Área: aprox. 8,000 millas cuadradas
Población: aprox. 3,000,000
Unidad monetaria: el colón

IV NOTAS HISPÁNICAS

El Salvador

El avión que nos lleva de Guatemala a San Salvador *realiza* el viaje en treinta minutos. Pasamos por encima del hermoso lago Amatitlán y sobre tres altos volcanes guatemaltecos antes de llegar a la
5 frontera salvadoreña. Cruzamos entonces el Río de Paz, y vemos cerca el volcán Izalco, «el *Farol* del Pacífico», *de cuya* cima salía *de día* una columna de *humo*, y de noche, una *llama de fuego rojo*. Izalco se ha apagado recientemente, pero su figura colosal do-
10 mina el paisaje. *Aterrizamos* en el aeropuerto de la capital. Es un aeropuerto moderno, situado cerca del lago de Ilopango, a unas ocho millas de la ciudad misma. La vista es bellísima. El aire está lleno del perfume de las flores. Hemos llegado a El Sal-
15 vador.

«La tierra de la siesta», la llama un viajero.[3] «Una tierra tan *suave* como la *oreja de un gatito*, tan hermosa como su propia *floripundia*, tan aromática como su riquísimo café, tan *sanativa para el fatigado*
20 como el *bálsamo* que viene sólo de allí». Y hasta cierto punto tiene razón. Porque El Salvador, tiene sin duda mucho *encanto* natural. Tiene *arroyos* que corren rápidamente en las *cuencas*, montañas altas y valles profundos, y selvas atestadas de orquídeas.

makes

Beacon
from whose ~ by day
smoke ~ flame of red fire

We land

soft ~ kitten's ear
(a beautiful Salvadorean flowering tree) ~ healing to the weary ~ medicinal balsam

charm ~ streams
river beds

[3] Sydney Clark, *All the Best in Central America* (Dodd Mead; New York, 1967)

25　Y en los *llanos*, la fértil tierra volcánica es un lugar   lowlands
ideal para las plantaciones de bananas y café que
representan la mayor parte del producto nacional.
　　El Salvador tiene un clima tropical, pero en la
región de la capital el calor es *templado* por unas   made more moderate
30　alturas modestas de dos o tres mil pies sobre el nivel
del mar. Lo que llaman el verano es el período entre
noviembre y abril, la *temporada fresquita y seca*. Y el   pleasantly cool and dry season
invierno es el período entre mayo y octubre, la esta-
ción caliente y *lluviosa*. Pero aun en la estación   rainy
35　*calurosa*, las mañanas y las noches son agradables. Y   hot
las tardes son . . . para la siesta. Éste es el El Salvador de los poetas. Mirémoslo desde otros ángulos
también.
　　El Salvador es un país intensamente *poblado* y la   populated
40　gran mayoría de esa población es mestiza, con un
porcentaje pequeño de blancos y negros. No hay
tribus indias en El Salvador, y siempre ha existido
la armonía racial. Pero El Salvador no ha gozado
nunca de estabilidad política ni económica. Su
45　historia ha *presenciado* una serie continua de *luchas*   witnessed ~ struggles
internas, *dictaduras*, e intervención extranjera. Aun   dictatorship
ahora el gobierno está en manos de un pequeño
grupo de *militares*, mientras la economía está con-   military men
trolada por «Los Catorce», un *núcleo* pequeñísimo   nucleus
50　de *industriales y hacendados* ricos. Afortunadamente,   industrialists and landowners
estos industriales han adoptado una actitud bastante

Izalco, el Farol del Pacífico.

Una escena típica en un camino salvadoreño. Estos vendedores llevan su mercancía al mercado.

liberal hacia el trabajador, y han introducido en El Salvador la tecnología moderna. *En vez de invertir* su capital en países extranjeros, los grandes capitalistas salvadoreños lo están *invirtiendo* en su propio país. *Así que* la pequeña nación ha progresado bastante durante los últimos veinte años. Sus caminos son excelentes. Su sistema educativo ha *mejorado* muchísimo. La *maquinaria* moderna está *reemplazando* los métodos primitivos en la agricultura. Pero existen todavía algunos problemas dificilísimos.

Por una parte, a pesar de los esfuerzos por «liberalizar» la economía, la mayoría de la gente vive todavía en la *miseria*. En todos los caminos se ven hombres y mujeres con grandes *cargas* en la cabeza, y el nivel de vida es bajo. El Salvador tiene algunos *recursos* naturales—*caoba*, plata, minerales, y sobre todo, un *suelo* fertilísimo. Pero en años recientes el *cultivo del algodón ha estado destrozando* la tierra, y las *perspectivas* para el futuro son graves.

La capital, San Salvador, es una ciudad de varias caras. El centro da una impresión más bien pobre, *descuidada*. Por ejemplo un gran mercado popular ocupa las *aceras* detrás del Palacio Nacional. Y la *plaza mayor* se ha convertido ahora en una *cancha de estacionamiento* para automóviles. Pero también hay

Instead of investing

investing
So

improved
machinery ~ replacing

On one hand, despite the efforts to
poverty
loads
resources
mahogany
soil ~ cotton growing has been ruining ~ prospects

unkempt
sidewalks
main square ~ parking field

96

edificios nuevos, y parques y barrios elegantes (entre los mejores de la América Central), y la Ciudad Universitaria, y un interesantísimo Museo de Arqueología. San Salvador es una ciudad, en efecto, que tiene que defender constantemente su *misma* existencia. ¡Tan frecuentes son los *terremotos* allí que la gente está acostumbrada ya a los cuatrocientos *temblores ligeros* que sufre diariamente! Y cuando la ciudad queda media destruida, la vuelven a reconstruir.

En suma, El Salvador es una nación que ha *dado sólo el primer paso* hacia el futuro. En el *sentido* económico, está avanzando poco a poco. Pero en la política, la democracia todavía queda lejos. Su destino está en la balanza.

very
earthquakes

slight tremors

taken only the first step ~ sense

Preguntas

1. ¿Cuánto tiempo tarda el viaje en avión de Guatemala a San Salvador?
2. ¿Qué área ocupa El Salvador?
3. ¿Cómo es su paisaje?
4. ¿Qué productos importantes vienen de sus fértiles llanos?
5. ¿Cómo es la población de El Salvador?
6. ¿Cómo ha sido su historia?
7. ¿En qué manos está ahora el gobierno? ¿y la economía?
8. ¿En qué respectos ha progresado mucho El Salvador?
9. ¿Qué problemas le quedan todavía?
10. ¿Puede Ud. describir un poco a San Salvador?

V PASATIEMPO

Charla o Teatro

A. Prepare Ud. una charla de dos minutos sobre el tema más importante del mundo: *Yo*. (¡En serio!) Puede hablar acerca de su vida, de sus intereses, de su familia o de sus amigos. Y después, sus compañeros de clase le van a hacer preguntas personales. ¡Esté dispuesto a revelar sus secretos más íntimos! ¿Quién sabe lo que le van a preguntar?

B. O si prefiere, escriba una pequeña obra dramática describiendo una escena típica en su casa . . . o un episodio no muy típico, si así le gusta más. Después reparta los papeles (give out the parts), y ¡a la escena!

4

Lección Cuarta

I CONVERSACIÓN

A.

1 Antes de estudiar español, ¿había estudiado Ud. (had you studied) otra lengua?
2 ¿Había estudiado español en la escuela elemental?
3 ¿A qué escuela elemental había asistido (had you attended)?
4 Antes de venir a esta escuela, ¿había vivido Ud. en otra ciudad?
5 ¿Había vivido en otro estado?
6 ¿Había vivido en otro país?
7 ¿Había hecho un viaje con su familia? (Had you taken . . .?)
8 ¿Había sido muy buen estudiante?

Sí, había . . .
No, no había . . .

B.

1 Antes de comer anoche, ¿habías terminado tus tareas?
2 ¿Habías jugado un poco?
3 ¿Habías ayudado a tu mamá?
4 ¿Habías hecho algunas llamadas telefónicas?
5 ¿Habías hablado con algunos de tus amigos?

C.

1. Antes de casarse su madre, ¿había trabajado?
2. ¿Había terminado su educación secundaria?
3. ¿La había terminado su padre?
4. ¿Había asistido a la universidad?
5. ¿Había conseguido un buen trabajo?
6. ¿Se había comprado un negocio (business)?
7. ¿Había ahorrado (saved) mucho dinero?
8. ¿Había estado en el ejército?

D.

1. Antes de entrar en esta clase, ¿habían tenido Uds. otro profesor de español?
2. ¿Habían usado el mismo libro?
3. ¿Qué libro habían usado?
4. ¿Habían hablado siempre en español?
5. ¿Habían ido frecuentemente al laboratorio?
6. ¿Habían escuchado todas las cintas (tapes)?
7. ¿Habían aprendido a hablar bien el español?

Sí, habíamos . . .
No, no habíamos . . .

E.

1. ¿Dónde habían vivido sus padres antes de casarse?
2. ¿Dónde habían nacido?
3. ¿Dónde habían nacido sus abuelos?
4. ¿Se habían casado sus padres antes de la Segunda Guerra Mundial?
5. ¿Se habían casado antes de 1955?
6. ¿Se habían casado antes de 1960?
7. ¿Dónde se habían conocido?
8. ¿Habían esperado mucho tiempo antes de casarse?

II ESCENAS DE LA VIDA

Una Hora con Manolito

SRA.: Sra. de Barrios   MAN.: Manolito
SRA. S.:   Sra. Silvestre

Son las tres de la tarde, y la señora Barrios está hablando por teléfono con su amiga Isabel Carrión.

SRA.: Entonces, Isabel, ¿estamos *de acuerdo?* El Personaje Misterioso no es *El Cordobés*,[1] sino *Cantinflas*.[2] Todos los números corresponden perfectamente... Exacto... ¡Ay, *qué emocionada* estoy! ¡Ojalá que nos llame Manolito, *o a ti*, o a mí... Sí... Así es...
Dime, Isabel, ¿qué hora tienes?... ¡Ay, no! Ha comenzado ya el programa. Adiós. *Adiosito*...
Te llamo más tarde. Adiós.
(La señora Barrios *cuelga el receptor* y enciende la radio. *Se oye* un poco de música y una voz alegre y *varonil*.)

MAN.: Buenas tardes, señores y señoras, y muy bienvenidos a...

OTRA VOZ, CON VARIOS ECOS: Una Hora con Manolito.

MAN.: Manolito Vargas otra vez aquí para pasar *un rato agradable* con Uds., con los mejores deseos de la Compañía General, *fabricantes* de las *aspiradoras* Ergum—[3]

VOCES CON ECOS: Ergum-Ergum-Ergum

MAN.: Ergum, para la *limpieza* de su casa.

VARIOS ECOS: casa-casa-ca...

(Los ecos *se cortan* abruptamente.)

MAN.: Y ahora, amigos, vamos a comenzar con la segunda *etapa* de nuestro *juego*: Gane Su Fortuna.

---

1. Spain's most popular bullfighter.
2. A famous Mexican comedian.
3. Spell it backwards and see what you get.

Y para aquellas personas que no estuvieron con nosotros ayer, les voy a explicar otra vez las *reglas* del juego: Nosotros les damos una *serie* de números *referentes* a la vida de una persona famosa. Y Uds. tienen que identificar al Personaje Misterioso. Nada más. No hay nada *que* comprar. No hay obligación de *ninguna* clase. ¿Y los *premios?* Escuchen, amigos:

VOZ: Primer Premio: ¡Dos mil pesos en *francos* franceses!

2A. VOZ: Segundo Premio: ¡Un *fin de semana* con toda su familia en la *Playa* Pública!

VOZ: Tercer Premio: ¡Para el resto de su vida!—los mejores deseos de la Compañía General, fabricantes de las aspiradoras Ergum . . .

ECOS: Ergum-Ergum-Ergum.

• MAN.: Bueno. Y ahora, los números, ¿Están listos? . . . 1-5-3-1-9-1-5-0-2-7-6-4-8-3. Y para ayudarles un poco más, hemos *compuesto* un pequeño poema: «No les digo si soy mujer *u* hombre. Pero todo el mundo conoce mi nombre.» ¿Está bien? Pues voy a marcar ahora el primer número telefónico. (Se oye un teléfono en la distancia.) ¿Señora Esperanza Silvestre? Aquí habla Manolito Vargas. Ha tenido Ud. la gran suerte de participar hoy en: Gane Su Fortuna.

VOZ DE UN NIÑO: Voy a llamar a mamá.

(Un corto silencio. Una *criatura* llora.)

SRA. S.: ¿Sí?

MAN.: ¿Señora Silvestre? Aquí habla Manolito Vargas.

SRA. S.: ¿Manolito Vargas? ¡Ay, no, no, no! ¡Qué suerte! *No lo había esperado.* Nunca había *soñado con que* Ud. . . . ¡Manolito Vargas! ¡¡Mano . . .

MAN.: Por favor, señora. *Cálmese.*

SRA. S.: ¡Figúrense! ¡Manolito Vargas! Yo lo escucho todos los días. Sólo el martes pasado no lo pude escuchar. ¿Sabe Ud.? Mis dos niños menores *se habían caído* y tuve que llevarlos . . .

MAN.: ¡Cómo no! Pues señora, *a ver* si puede Ud. decirnos el nombre del Personaje Misterioso.

101

70 ¿Ya tiene Ud. los números?
SRA. S.: Ah, sí. Los sé de memoria. El Personaje Misterioso es . . .
(La señora Barrios escucha con *suma* atención.)   rapt
SRA. S.: ¡Cantinflas!
75 (La señora Barrios no sabe *si reír o llorar*.)   whether to laugh or cry
MAN.: ¿Y cómo llegó Ud. a su decisión, señora?
SRA. S.: Pues se lo voy a decir: 1-5: Cantinflas fue el primero de cinco hermanos. 3: su nombre comienza con C, la tercera letra del alfabeto.
80 MAN.: Muy bien, señora. Continúe.
SRA. S.: 1-9-1-5: Sus padres *se habían casado* en 1915.   had gotten married
Ahora 0: ése fue el más difícil: ¡*no habían* invitado   they hadn't
a nadie a la *boda*!   wedding
MAN.: Estupendo, señora.
85 SRA. S.: Ahora 2-7-6-4: Cantinflas había hecho 27 *películas para* el año '64. Y 8-3: su abuelo paterno   movies by
había muerto a la edad de 83.
MAN.: Ah, señora. Lo siento mucho. Pero el abuelo de Cantinflas murió a la edad de 76. Pues señora
90 Silvestre . . .
(La señora Barrios *deja puesta* la radio y corre al   leaves turned on
teléfono.)
SRA. B.: ¿Isabel? . . . Sí . . . Terrible . . . *Te habías*   You had made a mistake
equivocado . . . Bueno. *Nos habíamos* equivocado . . .   ~All right. *We* had
95 Sí . . . Sí . . .
(Se oye todavía la voz de Manolito.)
MAN.: Y ahora, amigos, una palabra acerca de las aspiradoras Ergum, las únicas aspiradoras de puro aluminio, con *manguera de seda y ruedas de*   with a silk hose and nylon wheels, with plastic bags and a tin motor
100 *nilón, con bolsas de plástico y motor de latón.* Y si quieren Uds. una demostración en su casa, llamen a la Compañía General, y díganles: «Manolito Me Mandó». En seguida van a despachar a su casa, sin obligación . . .
105 (La señora Barrios está hablando por teléfono.)
SRA. S.: Entonces, Isabel, ¿estás segura? . . . Pablo Picasso,[4] el escritor . . . 1-5: a los 15 años ya había escrito su primera novela . . .

---

4. Spain's greatest modern painter.

Vocabulario Activo

aspiradora vacuum cleaner
bolsa bag
seda silk
película film, movie
escritor(a) writer
el personaje personage, important person; character

juego game; set
regla rule; ruler
premio prize
playa beach
rato a little while
deseo desire, wish

colgar (cuelgo) to hang (something) up
componer (compongo) to compose

equivocarse (me equivoco) to make a mistake, be wrong

agradable pleasant, agreeable
bienvenido welcome

emocionado excited
puesto (turned) on (as a radio)

A ver. Let's see. Let's hear. Let's have it.

Preguntas

1. ¿Con quién está hablando por teléfono la señora Barrios?
2. Según las dos señoras, ¿quién es el Personaje Misterioso?
3. ¿Por qué tienen que terminar su conversación las dos señoras?
4. ¿Qué voz se oye cuando la señora Barrios enciende la radio?
5. ¿Qué compañía presenta el programa?
6. ¿Qué producto venden?
7. ¿Cómo se llama el juego que presentan en el programa?
8. ¿A qué se refiere (refers) la serie de números?
9. ¿Cuál es el primer premio?
10. ¿Cuál es el segundo premio?
11. ¿Y el tercero?
12. ¿A quién llama primero Manolito?
13. ¿Quién contesta el teléfono?
14. ¿Qué dice la señora Silvestre cuando llega al teléfono?
15. ¿Quién es el Personaje Misterioso, según la buena señora?
16. ¿En qué detalle (detail) se equivocó?
17. ¿Por qué corre al teléfono la señora Barrios?
18. ¿Cómo son las aspiradoras Ergum?
19. ¿Qué debemos hacer si queremos una demostración gratis?
20. Según Isabel, ¿quién es ahora el Personaje Misterioso?

Discusión

1. ¿Mira Ud. la televisión por la tarde? ¿La mira su madre? ¿Qué programas hay? ¿Son buenos o malos por lo general?

2. ¿Ha participado Ud. alguna vez en uno de esos juegos? ¿Le gustan? ¿Ha ganado Ud. algo alguna vez? ¿Le gustan los rompecabezas (riddles)? ¿Los crucigramas (crossword puzzles)? ¿los enigmas (puzzles)?

3. ¿Hay alguien en la televisión aquí como Manolito Vargas? ¿O en la radio? ¿Cómo se llama? ¿Es muy popular?

III ESTRUCTURA

8. The Past Perfect (Pluperfect) Tense

The past perfect (also called the pluperfect) tells what *had* happened prior to another event. As you might well guess, it is composed of the *imperfect* of *haber* + a past participle.

había jurado, visto, escrito	I had sworn, seen, written
habías	
había	
habíamos	
habíais	
habían	

¡Ay, no! No lo había esperado. —Mejor así.	Oh, no! I hadn't expected it. —It's better that way.
Llegamos tarde, y ya había comenzado el programa.—Lástima.	We arrived late, and the program had already begun.—That's too bad.
Resultó que no era él. Nos habíamos equivocado.—¿No se lo dije?	It turned out that it wasn't he. We had been mistaken. —Didn't I tell you so?
No fue justo. Le habían susurrado la respuesta al oído.—¡Qué va, hombre!	It wasn't fair. They had whispered the answer in his ear. —Nonsense, man!

Remember once again that the past participle does not change when it follows *haber*.

Ejercicios

A. Diga la forma correspondiente del pluscuamperfecto (pluperfect):

1. (yo): alcanzar (había . . .), tropezar, conseguir, servir, alabar, volver, decir, ser, sentarse (me . . .), vestirse
2. (Ud.): marcharse (se . . .), quejarse, detenerse, atreverse, hacerse, ponerse, volverse, caerse
3. (tú): sonreír, crecer, conocer, saber, dormir, sentir, decir, abrir, ponerse (te . . .), volverse
4. (Elda y yo): sacudir, chocar, cortar, ir, prometer, abrir, cubrir, atender, solicitar, despertarse (nos . . .), detenerse, equivocarse
5. (Los otros): andar, poder, decir, ver, escribir, romper, volverse (se . . .), ponerse, hacerse, hallarse, encontrarse

B. Ahora lea bien, y conteste:

1. —Cuando Juan llegó a las seis y media, Anita ya estaba aquí.
   Conteste: ¿Quién había llegado primero, Juan o Anita?
2. —Mis padres se casaron en 1955, y sus vecinos, el año anterior.
   Conteste: ¿Quiénes se habían casado antes?
3. —Miguel dijo que América fue descubierta en 1495, y Carlos dijo que en 1492.
   Conteste: ¿Quién se había equivocado?
4. —Me preguntó si sabía mecanografía y taquigrafía, y cuando le dije que no, no me dio el empleo.
   Conteste: ¿Qué clase de trabajo había solicitado la muchacha?
5. —Rodrigo, ¿cómo te resultó este año el curso?
   —Mejor, gracias. El año pasado me suspendieron en tres materias (subjects), y este año, sólo en una.
   Conteste: ¿Había sido peor o mejor estudiante antes Rodrigo?
6. —Uds. se fueron de vacaciones, ¿verdad? ¿Cómo les fue?
   —Maravilloso. El mar estaba como un lago (lake) y el agua estaba casi caliente. Y a nosotros, ¡cuánto nos gusta nadar!
   Conteste: ¿Se habían ido al campo o a la playa?
7. —Salimos de San Francisco ayer por la tarde y llegamos a Nueva York antes de la medianoche.
   Conteste: ¿Habían viajado en tren o en avión?
8. —¿Quién es el Personaje Misterioso? Pues escuchen: Antes de cumplir quince años de edad, ya había pintado dos obras maestras (masterpieces).
   Conteste: ¿Había sido artista o escritor el Personaje Misterioso?

9. —El ascensor se paró primero en el piso segundo, después en los pisos quinto y sexto, y por fin llegó al décimo.
   Conteste: ¿Cuántas paradas (stops) había hecho el ascensor antes de llegar al piso décimo?

10. —Pilar, ¿por qué no ganaste el premio?
    —No sé. Tal vez porque habían dicho que la palabra debía tener tres sílabas, y yo puse la palabra «amor».
    Conteste: ¿Había seguido bien las reglas Pilar?

C. Conteste ahora según los modelos:

¿Ud. había escrito la carta?—*Sí. Yo la había escrito.*
—*No. La había escrito el jefe, etc.*
¿Habían llegado ya?—*No. No habían llegado todavía. Sí, . . .*

Trate de ser un poco original en sus contestaciones, ¿está bien?

1. ¿Uds. se habían equivocado? 2. ¿Juan había llegado primero? 3. ¿Los pasajeros habían bajado ya? 4. ¿Lorenzo había atendido primero a los señores? 5. ¿Habías conseguido ya el empleo? 6. Se habían perdido en el camino, ¿verdad? 7. ¿La había visto Ud. antes?

9. *Pero* vs. *sino* (but)

As you know, the usual word for *but* is *pero*. However, when the first part of a sentence is *negative*, and the second part *contradicts* it, we use *sino*. (Notice that there is no verb in the second part of the sentence.)

No es Cantinflas, *sino* Ricardo Montalbán.—¿Ah, sí?	It isn't Cantinflas, but Ricardo Montalbán. —Really?
No fue él *sino* su hermano gemelo. —Siempre me confundo.	It wasn't he but his twin brother. —I always get confused.
No había nacido rico, *sino* muy pobre. —No lo sabía	He hadn't been born rich, but very poor.—I didn't know that.

Remember now: the *first* part MUST BE NEGATIVE. The *second* part MUST CONTRADICT the first. If both these conditions are not met, *pero* remains.

Él vino, pero ella no.	He came, but she didn't. (First part affirmative)
Juanito no me ha llamado hoy, pero no me importa.	Johnny hasn't called me today, but I don't care. (No contradiction)

Área: aprox. 43,000 millas cuadradas
Población: aprox. 3,000,000
Unidad monetaria: el lempira

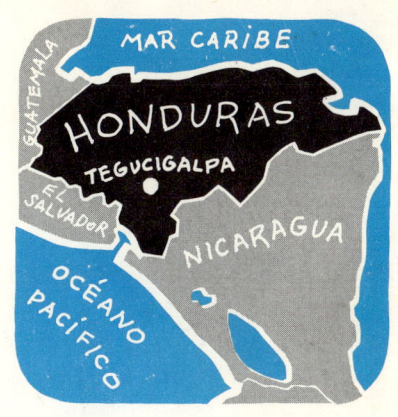

IV NOTAS HISPÁNICAS

Honduras

Honduras es uno de aquellos países que han dado un salto *repentino* desde la edad del *carro tirado por bueyes hasta* la del avión. Hace poco tiempo era una nación casi *aislada* del resto del mundo *por la falta* de medios
5 de transporte y de comunicación. Su capital, Tegucigalpa, que significa en el dialecto indio «*Colinas de Plata*», era un centro minero que no había llegado realmente al siglo XX. Entonces, por el año 1940 comenzaron los cambios. Y Honduras no tuvo
10 tiempo para detenerse en la época del tren y del automóvil.[5] En vez de construir caminos y *ferrocarriles*, construyeron aeropuertos. *Se estableció* una línea aérea nacional, con servicio directo a Miami y a las varias capitales centroamericanas. Y de re-
15 pente sus regiones más remotas se abrieron a la vista, y a los mercados internacionales. Aparecieron en el *horizonte* de la capital un número de *rascacielos* (a lo menos según las normas centroamericanas), y las grandes estructuras hechas de *acero, vidrio,* y de
20 esa piedra *rosada* tan típica de Honduras ofrecen ahora un fuerte contraste con los bajos edificios viejos. En muchos *sentidos*, Honduras no es el mismo país hoy que fue ayer.

sudden ~ ox-cart to

isolated ~ for lack

Silver Hills

railroads
There was established

horizon ~ skyscrapers

steel, glass
pink

ways

5. ¡Todavía no hay servicio de trenes entre la capital y las provincias, y hay solamente un camino bueno en toda la extensión del país!

109

Lavandera y vendedoras de frutas en la Plaza de la Catedral. *Tegucigalpa*.

    Honduras ocupa un área mucho más grande que
25 El Salvador, y su paisaje es más dramático, más
turbulento que el de su vecino. Su *mismo* nombre   very
viene de la palabra española «honduras», que significa *«profundidades»*. Porque al lado de sus cordi-   depths (lowlands)
lleras, donde corren *arroyos veloces*, hay valles pro-   swift streams
30 fundos y llanos cubiertos de *selvas* tropicales y   forests
junglas *espesas*. El clima varía en las diferentes   thick
regiones, según la altura. Cerca de la capital, por
ejemplo, el clima es fresco porque Tegucigalpa está
situada a unos cuatro mil pies sobre el nivel del
35 mar. Allí *no se siente siquiera* una atmósfera tropical.   one doesn't even feel
Pero en las regiones bajas el calor es *insoportable*.   unbearable
Tan espesa es allí la selva que es difícil abrirse paso
entre el *follaje*. A diferencia de El Salvador y de todos   foliage ~ Unlike
los demás países centroamericanos, Honduras no
40 tiene ni un solo volcán, ni activo ni muerto.
    Siendo tan variados su clima y sus tierras, los
productos de Honduras, como los de El Salvador,
incluyen una gran variedad de cosas: bananas,
¡por supuesto!, y café, y maderas (de Honduras
45 viene la caoba más fina del mundo), y plata y otros

minerales. Desafortunadamente, la mayor parte de
sus recursos minerales no han sido *explotados* todavía   exploited
a causa de la falta de medios adecuados de trans-
porte. Pero la nueva tecnología puede cambiar
muy pronto el panorama económico.

Honduras tiene sólo dos ciudades importantes.
«Teguci», como llaman los hondureños al asiento
del gobierno, es una ciudad que realmente no tiene
afueras. Pasamos por una zona rural de casas
pequeñas y pobres, y vemos a las mujeres lavando
ropa en los arroyos. Y de repente estamos en el
centro, y las casas *de techo rojo* contrastan con los   red-roofed
edificios nuevos. Y hay hoteles y restaurantes
buenos, y el Palacio del Congreso Nacional parece
flotar encima de la plaza mayor sobre sus *pilares*   to float ~ silvery pillars
plateados. Y en el norte se encuentra San Pedro Sula,
una ciudad independiente, dinámica, con *vistas*   a view toward
hacia el mundo exterior. Fuera de estos dos centros,
la gran mayoría de la gente vive en el campo, y la
vida, por lo general, continúa como en tiempos
anteriores.

La historia de Honduras ha sido bastante triste.
Desde que ganó su independencia de España en la
tercera década del siglo XIX, ha sufrido una serie
interminable de *golpes de estado*— ¡en efecto, 136 en   coups d'etat (political
los primeros 142 años! Durante un período largo,   takeovers)

La capital. Vista parcial.

The United Fruit, una *empresa* norteamericana, fue su mayor *sostén* económico y político. Ahora *se ha independizado bastante*, pero no ha podido encontrar todavía una solución democrática. Su población es casi totalmente mestiza e india, y sólo en años recientes ha podido *aprovecharse* hasta cierto punto de la educación que ofrece gratis el estado. Las oportunidades educativas están limitadas todavía, y Honduras se encuentra en estos momentos sólo en la *orilla* del futuro.

company
support ~ it has become considerably more independent

take advantage

edge

Preguntas

1. ¿Qué salto ha dado Honduras recientemente?
2. ¿Cómo es su sistema de transportación?
3. ¿Qué cambios ha traído el nuevo servicio aéreo?
4. ¿Cómo se compara el área de Honduras con la de El Salvador? ¿y la población?
5. ¿Cómo es su paisaje? ¿y el clima?
6. ¿Dónde está situada la capital? ¿Cómo es?
7. ¿Cuáles son los productos más importantes de Honduras?
8. ¿Cuáles son sus dos ciudades principales?
9. ¿Cómo ha sido hasta ahora su historia?
10. ¿Cómo se halla ahora?

V PASATIEMPO

Vólibol Perfecto

Primera Parte: La clase se divide en dos equipos.

Su profesor(a) va a comenzar dándoles el infinitivo de un verbo con un sujeto. Por ejemplo: *cerrar: tú*. Y el capitán del primer equipo tiene que decir la forma correcta del presente del perfecto: *has cerrado*. Inmediatamente después, tiene que devolver otro infinitivo con su sujeto al capitán del segundo equipo. Por ejemplo: *sentarse: yo*. Y el otro capitán tiene que decir: *me he sentado*. Entonces él en su turno ofrece otro verbo, y un miembro del primer equipo tiene que contestar. Si alguien contesta mal, el otro equipo gana un punto.

Segunda Parte: Esta vez vamos a hacer la misma cosa, pero dando la forma del pluscuamperfecto en vez del presente del perfecto.

Vamos a ver qué equipo sale victorioso.

5

Lección Quinta

I **CONVERSACIÓN**

Hoy estamos de un humor muy negativo. ¿Se siente Ud. negativo también? Bueno, vamos a comenzar entonces.

A.

1 ¿Hay alguien en la cocina con Dina?   No. No hay nadie . . .
2 ¿Hay alguien en este mundo como Ud.?   No. No hay . . . como yo.
3 ¿Hay alguien como su profesor(a)?
4 ¿Hay alguien tan (as) simpático como yo?
5 ¿Habló Ud. con alguien por teléfono esta mañana?
6 ¿Ha visto Ud. a alguien hoy?
7 ¿Ha hablado con alguien interesante?
8 ¿Vino alguien a su casa ayer?   No, nadie vino . . .
   No, no vino nadie . . .

B.

1 ¿Tiene Ud. algo en la mano?   No. No tengo nada . . .
2 ¿Tiene algo en la boca?
3 ¿Ha oído algo interesante hoy?   No. No he . . .
4 ¿Ha hecho algo especial?
5 ¿Ha comido algo bueno?
6 ¿Ha visto algo extraordinario recientemente?

113

C.

1 ¿Ha viajado Ud. alguna vez? No. No he viajado nunca.
  No. Nunca he . . .
2 ¿Ha estado Ud. alguna vez en un país hispano?
3 ¿Ha escrito alguna vez un poema?
4 ¿Ha participado alguna vez en un programa musical?
5 ¿Piensa Ud. ir algún día a España? (Do you intend . . .?) No. No pienso ir nunca . . .
  No. Nunca . . .
6 ¿Espera Ud. dar la vuelta (go around) a la luna algún día?
7 ¿Va Ud. siempre a la biblioteca? No. No voy nunca . . .
8 ¿Prepara Ud. siempre muy bien sus tareas? (¡Muy interesante!)

D.

1 ¿Hay algún estudiante excepcional en esta clase? No. No hay ningún . . .
2 ¿Ha leído en el periódico alguna noticia excepcional? No. No he leído ninguna . . .
3 ¿Ha asistido a alguna reunión interesantísima?
4 ¿Ha visto Ud. una escuela como la nuestra?
5 ¿Ha tenido Ud. un curso tan interesante como éste? (¡Gracias!)

Recogiendo bananas en una plantación.

II ESCENAS DE LA VIDA

Contrapunto[1]

DAN.: Daniela   LOR.: Lorenzo

Es la noche del mismo día, y Lorenzo Barrios está hablando con sus padres. *A media milla de distancia*, Daniela Campos está contando a su familia los *sucesos* del día.

5 DAN.: Pero, *¡qué casualidad!* Al principio yo no lo reconocí, sobre todo con el *traje de ascensorista*. Y además, han pasado tres años. Pero de repente él me miró y me dijo: "¡Daniela! ¡Daniela Campos!" ¿Y saben . . . ?

10   LOR.: ¿Saben? Yo no la reconocí al principio. *Hasta que* ella me miró y me dijo: «¡Lorenzo! ¡Lorenzo Barrios!» ¡Pero cómo ha cambiado la chica! Cuando *asistíamos al colegio*, no me había fijado nunca en ella. Era muy joven cuando yo me gradué. Pero ahora, ¡qué diferencia! ¡Qué ojos!, ¡qué pelo! ¡qué cuerpo!

DAN.: No se lo he dicho nunca a nadie, pero ¿saben? cuando íbamos al colegio, yo estaba loca por él.
20 No era muy buen estudiante, pero era capitán del equipo de fútbol, y *tan buen mozo*, . . .

    LOR.: Una muchacha como ésa no tiene que ser buena mecanógrafa, ni nada. *Bueno*, ella me explicó que el gerente buscaba
25   una secretaria y recepcionista y . . .

DAN.: Y Lorenzo me dijo que él conocía muy bien al gerente y que me iba a ayudar a conseguir el trabajo. Es muy simpático, realmente, y muy buen mozo, aun con el uniforme de ascensorista.
30 Pero ¿saben?, el ascensor estaba lleno de personas, *llenísimo* y él *no les hacía ningún caso*. Fue maravilloso, tremendo. Primero me llevó a mí al piso

1. Counterpoint is a musical form in which two or more voices carry the same theme in various versions either with or around each other.

décimo, y después les atendió a ellos. *Había que oír cómo le reñían.* «Ea, joven, yo le pedí el piso cuarto.» «¡Y yo el séptimo! ¿Qué sucede aquí?» Y él, *como si nada* . . . Espero que *no lo haya delatado nadie.*

LOR.: *¡Ojalá que no le hayan* dicho nada al gerente. Si ese tipo lo sabe, *en un dos por tres me despide.* Pero no importa. La chica es *simpatiquísima. Y no es tonta tampoco.* En seguida entendió *lo que* yo le decía. Más tarde, cuando *la bajé* en el ascensor, me contó como *el tipo ése se lo había tragado todo.*

DAN.: *Incluso* cuando me preguntó si yo sabía taquigrafía, y le dije: «Por favor, señor, repita Ud. una vez más la pregunta. *Me encanta* oír su voz.» Y él la repitió tres veces, con diferentes interpretaciones dramáticas, ¡y no me dejó *siquiera* contestar! (Daniela se ríe.)

LOR.: (*riéndose*) Fue tremendo, ¡absolutamente tremendo!

DAN.: Pero más que *nada*, me alegro de que Lorenzo *me haya advertido* acerca del pelo del gerente. *No me atreví* a levantar los ojos para *mirarle la cara* siquiera. ¡Ay, Dios mío! ¿Saben? Si lo encuentro en la calle, ¡no lo voy a reconocer! Pero *en serio*, he tenido mucha suerte, *¿no les parece?* Y todo se lo debo a Lorenzo Barrios.

LOR.: No quiero *alabarme* demasiado, pero en realidad, Daniela me lo debe todo a mí.

DAN.: He estado pensando que . . . posiblemente . . . *algún* día voy a invitar a algunos amigos . . . y le voy a pedir a Lorenzo que venga también.

LOR.: ¿Saben? Algún día le voy a pedir a Daniela que me deje ir a visitarla en su casa. *¿Qué les parece?* ¡Daniela Campos! *¿Quién lo iba a creer?* ¡Qué casualidad, eh!

DAN.: Imagínense. Si alguien me lo dice, no lo creo. En un solo día consigo mi primer trabajo, y *me encuentro otra vez* con Lorenzo Barrios. *¡Qué suerte la mía!* ¡Qué casualidad, eh!

You should have heard how they were yelling at him

Cool as can be ∼ nobody has reported him

Boy! I hope they haven't in one second he'd fire me

awfully nice. And she's not dumb either. ∼ what

I took her down

that guy had swallowed it all

Including

I just adore

even

laughing

anything ∼ warned me about ∼ I didn't dare look at his face

seriously

don't you think so?

praise myself

some

What do you think?
Who'd have believed it

I meet up again
What luck I've got!

¿Has traído a alguien?—No. No he traído a nadie hoy.	Have you brought anyone? —No, I haven't brought anyone today.
Conoce Ud. algún libro bueno sobre ese tema?—No. No conozco ninguno.	Do you know some good book on that subject?—No. I don't know any (book).
¿Has visto a alguna de mis amigas?—No. No he visto a ninguna.	Have you seen any of my friends? —No. I haven't seen any.

Did you notice? Spanish uses the personal *a* when *alguien* or *nadie* are object of the verb, or when the objects *alguno*, *alguna*, etc. refer to persons.

Ejercicios

A. Lea bien el diálogo siguiente, y después conteste las preguntas:

—Mariano, ¿sabes? Alguien te llamó esta tarde. Dijo que era muy importante.
—¿Quién fue?
—Algún señor. Dijo algo acerca de un examen mañana.
—¿En qué clase?
—No sé. En alguna de tus clases. Quiere que le llames en seguida.
—¿Pues tienes el número de su teléfono?
—No tengo nada. No tenía lápiz. A ver si recuerdo . . . Era 254 . . . no, 542 . . . no, 425, 31 . . . no . . .
—Pepito, ¡algún día yo te voy a . . .!

Conteste: **a.** ¿Qué recado (message) recibe Mariano al volver a casa?
    b. ¿Qué dijo la persona que le llamó?
    c. ¿En qué clase va a tener examen mañana?
    d. ¿Qué quiere el señor que haga en seguida Mariano?
    e. ¿Por qué no puede llamarlo Mariano?
    f. ¿Por qué no apuntó (wrote down) nada Pepito?
    g. ¿Quién cree Ud. que es Pepito?
    h. ¿Qué le va a hacer Mariano algún día?
    i. En su opinión, ¿quién era la persona que le llamó?
    j. ¿Le ha sucedido a Ud. alguna vez un episodio como éste?

B. Ahora haga Ud. preguntas originales para las contestaciones siguientes. Por ejemplo:

No. No he visto a ninguno: *¿Ha visto Ud. a alguno de mis amigos? ¿Has visto a alguno de los chicos?*, etc.

1. ¿_____? —No. No ha llamado nadie.
2. ¿_____? —No. No gané nada.
3. ¿_____? —No tengo nada que hacer esta tarde.
4. ¿_____? —No. No nos dijeron nada.
5. ¿_____? —No me encontré con nadie.
6. ¿_____? —No. No me equivoco nunca.
7. ¿_____? —No queremos ir allí nunca.
8. ¿_____? —No. Nadie se atrevió a decirle nada.
9. ¿_____? —No. No he leído jamás una obra como ésa.
10. ¿_____? —No. Aquí no hay ninguno.

13. The Present Perfect Subjunctive

a. How do you think the present perfect subjunctive is formed? Let's see if you're right . . . It is composed of the present subjunctive of *haber* + a past participle.

haya (llegado, sabido, abierto) (Remember: ir—*vaya*)
hayas
haya
hayamos
hayáis
hayan

b. When is the present perfect subjunctive used? Well, whenever a subjunctive is called for (for example, after an expression of emotion) and the verb tells what *has* happened, what *has* been.

Ha salido.	He has gone out.
Es lástima que haya salido.	It is a pity that he has gone out. (Emotion)
No han llegado todavía.	They haven't arrived yet.
Temo que no hayan llegado todavía.	I'm afraid they haven't arrived yet.
Nadie lo ha delatado.	No one has reported him.
Espero que nadie lo haya delatado.	I hope that no one has reported him.

Ejercicios

A. Cambie según las indicaciones:

1. Me sorprende que *Ud.* lo haya hecho.
    (Uds., tú, ellos, María, tú y María)
2. ¡Ojalá que hayan ganado!
    (yo, nosotros, tú, los chicos, nuestra escuela)
3. Sentimos que no hayan asistido al banquete.
    (el jefe, los empleados, el gerente, tú, Ud. y su esposa)
4. Me alegro de que le haya *gustado* el traje.
    (comprar, vender, dar, alabar)
5. Es lástima que no lo hayan *advertido*.
    (atender, solicitar, reconocer, encontrar)
6. Temen que nos hayamos *equivocado*.
    (perder, morir, detener, atrever)

B. Escriba algunas oraciones originales basándose en los modelos siguientes. Por ejemplo:

Han llegado ya.   *Temo (Esperamos, ¡Ojalá, etc.) que hayan llegado ya.*

Ha estado enfermo.   *Sentimos (Es lástima, No me sorprende, etc.) que haya estado enfermo.*

En otras palabras, debe comenzar cada frase con una expresión de emoción. ¿Entiende? Pues vamos a comenzar.

1. No ha sido ella. 2. ¿Te has caído? 3. Han ganado el premio. 4. Se han ido a la playa. 5. Le ha sucedido algo malo. 6. Daniela se ha conseguido un buen empleo. 7. Has atendido muy bien a los pasajeros. 8. No se han marchado todavía. 9. La chica ha cambiado muchísimo. 10. Le han colgado el receptor.

C. Ahora diga en español:

1. He has come.—I hope he has come. 2. They haven't finished yet.—It's a pity that they haven't finished yet. 3. My mother has been very upset.—I'm sorry that your mother has been upset. 4. She has gotten a new job.—If only she has gotten a new job! 5. Something has happened.—I'm afraid that something has happened.

Área: aprox. 54,000 millas cuadradas
Población: aprox. 2,000,000
Unidad monetaria: el córdoba

IV NOTAS HISPÁNICAS

Nicaragua

«Managua, Nicaragua, donde yo me enamoré,
Tenía mi *ranchito*, mi *vaquita* y mi *buey*».   little house ~ cow ~ ox

Así va la canción. Y es verdad que Managua es una ciudad hermosa. Reconstruida en 1931 después
5 de un terremoto desastroso, es una de las capitales más nuevas de Hispanoamérica. Está situada cerca del lago Managua, en *cuyas orillas* se levantan dos   whose shores
volcanes espectaculares, el gran Momotombo y su hermano menor, Momotombito. Los volcanes están
10 casi totalmente apagados ahora, pero juntos con el lago crean un *marco* impresionante para la preciosa   frame
ciudad de 300,000 habitantes. La ciudad misma tiene hermosísimos parques llenos de flores y pájaros tropicales. Y hay barrios lindos que miran
15 hacia el lago, y *paseos* anchos, y las *bandas del pueblo*   promenades ~ town bands ~ statue
dan conciertos bajo la *estatua* del gran poeta nicaragüense Rubén Darío.

«Managua, Nicaragua, donde yo me enamoré...»
Pero Nicaragua tiene sus problemas también, y
20 algunos han sido monumentales. Más de la mitad de su tierra está cubierta de selvas tropicales, y sólo el 10% es cultivable. Figúrese. ¡La agricultura es su industria principal, y sin embargo, sólo un porcentaje mínimo de la tierra se puede cultivar! *Lo*   What
25 *que* es más importante, la tierra no es muy rica en recursos naturales. Produce algodón, café, y cierta cantidad de oro, pero por lo general el país es bas-

tante pobre. *A pesar* de ciertos avances económicos en años recientes, Nicaragua todavía encuentra dificultades en *mantener* a su pequeña población de menos de dos millones de personas.

A diferencia de Honduras y El Salvador, el paisaje nicaragüense es mayormente de un solo nivel. Tiene pocas alturas, poquísimas montañas, pero muchos ríos y lagos y fuentes naturales. En efecto, uno de sus fenómenos más curiosos es el inmenso lago Nicaragua en *cuyas* aguas frescas *nadan peces* que viven solamente en *aguas saladas* en otras partes del mundo. Nadie ha podido explicar hasta ahora cómo pudieron adaptarse a ese *ambiente* nuevo, pero allí están, grandes *peces espada*, *tiburones* y otros, gozando de las claras aguas tropicales. Como está casi al nivel del mar Nicaragua tiene un clima caliente y húmedo, aun en la costa del Pacífico donde se halla la capital. Hay sólo dos estaciones, la estación lluviosa y la «seca». Pero en realidad, la única diferencia entre las dos es que en la estación «seca» llueve un poco menos que en la lluviosa. La naturaleza ha sido menos *pródiga* en Nicaragua que en varias otras partes de la América Central.

Trasladando el cargamento (transferring cargo) de canoas a carros tirados por bueyes en el Lago Nicaragua.

«Managua, Nicaragua, donde me enamoré...»

    Nicaragua ha tenido más contacto con los Estados Unidos que casi *ningún* otro país hispanoamericano. Pero desafortunadamente, durante las tres
55 primeras décadas del siglo XX, ese contacto le resultó muy *poco agradable*. En más de una ocasión el gobierno norteamericano mandó tropas a Nicaragua para *sofocar* rebeliones y para tratar de *restablecer* la paz en aquel país tan atormentado por
60 *trastornos* políticos. Pero los nicaragüenses *se resentían de* la intervención del *poderoso* vecino, y por eso, *a partir de* la época de Franklin D. Roosevelt, la *política estadounidense* hacia la pequeña república ha cambiado muchísimo. Ahora existen relaciones de
65 *amistad* y de respeto mutuo entre las dos naciones. Y tan populares se han hecho las costumbres norteamericanas en Nicaragua que el béisbol casi ha *llegado a ser* el deporte nacional.
    ¿Cuál es el panorama *actual* de Nicaragua? Es el
70 de un país que ha progresado un poco en años recientes, pero que todavía tiene que *luchar* contra una geografía y un clima más bien desfavorables. Es el de una nación que tiene que encontrar todavía el camino hacia la democracia, aunque la clase de

	any
	disagreeable
	put down
	reestablish
	upheavals ~ resented
	powerful
	since ~ US policy
	friendship
	become
	current
	struggle

75 dictadura que conoce no es tan rígida como en otros países.[4] Y es el de un pueblo mayormente mestizo que está aprendiendo a vivir en paz consigo mismo, pero que tiene que educarse mejor para *sobrevivir* en el mundo tecnológico de hoy.   survive

Preguntas

1. ¿Por qué decimos que Managua es una de las capitales más nuevas de América?
2. ¿Puede Ud. describir un poco la ciudad?
3. ¿Cómo se compara Nicaragua en área con otros países centroamericanos?
4. ¿Qué porcentaje de su tierra es cultivable?
5. ¿Cuáles son sus industrias más importantes?
6. ¿Cómo es el paisaje nicaragüense?
7. ¿Qué fenómeno curioso encontramos en el lago Nicaragua?
8. ¿Cómo es el clima en aquel país?
9. ¿Qué relaciones existen ahora entre Nicaragua y los Estados Unidos?
10. ¿Qué posibilidades tiene Nicaragua para crear un futuro mejor?

V PASATIEMPO

Nada, Nunca, con Nadie

Prepare una lista de diez preguntas, y venga a la clase listo para hacerlas a sus compañeros. Ud. va a encontrar, sin embargo, que sus compañeros de clase son algunas de las personas más desagradables del mundo. Van a responder negativamente a todas sus preguntas, y de la manera más negativa posible. Por ejemplo, si Ud. le pregunta a alguien: *¿Quieres ir al cine conmigo esta tarde?*, él le puede contestar: *No. Nunca voy al cine con nadie, No voy a ninguna parte con nadie, No voy contigo a ninguna parte*, etc. Ahora bien, si Ud. se siente muy frustrado como resultado de tantas negativas, Ud. puede vengarse (get even), contestando de la misma manera si le hacen una pregunta a Ud.

Vamos a empezar, ¿está bien? —¡NO!

[4] Ocurrió hace poco el caso de cinco ladrones de banco (bank robbers) que fueron puestos en libertad porque dijeron que habían cometido el robo por razones políticas. ¡Necesitaban el dinero para continuar su oposición contra el gobierno! En realidad, hace más de treinta años que el gobierno está en manos de una sola familia, los Somoza. Uno de los Somoza fue asesinado hace años, pero sus hijos continuaron en el poder.

1

Repaso Primero

I REPASO DE GRAMÁTICA

A. Estudie las formas del imperativo (**1–2**) y después cambie a mandatos familiares las frases siguientes. Por ejemplo:
Ricardo lo come todo.   *Ricardo, cómelo todo.*
¿No vienes mañana?   *No vengas mañana.*

1. Emilio escribe la tarea.
2. Elena busca un empleo.
3. ¿Te marchas ahora mismo?
4. No te cuidas.
5. ¿Le susurras al oído?
6. ¿Te pones las pestañas nuevas?
7. Juanito no me pone nerviosa.
8. ¿Lo cuelgas allí?
9. ¿Me haces un favor?
10. Paco se levanta temprano.

B. Repase ahora el presente del perfecto (**5**), el pluscuamperfecto (**8**) y el presente del perfecto del subjuntivo (**13**). Cambie ahora:

1. No lo ha *devuelto* todavía.
   (alcanzar, solicitar, componer, arreglar, vender, hacer)
2. *Me he* equivocado.
   (Tú, el cajero, Oscar y yo, Ud., Uds., los clientes)
3. Nos había *reñido*.
   (advertir, atender, buscar, reconocer, alabar, guiñar el ojo)
4. No *nos habíamos* atrevido.
   (El joven, ¿Tú . . .?, yo, los demás, ¿Uds. . . .?)
5. Espero que no se hayan *dormido*.
   (marcharse, despertarse, encontrarse, caerse, detenerse)
6. Siento que tú *hayas* perdido.
   (nuestro equipo, Uds., los Cohetes, nosotros)

C. ¿Puede Ud. hallar en el Grupo **2** una contestación lógica para cada frase del grupo **1**?

1	2
Ha conseguido un empleo excelente de secretaria.	No puedo. Tengo mucho que hacer.
¿Me acompañas al cine hoy?	No le hagas caso, Daniela.
¿Sabes? Ese señor me guiñó el ojo.	En un dos por tres ya lo tienes listo.
No vale la pena estudiar. Seguro que nos van a suspender.	Figúrese. Y no sabe taquigrafía ni nada.
¿Por fin puso en marcha el ascensor?	¡Qué cara! ¡Qué ojos! ¡Qué maravilla, eh!
¿Se ha fijado en la rubia que acaba de subir?	Sí. Pero primero nos llevó a todos al piso décimo.
¡Había que oír cómo le reñían!	Cállate y no me pongas nervioso.
¿Cuándo me lo vas a terminar?	Y él como si nada, ¿eh?

D. Diga ahora en español:
1. Many robberies have occurred in our neighborhood. —It's a pity.
2. I've lost my purse. —No. There it is, under the seat.
3. Watch out. You're going to bump into somebody.
4. Upon entering, tell him that he has a beautiful office. —Got you!
5. Well, here's my corner. Till tomorrow, eh? —Right. And may things go well for you.

II PEQUEÑO TEATRO

Escriba un corto diálogo original sobre uno de los temas siguientes:
(A propósito, los números romanos se refieren a las Notas Hispánicas de las varias lecciones)

1. Son las ocho de la mañana, y una familia está desayunándose. Uno de los hijos tiene un problema. (I)
2. Dos hombres están sentados en un autobús o un tren y hablan acerca de las noticias del día. (II)
3. Dos señoras (o dos chicas) están discutiendo las noticias del día. (II)
4. Un joven (o una joven) solicita su primer empleo. El gerente de un negocio importante lo (la) entrevista (interviews him). (III)
5. Dos amigos acaban de encontrarse otra vez después de muchos años de ausencia. (III, IV)
6. La radio está puesta, y oímos un programa familiar. (IV)

III PASATIEMPO

La Naturaleza
(*Nature*)

Sobre la Buena Tierra

hierba;   el árbol;   hoja;   las flores;   arbusto, mata

montaña;   río;   el valle;   el bosque, la selva;   piedra, roca

Sobre el Agua

el mar, océano;   playa;   arena

arroyo;   la fuente;   pozo

1. El _____ es el mejor amigo del hombre.
2. Ese chico es tan (as) fuerte como un _____.
3. Dicen que era tan valiente como un _____.
4. ¡Corre como un _____! No hay nadie como él.
5. No sé, pero ese niño está tan sucio como un _____.
6. El pobre no tiene nada. Es tan pobre como un _____.
7. Yo tengo una memoria de _____.
8. Basta de hablar. Ese chico es tan torpe (dumb) como un _____.
9. Al contrario. Es tan astuto (sly) como un _____.
10. No vas a llegar nunca. Caminas como una _____.
11. ¿Rafael? Es más testarudo (stubborn) que un _____.
12. Sólo las _____ abandonan un barco que se hunde (sinking ship).

Visita al jardín zoológico. *Barcelona, España.*

6

Lección Sexta

I CONVERSACIÓN

A.

1 ¿Cuál es el número de su teléfono?
2 ¿Cuál es su dirección?
3 ¿Cuál es su clase favorita? (¡Por supuesto!)
4 ¿Cuál es su deporte favorito?
5 ¿Cuáles son los meses del otoño?
6 ¿Cuáles son sus cursos más difíciles?
7 ¿Cuáles son sus programas favoritos de televisión?
8 ¿Cuáles son los colores de la bandera norteamericana?

B.

1 ¿Qué es una biblioteca?
2 ¿Qué es un museo?
3 ¿Qué es una aspiradora?
4 ¿Qué es un lío (jam) de tránsito?
5 ¿Qué es una milla?
6 ¿Qué es un gigante (giant)?
7 ¿Qué son «Los Yanquis»?
8 ¿Qué son «Los Gigantes»?
9 ¿Qué equipo de béisbol le gusta más?
10 ¿Qué programas de radio le gustan más?

C.

1. ¿Quién es el mejor profesor del mundo? (Naturalmente.)
2. ¿Quién es el mejor deportista de nuestro colegio?
3. ¿Quién es el muchacho más popular?
4. ¿Quiénes son algunas de las chicas más populares?
5. ¿Quiénes han tenido más influencia en su vida?
6. ¿Quiénes han sido nuestros mejores presidentes?
7. ¿Quiénes faltan hoy a la clase? (Who are missing . . .?)

D.

1. ¿Cómo viene Ud. a la escuela?
2. ¿Cómo viene Ud. cuando llueve?
3. ¿Cómo viene cuando hace mucho frío?

Camino. Vengo en autobús, etc.

4. ¿Cómo le gusta el café—con leche o solo (black)?

Me gusta con . . .

5. ¿Cómo le gusta el té—frío o caliente?
6. ¿Cómo le gusta la carne—bien asada (well done) o a término medio (medium)?
7. Qué tal le gusta el café?

Me gusta mucho.
No me gusto mucho.

8. ¿Qué tal le gusta el fútbol?
9. ¿Qué tal le gusta el español?
10. ¿Qué tal le gustan estas preguntas?

Fabricando lazos de henequén (ropes of hemp). Las fibras delicadas cuelgan como tela de araña en los campos hondureños.

II ESCENAS DE LA VIDA

Punto de Vista (1)

GER.: Sr. Alberto Ramos, Gerente;
SR. C.: Sr. Basilio Cárdenas, *sub*-director;   assistant
SR. M.: Sr. Esteban Mariño, *Cajero;*   cashier
SR. V.: Sr. Guillermo Vargas, director de publicidad

Son las tres de la tarde, y los directores del Hotel Continental están reunidos en la oficina del gerente.

GER.: Entonces, ¿estamos listos ya?
SR. C.: *Falta* Vargas, nada más.   is missing
5 GER.: Pues ése siempre llega tarde. Vamos a comenzar sin él.
SR. C.: ¡Cómo no!
SR. M.: De acuerdo.
GER.: Ahora bien. Los he llamado porque acabo de
10 recibir una carta urgente del presidente de la compañía y la tengo que contestar en seguida. *Parece* que unos siete *u* ocho clientes se han quejado de que . . . (El gerente les lee la carta, y los directores *se ponen a discutirla acaloradamente.* Por   It seems ∼ or

begin to discuss it heatedly
15 fin, parecen llegar a una decisión.)
GER.: Bueno. Entonces le voy a mandar una carta al presidente *explicándole* que . . . (La puerta se abre   explaining to him
y entra Guillermo Vargas, un hombre alto y *corpulento* de unos 40 años de edad. Está *fumando* un   heavy set
smoking
20 cigarro fuerte.)
SR. V.: Muy buenas. ¿Cómo están?
SRS. C. Y M.: ¿Qué tal?
GER.: Hola, Vargas. ¡Por fin!
SR. V.: *Disculpen.* Siempre me gusta ser puntual, pero   Forgive me
25 hubo un *lío de tránsito* fantástico en el túnel. Fue   traffic jam
increíble . . . Pero díganme, ¿qué pasó? ¿De qué se trata?   What's it all about?
GER.: Nada. Sólo de un *asunto* urgente e importantí-   matter

136

	simo del presidente. Yo estaba *a punto de* llamar a	about to
30	mi secretaria para dictarle una carta.	
	SR. V.: ¡Cómo no, hombre! Llámela. Ramos, *le felicito.*	I congratulate you
	GER.: ¿Por qué?	
	SR. F.: Por la secretaria nueva. ¡Qué chica *más* estu-	(don't translate)
35	penda! ¿Dónde la consiguió? ¿Cuánto tiempo hace . . .?	
	GER.: ¿*Cuál?* ¿Qué secretaria nueva?	Which one?
	SR. M.: Se *refiere* a «Las Pestañas».	He's referring
•	GER.: ¿A «Las Pestañas»? Pero ella no es nueva.	
40	Hace cinco meses que trabaja aquí.	
	SR. V.: ¿Entonces cómo es que no la he visto hasta hoy?	
	GER.: Porque pasa la mayor parte del día *subiendo y bajando* en el ascensor.	going up and down
45	SR. V.: ¿*Cómo* en el ascensor?	What do you mean
	GER.: Sí. Está loca por uno de los ascensoristas, y si la *mando por la cosa más mínima, desaparece* por el resto de la tarde. Todo el día sube y baja, baja y sube, como un yo-yo.	I send her for the least thing, she disappears
50	SR. V.: Pero es simpática, ¿no?	
	GER.: Muy simpática. *Encantadora.* Pero en el mundo entero no hay peor mecanógrafa que ella. Y *en cuanto a* taquigrafía, no entiendo cómo *la aprobaron* en la escuela. ¡Tres minutos *tarda en escribir:*	Charming as for they passed it takes her to write:
55	«*Estimados señores*»!	Dear Sirs!
	SR. V.: Todo eso *me suena a las mil maravillas* comparado con la secretaria que tengo yo. Sí, es un modelo de perfección—rápida, *lista*. Pero tiene una cara que puede *asustar a un policía.* ¡Y un *genio* . . .! ¡Ca-	sounds great to me bright frighten a policeman ~
60	ramba! La «Sargento», la llamo.	disposition
	SR. M.: No se queje Ud., Vargas. La chica que trabaja conmigo en la *Caja, tan perezosa es* que si no la *vigilo* constantemente, a todos los clientes los deja marcharse sin pagar. *Le resulta más fácil así*	Cashier's Office ~ she's so lazy ~ watch It's easier for her to add
65	*sumar las cuentas.*	the bills that way.
	GER.: ¡Por Dios!	
	SR. M.: Sí. «*Mi Desgracia*», la he *nombrado*. Si Dios quiere que *cada uno lleve su cruz*, ya tengo *la mía.* ¡La voy a *descontar* de mi tiempo en el Purgatorio!	My Misfortune ~ named each one bear his cross ~ mine ~ deduct

137

70 SR. C.: Pues Uds. conocen a la «Teléfono», ¿no? Esa
muchacha necesita un *conmutador* especial sólo   switchboard
para sus *llamadas* personales. ¡Cada vez que me   calls
llaman los clientes, la línea está ocupada! ¿Saben
Uds.? Un día, por tres horas *quiso* llamarme el   tried to
75   presidente, y . . .
     GER.: ¿El presidente? Vamos, señores, *manos a la*   let's get down
obra. Tenemos que dictarle la carta en seguida.
(*Coge* el teléfono.) Señorita Campos, por favor . . .   He grabs
¡Ay, no! (El gerente *se ha puesto pálido*.)   has turned pale
80 SR. M.: Ramos, ¿qué le pasó?
     GER.: ¡Dicen que ella acaba de bajar en el ascensor!
Sí yo la conozco . . .
     SR. V.: Pues entonces, hasta mañana, señores. El
presidente puede esperar.

Preguntas

1. ¿Dónde están reunidos los directores del Hotel Continental?
2. ¿Quién falta todavía?
3. ¿Por qué los ha llamado el gerente?
4. ¿Qué hacen los directores después de escuchar la carta del presidente?
5. ¿Quién llega por fin?
6. ¿Cómo es Guillermo Vargas?
7. ¿Qué excusa da por llegar tarde?
8. ¿Qué estaba a punto de hacer el gerente?
9. ¿Por qué le felicita Vargas?
- 10. ¿Quién es «Las Pestañas»?
11. ¿Cuánto tiempo hace que trabaja allí?
12. ¿Cómo pasa la mayor parte del día?
13. ¿Por quién está loca?
14. ¿Qué opinión tiene de ella su jefe?
15. ¿Cómo es la secretaria del señor Vargas?
16. ¿Por qué se queja de su secretaria también el cajero?
17. ¿Qué apodo (nickname) le ha dado?
18. ¿Qué necesita la «Teléfono»?
19. ¿Qué ocurre cuando llaman los clientes?
20. ¿Por qué se pone pálido el gerente cuando telefonea a Daniela?

Vocabulario Activo

mundo world	**asunto** matter
lío mess, jam ____ **de**	**cliente** customer, client
tránsito traffic jam	**cajero** cashier

aprobar (apruebo) to approve; pass (a course)	**coger (cojo, coges)** to catch; seize
discutir to discuss; argue	**fumar** to smoke
explicar to explain	**quejarse de** to complain about
felicitar to congratulate	**pagar** to pay
	ponerse a (me pongo) to begin to

entero whole, entire	**perezoso** lazy

Disculpe(n) Excuse me.	**¿De qué se trata?** What's it all about? What's up?
a punto de about to	

Discusión

1. ¿Trabaja en una oficina su padre? ¿Tiene secretaria? ¿Es difícil hoy día (nowadays) conseguir una secretaria buena? ¿Le interesa a Ud. ser secretaria algún día? ¿Prefiere Ud. trabajar en una oficina, en una tienda, o en una fábrica? ¿Por qué?

2. En su opinión, ¿son típicas o no las secretarias de los directores? ¿Qué piensa Ud. de los directores? ¿Cuál le gusta más? ¿y menos?

III ESTRUCTURA

14. The Difference between ¿*Qué* . . .? and ¿*Cuál* . . .? (What? Which?)

    a. Standing alone as subject of a verb, ¿*Qué* . . .? asks for a definition (What . . .?) while ¿*Cuál(es)* . . .? asks you to make a selection (Which . . .?)

¿Qué es un examen? —Un examen es una tortura cruel inventada por los maestros.	What is an exam? —An exam is a . . . (No puedo continuar.)

¿Qué es un genio? —Un genio es . . es . . ¡soy yo!	What is a genius? —A genius is . . is . . why, it's me!
¿Qué son sus abuelos? —Son alemanes.	What are his grandparents? —They're Germans.

But:

¿Cuál es su clase favorita?	What (Which one) is your favorite class?
¿Cuál es la dirección de tu casa?	What (Which one of all) is your address?
¿Cuáles son las cosas que le gustan más?	What (Which ones) are the things you like best?

b. When *¿Qué . . .?* stands before a noun, it means *What?* or *Which?* *¿Cuál(es) . . .?* can also be used, but is less frequent.

¿En qué casa vive Ud.?—En aquélla.	Which house do you live in?—In that one.
¿Qué día es hoy?—Es jueves.	What day is today?—It's Thursday.
¿Qué clases tienes hoy?—No tengo ninguna.	What (Which) classes do you have today?—None.

Ejercicios

A. Definiciones Dislocadas (Daffy Definitions)
¿Puede Ud. contestar de una manera original a estas preguntas?

1. ¿Qué es una escuela? 2. ¿Qué es un coche? 3. ¿Qué es un perro? 4. ¿Qué es un padre? 5. ¿Qué es una hermana menor? 6. ¿Qué son los maestros? 7. ¿Qué es un impuesto (tax)? 8. ¿Qué es la felicidad? 9. ¿Qué es el dinero? 10. ¿Qué son los amigos?

B. Conteste ahora más en serio:

1. ¿Qué son sus abuelos? 2. ¿Qué tiene Ud. ahora en la mano? 3. ¿Qué quiere Ud. hacerse algún día? 4. ¿Qué libro estamos usando este año? 5. ¿Qué libro usaron Uds. el año pasado? 6. ¿Qué día es hoy? 7. ¿Cuál es su día favorito de la semana? 8. ¿Cuál es su mes favorito? ¿Por qué? 9. ¿Cuáles son algunas de las cosas que le gustan más en este mundo? 10. ¿Cuáles son algunas de las cosas que le gustan menos? 11. De todas las materias (subjects) que ha estudiado Ud., ¿cuál le interesa más? 12. En su opinión, ¿qué país ha contribuido más a la cultura del mundo?

15. More about Interrogatives and Exclamations

a. ¿Quién(es?) Who? Whom?

¿Quién fue Cervantes?—Fue un gran escritor.	Who was Cervantes?—He was a great writer.
¿Quiénes ganaron el premio?—Nosotros.	Who (pl.) won the prize?—We did.
¿Con quién hablabas?—Con el gerente.	With whom were you speaking?—With the manager.

b. ¿De quién(es) . . .? Whose?

¿De quién . . .? asks who *is* the owner of something. *¿De quiénes . . .?* asks who the *owners are*.

¿De quién es este traje?—Es mío.	Whose suit is this?—It's mine.
¿De quiénes es la fábrica?—Es una sociedad anónima.	To whom (plural) does the factory belong? (Whose is it?)—It's a corporation.
¿De quiénes son esos coches?—Son de los empleados.	Whose cars are those?—They are the employees'.

c. ¿Cómo . . .? and **¿Qué tal . . .?** How?

¿Cómo . . .? asks how something is done, what condition it is in, or what it is like. *¿Qué tal . . .?* asks for your opinion about it.

¿Cómo están Uds.?—Bien, gracias.	How are you?—Fine, thanks.
¿Cómo es el jefe?—Es muy simpático.	How is the boss? (What is he like?)—He's very nice.
¿Cómo vamos de aquí al centro?—Cogen un tren.	How do we go from here to the city?—You catch a train.
¿Cómo le gusta el rosbif?—Casi crudo.	How do you like roastbeef?—Very rare. (Almost raw.)
But:	
¿Qué tal le gustó el rosbif?—Fue delicioso.	How did you like the roastbeef?—It was delicious.
¿Qué tal te parece el maestro nuevo?—Así, así.	What do you think of the new teacher? (How do you like . . .?)—So-so.
Hola. ¿Qué tal?—Regular.	Hi. How goes it?—OK.

d. ¿*Cuánto(s)* . . .?   How much? How many?

¿Cuánto vale?—No vale nada.	How much is it worth?—It isn't worth anything.
¿Cuántos clientes se quejaron? —Casi todos.	How many customers complained?—Almost all.
¿Cuántas horas hay en un día? —Veinticuatro.	How many hours are there in a day?—Twenty-four.

e. ¿*Dónde?* Where? **¿*Adónde?*** (To) Where?

¿Dónde está mi bolso nuevo? —No lo he visto.	Where is my new purse?—I haven't seen it.
Adónde vas?—A la biblioteca.	Where are you going (to)? —To the library.

Ejercicio

Tome Ud. parte ahora en las conversaciones siguientes.

1. —¿. . .?
   —Bien, gracias. Pero dime, ¿. . .?
   —Al cine. Hay una película muy buena hoy. ¿. . .?
   —Gracias, pero no puedo. Tal vez otro día.

2. —¿. . .?
   —Caliente, por favor, y con azúcar.
   —Cómo no, señor. . . . Ahora dígame, ¿. . .?
   —Fue rico, sabrosísimo.

3. —¿. . .?
   —No sé. Creo que son de los estudiantes.
   —Pues dígales que los tienen que quitar de aquí en seguida.
   —¿. . .?
   —Yo soy el Rector.

4. —¿. . .?
   —Se llama Ricardo Asturias.
   —¿. . .?
   —Es alto, muy buen mozo y rico.
   —¿Cuándo me lo presentas?

5. —¿. . .?
   —Es de mi mamá.
   —¿. . .?
   —Cien pesos.
   —¿. . .?
   —En el Almacén García.

16. Exclamations

a. Every interrogative can be used in Spanish as an exclamation if the resulting expression makes sense.

| Vale mil pesos.—¡Cuánto! | It costs 1000 pesos.—How much! |
| ¡Cómo canta! ¡Cómo baila! | How she sings! How she dances! |

b. *¡Cómo!* also means *What (was that)! What (did you say)!*

| Amor mío, ¿me compras un abrigo de visón?—¡Cómo! | Darling, will you buy me a mink coat?—What! |

It can also be a question: *What (did you say)?*

| ¿Cómo? No la oí. | What? I didn't hear you. |

c. *¡Qué . . .!*, followed by a noun means *What (a) . . .!*

| ¡Qué cara! ¡Qué cuerpo! | What a face! What a body! |
| ¡Qué hombre más estupendo! | What a marvelous man! |

But before an adjective, or an adverb, *¡Qué . . .!* means *How . . .!*

| ¡Qué hermosa es! | How beautiful she is! |
| ¡Qué bien habla! | How well he speaks! |

Ejercicios

A. Diga en español:
1. Pardon me, sir, but I haven't done my homework today.—What!
2. What a man! What a face he has!—And what a disposition!
3. I smoke 24 cigars each day.—How many!
4. How much did you pay?—I didn't pay anything. I stole it.—What!
5. How smart you are! How good! How well you do your work!—Thanks, mom. Now, please tell (it) to my teachers.

B. Ahora escriba cinco oraciones originales usando exclamaciones.

17. y > e and o > u

a. *y* changes to *e* before a word beginning with *i* or *hi*[1]. Can you figure out why?

| Pablo y Rafael. | Paul and Ralph. |
| Pablo *e* Inés. | Paul and Inez. |//
ciencia y geografía	science and geography
ciencia *e* historia	science and history
urgente y necesario	urgent and necessary
urgente *e* importante	urgent and important

1. But *y* remains before *hie . . .* cobre *y* hierro copper and iron. What do you think is the reason?

b. *o* changes to *u* before a word beginning with *o* or *ho*.

siete o nueve	seven or nine
siete *u* ocho	seven or eight
uno o dos	one or two
uno *u* otro	one or another
cualquier mujer o niño	any woman or child
cualquier mujer *u* hombre	any woman or man

Ejercicio

Cambie según las indicaciones:

1. Tenemos setenta o *setenta y cinco* clientes. (ochenta) **2.** ¿Quién lo cogió—Salvador o *Humberto?* (Oscar) **3.** Sólo dos personas lo aprobaron—Luisa y *Dolores* (Irene). **4.** ¿Qué estudias este año?—Literatura y *filosofía*. (historia) **5.** Todos me felicitaron, aun Lorenzo e *Ignacio*. (Pedro) **6.** Fue un libro bien escrito y *divertido*. (interesante) **7.** Se tragó siete u *ocho* a la vez. (nueve) **8.** ¿De qué se trata?—Pues se ha quejado uno de nuestros clientes más ricos e *importantes* (influyentes). **9.** El ascensor se ha detenido en el piso quinto o *séptimo*. (octavo) **10.** Fue una ocasión memorable e *histórica* (patriótica).

Parque Central. *San José, Costa Rica.*

Área: aprox. 20,000 millas cuadradas
Población: aprox. 1,500,000
Unidad monetaria: el colón

IV   NOTAS HISPÁNICAS

Costa Rica

Costa Rica es *todo un* fenómeno. Es un país pequeño,   quite a
pero es un modelo de democracia y de paz, un ejemplo de la armonía que puede predominar en la vida
humana. Mirémosla un poco *más de cerca*.   closer

5   La mayor parte de los costarricenses son de la
clase media, y aunque el nivel de vida no es tan alto
como en los Estados Unidos, hay relativamente poca
gente pobre. *Cuatro quintos* de la tierra cultivable   four-fifths
pertenece a los individuos que *la labran*. Y la tierra   work it
10 da *de sí*—café de la más alta calidad, bananas,   of itself
cacao, azúcar, algodón, *orquídeas*, maderas finas—   cocoa ~ orchids
la lista es larguísima. El clima es templado, aun
fresco en las regiones más altas, y sólo en aquellas
zonas donde se encuentran las plantaciones bana-
15 neras hallamos un calor tropical. ¿Una tierra ideal?
En ciertos respectos, sí.

    El sistema político de Costa Rica ha podido
evitar por lo general los *trastornos* que han caracteri-   avoid ~ upheavals
zado a la mayor parte de los países hispanos. ¡Tan
20 *pacífica* ha sido en efecto su historia que el ejército fue   peaceful
abolido en el año 1950, y ahora la única «fuerza   abolished
armada» es un *cuerpo de policía* de 1,000 hombres! El   police force
presidente es *elegido* por un período de cuatro años,   elected
y no puede sucederse a sí mismo. Pero más impor-
25 tante, según la ley costarricense, ¡es obligatorio para
cada *ciudadano* votar en todas las elecciones! De esa   citizen
manera *se garantiza* la participación del electorado   is guaranteed
entero. Es obligatorio también asistir a la escuela

Los ciudadanos acuden a las urnas electorales (go to the polls) en un pueblo costarricense.

hasta terminar a lo menos los estudios primarios. La
educación superior, *inclusive* la universitaria, es gratis,   including
pero no obligatoria. Así que hallamos en Costa Rica
uno de los mejores sistemas educativos del mundo
hispánico, y ha desaparecido casi totalmente *el
analfabetismo*.   illiteracy

    La capital, San José, es una ciudad *agradable*, pero   pleasant
de tono menor. Está situada a una altura de unos   low-key
4,000 pies, y por eso goza de un clima agradable, ni
caliente ni muy frío. Tiene parques hermosos donde
se dan conciertos de música todos los domingos y al-   are given
gunas noches de la semana. Y en el Parque Central
hay un *paseo* especial donde caminan los jóvenes. Los   walk
muchachos *dan la vuelta* en una dirección, las mucha-   go around
chas en otra. Y se conocen y se hablan, y se enamo-
ran. Hay flores por todas partes (¡hay unas 1,000
especies de orquídeas en Costa Rica!) y árboles como   species
«*la llama del bosque*», que tiene una flor hermosísima   flame of the forest
de un color *rojo-anaranjado*. Hay ciertos edificios   reddish-orange
impresionantes, como la nueva *Asamblea* Legislativa, el   impressive ~ Assembly
Teatro Nacional, uno de los *teatros de ópera* más   opera houses
elegantes del mundo, y los edificios nuevos de la

146

Universidad de Costa Rica. Los medios de comunicación y transportación son excelentes, no sólo en la capital, sino en el país entero. *En fin*, con la excepción de algunos cortos períodos de dificultades políticas y de calamidades naturales (temblores de tierra y erupciones volcánicas), la vida ha seguido un camino *ameno* en aquella pequeña nación centroamericana.

Ahora bien, ¿cómo es que Costa Rica ha podido *realizar hasta tal punto* la experiencia democrática mientras que la mayoría de sus vecinos *se han entregado a la dictadura* y a la disensión? Hay varias explicaciones posibles, aunque ninguna explica *del todo* el fenómeno. Puede ser porque los primeros *colonos* que llegaron a Costa Rica no eran conquistadores sino gente sencilla, españoles del norte de España—gallegos, asturianos, vascos. Y venían a labrar la tierra, venían a comerciar, a vivir, no a conquistar y *saquear*. Y así es que hay pocas *haciendas* grandes, y cada uno es *dueño* de la tierra que labra.

In short

pleasant

fulfill to such an extent
have given themselves over to dictatorship
fully

colonists

work
sack ~ estates
owner

Hora de recreo en una escuela costarricense.

Puede ser porque encontraron muy pocos indios en aquella región, y la colonización *se llevó a cabo* pacíficamente, sin guerras, sin sangre, Puede ser porque no tuvieron una lucha sangrienta por la indepen- ⁷⁵dencia. Y por eso *no surgieron caudillos* militares o políticos, dictadores potenciales. O puede ser simplemente que Costa Rica ha tenido más suerte que los demás. *Sea lo que sea*, aquí tenemos un ejemplo vivo de lo que puede ser la América hispana del ⁸⁰futuro. Costa Rica, una nación en miniatura, modelo de la democracia.

was carried out

"strong men" didn't arise

Be that as it may

Preguntas

1. ¿Cuántas millas cuadradas ocupa Costa Rica?
2. ¿Cuántos habitantes tiene?
3. ¿A qué clase pertenece la mayor parte de su población?
4. ¿Cuáles son sus productos principales?
5. ¿Cómo es el clima?
6. ¿Qué sabe Ud. acerca de su sistema político?
7. ¿Cómo es el sistema educativo en Costa Rica?
8. ¿Cómo es la capital?
9. ¿Quiénes colonizaron a Costa Rica?
10. ¿Cómo se puede explicar el éxito (success) de su experiencia democrática?

V   PASATIEMPO

¿En Quién Estoy Pensando?

Piense en una persona (puede ser una persona famosa o un miembro de su clase) y diga Ud.: ¿En quién estoy pensando? Entonces sus compañeros tienen que hacerle preguntas para adivinar quién es. Por ejemplo: ¿Es un hombre o una mujer? ¿Está vivo ahora o ha muerto? ¿Es norteamericano? ¿En qué año nació? ¿Cuándo murió? ¿Cuántos años vivió? ¿En qué campo (field) se distinguió? ¿Cómo era (o es)? ¿Cuál es su característica más notable? Sus compañeros tienen tres minutos para adivinar quién es, y entonces la persona que lo ha adivinado continúa el juego. Si nadie adivina, Ud. puede pensar en otra persona y . . . Ud. sabe lo demás, ¿verdad? ¡Diviértanse!

7

Lección Séptima

I CONVERSACIÓN

A.

1 ¿Hablará Ud. con su mejor amigo esta tarde? (Will you speak . . .?) Sí, hablaré . . . (Yes, I will . . .)
   No, no hablaré . . . (No, I won't . . .)
2 ¿Visitará Ud. a sus abuelos este fin de semana? Sí, visitaré . . .
   No, . . .
3 ¿Contestará Ud. en español todas estas preguntas?
4 ¿Las escribirá en casa esta noche? Sí, las escribiré . . .
5 ¿Me llamará Ud. esta noche? Sí, le (la) . . .
6 ¿Me invitará algún día a su casa?
7 ¿Me traerá un regalo? Sí, le traeré . . .
8 ¿Me llevará a una fiesta?
9 ¿A qué hora se acostará Ud. esta noche? Me acostaré a . . .
10 ¿A qué hora se levantará mañana?
11 ¿En qué año se graduará de esta escuela?
12 ¿Irá después a la universidad?
13 ¿A qué universidad asistirá?
14 ¿Conseguirá un buen trabajo algún día?
15 ¿Será muy rico entonces?

B.

1 ¿Comprará su padre un coche nuevo este año?
2 ¿Buscará otro empleo?

3 ¿Trabajará también su madre este año?
4 ¿A que hora volverá esta tarde su papá?
5 ¿Quién preparará la comida?
6 ¿Servirá carne o pescado esta noche su mamá?
7 ¿A qué hora comerá la familia?
8 ¿Dónde pasará su familia las vacaciones de Navidad?

C.
1 ¿Vendrá Ud. a la escuela mañana?   Sí, vendré ... No, ...
2 ¿A qué hora saldrá de casa?   Saldré a ...
3 ¿Tendrá Ud. un examen mañana?
4 ¿Tendrá tiempo para estudiar hoy?
5 ¿Se pondrá (Will you put on) guantes y sombrero mañana?   Sí , me pondré ... No, ...
6 ¿Se pondrá a (Will you begin to) trabajar en seguida esta tarde?
7 ¿Hará Ud. (Will you do) algo muy importante esta semana?   Sí, haré ... No, ...
8 ¿Hará Ud. un viaje este verano?
9 ¿Me hará Ud. un favor?   Sí, le ... No, ...
10 ¿Me dirá Ud. (Will you tell me) siempre la verdad?   Sí, le ... No, ...

D.
1 ¿Habrá (Will there be) una fiesta el sábado?   Sí, habrá ... No, ...
2 ¿Habrá un partido de fútbol?
3 ¿Habrá exámenes esta semana?
4 ¿Vendrá alguien a su casa hoy?   Sí, alguien ... No, nadie ...
5 ¿Podrá visitar esta clase su padre? (Will your father be able ...?)
6 ¿Podrá venir algún día su mamá?
7 ¿A qué hora saldrá de casa mañana su padre?
8 ¿Hará un viaje pronto su familia?
9 ¿Hará frío o calor mañana?
10 ¿Hará mucho viento?

II ESCENAS DE LA VIDA

Punto de Vista (2)

El día siguiente. Hora del almuerzo. Daniela Campos, Gloria Pardo y Conchita Pérez están en la cafetería de los empleados.

DAN.: ¿No les dije? Si me levanto de mi silla por dos minutos, «*La Peluca*» *me riñe*. Les *diré* la verdad. Nadie, pero nadie *podrá* trabajar para él. Es un *tirano* ese hombre.   "The Wig" bawls me out ∼ I'll tell ∼ will be able to   tyrant

G.: ¿Qué pasó?

DAN.: Pues ayer por la tarde yo estaba trabajando, *fuerte*, como siempre, y de repente *se me ocurrió* una cosa importantísima que tenía que contarle a Lorenzo. Pues bien, por cinco minutos salgo de la oficina y bajo en el ascensor. Y cuando vuelvo, allí está el Sr. Ramos, *hecho una furia*.   hard ∼ there occurred to me   hopping mad

C.: ¡No!

DAN.: Sí.—Señorita Campos—me dice—¿Ud. *sabrá* qué hora es?—Sí, señor—le digo.—*Serán* las cuatro, más o menos.—No, señorita. Son las cinco menos cuarto, y ahora mismo le voy a dictar una carta urgente.—¿*A estas horas?*—le digo.—Pero señor, en quince minutos *se cerrará* la oficina. *No habrá* tiempo. ¿*No podré* hacerlo mañana?   I suppose you know   It must be about   At this hour   will close   There won't be time ∼ Can't I do it

G.: Tuviste razón.

DAN.: ¿Y saben *lo que* me contestó? Imagínense... Me dijo:—Señorita Campos. (Hablaba muy despacio.)—Ahora mismo *se sentará Ud.* y le *dictaré* una carta. Y Ud. me la pasará a *máquina*, y la terminará esta tarde—sin una *sola falta*. Y si no la termina *para* las seis y media, yo personalmente *la llevaré* a aquella ventana abierta, ¡y ya no *tendrá Ud. más* necesidad de bajar y subir todo el día en el ascensor!   what   you will sit down ∼ I'll dictate ∼ you'll type it up for me ∼ single mistake   by   will take you   you won't have any more

C.: Ese hombre es inhumano.

G.: Más. Es *peligroso*. Si me habla así a mí, créanme, *si se me acerca siquiera*, llamaré a la policía.   dangerous   if he even comes near me

DAN.: *Les juro, ¡tan furioso estaba que se le habían erizado los pelos de la peluca!*

G.: *¡Vaya!*

• C.: ¿Saben? Creo que él es *aun* peor que «*La Ballena*».
40 Es verdad que nos asfixia a todos con esos cigarros que fuma, pero a lo menos, me deja en paz toda la mañana. Nunca llega antes de las once. ¡Y con qué excusas!—Señor Vargas,—le digo.—El jefe le llamó tres veces esta mañana. Dice que le está
45 esperando a Ud. desde las nueve.—Y él como si nada.—Dígale—me dice,—dígale que Ud. acaba de hablar conmigo y que estoy todavía en el túnel. ¡Qué lío de tránsito más fantástico!

G.: Pero a lo menos *te trata bien a ti.*

50 C.: No me puedo quejar. Pero ¿saben? todo el día pelea con la «Sargento». Yo creo que está secretamente enamorado de ella.

DAN.: Si pelea con ella, ¿está enam . . . ?

C.: Sí. Yo leí una vez en una *revista* que si un hombre
55 *presta* mucha atención a una mujer, aun si pelea con ella, pues . . .

G.: Pues en ese caso, «El *Autómata*» estará loco por mí. No me deja hablar por teléfono siquiera. Me *interrumpe* siempre. ¿Saben? Hoy *en todo el día* no
60 ha podido llamarme Ricardo. Estoy desesperada. Mañana hablaré con el buen señor Cárdenas, y le diré que ya no permitiré . . .

DAN.: Ay, perdone, Gloria. Pero, ¿qué hora *será*?

G.: Yo tengo las tres.

65 DAN.: ¡Dios mío! Oye, Conchita, ¿quieres hacerme un favor?

C.: Cómo no.

DAN.: Pues yo tengo que hablar por un momentito con Lorenzo y después *iré* en seguida a la oficina.
70 Por favor, Conchita, *vete a* hablar con el señor Ramos y dile que *tardaré* cinco minutos, nada más. ¿Está bien?

C.: Con mucho gusto, Daniela.

DAN.: Un millón de gracias, Conchita. Y una cosa
75 más—*no dejes que te lleve* a la ventana, ¿eh?

Vocabulario Activo

falta lack; fault	**revista** magazine
	tirano tyrant

dictar to dictate	**levantarse (me levanto)** to get up
interrumpir to interrupt	**tardar** to be late, detained; to take (a certain length of time)

desesperado desperate	**siguiente** following; next
peligroso dangerous	

aun even	**pasar a máquina** to type up (something)
¡Vaya! Go on! What do you know! Wow!	**prestar atención** to pay attention
Se me ocurrió... It occurred to me...	**hecho una furia** hopping mad
como si nada as if nothing had happened	**¿Qué hora será?** I wonder what time it is.

Preguntas

1. ¿Dónde están ahora Daniela y sus amigas?
2. Según Daniela, ¿qué hace «La Peluca» si ella se levanta por dos minutos?
3. ¿Por qué no podrá trabajar nadie para él?
4. ¿Por qué dejó su escritorio (desk) ayer por la tarde Daniela?
5. ¿Cómo estaba el señor Ramos cuando ella volvió?
6. ¿Qué hora era?
7. ¿Qué dice Daniela cuando el jefe quiere dictarle una carta?
8. ¿Qué le contesta el señor Ramos?
9. ¿Para cuándo tendrá que terminar la carta?
10. ¿Qué pasará si no la termina a tiempo?
11. ¿Qué hará Conchita si el gerente se acerca a ella?
12. ¿Cómo describe Daniela la furia de «La Peluca»?
13. ¿Quién es el jefe de Conchita?
14. ¿A qué hora llega siempre a la oficina?
15. ¿Qué excusa tiene por llegar tarde?
16. ¿Con quién pelea siempre?
17. ¿Qué nombre tiene Gloria para su jefe?

18. ¿Por qué está enojada (angry) con él?
19. ¿Qué favor le pide Daniela a su amiga Conchita?
20. ¿Qué consejo (bit of advice) le da?

Discusión

1. ¿Quiénes le gustan más ahora—los directores o sus secretarias? ¿Cuál de las tres chicas le gusta más? ¿Por qué?

2. ¿Tiene Ud. apodos (nicknames) para ciertas personas? ¿Qué apodo tiene para su mejor amigo? ¿para sus padres? ¿para sus hermanos?

3. ¿Ha trabajado Ud. alguna vez? ¿Trabaja Ud. en el verano? ¿Ha visitado alguna vez una oficina? ¿Sabe Ud. escribir a máquina? ¿Es Ud. buen mecanógrafo (buena mecanógrafa)? ¿Sabe Ud. taquigrafía? ¿Qué clase de trabajo piensa (do you intend to) buscar después de terminar sus estudios?

III ESTRUCTURA

18. The Future Tense—First and Third Person Singular

The future tense tells what *will* or *shall* happen. Notice that in Spanish its endings are added on to the whole infinitive. For example:

	mandar	**leer**	**escribir**
(yo)	mandaré	leeré	escribiré
(él, ella, Ud.)	mandará	leerá	escribirá

Happily, there is only one set of endings for all three conjugations.

Ejercicios

A. Diga la forma correspondiente del futuro:

1. (yo): alabar, cambiar, aprobar, colgar; levantarse (me . . .), marcharse, encontrarse, alegrarse; romper, devolver, temer, creer; dormir, sacudir, reñir, interrumpir; atreverse (me . . .), volverse, dirigirse, morirse

2. (el gerente): tardar, buscar, estar, dar; sentarse (se . . .), despertarse, tragarse, pararse; conocer, merecer, prometer, ser; ir, permitir, vivir, escribir; quejarse, caerse, sentirse, cuidarse

B. Cambie ahora al futuro:

1. Se lo explico esta tarde. 2. No fuma más (any more). 3. Lo pago en seguida. 4. Regreso mañana. 5. ¿Me presta Ud. un lápiz? 6. ¿Qué trabajo solicita Ud.? 7. Carmen lo alcanzó con el pie. 8. ¿Lo cuelgo aquí? 9. ¿Se atrevió a hacerlo? 10. No la reconocí. 11. ¿Quién va conmigo? 12. ¿Sucedió algo? 13. ¿A quién se dirigió Ud.? 14. Se lo devuelvo mañana.

C. Esta vez conteste según los modelos. Por ejemplo:
¿Ha llegado ya?—*No. Llegará mañana (esta tarde, a las tres y media, en seguida*, etc.)
¿Terminaste la lección?—*Todavía no. La terminaré el lunes*, etc.

1. ¿Ya compraste el traje? 2. ¿Ha visto Ud. hoy al cajero? 3. ¿Se marchó ya Pedro? 4. ¿Cogió al ladrón? 5. ¿Pagaste ya la cuenta? 6. ¿Ha leído Ud. la nueva revista? 7. ¿Ha asistido el Rector a la conferencia? 8. ¿Ya se casó Ud.? 9. ¿Ya pasó a máquina la carta? 10. ¿Se fue de compras esta mañana?

19. Irregular Futures

A very few verbs in Spanish are irregular in the future tense. The endings remain the same, but they are added to a shortened form of the infinitive rather than to the infinitive as a whole. Here are their first and third person singular forms:

	1	3		1	3
venir:	vendré	vendrá	**saber:**	sabré	sabrá
tener:	tendré	_____	**haber:**	_____	_____
poner:	_____	_____	**caber:**	_____	_____
salir:	saldré	_____	**hacer:**	haré	_____
valer:	_____	_____	**decir:**	diré	_____
poder:	podré	_____	**querer:**	querré	_____

All other verbs are perfectly regular in the future tense.[1]

Ejercicios

A. Conteste escogiendo una de las alternativas:

1. ¿La revista vendrá mañana o el sábado? 2. ¿Se pondrá Ud. la corbata azul o la roja? 3. ¿Podrá Ud. acabar este ejercicio en cinco minutos o en diez? 4. ¿Valdrá más esta aspiradora o la otra? 5. ¿Saldrá Ud.

---

[1]. As always, of course, verbs based on *tener, venir, poner*, etc. are conjugated just like them: de*tener: detendré;* com*poner: compondré;* con*venir; convendré*, and so forth.

temprano o tarde del colegio hoy? **6.** ¿Cree Ud. que hará frío o calor mañana? **7.** ¿Sabrá Ud. pronto todos estos verbos o sólo algunos? **8.** ¿Hará nuestra clase una visita a un cine o a un restaurante hispano? **9.** ¿Habrá un partido de fútbol o de béisbol el sábado? **10.** ¿Me lo dirá Ud. hoy o mañana? (Se lo . . .)

B. Lea los diálogos siguientes y después conteste las preguntas:
1. —Señorita, yo le dictaré ahora una carta urgente, y Ud. me la pasará a máquina en seguida. Y sin una sola falta esta vez, ¿está bien?
   —Sí, señor, pero . . . no habrá tiempo hoy. ¿No podré hacerlo mañana?

   Conteste: **a.** ¿Qué hará ahora el señor?
   b. ¿Qué pide a su secretaria?
   c. ¿Cómo le contesta ella?
   d. ¿Qué piensa Ud. que le sucederá algún día a esta secretaria?

2. —Señorita Olvera, ¿me hará Ud. un gran favor?
   —¡Cómo no, Sr. Arias!
   —Dígale al Sr. Muñoz que llegaré un poco tarde hoy. Saldré de casa dentro de media hora, pero tardaré a lo menos tres horas en llegar. Habrá un tremendo lío de tránsito como siempre en el túnel. Y si el túnel está cerrado, tendré que usar el puente. Y en ese caso, no valdrá la pena . . .
   —Muy bien, señor. Le diré al Sr. Muñoz que no llegará Ud. hasta mañana.

   Conteste: **a.** ¿Vendrá tarde o temprano hoy el señor Arias?
   b. ¿Cuándo saldrá de casa?
   c. ¿Cuánto tiempo tardará en llegar?
   d. ¿Qué habrá en el túnel?
   e. ¿Qué tendrá que hacer el señor si el túnel está cerrado?
   f. ¿Valdrá la pena venir en ese caso?
   g. ¿Qué le dirá la señorita Olvera al señor Muñoz?
   h. En su opinión, ¿quién es el señor Arias?

20. The Future of Probability

Not only does the future tense tell what *will* happen in time to come, but it can also be used to express probability or conjecture about the present. English does that once in while too.

¿Quién será?   Who can it be? (I wonder who it is)
—Será María.   —It's probably (It must be, will be) Mary.

Alguien ha llamado a la puerta.—Sí. Será el cartero.

Someone has knocked at the door. —Yes. That will be (probably is) the mailman.

¿Has visto la bolsa?—Estará por aquí.

Have you seen the bag?—It must be (probably is) around here.

Yo no sé nada de eso.—Pues Juan lo sabrá.

I don't know anything about that. —Well John must know (probably knows).

Ejercicios

A. Cambie para expresar probabilidad. Por ejemplo:
Está triste. *Estará triste.*
Es la una y media. *Será la una y media.*

1. Viene en autobús. 2. Tiene un coche muy pequeño. 3. Vive a tres millas de aquí. 4. Es un asunto importantísimo. 5. No comprendo las reglas del juego. 6. ¡Vaya! Es un tirano ese hombre. 7. ¡Qué va! No es el gerente sino el cajero. 8. Van a la playa. 9. Hay un gran lío de tránsito. 10. ¿De qué se trata?

B. ¿Cuál de las conclusiones completa mejor la idea de cada frase?
1. —Josefina está muy pálida hoy.—Sí. (Estará enferma. Hará muchas faltas. Querrá ir al cine.)
2. —Alberto acaba de comprarse una casa elegantísima en el centro y otra en el campo.—Entonces (será pobrísimo, ganará mucho dinero, estará muy agitado).
3. —¡Qué ojos! ¡Qué pelo! ¡Qué cuerpo! Esa chica no tiene que ser buena mecanógrafa para trabajar en esta oficina.
—¿Ah, sí? Entonces (sabrá taquigrafía, tendrá una voz hermosa, será muy bonita).
4. —A estas horas le recomiendo que tome el tren. (El autobús llegará primero. El autobús estará atestado. El tren estará lleno).
5. —¡Caramba! ¡Quítese ese abrigo y los guantes!
—Bueno. Entonces (hará mucho viento hoy, estará nevando, no hará mucho frío hoy).

C. Diga en español:
1. I wonder if it's Roberto. (¿Será . . .)—It probably is he. 2. What time can it be?—It must be one o'clock already. 3. Have you seen how much (cuánto) he eats?—He must be very hungry. 4. Do you know Dr. Mendoza?—No. But my father probably knows him. 5. That guy doesn't know anything.—You're right. He's probably the boss.

Área: aprox. 28,500 millas cuadradas
Población: aprox. 1,600,000
Unidad monetaria: el balboa

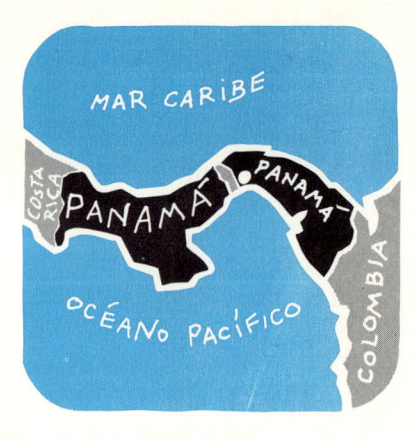

IV NOTAS HISPÁNICAS

Panamá

Sin duda el *hecho* más curioso acerca de Panamá es su forma geográfica. *Se ve* en el mapa como una gran S, y en la región donde la *atraviesa* el Canal, ¡el lado del Pacífico está al este de la costa del Atlántico! Así es que cuando un barco entra en el Canal por el puerto *oriental* de Colón[2], ¡procede hacia el este y a veces hacia el *nordeste* para llegar al puerto de Balboa en la costa occidental! Pero la historia y la existencia de la nación panameña son mucho más que una mera curiosidad. Volvamos por un momento hacia atrás.

 Desde los primeros años de la conquista de América, Panamá ha tenido una importancia especial. Los exploradores españoles pasaron por el *estrecho istmo cargados* con el oro del Nuevo Mundo. Más tarde los *bucaneros* usaron como base de operaciones las muchas *isletas que poblaban* sus aguas *costeras*, y *se dice* que allí dejaron *enterrados* sus tesoros. Y en el siglo XIX muchos *aventureros* norteamericanos que se dirigían a California en *busca* de oro llegaban a Panamá, y allí *se embarcaban* para el oeste de la *flamante* nación. Y *mientras tanto* los hombres seguían soñando siempre con la posibilidad de construir un canal a través del istmo, de crear una ruta más corta entre el Atlántico y el Pacífico.

fact
It appears
crosses

Eastern
Northeast

narrow isthmus laden
buccaneers
little islands that dotted ∼
coastal ∼ it is said ∼ buried
adventurers

search ∼ they embarked
brand new ∼ meanwhile

2. El pueblecito norteamericano que está junto a Colón se llama Cristóbal. ¿Sabe Ud. por qué?

Así nació el sueño del Canal de Panamá, un sueño que *tardó* muchos años *en realizarse*. Al principio parecía una *tarea* imposible. La misma *empresa* francesa que había construido el Canal de Suez pasó dos años tratando *inútilmente* de *llevar a cabo* el proyecto. Nadie podía trabajar en aquellas junglas donde *regía la fiebre amarilla* y los hombres morían como *moscas*. Hasta que el doctor Walter Reed y sus *ayudantes* descubrieron una *vacuna* para aquella *enfermedad* fatal, y el gobierno americano *emprendió la labor*. El sueño fue hecho realidad en el año 1914.

La República de Panamá nació al mismo tiempo que el Canal. Había *pertenecido* antes a Colombia, que la había *heredado* después de conseguir su independencia de España. Pero Colombia no estaba dispuesta a conceder a los Estados Unidos el derecho de construir allí un canal, y Teodoro Roosevelt no estaba dispuesto a esperar. Así que con ayuda norteamericana, *se fomentó* una revolución en Panamá, declarándose *ésta* una nación independiente en 1903 y concediendo a los Estados Unidos el uso de cierta zona para la construcción y administración del canal. *De ahí han surgido* muchos de los problemas que *inquietan* hoy a la pequeña nación.

took ~ to be fulfilled
task ~ company

in vain to ~ realize

yellow fever held sway
flies
assistants ~ vaccine
disease
took on the job

belonged
inherited

was fomented
the latter

From there have arisen
are upsetting

Según vemos en esta foto los indios de la tribu San Blas conservan todavía sus costumbres y vestidos tradicionales.

Panamá es un país pobrísimo. Sólo *la tercera parte* de su territorio está *habitada* porque la mayor parte está cubierta de espesas junglas que no permiten siquiera la exploración. Por esa razón no ha podido *desarrollar* mucho sus recursos naturales. En efecto, aunque Panamá produce cierta cantidad de café, arroz, y carnes, su gran *capital* consiste precisamente en *las rentas* que recibe del Canal y de la zona que está *arrendada* a los Estados Unidos. Esto ha causado un profundo resentimiento *de parte* de muchos panameños que quieren tomar posesión del canal y gozar de todos sus *beneficios*. Y el resentimiento se ha convertido ahora en una hostilidad abierta contra los Estados Unidos y aun contra sus propios jefes *por no haber anulado* los pactos *existentes*. La situación ha ido siempre *de mal en peor*, y el futuro político de Panamá es incierto.

one-third
inhabited

develop

asset
the income
leased
on the part

benefits

for not having annulled ~ existing ~ from bad to worse

Las esclusas (locks) se abren para dar paso a un vapor en el Canal de Panamá.

La ciudad de Panamá. Contrastes.

70 Ahora bien, ¿cómo es la vida en Panamá? Además de la cuestión política, hay otros problemas dificilísimos que también piden una solución rápida. Por la mayor parte la gente vive en una pobreza tan *extremada* que *da lástima* verla. Aun en la 75 capital, una ciudad de gran actividad comercial, *centro* de mucho tráfico aéreo y meca de turistas, hay barrios pobrísimos donde parece que no entra siquiera el aire por los pequeños *balcones cargados de ropa* y de muebles *baratos*. Y fuera de la ciudad, la 80 vida sigue aun peor. Sólo en la Zona del Canal, donde viven los norteamericanos, se ve una vida mejor porque los *sueldos pagados* por las compañías estadounidenses son por lo general mucho más altos que en el resto del país. El sistema educativo 85 no está muy bien desarrollado, aunque según la ley, la educación hasta la edad de quince años es obligatoria. Pero más que *nada*, el pueblo, (que es mayormente mestizo, indio, y negro) está descontento. La realidad es triste.

extreme ~ it is pitiful

hub

balconies loaded with clothing ~ cheap

salaries paid

anything

161

Preguntas

1. ¿Cómo se ve Panamá en el mapa?
2. ¿Qué curioso hecho geográfico encontramos?
3. ¿Qué importancia tuvo el istmo en tiempos coloniales?
4. ¿Por qué fueron allí muchos norteamericanos en el siglo XIX?
5. ¿Con qué soñaban mientras tanto los hombres?
6. ¿Por qué parecía imposible al principio construir un canal a través de Panamá? ¿Cómo se solucionó por fin el problema?
7. ¿Cuándo nació la República de Panamá? ¿Bajo qué circunstancias nació?
8. ¿Cómo es el clima de Panamá? ¿Por qué no está habitada gran parte de su territorio?
9. ¿De qué depende mayormente la economía panameña?
10. ¿En qué condiciones políticas y económicas se encuentra ahora Panamá?

V PASATIEMPO

El Adivino
(The Fortune Teller)

Ud. irá esta tarde a un adivino (o a una adivina) y le hará algunas preguntas acerca del futuro. Por ejemplo, le puede preguntar: ¿Tendré una vida feliz? ¿Seré rico algún día? ¿Seré famoso? ¿Con quién me casaré? ¿Me amará mi esposa (esposo)? ¿Me aprobará en este curso el profesor? ¿Haré un viaje largo algún día? ¿Me graduaré algún día de esta escuela? ¿Asistiré a la universidad?, etc. Venga bien preparado con una lista de diez preguntas o más. A ver lo que el adivino le dirá . . .

A propósito, Ud. también puede ser adivino hoy. En ese caso, trate de contestar de una manera original las preguntas que le hará cada cliente. Y si no quiere darle una respuesta directa, puede utilizar algunas de las contestaciones siguientes:

1. Por favor. No me interrumpas. Estoy meditando.
2. No sé. Mi globo de cristal (crystal ball) estará roto.
3. Deme cien pesos y le avisaré mañana.
4. Le diré la verdad. No lo sé.
5. Será un milagro (miracle).
6. Si me paga bastante, todo le resultará bien.
7. Déjeme ver . . . ¡Ay, no! No me atreveré a decírselo.
8. Le daré una respuesta concreta: sí y no.

Use Ud. la imaginación, y vamos a ver lo que nos traerá el futuro.

8

Lección Octava

I CONVERSACIÓN

A.

1 ¿Qué lengua hablarán siempre en esta clase? Hablaremos . . .
2 ¿Acabarán Uds. hoy esta lección? Sí, acabaremos . . .
                                    No, . . .
3 ¿Irán Uds. hoy al laboratorio?
4 ¿A qué hora terminarán las clases hoy?
5 ¿A qué hora comerán Ud. y su familia?
6 ¿Irán al cine esta noche?
7 ¿Verán algún programa bueno en la televisión?
8 ¿Invitarán a algunos amigos?
9 ¿Discutirán Uds. los sucesos del día?
10 A qué hora se acostarán Uds. esta noche?

B.

1 ¿Cuántos exámenes tendrán Uds. esta semana? Tendremos . . .
2 ¿Tendrán mucho trabajo que (to) hacer?
3 ¿Tendrán una reunión del Club Español esta semana?
4 ¿Vendrán Uds. a la reunión?
5 ¿Podrán Uds. presentar una obra de teatro en español?
6 ¿Podrán cantar algunas canciones?
7 ¿Podrán ir algún día a ver una película española?
8 ¿Sabrán Uds. hablar bien el español al fin de este año?

9 ¿Qué harán Uds. este fin de semana?
10 ¿Harán mucho trabajo?   Sí, haremos . . . No, . . .

C.

1 ¿Jugarán esta semana los equipos de nuestro colegio?
2 ¿A qué deportes jugarán?
3 ¿Se irán a alguna parte sus padres esta semana?
4 ¿Adónde irán sus amigos?
5 ¿Vendrán a visitarle sus amigos este fin de semana?
6 ¿Vendrán algunos primos u otros parientes suyos?
7 ¿Harán una fiesta sus padres?
8 ¿Cuántas personas cabrán (will fit) en su coche?
9 ¿Cuántas personas cabrán en su casa?
10 ¿Cuántas personas siempre dirán la verdad?

II ESCENAS DE LA VIDA

Casa de Apartamentos

SRA.: Señora Pardo, madre de Gloria;
GL.: Gloria

Ha acabado el día de trabajo y Gloria baja del tranvía. Camina dos o tres cuadras y llega a su casa. Es un *edificio* grande en un barrio típico de la ciudad.   building
Gloria sube al piso cuarto y entra en su apartamento.
5

SRA.: ¿Gloria?
GL.: Sí, mamá. ¿Cómo estás?
SRA.: Regular, no más. *Se rompió* hoy la aspiradora.   broke down
¡*Qué* lata!   What a mess!
10 GL.: ¿Y no la podrán *arreglar?*   to fix it?
SRA.: No sé. El motor está *descompuesto. Nos cobrarán*   broken ~ They'll charge
un dineral.   us a fortune
GL.: Tal vez *no tanto,* mamá.   not so much
SRA.: ¿Sabes? A veces *resulta tan caro* arreglar un   it turns out as expensive

164

15	aparato viejo *como* comprar otro nuevo.	as
	GL.: Puede ser.	
	SRA.: *¡Ay de mí!* . . . *Y a ti, ¿cómo te ha ido?*	Woe is me! . . . And how have things gone with you?
	GL.: Igual. ¿Me ha llamado alguien?	
	SRA.: Hoy nadie. ¿Tú *esperabas* . . .?	were expecting
20	GL.: No. Nada. Sólo preguntaba . . . ¡Ay, *qué calor hace!* (Gloria se quita *los zapatos y se echa* en el único *sillón cómodo* de la sala.) Veo que la señora Molina está *cocinando* otro de sus famosos *pucheros*.	is it hot! her shoes and flings herself comfortable chair cooking ∼ stews
	SRA.: ¿Cómo lo sabes?	
25	GL.: Porque *el pasillo huele a puro ajo*. Todos los lunes, jueves, y sábados.	the hallway smells of pure garlic
	SRA.: Pero hoy es miércoles.	
	GL.: Entonces *será su cumpleaños*. ¿Sabes, mamá? Se me ocurre una idea estupenda. Tú y yo inventare-	it must be her birthday
30	mos un proceso para *envasar la atmósfera* de este pasillo, y la venderemos en frascos. ¡Ajo instantáneo! En seis meses seremos millonarias.	package the air
	SRA.: ¡Qué ideas tienes, chica!	
	GL.: Y entonces compraremos una casa en el *campo*.	country
35	*Y por todas partes veremos árboles*. Y ya no tendremos que escuchar a Pepe Molina tocando la trompeta todas las noches.	everywhere we'll see trees
	• SRA.: Sí. Y haremos un pequeño *jardín*, y *sembraremos* tomates y . . . ¿sabes? *Con eso soñaba*	garden ∼ we'll plant That's what . . . dreamed about
40	siempre tu pobre papá.—Paquita,—me decía, —algún día *nos iremos de aquí*. Buscaremos una casita en el campo y . . . (*Le tiembla un poco la voz.*) Oye, Gloria, ¿no quieres comer algo?	we'll get away from here Her voice trembles a little
	GL.: ¿Tan temprano, mamá?	
45	SRA.: Pues tus hermanos no vendrán hasta muy tarde. Estaremos solas esta noche tú y yo.	
	GL.: Pues un *bocado*, nada más. No tengo mucha hambre . . . ¡Qué calor hace!	bite
	(La señora Pardo va a la cocina. Gloria se acerca a	
50	la ventana y la abre *de par en par*. Entra una *brisa húmeda trayendo consigo* los ruidos de la calle —motores de motocicletas, *bocinas* de coches, y gritos de niños que juegan en las *aceras*. Una criatura está llorando en el piso segundo. En el	wide humid breeze carrying with it ∼ horns sidewalks
55	tercero está *puesta a todo volumen* la radio. Una	on full blast

música *ruidosa* sacude el aire. Gloria contempla   noisy
por un rato el panorama de gentes y luces.)
   GL.: (Para sí) ¡Válgame Dios! ¡Hay tanta gente en
     esta calle como en toda la ciudad junta! (Un
60   teléfono suena y Gloria corre para contestarlo.)
     Aló . . . Aló . . . Dígame . . . ¿Aló? (Cuelga el
     receptor.) No había nadie.
   (Su madre vuelve con un plato de *fiambres*.)   cold cuts
   SRA.: No llamaron aquí, Gloria. Fue en el aparta-
65   mento *vecino*. Cuando las ventanas están abiertas   next door
     . . .
   GL.: Ah, sí. Siempre ocurre así. Yo pensé . . .
   SRA.: ¿Qué?
   GL.: Nada, nada, mamá.
70 SRA.: ¿Qué te pasa hoy, chica? Estás un poco
     extraña.   strange
   GL.: Es que . . . estoy cansada. Dormí muy poco
     anoche. La *nenita* de la señora Salas estuvo   baby girl
     llorando toda la noche.
75   (Gloria empieza a comer lentamente y *sin ganas*.)   without appetite
     Gracias, mamá. Está *sabrosa* la comida. (Suena   delicious
     otra vez el teléfono, y Gloria lo coge.) Sí . . . *Al*
     habla . . . Ah, sí, Ricardo . . . Ah, no . . . Pues yo   speaking
     también . . . Sí . . . Perdona, Ricardo. Tengo que
80   cerrar la ventana. No oigo nada . . . Bueno.
     . . . Sí, Ricardo, ¡cómo no! Con mucho gusto . . .
     Mañana, entonces . . . Sí . . . Pues hasta pronto
     . . . Sí. Adiós.
   (Gloria cuelga el receptor. Su cara está radiante
85   de *felicidad*.)   with joy
     ¡Mamá! ¡Fue Ricardo! Me llamará otra vez
     mañana . . . Es un muchacho tan simpático,
     ¿sabes? ¡Estoy tan contenta!
   (Se acerca otra vez a la ventana y la *vuelve a abrir*.   opens it again
90 De la radio del piso tercero sale ahora un pro-
   grama de noticias. En la *planta baja* los González *han*   ground floor ~ have
   puesto su nuevo televisor. Pepe Molina está tocando   turned on
   la trompeta. Gloria va a su colección de discos. *Escoge*   She picks
   uno, lo pone a todo volumen en el tocadiscos, y se
95 duerme tranquilamente en el único sillón cómodo
   de la sala.)

Vocabulario Activo

acera sidewalk	**campo** country (opp. of city)
edificio building	**el árbol** tree
pasillo hallway, corridor	**el jardín** garden
puchero stew	**santo** saint; saint's day, birthday
zapato shoe	

arreglar to arrange; fix	**echar** to throw
cobrar to charge (money)	**jugar (juego)** to play; ⎯⎯
cocinar to cook	**a** to play (a game)
oler (huelo, hueles, huele, olemos, oléis, huelen) to smell	**temblar (tiemblo)** to tremble

abierto open	**descompuesto** broken, out of order (*not* smashed)
extraño strange, peculiar	

abrir de par en par to open wide	**toda la noche** the whole night

Preguntas

1. ¿Dónde vive Gloria?
2. ¿Quién la saluda al entrar en su apartamento?
3. ¿Por qué está un poco descontenta su mamá?
4. ¿Por qué le cobrarán un dineral?
5. ¿Ha llamado alguien hoy?
6. ¿En qué sillón se echa Gloria?
7. ¿Cómo sabe Gloria que la señora Molina está haciendo un puchero?
8. ¿Qué proceso quiere inventar Gloria?
9. ¿Qué producto venderá entonces?
10. ¿Qué comprará si se hace (she becomes) rica?
11. ¿Por qué quiere vivir en el campo?
12. ¿Qué hará su madre si viven en el campo?
13. ¿Por qué comerán solas esta noche Gloria y su mamá?
14. ¿Qué ruidos se oyen (are heard) cuando Gloria abre la ventana?
15. ¿Qué piensa Gloria al contemplar el panorama de gentes y luces?
16. ¿Dónde suena el teléfono? ¿Qué piensa Gloria?
17. ¿Por qué está un poco extraña hoy Gloria?
18. ¿Quién la llama por fin? ¿Está muy contenta ahora?
19. ¿Qué oye Gloria cuando vuelve a abrir la ventana?
20. ¿Qué hace la chica entonces?

Discusión

1. ¿Vive su familia en una casa o en un apartamento? ¿Es muy grande la casa en que viven Uds.? ¿Tiene ascensor? ¿Viven Uds. en la ciudad o en el campo? ¿Viven en las afueras (suburbs) de una gran ciudad? ¿Cuál le gusta más—el campo, la ciudad, o las afueras?

2. ¿Están muy atestadas las calles donde vive Ud.? ¿Hay muchos edificios grandes? ¿Hay tiendas? ¿Hay mucho ruido?

3. ¿Puede Ud. describir su calle? ¿Hay mucho tránsito? ¿Hay estación de metro (subway) muy cerca? ¿Hay parada de autobús? ¿Hay muchas motocicletas? ¿Ha tenido Ud. alguna vez las mismas experiencias que Gloria? ¿Se identifica Ud. con ella? ¿Cómo son sus vecinos?

III ESTRUCTURA

21. The Future—First and Third Person Plural

	mandar	leer	escribir
(nosotros)	mandaremos	leeremos	escribiremos
(ellos, ellas, Uds.)	mandarán	leerán	escribirán

Here are the forms of the irregular verbs:

	1	3		1	3
tener:	tendremos	tendrán	**saber:**	sabremos	sabrán
venir:	vendremos	_____	**haber:**	_____	_____
poner:	_____	_____	**caber:**	_____	_____
salir:	saldremos	_____	**hacer:**	haremos	_____
valer:	_____	_____	**decir:**	diremos	_____
poder:	podremos	_____	**querer:**	querremos	_____

Ejercicios

A. Haga plurales los verbos de las oraciones siguientes:

1. Iré en seguida. (Iremos ...) 2. No tendrá tiempo. (No tendrán ...) 3. Lo felicitaré. 4. Olerá a cebolla (onion). 5. Se lo advertiré. 6. No me atreveré. (No nos ...) 7. Se quejará al jefe. 8. Ud. no se lo llevará. (Uds. ...) 9. Tropezará con un autobús. 10. No tardaré mucho en llegar. 11. Me alegraré de verlo. 12. Saldrá a las cinco y cuarto. 13. Le haré un puchero sabroso. 14. No cocinará hoy. 15. Lo echaré por la ventana. 16. ¿Cuánto me cobrará Ud.? 17. ¿A qué hora se levantará? 18. Se lo explicaré ahora mismo. 19. Lo discutiré en la reunión. 20. No dirá nada a nadie.

B. Termine como Ud. quiera las frases siguientes, usando siempre el tiempo futuro.

1. Este año mis padres . . . un coche nuevo.
2. Ya lo verá Ud. A las diez en punto los vecinos . . .
3. Si le vemos mañana, no le . . .
4. Pepe y yo nos . . . en la biblioteca.
5. Todas las chicas . . . guantes blancos.
6. El viernes mi hermana y yo . . . una fiesta.
7. Los alumnos del Dr. García . . . un poema.
8. Los empleados . . . otro trabajo.
9. Hemos hecho una decisión muy importante. No . . . más.
10. Si Uds. no se levantan temprano, . . .

22. *tanto (a, os, as)* . . . *como* as much (as many) . . . as

a. *tanto* means *as much* or *so much*

Por favor. No hables tanto.	Please. Don't talk so much.
Pío es millonario.—Es cierto. Héctor tiene dinero también, pero no tanto.	Pío is a millionaire.—That's right. Hector has money too, but not as much.

b. *tanto (a, os, as)* . . . *como* is used then to make equal comparisons between persons or things: as much (as many) . . . as . . .

No tengo *tantos discos* como tú.	I don't have as many records as you.
Ella sabe *tantas lenguas* como el maestro.	She knows as many languages as the teacher.
¡Dios mío! No hay *tanto tiempo* como pensábamos.	My goodness! There isn't as much time as we thought.
Esa mujer tiene *tanta paciencia* como una santa.	That woman has as much patience as a saint!

Ejercicios

A. Cambie las siguientes comparaciones desiguales (unequal comparisons) a comparaciones iguales. Por ejemplo:

Juan sabe más que tú. *Juan sabe tanto como tú.*
Yo tengo más amigas que ella. *Yo tengo tantas amigas como ella.*

169

1. Hay más playas aquí que en el norte. (Hay tantas . . .)
2. Ese hombre es un tirano. Me da más tristeza que felicidad.
3. Hemos leído más revistas que periódicos.
4. Él siempre había tenido más clientes que nosotros.
5. Había más árboles que pájaros en el jardín.
6. Yo he ido más veces que tú.
7. Ese edificio tendrá más ascensores que pisos.
8. En esta calle habrá más gente que en la ciudad entera.
9. Cuesta más arreglarlo que comprar otro nuevo.
10. Este año han ocurrido más huelgas que el año pasado.

B. Conteste ahora:

1. ¿Tiene Ud. tantos amigos ahora como cuando era pequeño?
2. ¿Juega Ud. tanto a los deportes como jugaba antes?
3. ¿Trabajaba Ud. tanto el año pasado como trabaja ahora?
4. ¿Había tantos estudiantes en la clase como hay este año?
5. ¿Hay tantas chicas como muchachos en esta clase?
6. ¿Había tantas tiendas antes como hay ahora en su barrio?
7. ¿Hay tantos árboles ahora como había antes?
8. ¿Antes costaban tanto las cosas como cuestan ahora?
9. ¿Tiene Ud. tanta paciencia como debe tener para estudiar?
10. En años anteriores, ¿tenía tantos problemas el mundo como tiene ahora?

23. *tan . . . como* as (+ adjective or adverb) as

Yo soy tan alto como él.—¡Vaya!	I'm as tall as he.—Go on!
Nuestros precios no son tan caros como en otras tiendas.	Our prices aren't as high as in other stores.
¿Tú hablas tan bien como un nativo?—¡Imposible!	You speak as well as a native?—Impossible!

Remember:

tan (*as, so*) can be used with any adjective or adverb *except* **mucho!** To say *as* or *so much . . .*, *as* or *so many . . .*, you must use **tanto (a, os, as)**.

¡Ay! Estoy tan cansada.—Pues no trabajes tanto.	Oh, I'm so tired!—Well, don't work so hard.
No caminen tan rápidamente. No hay tanta prisa.	Don't walk so fast. There isn't so much (of a) hurry.

Ejercicios

   A. Estudie bien estos dibujos:

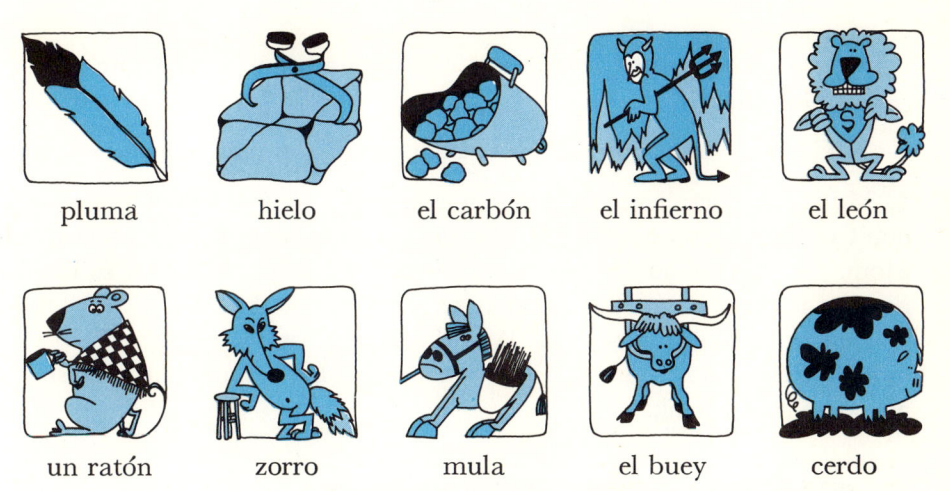

pluma	hielo	el carbón	el infierno	el león

un ratón	zorro	mula	el buey	cerdo

Ahora complete las comparaciones siguientes:

1. tan negro como el . . .
2. tan ligero como una . . .
3. tan pobre como un . . .
4. tan astuto como . . .
5. tan fuerte como . . .
6. tan frío como el . . .
7. tan caliente como el . . .
8. tan sucio como un . . .
9. tan valiente como un . . .
10. tan testarudo como . . .

   B. ¿Puede Ud. encontrar en el Grupo **2** una respuesta lógica para cada frase del Grupo **1**?

1

No soy tan alto como mi hermano.

Ese chico te ha llamado tantas veces.

Resulta tan caro arreglar la aspiradora vieja.

Sus notas no son tan buenas ahora como antes.

Víctor no corre tan rápidamente como Luis.

2

Pues le recomiendo que compre otra nueva.

Porque no tengo tiempo para practicar tanto.

Sí. Pero él es mucho mayor que tú.

Es cierto. Porque no tiene las piernas tan largas.

Por favor, dile que no me llame tanto. Estoy muy ocupada.

171

¿Por qué no tocas el piano tan bien como Luisa?
El jefe tiene tantos enemigos como empleados.
Estoy tan preocupada. ¿Dónde estarán los niños?

No se preocupe tanto. Pronto vendrán.
Es lástima. El pobre ha estudiado tanto.
Sí. Es un tirano ese hombre.

C. Diga ahora en español, distinguiendo siempre entre *tanto* y *tan:*

1. My father doesn't smoke as much as before. **2.** Oh, how I hope they don't charge me so much! **3.** My sister knows how to cook as well as Mom. **4.** He was so nervous that he was trembling. **5.** I hear so many new songs every day.—But are they as good as the old (ones)? **6.** They had warned you so many times. Why didn't you listen to them? **7.** It's a pity that Ellen has been so sick.—She's much better now. At least she's not so pale and weak.

El militarismo cubano ha llegado aun a la mujer.

Área: aprox. 44,000 millas cuadradas
Población: aprox. 8,000,000
Unidad monetaria: peso

IV   NOTAS HISPÁNICAS

Cuba

Cuba fue una de las primeras islas descubiertas por Cristóbal Colón en su viaje de 1492, y poco después comienza su historia. Colonizada en 1511, llegó a ser dentro de poco tiempo una de las colonias más prósperas del *imperio* español, y de allí salieron muchas de las grandes expediciones exploradoras del Nuevo Mundo. De allí salió Hernán Cortés para México. De allí salió Ponce de León para la Florida. Y la isla *florecía*. Pero pronto *se agotaron* sus depósitos de oro. Pronto comenzaron a morirse los indios, y comenzó la importación de *esclavos* negros. Y para fines del siglo XVI la hermosa isla se encontraba en un eclipse. Hasta *mediados* del siglo XVIII, su *estrella* siguió bajando. Se levantó por un tiempo entonces bajo el estímulo del nuevo comercio con Inglaterra, sólo para caer otra vez en el *abismo* económico durante la primera mitad del siglo XIX.

Pero Cuba tenía dentro de sí el *germen* de la *grandeza*. Descontentos con la opresión de España, sus jóvenes y sus intelectuales formaron un *frente* de resistencia. En 1868 empezó una guerra abierta contra el despotismo español. Después de diez años de guerra el gobierno español hizo ciertas concesiones a los cubanos, pero la *mano opresora no se había quitado* del todo. El gran poeta y patriota José Martí se puso más tarde al frente de las fuerzas revolucionarias, pero *le alcanzó la muerte* antes de ver realizado su sueño. Finalmente en 1898 *estalló* la guerra entre

empire

was flourishing ~ became exhausted

slaves

about the middle ~ star

abyss

seed ~ greatness

front

hand of oppression had not been lifted

death took him

broke out

173

El puerto de la Habana con el paseo del Malecón. El aspecto físico de la ciudad ha cambiado poco en años recientes.

    España y los Estados Unidos, una guerra que duró unas pocas semanas, nada más, pero que *puso fin* para siempre a la gloria de la España imperial. Cuba estaba libre; libre sí, pero bajo el dominio económico ahora de los Estados Unidos.
    La nueva república, no acostumbrada a gobernarse a sí misma, tuvo que *hacer frente a* muchos problemas *gravísimos*. Pero poco a poco comenzó a progresar. Su suelo tan fértil producía la mejor *caña de azúcar* y el tabaco de más alta calidad del mundo. Y la isla gozaba además de una posición geográfica que le facilitaba el comercio internacional. Es verdad que existía todavía la pobreza *en medio* de la prosperidad. Es verdad que hacía falta más educación para su gente. Es verdad también que el gobierno había caído más de una vez en manos de dictadores o de personas *poco escrupulosas*. Pero Cuba estaba progresando a lo menos. Aun durante la época del dictador Fulgencio Batista, quien había destrozado del todo el proceso democrático, el nivel de vida en Cuba era uno de los más altos de la América latina.

line	gloss
30	ended
35	face
	very serious
	sugar cane
40	in the midst
45	unscrupulous

Pero el cubano ha sido siempre *amante* de la libertad, y con razón. Deseaba un gobierno democrático, un gobierno *entregado* totalmente al *bienestar* del pueblo, un gobierno dispuesto a *superar* los proble-
55 mas de los *necesitados*. Y así *apoyó* al principio el movimiento revolucionario de Fidel Castro y creyó en sus promesas. Y vino la revolución. 1959 . . .
Lo llamaron «Movimiento 26 de Julio» y Fidel Castro llegó al poder. Pero el gobierno revolucio-
60 nario *no cumplió con la palabra dada*. En vez de *restaurar* el sistema democrático, inició una época de totalitarismo absoluto basado en una *confusa* ideología comunista. Y la isla verde se *volvió* roja con la sangre de *los que se le oponían*. Miles han pagado ya
65 con su vida por su ilusión de libertad; otros miles se hallan todavía en la cárcel; y cientos de miles han tomado el camino del exilio.

a lover

dedicated ∼ welfare
overcome
needy ∼ he supported

didn't live up to its word
∼ restoring
confused
turned
those who opposed him

Un toro criollo contempla la caña de azúcar. ¡Qué vista más dulce! *Camagüey, Cuba.*

¿Cómo es la vida ahora en la Cuba *castrista?* Sabemos que ha sufrido severas *bajas* en el nivel de vida. Faltan *piezas de repuesto* para la *maquinaria* norteamericana que está en uso todavía, y la tecnología rusa no ha podido *llenar del todo el vacío.* Sabemos que ha bajado bastante la producción nacional y que la gente come menos carne, ¡y aun menos azúcar!, que antes. Sólo en el campo, donde Castro ha hecho cierta distribución limitada de las tierras y donde los *labradores* trabajan en *granjas* colectivas, ha subido hasta cierto punto el nivel de vida. Pero la propaganda *fidelista* continúa todos los días, *haciendo pensar al pueblo cubano* que una invasión norteamericana es inminente. Y la isla se ha convertido en un *campamento* armado.

Estuve hablando el otro día con una amiga mía, nacida en Cuba. Y cuando le pregunté acerca de su país dijo tristemente: «Una vez más el cubano tendrá que luchar contra la opresión». No hay más *que decir.*

of Castro
drops
replacement parts ∼ machinery

fill the gap entirely

farmers ∼ farms

of Fidel Castro ∼ making the Cuban people think

camp

to say

Preguntas

1. ¿Cuándo comienza la historia de Cuba?
2. ¿Cómo era durante la época colonial?
3. ¿Por qué se quedó pobre?
4. ¿Cuándo empezó a luchar contra la opresión española?
5. ¿Quién fue el gran poeta y patriota cubano de aquellos tiempos?
6. ¿Qué consecuencias tuvo la guerra entre España y los Estados Unidos?
7. ¿Cuál es la base de la economía cubana?
8. ¿Cómo era la vida en Cuba antes de la revolución castrista?
9. ¿Por qué deseaba el pueblo hacer un verdadero cambio?
10. ¿Cómo es la vida ahora en la Cuba castrista?

V PASATIEMPO

Fiesta de Navidad

Aquí tenemos dos canciones navideñas del mundo hispánico. ¿No las quiere Ud. aprender?

(Music and lyrics: *Alegría*
    Brincan y Bailan)

Alegría

Marcato

Ha-cia Be-lén__ se en-ca-mi-nan,__ Ma-rí-a con su a-man-te es-po-so,__ lle-van-do en su com-pa-ñí-a a__ to-do un Di-os__ po-de-ro-so.__

Coro

A-le-grí-a a-le-grí-a a-le-grí-a.__ A-le-grí-a a-le-grí-a y pla-cer__ Que la Vir-gen__ va de pa-so__ con su es-po-so ha-cia Be-lén,__ A-le-grí-a a-le-grí-a a-le-grí-a__ A-le-grí-a a-le-grí-a y pla-cer__ Que la Vir-gen__ va de pa-so__ con su es-po-so ha-cia Be-lén.__

Brincan y Bailan

(Villancico Tradicional Español)

Refrán

Brin-can y bai-lan los pe-ces en el rí-o,

Brin-can y bai-lan de ver a Dios na-ci-do.

Brin-can y bai-lan los pe-ces en el a-gua,

Fine

Brin-can y bai-lan dé ver na-ci-da el al-ba.

Verso

En Be-lén to-can a fue-go. Del por-

tal sa-len las lla-mas. Por-que

di-cen que ha na-ci-do El Re-

D. S. al Fine

den-tor de las al-mas.

9

Lección Novena

I CONVERSACIÓN

Vamos a tratarnos de una manera muy familiar hoy, ¿está bien?

A. Dime, amigo:
1. ¿Adónde irás esta tarde?   Iré . . .
2. ¿Irás solo o con tus amigos?
3. ¿Comerás en casa esta noche?
4. ¿Llamarás a alguien?
5. ¿Ayudarás a tu mamá?
6. ¿Ayudarás a preparar la comida?
7. ¿Ayudarás a sacudir los muebles?
8. ¿Mirarás la televisión esta noche?
9. ¿Qué programas verás?
10. ¿A qué hora te acostarás?   Me . . .
11. ¿A qué hora apagarás las luces?
12. ¿A qué hora te levantarás mañana?

B. Contesta otra vez:
1. ¿Tendrás mucho que hacer este fin de semana?
2. ¿Tendrás que ir a alguna parte?
3. ¿Podrás terminar todo tu trabajo?
4. ¿Podrás ir también al cine?
5. ¿Vendrás a mi casa si te invito a comer?
6. ¿Vendrás si necesito tu ayuda?
7. ¿Qué harás el sábado?
8. ¿Harás una visita a algunos parientes tuyos?
9. Si te lo pregunto, ¿me dirás tu edad?
10. ¿Me dirás cuánto dinero tienes?

C. Here once again are the *vosotros* forms that are used in Spain. If you prefer, you may change these to *Uds.* and then give your answer as usual.

1 (Isabel y Clarita), ¿qué clases tendréis esta tarde? Tendremos . . .
2 (Andrés y Roberto), ¿jugaréis al básquetbol hoy?
3 (Miguel y Anita), ¿os casaréis algún día? Sí, nos . . .
 No, . . .
4 (Chicos), ¿vendréis a la clase mañana?

II ESCENAS DE LA VIDA

Su Peso y Su Fortuna[1]

A.: Adela   M.: María

«Su Peso y Su Fortuna», dice el *letrero*, y la *báscula* grande delante de la Farmacia Gutiérrez *coquetea descaradamente con los transeúntes* de la calle Olvera. Les guiña sus ojos de *bombillas amarillas*, y cuando	Your Weight
	sign ~ platform scale flirt outrageously with the passersby
	yellow bulbs
5 siente en el *estómago* el peso de una *moneda, lanza una carcajada metálica y tiembla* de felicidad. Dos jóvenes se acercan.	stomach ~ coin ~ it lets out a metallic laugh and trembles with

A.: Tú primero, María.
M.: No me atrevo. *Habré engordado* a lo menos *dos kilos.*   I must have put on five pounds
10 A.: ¡Qué va! *A que habrás adelgazado.* Estás más delgada que yo. *Ala. Vete.*   I'll bet you've probably lost. ~ Oh, shoo. Go on.
M.: Tú antes.
A.: No. Tú.
M.: Bueno. Vamos.
15 (María sube a la báscula, y le mete una moneda en   lights go on.
la boca. *Se encienden* unas *luces* rojas y azules. Sube   A saw-edged lever
y baja repetidamente *una palanca dentada*, como una   ~old lady ~her upper
vieja que come sólo con *los dientes de arriba.* Suenan   front teeth ~ Some
unos cascabeles cansados y la báscula *baila al compás.*   tired little bells jingle ~
20 *Por una ranura en el costado sale una tarjetita rosada.*)   dances to the beat.
 Through a slot on the side comes out a little pink card
A.: Déjame ver ¿Qué dice?
M.: Peso . . . *¡ay de mí! No te lo diré.*   Oh, my! I won't tell you.

1. This **escena is** based on some very elaborate light-up move-around jiggling, wiggling fortune-telling scales that are popular in certain Latin American countries.

A.: Pero, ¿*y* la fortuna?

M.: No está mal. Escucha: «Mañana se presentará en su casa una persona que se enamorará locamente de Ud. *Tratará de ocultar* su pasión, pero Ud. le ayudará a confesarla. *¡No sea cobarde!*»

A.: ¡Qué maravilla! Pero, ¿quién *será*?

M.: ¿Qué sé yo?

A.: ¿Será Miguel Costas?

M.: Lo dudo mucho. Además, yo no lo aguanto.

A.: Entonces, segurísimo, tendrá que ser Ramón Delgado. ¿No te ha dicho que te llamará algún día?

M.: ¡Ojalá! Pero, ¿sabes? Estas básculas *mienten*. Hace quince años que le prometen *un novio a mi tía Eugenia, y hasta ahora no le ha salido ninguno.*

A.: Pues nosotras tendremos más suerte. *Ya lo verás.* (Adela sube y mete una moneda. La báscula *presenta su espectáculo* de luces y *gimnasia*, da una última convulsión, y *escupe* la tarjetita.)

A.: María, oye esto: «Ud. y su esposo *harán un viaje* . . .»

M.: *¡Qué máquina más tonta!* Tú no estás casada.

A.: No importa. Algún día me *casaré*. «. . . harán un viaje a otro país donde hallarán una inmensa fortuna.» ¿Qué te parece, María? Es la tercera vez que me dice la misma cosa esta báscula. Algún día seré millonaria.

M.: ¡Qué bien! Tú *sí que* tienes suerte . . . Pero, la verdad, Adela, dime . . . ¿tú piensas que será Ramón Delgado?

R.: Roque   T.: Toñuelo

● Un grupo de muchachos se acerca a la báscula.

R.: Ahora, Toñuelo, dame la moneda. (Toñuelo le pasa una moneda *colgada de* un *hilo largo y fino.* Los otros chicos lo observan todo con admiración.)

R.: Pero recuerda, *no soltarás por nada el cabo* del hilo, ¿está bien?

T.: ¿Y cuándo llegará mi turno?

R.: Yo te daré la *señal para sacar* la moneda, y entonces tú subirás. Y después Miño y Paco y Rómulo y . . .

181

T.: Está bien, hombre.
(Roque sube a la báscula y le mete despacio, *des-pa-*   ve-ry-slow-ly
65 *ci-to* la moneda. Toñuelo está a su lado con el otro
cabo del hilo firmemente *sujeto en la* mano derecha.   clutched in his
La báscula *gime y tose*, da *de mala gana* su *función*, y   groans and coughs ∼ re-
                                                                                                    luctantly ∼ performance
acaba *echando por el* costado la tarjetita rosada.)   ∼ throwing out of its by
R.: ¡Caramba! Escuchen esto: «*Para* el fin de esta
70   semana *habrá ocurrido una cosa* que . . .»   something will have happened
T.: Roque, creo que viene un policía.
R.: Pues rápido, Toñuelo, saca la moneda.
(Toñuelo comienza a *tirar del hilo*.)   pull on the string
T.: ¡Ay, no! ¡*Se ha roto* el hilo! ¡La báscula *se la*   has broken ∼ swallowed
75   *tragó!*   it up!
(De la báscula sale un *hipo* metálico.)   hiccough

Una mujer delgada de unos 35 años sube a la báscula.
Sus dedos secos no lucen anillo. La mujer *recoge ansio-*   Her skinny fingers boast
samente la tarjetita rosada y lee para sí: no ring ∼ picks up anxiously
80 «Pronto encontrará Ud. un hombre que . . .» La
mujer sonríe tristemente y la mete en el bolso. *Se*   She walks off slowly
aleja lentamente, y la tarjetita *se acomoda al lado* de   takes its place alongside
otras 20 ó 30 tarjetitas rosadas en el bolso . . .
La báscula de la Farmacia Gutiérrez sigue coquete-
85 ando con los transeúntes de la calle Olvera.

Vocabulario Activo

boca	mouth	**bombilla**	(light) bulb
el diente	tooth	**letrero**	sign
báscula	scale	**la función**	performance
peso	weight	**máquina**	machine
moneda	coin	**hilo**	thread, string
tarjeta	card; **tarjetita** little card		

dudar	to doubt	**mentir (miento)**	to lie
meter	to put (into)	**ocultar**	to hide
lanzar	to throw; hurl; launch		

amarillo	yellow	**cobarde**	coward(ly)
azul	blue	**seco**	dry
arriba (*adv.*)	up; **de** —— (*adj.*) upper		

182

Preguntas

1. ¿Qué dice el letrero de la báscula de la Farmacia Gutiérrez?
2. ¿Con quiénes coquetea la báscula?
3. ¿Quiénes se acercan a ella?
4. ¿Por qué no se atreve a subir María?
5. ¿Qué hace la báscula cuando María le mete una moneda en la boca?
6. ¿Qué sale por una ranura en el costado de la báscula?
7. ¿Qué dice la tarjetita de María?
8. Si es verdad que tiene un admirador secreto, ¿quién espera María que sea?
9. ¿Por qué dice María que estas básculas mienten?
10. ¿Qué le pasará a Adela, según su tarjetita?
11. ¿Por qué dice María que la báscula es una máquina tonta?
12. ¿Por qué está feliz Adela con su "fortuna"?
13. ¿Quiénes se acercan ahora a la báscula?
14. ¿Qué moneda tienen los chicos?
15. ¿Qué tiene que recordar Toñuelo?
16. ¿Qué señal le dará Roque después de pesarse en la báscula?
17. ¿Qué sucede cuando Toñuelo retira la moneda?
18. ¿Cómo es la señora que sube ahora a la báscula?
19. ¿Qué «fortuna» recibe?
20. ¿Dónde se acomoda la tarjetita?

Discusión

1. ¿Ha visto Ud. alguna vez una báscula como la de la Farmacia Gutiérrez? ¿Le ha dicho alguien alguna vez su fortuna? (Has anyone ever told you . . .?) ¿Ha ido Ud. alguna vez a un adivino (fortune teller)?

2. ¿Cree Ud. en los horóscopos? ¿en la astrología? ¿Hay horóscopos en el periódico que lee Ud.? ¿Ha leído Ud. alguna vez una revista sobre astrología?

3. En su opinión, ¿hay personas con poderes sobrenaturales (supernatural powers)? ¿Le gusta a Ud. la idea de conocer el futuro?

III ESTRUCTURA

24. The Future: Second Person

	mandar	**leer**	**escribir**
(tú)	mandarás	leerás	escribirás
(vosotros)	mandaréis	leeréis	escribiréis

Now can you give the familiar forms of irregular verbs?

tener: tendrás, tendréis **saber:** _____, _____
venir: _____, _____ **haber:** _____, _____
poner: _____, _____ **caber:** _____, _____
salir: _____, _____ **hacer:** _____, _____
valer: _____, _____ **decir:** _____, _____
poder: _____, _____ **querer:** _____, _____

Ejercicios

A. Diga la forma correspondiente del futuro:

1. (tú): echar, dudar, meter; lanzar, ocultar, mentir, crecer; dictar, guiñar, colgar, susurrar; hacer, decir, tener, venir; poner, poder, salir, valer; querer, saber, haber, caber; llevarse (te . . .), volverse, ponerse, detenerse

2. (Roque y tú): temer, jurar, mover, pisar, seguir, desear, dormir, sonreír[2]; encontrarse (os . . .), atreverse, alegrarse, morirse

B. Cambie a *tú* las oraciones siguientes:

1. Ud. nunca me prestará atención. 2. ¿Por qué no irá Ud.? 3. ¿Se lo llevará? (Te . . .) 4. ¿La echará Ud. por la ventana? 5. ¿Con quién se encontrará hoy? 6. Tendrá que abrirse camino. 7. ¿No se quitará el saco? 8. ¿Cuándo me lo pasará Ud. a máquina? 9. Ud. querrá marcharse pronto, ¿verdad? 10. ¿En qué esquina se detendrá Ud.? 11. Lo pondrá en marcha ahora mismo, ¿no? 12. ¿A qué hora vendrá?

---

2. Since one word cannot possibly have two written accent marks, only the accent on the ending remains. Thus: *sonreiré, sonreirás*, etc.

25. Review of the Future Tense

All verbs use the same endings in the future tense. These endings are normally attached to the entire infinitive.

echar	meter	dormir
echar*é*	meter*é*	dormir*é*
echar*ás*	meter*ás*	dormir*ás*
echar*á*	meter*á*	dormir*á*
echar*emos*	meter*emos*	dormir*emos*
echar*éis*	meter*éis*	dormir*éis*
echar*án*	meter*án*	dormir*án*

With a few irregular verbs, these endings are combined with a shortened form of the infinitive:

venir:	ven*dré*	tener:	ten*dré*	poner:	pon*dré*
salir:	sal*dré*	valer:	val*dré*	poder:	po*dré*
saber:	sa*bré*	caber:	ca*bré*	haber:	ha*bré*
decir:	*diré*	hacer:	*haré*	querer:	quer*ré*

Incidentally, if you look carefully, you'll see that the endings of the future tense actually come from the present indicative of *haber*: (h)e, (h)as, (h)a, (h)emos, (hab)éis, (h)an

Ejercicios

A. Conteste según los modelos, usando siempre un sujeto diferente. Por ejemplo:

Ud. vendrá mañana, ¿no?   *No, los otros vendrán.*
   No, mi hermano vendrá, etc.
¿Iremos juntos tú y yo?   —*No. Yo iré solo.*
   No. Mario y yo iremos juntos, etc.

1. En fin, ¿comprarás el coche? 2. ¿Ellos vendrán contigo? 3. ¿Los alumnos harán una fiesta? 4. ¿Ud. arreglará el televisor? 5. ¿Uds. se marcharán esta semana? 6. Los Cohetes jugarán el domingo, ¿no? 7. ¿Lo meteremos en la caja? 8. ¿Te dirigirás al gerente? 9. ¿Se lo advertirán Uds.? 10. ¿Ud. se encontrará solo con ella? 11. Yo ganaré, ¿no te parece? 12. ¿Uds. me lo prometerán?

B. Lea los diálogos siguientes, y después conteste:

1. —¿A qué hora llegarás, Rogelio?
   —No sé exactamente. Saldré de aquí a eso de (around) las cinco y trataré de coger el tren de las cinco y diez. Con suerte llegaré a tu casa a las siete y media más o menos.
   —Bueno. Entonces iré a buscarte (meet you) en la estación.
   —Gracias. Pero si pierdo (I miss) el tren, te volveré a llamar.
   —Muy bien. Y en ese caso, podrás tomar un taxi. Hasta pronto, entonces.
   —Sí. Adiós.

   Conteste: **a.** ¿Quiénes serán las dos personas que están hablando?
   b. ¿Estarán hablando en persona o por teléfono?
   c. ¿Dónde estará ahora Rogelio?
   d. ¿A qué hora saldrá?
   e. ¿Qué tren tratará de coger?
   f. ¿Está lejos o cerca la estación del tren?
   g. ¿Estará lejos o cerca la casa de la otra persona?
   h. ¿Cuánto tiempo tardará en llegar allí?
   i. ¿Qué hará si pierde el tren?
   j. ¿Qué podrá tomar en ese caso?

2. —Estoy segura, segurísima. Nosotros ganaremos el premio. Tendremos cincuenta mil pesos, ¡figúrate! Y después nos compraremos una casita en el campo y todos los años haremos una fiesta e invitaremos a nuestros antiguos amigos, y les diremos . . .
   —Alto ahí, (Hold it), Florencia. ¿Cómo ganaremos cincuenta mil pesos si el primer premio no vale más que diez?
   —¿Diez, nada más? Pues entonces, con diez mil podremos comprar un coche bonito, e iremos a visitar a nuestros amigos y se lo mostraremos y . . . ¿Qué te pasa, Manuel?
   —Nada, nada. Es que . . . no sé cómo decírtelo, pero . . .

   Conteste: **a.** ¿De qué está segurísima Florencia?
   b. ¿Qué comprará Florencia si gana los cincuenta mil?
   c. ¿Que hará todos los años?
   d. ¿A quiénes invitará?
   e. ¿Por qué le será imposible ganar cincuenta mil pesos?
   f. ¿Qué podrán comprar Florencia y Manuel con diez mil pesos?

g. ¿Qué harán entonces?
h. ¿Serán ricos o pobres ahora Manuel y Florencia?
i. ¿Los considera Ud. personas muy sinceras? ¿Por qué?
j ¿Qué piensa Ud. que Manuel le dirá ahora a Florencia?

26. The Future Perfect Tense

a. The future perfect tells what *will* or *shall have* happened by a certain time. How do you think it is formed? . . .

habré llegado, visto, ido	I shall have arrived, seen, gone
habrás	
habrá	
habremos	
habréis	
habrán	

In other words, it is composed of the future of *haber* + a past participle. Had you guessed?

Para el 21, habremos llegado a París.—¡Qué bien!	By the 21st, we shall have arrived in Paris.—Great!
Me habré ido para entonces.—Lástima.	I shall have gone away by then.—Too bad.

b. It is also used to express conjecture, wonder, or probability about something that *has* occurred.

Juan lo ha hecho.	John has done it.
Juan lo habrá hecho.	John has probably (must have) done it.
¿Han llegado ya?	Have they arrived yet?
¿Habrán llegado ya?	Can they have arrived yet? I wonder if they have . . .
Habré engordado.—Al contrario. Habrás adelgazado.	I must have gained weight —On the contrary. You've probably lost.

Ejercicios

A. Cambie según las indicaciones:

1. Habrá *salido* para la una.
   (llegar, ir, llamar, volver)
2. *Los ladrones* lo habrán ocultado.
   (tú, el jefe, nosotros, Ud.)
3. No *me habré equivocado*.
   (atreverse, perderse, despertarse)
4. *Habrás* mentido.
   (Yo, ellos, tú y yo, Uds.)

B. Cambie para expresar probabilidad:

1. Ha llovido todo el día. (Habrá . . .) **2.** ¿Ha sido María? **3.** ¿Hemos ganado? **4.** He engordado cinco libras. **5.** Has hecho muy bien. **6.** Alguien se lo ha dicho. **7.** ¿Se han casado ya? **8.** Han tenido un accidente. **9.** Lo hemos perdido. **10.** Ha llamado ya diez veces. **11.** Han mentido. **12.** Le han susurrado algo al oído.

C. Ahora imagínese que estamos en el año 2000, y conteste las preguntas que le vamos a hacer:

1. ¿Se habrá graduado Ud. del colegio? **2.** ¿Se habrán graduado de la universidad Ud. y sus amigos? **3.** ¿Habrá hecho ya el hombre un viaje a la luna? **4.** ¿Se habrá casado Ud. ya? **5.** ¿Cuántos hijos habrán tenido ya Ud. y su esposo (esposa)? **6.** ¿Se habrán hecho Uds. ricos? (Sí, nos . . .) **7.** ¿Cuántos años habrá vivido Ud. ya? **8.** ¿Habrá encontrado el hombre una manera de poner fin a las guerras?

El famoso Morro, castillo que se remonta a los tiempos coloniales. *San Juan, Puerto Rico.*

Área: aprox. 3,500 millas cuadradas
Población: aprox. 2,800,000
Unidad monetaria: el dólar

IV NOTAS HISPÁNICAS

Puerto Rico

Aunque Puerto Rico pertenece a los Estados Unidos, no podemos hacer un estudio del mundo hispánico sin *incluirlo*. Es verdad que el nuevo San Juan se ha convertido en una selva de grandes
5 hoteles, altos edificios comerciales, y elegantes casas de apartamentos *al estilo norteamericano*. Es verdad también que Ponce, la segunda ciudad más importante de la isla, era antes un pequeño pueblo tranquilo, y ahora es un centro industrial. Y que los
10 niños comen «hot dogs» y llevan «Levis». Y que hay supermercados y cines «hollywoodianos». Pero no ha desaparecido del todo el Puerto Rico hispánico. Porque aquella isla fue una de las primeras colonias españolas en el Nuevo Mundo, y ha
15 *heredado* una cultura tan rica como su nombre. Por todas partes encontramos todavía los recuerdos de aquellos tiempos coloniales. En el viejo San Juan, con su *Fortaleza*, residencia del gobernador, con su *Plaza de Armas*, sus viejas *murallas* e iglesias, sus
20 *caserones*, sus patios llenos de *fuentes* y flores. En la hermosa Barranquitas, *acurrucada* entre las montañas. En los pequeños pueblos que se levantan entre la verde *campiña*. Y en las regiones rurales, donde vive la mayor parte de la gente, y donde ha
25 penetrado muy poco la influencia norteamericana, si no contamos el televisor *perenne* cuya antena *se asoma* aun por encima de las casas más pobres.

including it

American-style

inherited

Fortress
(the main square of old San Juan) ~ walls ~ mansions ~ fountains ~ nestled

countryside

perennial ~ sticks out

189

La vida ha cambiado mucho en Puerto Rico en los últimos treinta años, y su progreso ha sido poco menos que increíble. En tiempos no muy remotos, era una isla pobrísima, víctima del *descuido* de España y de una falta de comprensión *de parte* de los Estados Unidos, que la había recibido después de la guerra de 1898. Hasta la época de Franklin Roosevelt, en efecto, los problemas del hambre y del *sufrimiento* humano en Puerto Rico ocupaban muy poco nuestra atención. Pero entonces la dominación norteamericana empezó a tomar otro carácter. En vez de seguir tratando a Puerto Rico como una mera colonia, el gobierno norteamericano *lo denominó un Estado Libre Asociado*, lo ayudó a establecer su propio sistema de gobierno, e *invirtió grandes capitales* para estimular su economía. Surgieron también unos líderes nuevos en Puerto Rico mismo, hombres de política y de ciencia, intelectuales y organizadores. Y juntos con los *industriales* norteamericanos, comenzaron la labor de renovación.

    neglect
    on the part

    suffering

    named it a Commonwealth

    invested large amounts of capital

    industrialists

El San Juan de los turistas.

Piñas. Grandecitas...maduras... Mire cuánto pesa ésta, señor.

    Claro está, no se han *solucionado* todavía todos los *agudos* problemas económicos que *debilitaban* a la hermosa isla. Hasta hoy existe la pobreza, principalmente porque aquella pequeña tierra no puede mantener a una población tan numerosa. Y por eso vienen a vivir en los Estados Unidos continentales miles y miles de puertorriqueños cada año. La ciudad de Nueva York sola tiene casi un millón de puertorriqueños, y *a pesar* de algunas dificultades iniciales, aquella «colonia hispana» se ha adaptado ya a su vida nueva. Poco a poco se han ido pasando los primeros años de *temor* y de desorientación, y ahora su rica *fuente* cultural se ha hecho parte de la cultura norteamericana.

    Mientras tanto, Puerto Rico está dando unos saltos grandes hacia adelante. Ha *aumentado* muchísimo en años recientes su producción de café, *caña de azúcar*, tabaco, *piñas y ron, a no* mencionar los muchos artículos fabricados que salen de sus nuevas plantas industriales. Y sobre todo hay el turismo. Sus *ciudadanos* partipan activamente en la política, *eligiendo* a su propio gobernador y a sus propios representantes legislativos. No pueden votar por el presidente de los Estados Unidos, pero pueden enviar delegados a las convenciones políticas norteamericanas. (A propósito, ¡no tienen que pagar impuestos al gobierno federal de los Estados Unidos!) Y tienen todos los demás privilegios que

solved
acute ∼ were weakening

in spite

fear
fountain

increased

sugar cane ∼ pineapples and rum, not to

citizens
electing

trae *consigo el ser ciudadano de los Estados Unidos*. La   being a US citizen brings
cuestión vital que preocupa ahora al pueblo   with it
puertorriqueño es qué curso debe seguir en el
80 futuro. ¿Debe continuar siendo un Estado Libre
Asociado? ¿Debe tratar de ser admitido como el
estado número 51 de nuestra gran nación? ¿O debe
buscar la independencia y encontrar su destino?
Sea lo que sea, es casi seguro que Puerto Rico está   Be that as it may
85 caminando hacia una vida mejor para su gente
después de siglos de opresión y de tristeza. No ha
llegado todavía a la cima, porque el camino es   proud
muy largo. Pero del gran progreso que ha hecho
últimamente podemos estar *orgullosos*.   proud ~ lately

Preguntas

1. ¿Por qué debemos incluir a Puerto Rico en nuestro estudio del mundo hispánico?
2. ¿Qué encontramos todavía en el viejo San Juan? ¿y en la ciudad nueva?
3. ¿Qué otras ciudades importantes tiene la isla? ¿Cómo son?
4. ¿Cómo es la vida en las regiones rurales?
5. ¿Cómo era Puerto Rico hasta tiempos bastante recientes?
6. ¿Qué sistema político tiene ahora?
7. ¿Qué problemas económicos existen todavía en Puerto Rico?
8. ¿Adónde vienen a vivir muchos puertorriqueños? ¿Qué resultado ha traído esa emigración?
9. ¿Cuáles son los productos principales de la isla?
10. ¿Cuál es la cuestión vital que preocupa al pueblo puertorriqueño ahora? En su opinión, ¿cómo se resolverá?

V   PASATIEMPO

Charla o Teatro

Prepare una charla de unas cien palabras sobre el tema: *En el año 2100*. Trate de imaginarse cómo será el mundo del futuro, y esté dispuesto a contestar las preguntas de sus compañeros de clase.

O si prefiere, escriba una escena corta basada en su concepto del mundo del futuro. Ud. puede crear personajes nuevos o puede proyectar en al futuro a algunas de las personas que ya conocemos. O puede hacer un viaje imaginario a otro planeta o. . . . Use su imaginación, haga dos o tres copias de su obra, y venga a la clase listo para hacer su presentación.

10

Lección Décima

I CONVERSACIÓN

A. Imagínese: Era la medianoche y Ud. estaba solo en casa. Había nevado todo el día y por eso había muy pocos coches en los caminos—casi ninguno. No había nadie en la calle y todo estaba en silencio. De repente Ud. oyó unos gritos fuertes en la misma puerta de su casa (at your very door) . . . *¿Qué haría Ud?* (What would you do?)

1 ¿Abriría Ud. la puerta? (Would you open the door?)   Sí, abriría . . .
No, no . . .
2 ¿Cerraría Ud. todas las puertas de su casa?
3 ¿Cerraría las ventanas también?
4 ¿Se asomaría Ud. a (Would you look out) la ventana?   Sí, me . . .
No, . . .
5 ¿Llamaría a la policía?
6 ¿Llamaría a los vecinos?
7 ¿Se ocultaría Ud.?
8 ¿Correría (Would you draw) las cortinas?
9 ¿Trataría Ud. de ayudar a la persona que gritó?

B. Imagínese: Ud. acababa de conocer a una muchacha muy simpática (o a un chico muy simpático). Se habían encontrado en el autobús. Se habían sonreído y habían hablado por un rato. Entonces llegó la esquina de ella (de él), y su nueva amiga (amigo) estaba a punto de bajar . . . ¿Qué haría Ud.?

1 ¿Bajaría Ud. también?
2 ¿Le diría: «Por favor, espéreme.»?
3 ¿Le pediría el número de su teléfono?
4 ¿Le daría Ud. la dirección de su casa?
5 ¿La (Lo) invitaría a una fiesta?
6 ¿Inventaría Ud. una excusa para poder verla (verle) otra vez?
7 ¿Haría Ud. una cita (date) con ella (él)?
8 ¿La (Lo) seguiría Ud. por las calles?
9 ¿Le diría Ud.: «Adiós» así no más?

C. Imagínese: Era el día del examen final y Ud. era uno de los mejores estudiantes de la clase. Otro alumno que estaba sentado junto a Ud. estaba copiando sus respuestas. Ud. sabía que el chico estaba desesperado. Nunca había comprendido el español aunque lo había estudiado mucho. En efecto, hacía tres años que repetía el mismo curso, y ahora quería graduarse . . . ¿Qué haría Ud.?

1 ¿Le permitiría copiar sus respuestas?
2 ¿Llamaría Ud. al maestro?
3 ¿Cambiaría Ud. su asiento?
4 ¿Cubriría Ud. el papel con la mano?
5 ¿Daría Ud. una excusa para salir por un rato?
6 ¿Le diría Ud.: «Por favor. No copies. Me van a coger a mí también.»?
7 ¿Le reñiría Ud.?
8 ¿Trataría Ud. de ayudarle de otra manera?
9 ¿Qué más haría Ud. por él?

D. Ahora dígame:
1 ¿Le gustaría ser millonario?　　　　　Sí, me gustaría . . . no. . . .
2 ¿Le gustaría ser la persona más rica del mundo?
3 ¿Le gustaría ser presidente de los Estados Unidos?
4 ¿Le gustaría conocer el futuro?
5 ¿Les gustaría tomar un examen mañana?　　Sí, nos . . ., No, . . .
6 ¿Les gustaría acabar ahora? (Muy bien.)

II ESCENAS DE LA VIDA

La Cita

The Appointment

La señora Campos está limpiando la cocina después de la comida. Su esposo entra.

SR.: Pero Sara, ¿tú sola? ¿No prometió Daniela que *te ayudaría?* she would help you

5 SRA.: Sí. Pero está arreglándose para la visita de Lorenzo.

SR.: ¿Ah? ¿El mozo del ascensor?

SRA.: Sí. La chica estaba un poco nerviosa, ¿sabes? *Así que* le dije que *yo lo haría* todo esta noche. So ~ I would do it

10 Mañana me podrá ayudar.

SR.: Y Elisa, ¿dónde está?

SRA.: También en el cuarto, arreglándose.

SR.: ¡Elisa! Pero mujer, ¿qué *tendrá que arreglar esa chica?* can that child have to fix up

15 SRA.: No sé, Ernesto, realmente. Pero todo el día ha estado extraña la niña. Y ahora *le ha dado por* pei- she's gotten the notion to
narse y ponerse el vestido nuevo que le compramos para su cumpleaños.

SR.: Yo no la vi comer nada a la mesa.

20 SRA.: Así es. Está como un *palito*, y no come nada. stick
¿Sabes? *La pesé* ayer en la báscula de la Farmacia I weighed her
Gutiérrez, ¡y *debieron devolverme el dinero!* Pesa they should have returned my money ~ fly
menos que una *mosca.*

SR.: No exageres, Sarita.

25 SRA.: Pues por fin hablé con ella, y le dije que *no le* I wouldn't let her ~
permitiría seguir así—que *tendría* que comer más, she would have to
o *la llevaría* al médico. I would take her

SR.: ¡Buena amenaza! Tú sabes que ella está loca por Fine threat!
el médico. Al dentista, *yo le diría.* I would tell her.

30 SRA.: No importa. Esa chica . . . (Suena *el timbre de* the doorbell
la puerta.) ¡Ay, Dios mío! Será Lorenzo, y aquí me
tiene con *el delantal puesto.* Abre tú la puerta, my apron on
Ernesto. Yo me voy a vestir.

(La señora va corriendo hacia su cuarto. En el
35 camino tropieza con Daniela y Elisa.)

195

DAN.: Perdona, mamá . . . (Gritando) Papá, *déjame*   let *me*
   a mí abrir la puerta.
EL.: Papá, mamá prometió que yo *la podría abrir.*   I could open it
SR.: Yo no sé. ¿A quién viene a *cortejar* ese muchacho,   court
40   a Daniela, a Elisa, o a Sarita?

• Media hora más tarde. Daniela y Lorenzo están conversando en un rincón de la sala. El señor Campos está leyendo el periódico en un sillón cómodo, y la señora Campos *finge estar cosiendo* en otro rincón.   pretends to be sewing
45 Elisa, elegantísima, y *oliendo fuertemente a* perfume,   smelling strongly of
va y viene constantemente con una gran variedad de cosas—*nueces, dulces*, té, café, etc. Se acerca otra vez   nuts, sweets
a Lorenzo y da unas vueltas *alrededor de él, haciendo*   around him, making the
girar el ruedo de su vestido nuevo.   flair of her new dress spin round
50 EL.: Lorenzo, ¿no le gustaría *probar estos bizcochos?*   taste these cakes?
   Yo *misma* los hice. Me encanta cocinar.   myself
DAN.: (para sí) ¡Válgame Dios! ¿Ella los hizo? ¡*En*   It must have been in her
   sus sueños sería!   dreams!
LOR.: Gracias, Elisa. Me gustaría mucho probarlos,
55   pero ya he comido suficiente.
DAN.: Elisa, por favor. Diez veces has venido ya a ofrecernos algo. Si no tienes *otra cosa que hacer,*   anything else to do,
   ¿no sería mejor acostarte?   wouldn't it be better to go
LOR.: Déjala, Daniela. La niña es simpática.   to bed
60 (Elisa *le dirige una mirada cautivadora.*) Dime, Elisa,   sends him a captivating
   ¿cuántos años tienes?   look
EL.: Diez.
DAN.: ¡Nueve!
EL.: Pero *tengo el corazón mucho más maduro.* ¿Sabe   my heart is much more
65   Ud., Lorenzo? Ud. no lo *creería,* pero yo . . .   mature ~ wouldn't
DAN.: Mamá, ¿no dijiste antes que Elisa tendría que   believe it
   acostarse a las nueve?
EL.: A las nueve y media, dijo.
SRA.: Pues, ¿qué hora es?
70 DAN.: Las nueve y veinte.
EL.: ¡Las nueve y quince!
DAN.: Mamá, por favor, esta chica *nos está volviendo*   is driving us crazy
   locos.
SRA.: Pues Elisa, por favor, *nena,* ¿no quieres . . . ?   baby
75 (Elisa se vuelve hacia Lorenzo y le sonríe provocativamente.)

EL.: Quiero que Lorenzo lo decida. Dígame, Lorenzo, ¿quiere Ud.—realmente—con *toda el alma*— ¿quiere Ud. que yo me acueste ahora? ¿Realmente?   *your whole heart*

(Lorenzo la mira *largamente*, no sabiendo qué contestar.)   *for a long time*

LOR.: Pues, Elisa . . . no sé . . . pues . . . sí, Elisa, por favor, *vete a la cama.* Es tarde ya. Y eres muy *chiquita*, ¿sabes?   *go to bed* / *little*

(Elisa *se queda como aplastada.* Se le llenan de lágrimas los ojos.)   *remains like stunned.*

EL.: Pues, si así lo quiere, Lorenzo . . . Pero, ¿quién *pensaría* que Ud. . . . que Ud. *me trataría* así?   *would think ∼ would treat me*

(Sale corriendo y va a su cuarto. Se echa en la cama y llora *a más no poder.* A la luz de la lamparita del *tocador, se ve* una tarjetita rosada: *uncontrollably* / *dresser, one can see*

> **Peso:** *32 kilos*   *about 70 pounds*
> **Su Fortuna:** Mañana se presentará en su casa una persona que se enamorará locamente . . .

Vocabulario Activo

alma soul, "heart"	**cama** bed
el corazón heart	**lágrima** tear (crying)
cita date, appointment	**nene, nena** baby
el timbre doorbell	**la nuez** (*pl.* **nueces**) nut

coser to sew	**llenar** to fill
probar (pruebo) to try; taste;	**pesar** to weigh
_____**se** to try on (clothes)	**girar** to spin around, make circles around
vestirse (me visto) to get dressed, dress	
dulce sweet; **los dulces** sweets, candy	**aplastado** crushed

dar una vuelta to take a turn around	**volverle loco a alguien** to drive someone crazy

197

Preguntas

1. ¿Qué está haciendo la señora Campos?
2. ¿Qué prometió Daniela?
3. ¿Por qué no está ayudando ahora a su mamá?
4. ¿Qué está haciendo Elisa?
5. ¿Está gorda o flaca (skinny) Elisa? ¿Dónde la pesó su mamá?
6. ¿Cómo amenazó (threatened) la señora Campos a Elisa para hacerla comer más?
7. ¿Qué le diría su papá?
8. ¿Qué dice la señora Campos cuando el timbre suena?
9. ¿Quiénes corren para abrir la puerta?
10. ¿Dónde encontramos a Daniela y Lorenzo media hora más tarde?
11. ¿Qué están haciendo los padres de Daniela?
12. ¿Por qué va y vuelve constantemente Elisa?
13. ¿Qué le ofrece a Lorenzo?
14. ¿Qué le dice por fin su hermana Daniela?
15. Según Daniela, ¿a qué hora dijo su madre que tendría que acostarse Elisa? ¿Y según Elisa?
16. ¿En manos de quién (In whose hands) deja la decisión Elisa?
17. ¿Qué le dice finalmente Lorenzo?
18. ¿Cómo le contesta Elisa?
19. ¿Qué hace entonces la niña?
20. ¿Qué dice la tarjetita que Elisa tiene en su tocador?

Discusión

1. ¿Cuántos hermanos tiene Ud.? ¿Son menores o mayores que Ud.? ¿Tiene Ud. una hermana mayor? ¿Ha estado Ud. celoso (jealous) alguna vez de uno de sus hermanos? ¿Recuerda Ud. ahora las circunstancias?
2. ¿Ha estado Ud. enamorado alguna vez? ¿De quién? ¿Cuántos años tenía Ud.? En su opinión, ¿pueden enamorarse los niños?
3. ¿Le gusta a Ud. Elisa? ¿Por qué? ¿La considera Ud. una niña típica o no? En su opinión, ¿emplean buena o mala psicología con ella sus padres? ¿Qué piensa Ud. ahora de Daniela? ¿Y de Lorenzo?

Periódicos...tomando el sol. *Santo Domingo.*

III ESTRUCTURA

27. The Meaning of the Conditional Tense

a. The conditional tells what *would happen* (if . . .), or what *was* going to happen. It is primarily the *future of a past action*, just as the future tense is future of *now*.

He says that he will do it.   (Present—Future)
He *said* that he *would* do it.   (Past—Conditional)

If I have time, I'll go.
If I *had* time, I *would* go.

In mathematical terms, we could state it this way:
CONDITIONAL : PAST = FUTURE : PRESENT
(Conditional is to past as future is to present.)

28. The Conditional: First and Third Person Singular

a. Just like the future tense, the conditional is regularly formed by adding one set of endings to the whole infinitive. Notice that its first and third person singular forms are exactly alike.

(yo, él, ella, Ud.) mand*aría*, leer*ía*, escribir*ía*

b. Irregular verbs use the same stem as in the future tense.

tener:	ten*dría*	**saber:**	sa*bría*
venir:	_____	**haber:**	_____
poner:	_____	**caber:**	_____
salir:	sal*dría*	**hacer:**	*haría*
valer:	_____	**decir:**	*diría*
poder:	po*dría*	**querer:**	que*rría*

Ud. me dijo que lo haría.	You said that you would do it.
—Sí, pero más tarde.	—Yes, but later.
María prometió que iría.	Mary promised that she would go.—Then why didn't she?
—Entonces, ¿por qué no fue?	
Yo no lo vendería por nada.	I wouldn't sell it for anything.— And I wouldn't buy it.
—Y yo no lo compraría.	
Dígame, ¿la invitaría Ud.?	Tell me, would you invite her?— I don't know. I don't like her very much.
—No sé. No me gusta mucho.	
¿Le gustaría ir?—¡Cómo no!	Would you like to go?—Sure.

Ejercicios

A. Complete usando el condicional de los verbos indicados:

1. ¿La . . . Ud.? (aprobar)
2. Yo no . . . (fumar)
3. ¿ . . . Ud. tanto? (cobrar)
4. . . . más temprano. (levantarme)
5. Yo se lo . . . (advertir)
6. ¿Cuánto . . . la caja? (pesar)
7. ¿Los . . . Ud. aquí? (ocultar)
8. El mecánico lo . . . (arreglar)
9. ¿Quién lo . . .? (creer)
10. ¿Lo . . . el cajero? (hacer)
11. Yo no . . . tanto. (pagar)
12. ¿No . . . Ud.? (quejarse)
13. ¿Quién . . . ? (atreverse)
14. ¿ . . . hacerlo Juan? (saber)
15. ¿ . . . Ud. prestármela? (poder)
16. Yo no . . . tiempo. (tener)

B. Conteste ahora:

1. ¿Me haría Ud. un favor? 2. ¿Asistiría Ud. a una corrida de toros? 3. ¿Probaría Ud. el puchero de la señora Molina? 4. ¿Compraría Ud. un coche europeo? 5. ¿Iría Ud. en la primera expedición interplanetaria? 6. ¿Le gustaría asistir a una función de teatro esta noche? 7. ¿Le gustaría más vivir en el campo o en la ciudad? 8. ¿Caminaría Ud. una milla para venir a la escuela? ¿dos millas? ¿cinco? 9. ¿Le gustaría pesarse en la báscula de la Farmacia Gutiérrez? 10. ¿Creería Ud. lo que le diría la tarjetita?

C. Esta vez cambie según los modelos. Por ejemplo:

Dice que me llamará. (Dijo . . .)   *Dijo que me llamaría.*
Te prometo que lo haré. (Te prometí . . .)   *Te prometí que lo haría.*

1. El chico jura que no copiará. (El chico juró . . .)
2. Paco promete que estudiará más. (Paco prometió . . .)
3. Creo que llegará tarde. (Creía . . .)
4. Parece que lloverá esta tarde. (Parecía . . .)
5. Ya sé que su papá lo reñirá. (Ya sabía . . .)
6. No dudamos que el maestro lo aprobará. (No dudábamos . . .)
7. El cliente dice que se quejará al gerente. (El cliente dijo . . .)
8. Pienso que lo terminará pronto. (Pensé . . .)
9. Es evidente que el Dr. Lozano ganará. (Era . . .)
10. Estoy segura de que nos contestará. (Estaba . . .)

29. The Conditional of Probability

Exactly as the future expresses probability or wonder about a *present* action, so does the conditional about the past.

¿Quién será?   Who can it be?
           I wonder who it is.

| ¿Quién sería? | Who can it have been? |
| | I wonder who it was. |

Notice how the conditional turns a simple past action into a conjecture.

| Estaba enfermo. | He was sick. |
| Estaría enfermo. | He probably was sick. |

| Ud. llegó tarde. | You arrived late. |
| Ud. llegaría tarde. | You must have arrived late. |

Ejercicios

A. Cambie para expresar probabilidad o conjetura.

1. ¿Qué hora *era?*—Era la una. 2. *Fumaba* mucho. 3. *Tropezó* con un autobús. 4. *Buscaba* otro empleo. 5. Lo *llamó* cien veces. 6. Lo *hizo* en sus sueños. 7. Diego se lo *dijo.* 8. *Tenía* mucha hambre. 9. *Estaba* muy cansada. 10. *Se rompió* el hilo.
Ahora, ¿entiende Ud. lo que significa cada oración?

B. Indique Ud. cuál de las conclusiones completa mejor cada diálogo:

1. —La pobre estaba muy pálida, ¿verdad?
   —Sí. (Estaría muy agitada. Tendría mucho que hacer. Hablaría por teléfono.)
2. —Entonces, ¿funciona ya el televisor?
   —Creo que sí. El mecánico (se lo llevaría, lo arreglaría, nos lo vendería) ayer.
3. —El perro daba unos ladridos tremendos. ¿Qué le pasaría?
   —(Daría unos saltos grandes. Alguien lo espantaría. Alguien le mentiría)
4. —Ha desaparecido mi frasco nuevo de perfume.
   —El niño (se lo tragaría, lo rompería, lo sacudiría).
5. —¿Cinco días tardó Enrique en llegar a México?
   —Sí. (Iría en barco. Iría en coche. Tomaría el avión.)

C. Diga ahora en español; usando siempre el condicional:

1. He probably had a date with her last night. 2. She probably (must have) loved him with all her (el) heart. 3. The little girl probably was very sad. She had tears in her (los) eyes. 4. *I* heard the doorbell, didn't you?—Yes. Someone probably came to the door. 5. Where was Alice yesterday?—In bed. She probably was sick.

Área: aprox. 18,000 millas cuadradas
Población: aprox. 4,000,000
Unidad monetaria: peso

IV NOTAS HISPÁNICAS

La República Dominicana

Recuerdo muy bien nuestra primera visita a la República Dominicana. Era *por* el año 1955 y el generalísimo Trujillo era todavía el dictador de aquella pequeña nación *insular*. Hacía más
5 de veinte y cinco años que Trujillo estaba en *el poder*, y el país entero se encontraba en sus manos. Tomamos un taxi, y en el lugar donde normalmente se ve la foto del chófer, ahí estaba la del generalísimo. Nos acercamos al barrio comercial,
10 y allí en todos los *escaparates* estaba la fotografía del generalísimo. Almorzamos en el hermoso y modernísimo Hotel Embajador, y según los *camareros*, ¡*todo lo que* había en el hotel, incluso los menús y las *servilletas*, era *propiedad* del generalísimo! La es-
15 tación de radio era del gobierno, pero el elegante *casino de juego* en el último piso de la estación era propiedad *particular*. «¿Ah, sí?», le dijimos al *guía*. «¿De quién es entonces este casino?»—«Del hermano del generalísimo.»—nos contestó. El pequeño
20 pueblo donde había nacido Trujillo estaba convertido en un *santuario*. Y en los *carteles* oficiales, e *inscritas* en los monumentos se hallaban las palabras: «*Era* de Trujillo», en vez de A.D. (*Anno Domine*) o D.C. (Después de Cristo). En efecto, según el chiste
25 popular, ¡todo era de Trujillo!

La capital, cuyo nombre original había sido Santo Domingo, se llamaba entonces, por supuesto, Ciudad Trujillo. Era una ciudad bastante hermosa,

around

island

power

store windows

waiters, everything that

napkins ~ the property

gambling casino

private ~ guide

shrine ~ posters
inscribed
Era ~ Year of our Lord

202

y tenía unos barrios ricos de casas grandes y
modernas. Allí vivían los *oficiales* y los amigos del   officers
general, y algunos *representantes* de intereses indus-   representatives
triales extranjeros. Vimos muchas clínicas y *orfeli-*   orphanages
natos nuevos, y algunas carreteras bien *pavimen-*   paved
tadas y anchas, y en todas partes estaba inscrito el
nombre del dictador. En todas partes también,
así que salimos del centro, vimos una pobreza   as soon as
espantosa. Y volvimos a la capital con un sentimiento   frightful
profundo de tristeza.

Trujillo ya no vive. Fue *asesinado* en 1961, y el   assassinated
gobierno dominicano pasó entonces por varias
crisis gravísimas. Hubo *sublevaciones* y juntas mili-   uprisings
tares y *motines*. La propaganda *fidelista* llenaba los   riots ∼ of Fidel Castro
periódicos y las estaciones de radio. El gobierno fue
derrumbado una vez más por una coalición de   overturned
varios partidos, incluso el comunista. Los Estados
Unidos mandaron *tropas* para *impedir* un golpe   troops ∼ prevent
comunista, la Organización de los Estados Ameri-
canos[1] *apoyó* finalmente la posición norteamericana   supported

1. La Organización de los Estados Americanos (OEA) fue fundada en 1945 para conservar la solidaridad del hemisferio occidental. La integran (It is composed of) todas las naciones americanas, menos Cuba en estos momentos.

«Y el general le dijo al general ...» Trujillo, Franco, etc.

y la paz fue *restaurada*. Ahora la pequeña república está en un período de *tranquilidad precaria*. La capital ha tomado otra vez su nombre antiguo, Santo Domingo. Pero las condiciones económicas han cambiado muy poco. Por el momento la cuestión política predomina en la vida de aquella desafortunada nación.

Pero no fue siempre así. Ésta fue una de las primeras tierras descubiertas por Colón y tal vez su *predilecta*. Allí se fundó la primera universidad del Nuevo Mundo en 1538, y la primera *Audiencia*, y la isla prosperaba.

Más tarde, con la caída del imperio español la isla comenzo a *decaer*, y en tiempos modernos ha progresado muy poco. Su economía es ahora primariamente agrícola. Sus productos principales *incluyen* azúcar, café, cacao, tabaco, bananas, arroz, maíz, minerales y maderas, y la ganadería está creciendo en importancia. La tierra es rica en el *nordeste* de la isla, y allí viven *dos tercios* de la población, una población mayormente mestiza, mulata y negra. En el *suroeste* la tierra es árida, con la excepción de las *inmediaciones* de Santo Domingo mismo. La educación es gratis y obligatoria, pero existe todavía mucho analfabetismo, y por lo general, el sistema educativo no ha alcanzado un nivel realmente satisfactorio.

¿Hacia dónde *se encaminará* ahora la República Dominicana? Sólo sabemos que más que ningún otro país americano, éste necesita nuestra comprensión.

restored
precarious calm

favorite one
Colonial legislative body

decline

include

Northeast ~ two-thirds

Southwest
area surrounding

it will head

Una manifestación anticomunista en la capital dominicana.

Preguntas

1. ¿Quién era todavía el dictador de la República Dominicana por el año 1955?
2. ¿Cuántos años hacía entonces que estaba en el poder?
3. ¿Por qué decimos que el país entero estaba en sus manos?
4. ¿En qué habían convertido al pueblo donde nació?
5. ¿Cuál era el nombre original de la capital? ¿Cómo lo cambió el dictador?
6. ¿Cómo era la capital en aquellos tiempos?
7. ¿Cómo era la vida fuera del centro? ¿Ha cambiado mucho ahora?
8. ¿Qué ocurrió después de la muerte del generalísimo?
9. ¿Cuántos habitantes tiene la República Dominicana?
10. ¿Qué productos e industrias tiene el pequeño país?

V PASATIEMPO

Créalo o No[2]

Aquí tenemos algunos datos (facts) curiosísimos acerca del mundo hispánico. Por supuesto, estas curiosidades no caracterizan a todo el mundo hispano ni representan toda una manera de vivir (a whole way of life). Pero tienen sin embargo cierto interés. A ver si le gustan . . .

1. **El hombre que nació más de una vez**
   Cristobal Colón, el descubridor de América, nació y murió más veces que ninguna otra persona del mundo. Treinta ciudades reclaman el lugar de su nacimiento, atribuyéndolo a veinte y seis años diferentes. ¡Y ocho ciudades alegan que allí está enterrado su cadáver!

2. **La ciudad italiana con «título» español**
   Cuando la ciudad italiana de Alghero recibió con tanta cordialidad en el año 1541 a Carlos I, rey de España, el monarca respondió concediendo a todos los habitantes de aquel pueblo—hombres, mujeres, y niños—el título noble de «hidalgo» español.

3. **El escritor más fecundo del universo**
   Según los historiadores literarios, Lope de Vega, el gran poeta y

---

[2]. Muchos de estos datos vienen de *Ripley's Believe It or Not* (Pocket Books, Inc.), New York.

dramaturgo español del siglo XVII, escribiría más de 4,100 libros y obras de teatro. Sus contemporáneos lo llamaban «el monstruo de la naturaleza».

4. Misterios de los siglos

El Arco de Trajano, construido por los romanos en Mérida, España, hace casi 1900 años, está en pie todavía. El arco tiene 115 pies de alto y consiste solamente en piedras grandes colocadas una sobre otra y sin cemento de ninguna clase. En el Perú también encontramos unos ejemplos increíbles de la arquitectura incaica. ¡Tan bien colocadas están las piedras en los viejos castillos de los Incas que sería imposible introducir entre ellas el filo de una navaja! Sin embargo nadie ha podido averiguar qué instrumentos usarían los indios para cortarlas, ni cómo pudieron subir unas piedras tan grandes a las cimas de las montañas sin maquinaria de ninguna clase.

5. Sin ver ni saber

En los altos Andes de Sudamérica los burros de carga andan con los ojos vendados. Los arrieros afirman que si los burros ven las grandes cargas que llevan, se negarán a caminar. Y en algunos caminos muy empinados los dueños de las llamas también les vendan los ojos a los animales. Parece que la llama puede subir perfectamente por su instinto natural. Pero si ve la gran altura, se pondrá nerviosa y se caerá.

6. Sobre hombres y mujeres

En la tribu india de San Blas en Panamá, si una chica se sienta por un minuto en la hamaca de su novio, ¡se la considera (she is considered) legalmente casada!

Y según la tradición de los indios «lengua» de Bolivia, las muchachas pueden escoger un esposo entre todos los hombres solteros de la tribu. ¡Y el hombre no la puede rechazar!

Díganos ahora:
1. ¿Cuál de estas anécdotas le gustó más?
2. ¿Cuál le interesó más? ¿y menos? ¿Por qué?
3. ¿Cuál le sorprendió más?
4. ¿Cuál recordará Ud. más facilmente?
5. Ahora, ¿puede Ud. traernos algunos datos interesantes acerca de su propio país? El hombre es curiosísimo, ¿no?

2

Repaso Segundo

I REPASO DE GRAMÁTICA

A. Vuelva a los artículos **18-21** y **24-25** y repase el futuro. Ahora cambie según las indicaciones:

1. *Mi secretaria* la pasará a máquina hoy.
   (Yo, las mecanógrafas, Nila y yo, ¿Tú . . . ?, ¿Ud. . . . ? . .
2. *Vendrán* antes de la medianoche.
   (salir, volver, irse, marcharse, acabar, comenzar, llegar)
3. *Me vestiré* en seguida.
   (Tú, Los niños, Nosotros, ¿Uds. . . . ?, Todos)
4. ¿Le *mandará* la carta?
   (escribir, dictar, llevar, leer, devolver, aprobar, gustar)
5. Les *cocinaremos* un buen puchero.
   (preparar, ofrecer, dar, hacer, prometer, conseguir)
6. ¿A qué hora *te levantarás?*
   (acostarse, despertarse, irse, vestirse, ponerse a trabajar)

B. Estudie ahora el futuro del perfecto (**26**) y conteste las preguntas siguientes:

1. ¿Habrá terminado el año escolar para mayo? (Will the school year have ended by . . . ?)
2. ¿Se habrá graduado Ud. de esta escuela para 1980? (*Sí, me* . . .)
3. ¿Se habrá casado Ud. para 1985?
4. ¿Habremos acabado esta lección para mañana?
5. ¿Cuántas lecciones habrán estudiado Uds. para el fin de esta semana?

C. Repase una vez más los artículos **22** y **23,** y escriba ahora cinco oraciones originales usando *tanto* (*tanta*, etc.) . . . *como* y *tan . . . como*.

D. ¿Puede Ud. hallar en el Grupo **2** una respuesta lógica para cada frase del Grupo **1**? (Si quiere, repase también el artículo **27**)

Llegarán muy tarde.
¿Qué haría Ud. en mi lugar?
¿Han lanzado ya el cohete?
¿Quién será?
¿Habrán cosido ya los trajes?
¿Cuánta distancia habrán andado?
Luis dice que no sabe nada acerca del asunto.
¿Por qué no ha venido hoy Anita?

Será un personaje importante.
No lo creas. Estará mintiendo.
No. Los tendrán listos mañana.
Tendrá una cita con Roberto.
No haría nada.
Sí. Estarán en un lío de tránsito.
Ah, sí. Estará girando ahora mismo alrededor de la luna.
Dos millas o más, diría yo.

E. Ahora diga en español:

1. I wonder what time it is.—It must be half past four.
2. He's a tyrant. He's a desperate, dangerous man.—Go on!
3. She opened the window wide and let in (dejó entrar) the noise of the street. The sidewalks were filled with people.
4. My record player is broken and they'll charge me a fortune for (por) fixing it. I'm hopping mad.
5. Do you like nuts?—I just love them, but I shouldn't eat too many. I shouldn't eat sweets either (tampoco).
6. Leave me alone, Elisa. You're driving me crazy!—Oh, yes? Dad wouldn't let you talk to me like that.

II PEQUEÑO TEATRO

Prepare un corto diálogo o escena original sobre uno de estos temas:

1. Dos señores están hablando acerca de sus secretarias. (VI)
2. Dos secretarias están hablando acerca de sus jefes. (VII)
3. Un joven está hablando acerca de las personas que trabajan con él en su oficina (o fábrica). (VI–VII)
4. Una familia vive en una casa de apartamentos. Es un día caluroso, y todas las ventanas están abiertas. Siempre que (Whenever) suena el teléfono en un apartamento, se oye en todos los apartamentos, y cuando una señora prepara una comida, todos los vecinos la huelen. (VIII)
5. Una señora (o un chico, una chica, etc.) se pesa en una báscula y recibe una tarjetita con su fortuna. (IX)
6. Un joven viene a visitar a su novia, pero surgen (there arise) ciertas dificultades con la familia de la muchacha. (X)

III PASATIEMPO

Viajes

¿Cómo iremos?

en tren	 en autobús	 en coche
 en avión	 en barco, por mar	
 en tranvía	 en el metro	
 en camión	 a caballo	 a pie

¿Adónde llegaremos?

la estación (de trenes o del ferrocarril)	aeropuerto	 parada del autobús	 el muelle
la terminal (de trenes o de autobuses)	 esquina	 puerto	horario

¿Dónde pararemos?

el hotel

el albergue, la posada

EL BOTONES, MOZO.

PORTERO

un cuarto sencillo

un cuarto doble
un cuarto para dos

Agente de Viajes

A jugar...

Una persona entra en una agencia de viajes. El cliente y el agente se saludan, y el cliente le dice que quiere hacer un viaje a... El agente piensa por un momento, y después contesta. Por ejemplo:

—¿España? (¿México? ¿Argentina?, etc.) Déjeme ver. ¿Dónde está? ¡Ay, no! Yo le recomendaría mucho más un fin de semana en...

—Excelente. Aquí tiene una excursión que visitará quince países en once días. ¿No le gustaría?

—Muy bien. Pero es necesario que sepa hablar español. Casi todos nuestros vuelos hacen escala (flights make a stop) en Cuba.

—¿Sabe? Si espera dos días más, yo lo (la) acompañaré. ¿Qué tal le parece?

—Bueno. Hay un vuelo excelente que sale a las dos y media de la mañana y que llega a las seis del día siguiente... El viaje tarda un poco porque están reconstruyendo el motor del avión.

Por supuesto, será mejor si Ud. puede contestar de una manera original.

Ahora, en serio:

Un cliente entra en una agencia de viajes y le explica al agente que quiere hacer un viaje a cierto lugar. El agente le pregunta cuántas personas irán, por cuánto tiempo, en qué fecha quiere(n) salir y volver, qué clase de alojamiento (lodging) desea(n), etc. Y al fin, el agente prepara un itinerario. ¿Puede Ud. hacerlo también?

La Recepción

A jugar otra vez:

Ud. ha llegado ya a su hotel. Es la medianoche, y está cansadísimo. Se dirige a la Recepción, le muestra al señor su reservación confirmada, y el señor le dice...

—Muy bien, señor(ita). Su cuarto está listo. Número 987 en el piso nueve. La escalera está a la derecha.—¡$%#&!

—Muy bienvenido(s). Su cuarto estará listo dentro de dos horas.

—Ah, sí. Tendrá Ud. una vista excelente. Su cuarto está situado en el piso primero y está en la esquina de nuestras dos avenidas principales. Le encantará escuchar el tránsito...

—Cómo no, señor(ita). Pero tendrá que pagar por adelantado (in advance). No nos gustan mucho los turistas aquí.

Ahora bien, ¿cómo le contestaría Ud.?

11

Lección Once

I CONVERSACIÓN

A. Imagínense Uds.: Uds. son padres de familia. Su hija mayor, una chica de diez y seis años les dice una noche que está muy enamorada de cierto muchacho que conoció en la escuela y que quiere casarse en seguida. El muchacho tiene diez y siete años y se va a graduar pronto del colegio. ¿Qué harían Uds.?

1 ¿La dejarían casarse? Sí, la dejaríamos ... No, ...
2 ¿La dejarían continuar viendo al muchacho?
3 ¿La harían quedarse (stay) en casa todas las noches? Sí, la haríamos ...
No, ...
4 ¿La mandarían a otra escuela?
5 ¿La castigarían (punish) Uds. en alguna forma?
6 ¿Le dirían Uds. que es muy joven para casarse?
7 ¿Le aconsejarían esperar?
8 ¿Hablarían Uds. con el chico?
9 ¿Invitarían Uds. a sus padres?
10 ¿Harían Uds. una fiesta en honor de los novios?
11 Si resulta que el chico es riquísimo, ¿los dejarían Uds. casarse?
12 Si resulta que el chico es muy pobre, ¿cambiarían Uds. de parecer (your mind)?

B. Imagínense: Uds. son médicos en un hospital. La ambulancia acaba de traer a un niño que ha sido gravemente herido (injured) en un accidente. El niño necesita una transfusión de sangre (blood) y una operación inmediata, pero Uds. saben que los padres del niño no las permitirían. Pertenecen (They belong) a una religión que prohibe toda clase de intervención médica (medical treatment). ¿Qué harían Uds.?

1 ¿Llamarían a los padres para decirles lo que pasó?

Sí, los llamaríamos . . .
No, . . .

2 ¿Les pedirían permiso para tratar (treat) al niño?
3 ¿Harían Uds. la transfusión sin el permiso de los padres?
4 ¿Operarían al niño contra la voluntad (will) de sus padres?
5 ¿Tomarían Uds. por sí solos (by yourselves) la responsabilidad?
6 ¿Llamarían Uds. a la policía?
7 ¿Llamarían Uds. a otros parientes del niño?
8 ¿Tratarían Uds. de convencer a los padres?
9 ¿Llamarían Uds. a un ministro de otra religión para hablar con ellos?
10 ¿Respetarían Uds. (Would you respect) la decisión final de los padres?

C. Ahora díganme:

1 ¿Les gustarían a Uds. más sesiones de laboratorio?

Sí, nos gustarían . . .
No, . . .

2 ¿Les gustarían algunas clases por la noche?
3 ¿Les gustarían algunas visitas a restaurantes hispanos?
4 ¿Les gustarían más ejercicios como éste?
5 ¿Les gustarían unas vacaciones más largas?
6 ¿Les gustarían más días de fiesta?
7 ¿Les gustarían más clases como ésta?

II ESCENAS DE LA VIDA

Entre Amigas

A.: Amelia del Paso   P.: Pilar Covarrubias.

El mercado es una *masa* de gentes y voces. Los ven- mass
dedores *anuncian a gritos sus mercancías*. «*Pollitos fres-* loudly proclaim their
cos . . . *Fresquecitos* . . . Tomates . . . Huevos a dos   wares. Fresh fryers ~
pesos . . . Especial hoy . . . Pescados y *mariscos* . . .   nice and fresh
                                                               shellfish
5 *Fresas dulces* . . . Carne fresca . . . Fresquecita . . .» Sweet strawberries
Las señoras *regatean* con los vendedores. Y los pollos   bargain
y *patos* se quejan tristemente de la muerte que *les*   ducks ~ awaits them
espera. La señora del Paso se para por un momento
para *charlar* con su amiga Pilar Covarrubias.   chat

10 A.: ¡Pilar! ¿Tú aquí? ¿Pero no se iban Uds. *de paseo*   away this weekend
    este fin de semana?
    P.: Sí. Pero ahora resulta que no podremos. Ma-
    ñana vienen a visitarnos los primos de Hum-
    berto, y se quedarán *hasta fines* del mes.   until the end
15 A.: Pues en mi opinión, tú debes llamarlos y . . .
    Espera, Pilar. Ahí está ella . . . ¡y como si nada!
    P.: ¿Quién?
    A.: Mi vecina la señora Campos.
    P.: ¿Y qué . . .?
20 A.: ¿*No te conté lo que* pasó la otra noche?   Didn't I tell you what
    P.: *A mí no*.   Not me.
    A.: Estaba segura de que te lo había contado.
    P.: ¿Qué pasó? No me contaste nada.
    A.: *Se lo contaría* entonces a Luisa. Fue escandaloso. I must have told it
25 ¡Es-can-da-lo-so!
    P.: ¡No!
    A.: Te digo, Pilar. Alfonso y yo no lo permitiríamos.
    Eso sí que no.   Indeed not.
    P.: ¿No permitirían . . . qué?
30 A.: Escucha. Te lo voy a decir. La otra noche eran
    las diez más o menos, y acabábamos de sentarnos
    a la mesa *para cenar*. Teníamos un arroz con pollo   to have dinner

214

sabrosísimo, con legumbres y *pimentón verde*, como lo hago yo. Debes probarlo algún día. — delicious ~ green pepper

35 P.: Gracias. Me encantaría. Pero, ¿qué pasó?
 A.: Pues *oímos un ruido fuera* de la casa. Hablaban unas voces, y después *se callaban* por un rato, y volvían a hablar, *callada, muy calladamente*. — we heard a noise outside / they would get quiet / very very softly
 P.: ¿*Serían ladrones?* — Do you think they were thieves? ~ We looked out ~ dark
40 A.: Espera y te lo diré. *Nos asomamos* a la ventana. La noche era muy *oscura*, y de repente oímos unas *pisadas*, como en el jardín. — footsteps
 P.: En ese caso, ¿sabes lo que haríamos nosotros? Llamaríamos a la policía. Hay que *prevenirse* — watch out nowadays
45 mucho hoy día.
 A.: Así hicimos. A poco vinieron dos agentes de policía, *dieron la vuelta a la casa* y . . . — they went around the house
 P.: ¿Qué encontraron?
 A.: Bueno, en la *puerta de atrás* de la casa *vecina*, ¡en- — back door ~ next door
50 contraron a Daniela Campos y Lorenzo Barrios *abrazados* y besándose! — hugging
 P.: ¿Así no más, en público?
 A.: Así. Pues dime, Pilar, ¿qué harían Uds.? ¿Qué dirían por ejemplo, si tu hija Marisa . . .
55 P.: La mandaríamos a un convento, *eso es lo que* — that's what we'd do
 haríamos.
 A.: Y la *castigarían*, ¿verdad? — you'd punish her
 P.: Sí. Le daríamos una buena lección. Una chica de 18 años debe estar en casa a esas horas.
60 A.: De acuerdo.
 P.: Pero los Campos, ¿qué hicieron?
 A.: No lo vas a creer.
 P.: ¿Ah, no? ¿Qué hicieron?
 A.: Nada. Abrieron la puerta, *se disculparon ante* los — they apologized to
65 policías por la *molestia*, ¡y los invitaron a todos a — bother·
 cenar!
 P.: ¡Qué gente, eh!
 A.: Y *ahí está ella*, como si nada. Figúrate. — there she is
 P.: ¡Escandaloso! ¡Es-can-da-lo-so!
70 (El mercado es una masa de gentes y voces. «Pollos . . . Pollitos frescos . . . Melones . . . Fresas . . . Fresas dulces . . . Señora, por favor, *no manosee* los — don't handle
 tomates . . .»)

215

Vocabulario Activo

el fin de semana weekend	**fresa** strawberry
el policía policeman; **la policía** the police (force); **un agente de ___** policeman	**el tomate** tomato
	mercado market
	el vendedor vendor, seller

anunciar to announce	**disculparse** to apologize
asomarse a to look out of (a window, etc.)	**castigar** to punish
	charlar to chat
sentarse (me siento) to sit down	**cenar** to have dinner

fresco cool, fresh; **fresquecito** nice and fresh	**callado** quiet; hushed; **calladamente** softly, quietly
sabroso tasty, delicious	**oscuro** dark

fuera de outside (of)	**irse de paseo (me voy ...)** to take a little trip
Eso sí que no. Absolutely no!	

Preguntas

1. ¿Cómo es el mercado?
2. ¿Cómo gritan los vendedores?
3. ¿Qué hacen las señoras?
4. ¿Por qué se quejan los pollos y los patos?
5. ¿Con quién se para para charlar la señora del Paso?
6. ¿Por qué no podrán irse de paseo esta semana los Covarrubias?
7. ¿A quién ve de repente la señora del Paso?
8. ¿Le había contado ya a Pilar la historia (story) de la otra noche?
9. ¿A qué hora ocurrió el episodio?
10. ¿Qué plato había preparado Amelia para su familia?
11. ¿Qué ruido oyeron fuera de la casa?
12. ¿Qué oyeron después en el jardín?
13. ¿Qué haría en ese caso Pilar?
14. ¿Cuántos agentes de policía vinieron?
15. ¿A quiénes encontraron los policías?
16. ¿Qué estaban haciendo Daniela y Lorenzo?
17. En ese caso, ¿cómo castigarían los Covarrubias a su hija?
18. ¿Dónde debe estar a esas horas una chica de 18 años?
19. ¿Pero qué hicieron los señores Campos?
20. ¿Qué opinión tiene de esa conducta la señora del Paso?

Discusión

1. ¿Le gustan a Ud. Amelia del Paso y su amiga Pilar? ¿Por qué? ¿Cree Ud. que son mujeres típicas o no? ¿Es así la madre de Ud.?

2. ¿Ha tenido Ud. alguna vez un momento mortificante (embarrassing) con sus vecinos? ¿Conoce Ud. bien a sus vecinos? ¿Puede Ud. darnos una descripción de ellos?

3. ¿Va Ud. frecuentemente al mercado? ¿Qué diferencias encuentra Ud. entre el típico mercado hispanoamericano y los mercados nuestros? ¿Venden pollos vivos en el mercado donde compra Ud.? ¿Ha matado Ud. alguna vez a un pollo o a un conejo (rabbit) para comerlo? ¿Sería Ud. capaz (capable) de hacerlo?

III ESTRUCTURA

30. The Conditional: First and Third Person Plural

The Conditional: First and Third Person Plural

(nosotros)	mandar*íamos*	leer*íamos*	escribir*íamos*
(ellos, ellas, Uds.)	mandar*ían*	leer*ían*	escribir*ían*

Of course, the irregular verbs follow as before:

venir: vendríamos, vendrían   **saber:** _____, _____
tener: _____, _____   **haber:** _____, _____
poner: _____, _____   **caber:** _____, _____
salir: _____, _____   **hacer:** haríamos, _____
valer: _____, _____   **decir:** diríamos, _____
poder: _____, _____   **querer:** querríamos, _____

¿Cómo lo castigarían Uds.? How would you punish him?
—Lo mandaríamos a la cárcel. —We'd send him to jail.

Nosotros no permitiríamos eso. We wouldn't permit that.
—Pero, ¿y qué harían? —But what would you do?

Las chicas dijeron que nos cocinarían un buen puchero. The girls said they would cook us a good stew.

—¡Ay, no, por Dios! —Oh, no, for Heaven's sake!

Ejercicios

A. Conteste negativamente, según los modelos:

¿Lo harían Uds.?   —*No. No lo haríamos.*
¿Entraríamos por aquí?   —*No. Uds. no entrarían por aquí.*

1. ¿Lo coserían Uds. a (by) mano?
2. ¿La castigarían Uds.?
3. ¿Se sentarían Uds. allí?
4. ¿Se atreverían Uds.?
5. ¿Se disculparían Uds.?
6. ¿Se encontrarían Uds. aquí?
7. ¿Se asomarían Uds. entonces?
8. ¿Se lo probarían Uds.?
9. ¿Se lo llevarían Uds.?
10. ¿Se lo tragarían Uds.?
11. ¿Los llenaríamos?
12. ¿Charlaríamos un poco?
13. ¿La colgaríamos aquí?
14. ¿Lo reconoceríamos?
15. ¿Cenaríamos en seguida?
16. ¿Nos vestiríamos?
17. ¿Nos acercaríamos?
18. ¿Nos ocultaríamos?
19. ¿Nos lo pondríamos?
20. ¿Nos los quitaríamos?

B. Conteste ahora usando siempre una de las expresiones siguientes:
Claro.   Claro que no.   ¡Vaya!   Por supuesto.   ¡Qué va!   Es cierto.
¡Cómo no!   ¡Caramba!   En absoluto.   Con mucho gusto.
Eso sí que no.   De ninguna manera.
Por ejemplo:
¿Comprarían Uds. aquella casa?—*Claro.* (*Es cierto, Por supuesto,* etc.). *la compraríamos.*
¿Lo aceptarían los empleados?—*¡Qué va!* (*De ninguna manera, En absoluto, ¡Caramba!,* etc.). *No lo aceptarían.*

1. ¿Declararían una huelga?   2. ¿Irían Uds.?   3. ¿Tendrían tiempo para hacerlo los chicos?   4. ¿Me tomarían Uds. el pelo?   5. ¿Lo anunciarían Uds. en seguida?   6. ¿Jugarían Uds. con ellos?   7. ¿Los novios se casarían inmediatamente?   8. ¿Le gustarían a Ud. algunas fresas?   9. ¿Le gustarían esos tomates?   10. ¿Caminarían tanta distancia los niños?   11. ¿Cometerían Uds. un robo?   12. ¿Trabajarían Uds. para ese hombre?

C. Estudie bien los dibujos y díganos lo que harían Ud. y sus amigos en cada situación:

1.

a. ¿Llevarían Uds. abrigo?
b. ¿Pasarían el día en la biblioteca?
c. ¿Irían a la playa?
d. ¿Irían de compras?
e. ¿Jugarían al béisbol? ¿al tenis? ¿al fútbol?

2.

a. ¿Caminarían Uds. a la escuela o tomarían el autobús?
b. ¿Tomarían un almuerzo frío o un almuerzo caliente?
c. ¿Se quedarían en casa estudiando? ¿mirando la televisión? ¿leyendo?
d. ¿Irían al cine?
e. ¿Se irían a esquiar (ski)?

31. *Would*

The English *would* actually has several very different meanings. Spanish logically expresses each one according to the idea behind it.

a. When *would* means *was going to* . . . or tells what *would happen if* . . . , Spanish uses the conditional.

I told you that I would go.   Te dije que iría.
What would you do if . . . ?   ¿Qué haría Ud. si . . . ?

b. But when *would* means *used to*, Spanish uses the imperfect.

When we were little, we would go to bed at seven.   Cuando éramos pequeños, nos acostábamos a las siete.
I would do my homework, and then we would all go out to play.   Hacía mis tareas, y después todos salíamos a jugar.

219

c. Occasionally, *would* has still another meaning in English. Especially in the negative, it means *refused to*. In that case, Spanish uses *no quiso, no quisiste*, etc.

We begged him, but he wouldn't do it.   Le rogamos, pero no quiso hacerlo.

Why didn't they come?— They wouldn't, that's all.   ¿Por qué no vinieron?—No quisieron, nada más.

And so, whenever you want to express the English "would" in Spanish, look first for the meaning of what you're trying to say. Remember always: the concept is more important that the word!

Ejercicios

A. Cambie según las indicaciones:

1. ¿Qué *harían* Uds. en ese caso?
(decir, contestar, decidir, preparar, querer)
2. Nos prometieron que la *buscarían*.
(anunciar, arreglar, discutir, explicar, conseguir)
3. ¿Uds. no me lo *prestarían*?
(devolver, dar, solicitar, advertir, pagar)
4. Todos los días *íbamos* con ellos.
(salir, jugar, trabajar, encontrarse, charlar)
5. Algunos maestros siempre nos *reñían*. Otros nunca.
(ayudar, alabar, castigar, aprobar, suspender)
6. *Los* invitó tres veces, pero *no quisieron* aceptar.
(Me, La, Nos, Te, Las)

B. Diga en español:

1. Would you do me a big favor?   2. He said that he wouldn't pay two *pesos* for that tie.   3. Why are you so upset, Teresa?—Because the baby wouldn't eat anything today.   4. When we lived in the country, we used to see trees and flowers every day. It was so beautiful.   5. I don't know why the boy wouldn't start up the elevator.—He was talking to his girlfriend.   6. Imagine. We called her five times yesterday, and she wouldn't even answer the phone.   7. I wouldn't sell it for a million dollars.   8. In the winter we would play football. In the summer we would go to the beach.

32 Should

Should also has several different meanings in English. Here is how Spanish treats them:

a. When *should* means *ought to,* Spanish uses **deber.**

You should attend every meeting.—Of course.	Debes asistir a todas las reuniones.—Por supuesto.
The children should put on their gloves today.—You're right.	Los niños deben ponerse los guantes hoy.—Tienes razón.
You should have studied more.—What the . . . !	Uds. debieron estudiar más.—¡Caramba!

b. When *should* means *probably*, we use the future of probability. (See **20** and **25b** if you didn't remember.)

Have you seen my comb?—It should be (probably is, must be) in the bathroom.	¿Ha visto Ud. mi peine?—Estará en el baño.
What time are they coming?—They should have (must have) come already.	¿A qué hora vienen?—Habrán venido ya.

We can also use *deber* in this sense.

Where is the letter?—It should be around here.	¿Dónde está la carta?—Debe estar por aquí. (Estará . . .)
Is there a record player in the school?—There should be one in the lab.	¿Hay un tocadiscos en la escuela?—Debe haber uno en el laboratorio. (Habrá uno . . .)

Ejercicios

A. ¿Cuál de las conclusiones completa mejor cada diálogo?

1. —Roque, quiero hablar contigo.
   —¿Qué pasa, papá?
   —Pues parece que tus notas han bajado mucho recientemente. Yo creo que (debes jugar más, debes faltar más a la clase, debemos hablar con tu maestra).
2. —No estamos de acuerdo todavía.
   —Pues (debemos discutirlo más, debe quejarse, deben disculparse).

3. —Esta mañana acaban de lanzar un nuevo cohete. ¡Qué maravilla, eh!
   —Sí. Ahora mismo (estará girando alrededor de la tierra, estará bajando, estará llegando al sol).
4. —Cuando asistíamos a la universidad, nos acostábamos muchas veces a las dos de la mañana y nos levantábamos a las siete.
   —Pobres. (Descansaban demasiado. Trabajaban demasiado. Fumaban día y noche.)
5. —Ven acá, por favor. Rápido. Creo que Raquel está enferma.
   —Pues (debes llamar al abogado, debes ir por el médico, debemos darle algo de comer).

B. Conteste ahora:

1. Si una persona se siente muy cansada, ¿qué debe hacer? **2.** Si quiere ser secretaria en una oficina, ¿qué debe saber? **3.** Si tiene hambre por la tarde, ¿qué debe comer? **4.** Si le duele la cabeza, ¿qué debe tomar? **5.** Si deseamos sacar notas muy buenas, ¿qué debemos hacer? **6.** Si queremos comprar un par de zapatos, ¿a dónde debemos ir? **7.** Si queremos ganar dinero, ¿qué debemos hacer? **8.** Si una persona está muy enferma, ¿a quién debe llamar? **9.** Si uno sufre mucho con los dientes, ¿a quién debe ir? **10.** Si el jefe quiere dictar una carta, ¿a quién debe llamar? **11.** Si está lloviendo muy fuerte, ¿qué debemos llevar? **12.** Si está haciendo muchísimo frío, ¿qué ropa debemos usar? **13.** Si le pisamos a alguien los pies, ¿qué debemos hacer? **14.** Si la verdad nos resulta penosa (painful), ¿debemos mentir?

Las torres de los pozos de petróleo se levantan como monumentos al progreso en el lago de Maracaibo. *Venezuela.*

Área: aprox. 353,000 millas cuadradas
Población: aprox. 10,000,000
Unidad monetaria: el bolívar

IV NOTAS HISPÁNICAS

Venezuela

Usted habrá visto fotografías de Venezuela. Caracas, la capital, una ciudad inmensa, moderna, ruidosa. Anchas carreteras, altas casas de apartamentos, blancas con *planchas de color*. Líos de tránsito,   colored metal sheets
5 gente, taxis, y *letreros de neón*. Edificios comerciales,   neon signs
estudiantes, radios puestas a todo volumen. Un centro norteamericano. Sólo que sus flores son tropicales, y sus altas *palmeras* besan los pies de los   palm trees
Andes. Y en las *colinas* que la rodean, las *casuchas*   hills ∼ shacks
10 pobres están *amontonadas* una sobre otra, y de los *techos*   piled up ∼ broken-down
destartalados salen antenas de televisión . . . Mara-   roofs
caibo, al *noroeste*, a la orilla de un lago. En el agua   Northwest
misma se levantan las torres sacando del fondo el petróleo. Ésta es la Venezuela que todos conocemos.
15 Pero en realidad, ¿cuál es la Venezuela verdadera? ¿Quién es el venezolano? Vamos a ver . . .

   Las tierras venezolanas fueron descubiertas por Cristóbal Colón en 1498, y su colonización comenzó *al* año siguiente. (A propósito, el nombre «Vene-   in the
20 zuela» significa «Pequeña Venecia», porque los primeros pueblecitos indios que hallaron allí los españoles estaban construidos en unas *lagunas* cerca   lagoons
del mar.) No encontrando en aquella región ricos depósitos de metales o minerales, los españoles la
25 *descuidaron*, y Venezuela *no se empapó nunca de* la cul-   neglected ∼ never became
tura hispánica. En efecto, tan poco desarrollada   steeped in
estaba que hasta el año 1808 no tuvo siquiera un solo periódico ni una *prensa*. Pero entonces empezó el   printing press
período de la liberación, y los jóvenes venezolanos

30 *acudieron al llamado.* Uno de los primeros arquitectos de la revolución fue el venezolano Francisco de Miranda, idealista y aventurero, *estadista y luchador.* Pero la figura más grande de la independencia fue sin duda Simón Bolívar, «el Jorge Wáshington de
35 Hispanoamérica», nacido en Caracas, educado en Europa, pero ciudadano del mundo. Fue él quien llevó a cabo la independencia, quien luchó *por establecer* un continente unido y democrático, y quien murió triste y desilusionado. «*He arado* en el mar»,
40 dijo poco antes de morir. Y el sueño que tuvo de una unión cultural de todos los países hispánicos murió con él.

    Poco después de la muerte de Bolívar, la República de Gran Colombia, que consistía en los países
45 *actuales* de Venezuela, Colombia, y el Ecuador, se disolvió. Y desde entonces, el siglo XIX se convirtió en una trágica confusión de conflictos internos y guerras *sangrientas.*

    La historia reciente ha sido más feliz. Aunque
50 Venezuela ha pasado por otros períodos de trastornos políticos, y aun por otra época de dictadura bajo el general Pérez Jiménez, ahora ha encontrado finalmente el camino de la democracia. Comenzando con la elección de Rómulo Betancourt, la política
55 venezolana ha seguido un curso progresista y liberal. En efecto, Venezuela ha podido adelantar en estos últimos años tal vez más que ningún otro país hispanoamericano.

    Mientras tanto había comenzado la revolución
60 económica. Con la *inversión* de capital norteamericano, Venezuela llegó a ser dentro de unos pocos años una de las naciones *petroleras* más ricas del mundo. Al principio, la mayor parte de la *ganancia* quedaba en manos de las compañías extranjeras.
65 Pero más tarde *se revisaron los acuerdos originales* y ahora el gobierno venezolano se queda con el 66% de la ganancia total. Como resultado de la nueva prosperidad, Venezuela ha podido desarrollar su sistema de educación. Aunque todavía *hace falta un*
70 *esfuerzo mayor* para llevarla a toda la gente *campe-*

sina, poco a poco está desapareciendo el analfabetismo. El progreso es evidente en todas partes.

Venezuela tiene también varias universidades excelentes y un número de escritores y artistas de fama *mundial*. Y aunque nunca se ha interesado por construir *ferrocarriles* (¡en toda la república hay solamente 220 millas de *vías ferroviarias!*), sí tiene uno de los mejores sistemas de carreteras de toda la América del Sur, y un servicio aéreo *de primera categoría*. Han surgido además muchas industrias nuevas, y una clase media fuerte y siempre creciente. La población, que es mayormente mestiza[1], está creciendo también, y con una *rapidez asombrosa*. Y de

world-wide

railroads
railroad tracks

first-rate

astounding speed

1. Hay también un porcentaje menor de blancos, negros y mulatos, y en las selvas inexploradas todavía hay tribus de indios primitivos.

Caracas. Ciudad del siglo XX al pie de los viejos Andes.

ahí viene uno de sus problemas más graves. Porque
85 a pesar de su riqueza, no sólo en petróleo sino en
café, ganadería, *hierro*, oro, y productos agrícolas,   iron
Venezuela tiene que importar *comestibles para dar de*   foods in order to feed
comer a su gente. Y hay personas *tanto en las ciudades*   in the cities as well as
como en el campo que todavía *pasan hambre*. Esta   suffer hunger
90 condición existe también en los demás países hispanoamericanos, pero a lo menos en Venezuela, las
soluciones económicas están ahora *al alcance de la*   within reach
mano. Venezuela puede mirar hacia adelante con
optimismo.

Preguntas

1. ¿Puede Ud. describir un poco a Caracas?
2. ¿Qué hay en Maracaibo?
3. ¿De dónde vino el nombre «Venezuela?»
4. ¿Por qué la descuidaron los españoles durante la época colonial?
5. ¿Quién fue Francisco de Miranda? ¿Y Simón Bolívar?
6. ¿Qué ocurrió después de la muerte de Bolívar?
7. ¿Cómo fue la historia de Venezuela en el siglo XIX?
8. ¿Cómo ha cambiado en años recientes?
9. ¿Cuáles son algunos de los aspectos favorables de la república venezolana hoy en día?
10. ¿Cuáles son sus mayores fuentes de riqueza?

V   PASATIEMPO

Clínica de Problemas

Hoy vamos a tener una clínica de problemas. Venga Ud. preparado para explicar a sus compañeros de clase un problema personal suyo o posiblemente algún problema de un amigo u otro conocido (acquaintance). Presente muy claramente el caso, y después pregunte: *¿Ahora qué debo hacer?* o *¿Qué debe hacer mi amigo?*, etc. Y los otros miembros de la clase le van a contestar: *Pues yo creo que debe* . . . y le van a aconsejar. Una cosita más: Recuerde que los problemas no tienen que ser muy graves ni muy complicados. Y si resulta que Ud. realmente no tiene ningún problema o no quiere discutirlo con la clase, pues sencillamente invente uno. ¿Está bien? La originalidad vale tanto como la verdad.

12

Lección Doce

I CONVERSACIÓN

A. Imagínate: Un pariente tuyo en una tierra distante acaba de morir y te ha dejado un millón de dólares. ¿Qué harías?

1 ¿Te comprarías un coche nuevo?   Sí, me compraría . . . No, . . .
2 ¿Qué más te comprarías?
3 ¿Comprarías algo para tus padres?
4 ¿Qué comprarías para tus hermanos?
5 ¿Dejarías de estudiar? (Would you stop studying?)
6 ¿Harías un viaje a alguna parte?
7 ¿Darías dinero a los pobres?
8 ¿Ayudarías a algunos parientes tuyos?
9 ¿Contribuirías algún dinero a la iglesia?
10 ¿Establecerías una beca (scholarship) para otros estudiantes?
11 ¿Harías muchas fiestas?
12 ¿Tendrías los mismos amigos que tienes ahora?
13 ¿Trabajarías?
14 ¿Serías muy feliz?

B. Imagínate: Acabas de ser elegido (elected) jefe de un país nuevo, y el pueblo ha puesto en tus manos la creación de todas sus leyes y costumbres. ¿Qué harías?

1 ¿Establecerías un sistema democrático?
2 ¿Establecerías el mismo sistema que tenemos aquí?

3 ¿Solicitarías la ayuda de otras personas?
4 ¿Pensarías siempre en el bienestar (welfare) del pueblo?
5 ¿Serías un tirano?
6 ¿Harías muchos impuestos (taxes)?
7 ¿Permitirías la existencia de otros partidos políticos?
8 ¿Permitirías la existencia de sindicatos de trabajadores (labor unions)?
9 ¿Establecerías muchas escuelas?
10 ¿Qué enseñarías en las escuelas?
11 ¿Permitirías la libertad religiosa?
12 ¿Permitirías una prensa (press) libre?
13 ¿Castigarías a tus enemigos?
14 ¿Serías un gobernador bueno?

C. Aquí tenemos las formas de *vosotros* que se usan en España: Sí, te haríamos . . . No, . . .

1 Amigos, ¿me haríais un gran favor?
2 ¿Me prestaríais diez dólares?
3 ¿Me llevaríais a casa?
4 ¿Me ayudaríais con las tareas?
5 ¿Me escribiríais todos los días?
6 ¿Me mentiríais?

II ESCENAS DE LA VIDA

Manolito Me Mandó

SRA.: Sra. Pardo   GL.: Gloria

Un hombre llama a la puerta de la familia Pardo. Está bastante bien vestido, y lleva dos enormes maletas negras. La señora Pardo viene a abrir la puerta.

5 SRA.: ¿Quién es?
  HOMBRE: (un poco *falto de aliento*) Manolito me mandó.   out of breath

SRA.: Ah, sí. Pase Ud. Le estaba esperando.
(El hombre deja caer las dos maletas, y se sienta
sobre una de ellas.)

HOMBRE: Perdone, señora ... Pero *acabo de subir a pie* ... cuatro pisos ... y las maletas pesan ...   I've just walked up

SRA.: Ay, pobre. Descanse un ratito. ¿No le gustaría un poco de café?

HOMBRE: Gracias, no ... ¿Sabe Ud.? ... yo *habría pensado* ... que un edificio tan grande ... tendría *ascensor*.   would have thought

an elevator

SRA.: Pues sí, hay. Pero hace años que no funciona. El dueño de la casa es muy *tacaño*, ¿sabe?   stingy

HOMBRE: *Me imagino*. Pues señora, me dicen que Ud. desea ver una demostración de las aspiradoras Ergum.   I can imagine

SRA.: Ah, sí, si *tiene Ud. la amabilidad*.   you'd be so kind

HOMBRE: Bueno aquí le traigo algunos de los últimos modelos. ¿Cuál prefiere Ud. que le muestre primero?

SRA.: *El más barato, el que anuncian* en la radio.   the cheapest one, the one they advertise

HOMBRE: Cómo no, señora. (El hombre abre una de las maletas, saca una aspiradora *raquítica*, *la enchufa y se pone a limpiar la alfombra* de la sala. La señora Pardo lo observa con admiración.) Ahora señora, como Ud. ve, este modelo es excelente, realmente excelente, digo—para aquellas personas que nunca podrían comprarse un modelo mejor.   rickety little
plugs it in and begins to clean the rug

SRA.: ¿Ah, sí? Déjeme ver cómo limpia debajo del sofá. (El hombre saca una pieza larga y delgada, la *coloca* en la aspiradora, y se pone a limpiar debajo del sofá. La señora Pardo le ayuda, indicándole otros lugares donde está sucia la alfombra.) ¿*Tendría Ud. la bondad?* ... Sí ... Ah, muy bien. La alfombra está perfecta. Pero dígame, ¿no tiene este modelo un cepillo especial para los muebles?   places

Would you please

HOMBRE: No, señora. El cepillo para limpiar los muebles viene con otro modelo un poco *más caro*.   more expensive

SRA.: ¿Ah, sí? ¿Me lo podría Ud. mostrar?

HOMBRE: Cómo no, señora.

(El hombre vuelve a su maleta, saca otra aspiradora un poco más grande, y se pone a limpiar *enérgicamente* los muebles.)

- SRA.: ¿Me haría el favor de limpiar debajo de los *cojines*? ... Ah, sí ... ¿Y las *cortinas*? ... Excelente. Dígame, señor, ¿cuánto *vale* este modelo?

HOMBRE: Sólo 30 pesos más que el otro, señora. Pero, por supuesto, no llevaría la misma garantía que el modelo superior.

SRA.: ¿Ah, no? ¿Qué garantía lleva éste?

HOMBRE: Francamente, señora, no lleva ninguna. Ahora bien, yo en *su lugar*, créame, yo *escogería* el modelo *de lujo*. Valdría la diferencia en el precio, y podríamos arreglar *los plazos*.

SRA.: Pues, ¿me lo puede mostrar? Quiero ver cómo limpia esta alcoba. (El hombre abre la segunda maleta y saca una aspiradora grande y *reluciente*. La enchufa, y la señora Pardo le indica donde debe trabajar.) Un poco más, allí debajo de la cama ... Así ... Y ahora en los *armarios* ... Bueno. Muy bien hecho ... Ahora una cosita más.

HOMBRE: Con mucho gusto, señora.

(La señora Pardo le lleva al cuarto de sus dos hijos, y termina finalmente con el cuarto de su hija Gloria. Su cara está *rebosando felicidad*.)

HOMBRE: *Ya*. Todo está en orden—alfombras, muebles, cortinas ...

SRA.: *A las mil maravillas*. ¿Quién *habría creído* que una aspiradora haría todo eso?

HOMBRE: Entonces, señora, Ud. prefiere el modelo de lujo, ¿no? La felicito. Yo *habría hecho* la misma decisión.

SRA.: Sí, me gusta muchísimo. Pero primero tendré que consultar a mi esposo. ¿No le sería posible volver la semana que viene? Entonces podría darnos otra demostración, y ...

(El hombre la mira con una expresión *incrédula*. Lentamente comienza a *recoger* las tres aspiradoras, con sus varios cepillos y *mangueras* y otras piezas, y trata de *acomodarlas* en las maletas. Pero

230

90 *no entran.* Por fin, desesperado, saca las tres mangueras, *se las echa al cuello*, levanta las dos enormes maletas, y se dirige a la puerta.)

SRA.: Mil gracias, señor. Hasta la semana que viene, ¿está bien?

95 (La señora le abre la puerta, y el hombre sale. Allí en el pasillo está Gloria. Gloria mira a su madre con horror.)

GL.: ¡Ay, mamá! Me prometiste que *no lo volverías a hacer.* ¡Seis semanas *seguidas!* ¿No dijiste que hoy
100 comprarías por fin la aspiradora?

(La señora *medita* por un momento.)

SRA.: ¿Sabes, Gloria? He estado pensando. El hombre que me mandarán la semana que viene— espero que sea más simpático que éste. Se fue sin
105 decirme siquiera «Adiós.» ¿Qué te parece, eh? ¿Eh?

they don't fit in.
throws them around his neck

you wouldn't do it again in a row

meditates

Vocabulario Activo

alfombra rug	**el cojín** cushion
cortina curtain	**dueño** owner
armario closet	**maleta** suitcase

acomodar to fit into, accommodate	**escoger** (**escojo, escoges**) to choose
enchufar to plug in	
imaginarse to imagine	**recoger** (**recojo, recoges**) to pick up; gather up
levantar to raise, lift up; ___se to get up	**preferir** (**prefiero**) to prefer

barato cheap	**bastante** *adv.* enough; quite, rather
sucio dirty	

sobre on, upon; about	**falto de aliento** out of breath
a pie on foot	

Preguntas

1. ¿Quién llama a la puerta de la familia Pardo?
2. ¿Qué lleva el hombre?
3. ¿Por qué está falto de aliento?
4. ¿Por qué no usó el ascensor?
5. ¿Por qué ha venido?
6. ¿Qué aspiradora quiere ver primero la señora Pardo?
7. ¿Cómo empieza su demostración el hombre?
8. ¿Qué hace la señora Pardo mientras él trabaja?
9. ¿Qué cepillo tiene el modelo un poco más caro?
10. ¿Cómo es la segunda aspiradora que saca el hombre?
11. ¿Dónde le pide la señora Pardo que limpie? (Where does she ask him to clean?)
12. ¿Qué garantía tendría este modelo?
13. ¿Qué modelo escogería el hombre?
14. ¿Cómo es el modelo de lujo?
15. ¿Qué cuartos pide la señora Pardo que limpie el hombre ahora?
16. ¿Cuándo quiere la señora Pardo que vuelva el hombre?
17. ¿Qué hace el pobre señor cuando no puede acomodar todas las piezas?
18. ¿Quién está en el pasillo cuando la señora abre la puerta?
19. ¿Por qué riñe Gloria a su mamá?
20. ¿Qué espera ahora la señora Pardo?

Discusión

1. ¿Tiene una aspiradora la madre de Ud.? ¿De qué marca es? ¿Es vieja o nueva? ¿Sabe Ud. usarla? ¿Ayuda Ud. en casa limpiando las alfombras? En su opinión, ¿deben ayudar en casa los muchachos, o sólo las chicas? ¿Debe hacer esa clase de trabajo el esposo? ¿Debe ayudar a su mujer a lavar los platos?

2. ¿Ha venido a su casa alguna vez un vendedor de aspiradoras? ¿un vendedor de cepillos? ¿de productos cosméticos? ¿otro vendedor? ¿Compró su mamá? ¿Compró Ud.?

3. ¿Qué piensa Ud. de la señora Pardo? ¿Le gusta? ¿Qué piensa del vendedor de aspiradoras? ¿Le gustó el episodio?

III ESTRUCTURA

33. The Conditional: Second Person

(tú)   mandar*ías*   leer*ías*   escribir*ías*
(vosotros)   mandar*iais*   leer*iais*   escribir*iais*

Here again are the irregular verbs. Can you give the familiar conditional forms yourself?

	sing.	pl.		sing.	pl.
venir:	vendrías	vendríais	saber:	____	____
tener:	____	____	haber:	____	____
poner:	____	____	caber:	____	____
salir:	____	____	hacer:	____	____
valer:	____	____	decir:	____	____
poder:	____	____	querer:	____	____

¿Lo reconocerías?—Creo que sí. — Would you recognize him?—I think so.

¿No dijiste que te pondrías a trabajar en seguida?—No recuerdo nada. — Didn't you say you would start working right away.—I don't remember anything.

Prometisteis que lo haríais. —Sí, pero más tarde. — You-all promised that you would do it.—Yes, but later.

Ejercicios

A. Cambie a la forma familiar las frases siguientes:

1. ¿Ud. sabría hacerlo? (¿Tú ...?) 2. ¿Sacudiría esos muebles hoy? 3. ¿Nos mentiría Ud.? 4. Ud. no me lo ocultaría. 5. Ud. lo anunciaría a todos, ¿no? 6. ¿Ud. no se quejaría de eso? 7. ¿No se disculparía? 8. ¿A qué hora cenaría Ud.? 9. ¿Dónde lo enchufaría? 10. ¿Se imaginaría Ud. tal cosa? 11. ¿Se levantaría muy temprano? 12. ¿Cuál escogería Ud.? 13. ¿Cuáles preferiría? 14. ¿En qué maleta la acomodaría? 15. ¿Recogería Ud. todas las piezas? 16. Ud. no charlaría tanto, ¿verdad? 17. Uds. esperarían, ¿no? (Vosotros ...) 18. ¿La necesitarían? 19. ¿Los reñirían? 20. ¿Lo dudarían?

B. Conteste ahora:

1. Hoy no salgo del colegio hasta las cinco y media. ¿Me esperarías?
2. Vivimos muy lejos de aquí. ¿Nos llevarías en coche?
3. Tú me encantas. ¿Me permitirías acompañarte a casa?
4. La escuela está a dos millas de tu casa, y no hay tren ni autobús. ¿Caminarías tanta distancia?
5. Esa chica es muy perezosa, y diez veces ha faltado a la clase. ¿La aprobarías tú?
6. El precio es bastante barato pero no me gusta mucho el traje. ¿Lo comprarías tú?
7. La casa está muy sucia, ¿sabes? ¿Podrías limpiarla hoy?
8. El puchero es muy sabroso pero me produce una fuerte indigestión. ¿Lo comerías tú?
9. Ricardo es simpático, pero muy callado. Casi no habla con nadie. ¿Lo invitarías tú a la fiesta?
10. La sala es amarilla y azul y el cuadro (painting) es verde y rojo. ¿Lo colgarías aquí en la sala o en otra habitación?

34. Review of the Conditional Tense

contar	conocer	subir
contar*ía*	conocer*ía*	subir*ía*
contar*ías*	conocer*ías*	subir*ías*
contar*ía*	conocer*ía*	subir*ía*
contar*íamos*	conocer*íamos*	subir*íamos*
contar*íais*	conocer*íais*	subir*íais*
contar*ían*	conocer*ían*	subir*ían*

Have you noticed? The endings of the conditional tense are the same as those of –*er* and –*ir* verbs in the imperfect. The only difference between the forms is that the conditional adds the endings to the whole infinitive, and the imperfect adds them to the stem.

Of course, the few verbs that are irregular in the conditional are the same as those that were irregular in the future. Here is the first person singular once again. You know the rest.

vendría	saldría	sabría	haría
tendría	valdría	habría	diría
pondría	podría	cabría	querría

Ejercicios

    A. Cambie según las indicaciones:

1. No le reconocerían.
    ¿Tú_____?
    ¿Ud. _____?
    ¿_____? (creer)
    ¿(Nosotros) _____?

2. La cogeríamos así no más.
    _____ (acabar)
    _____ (devolver)
    _____ (pagar)
    Yo _____

3. No me quejaría.
    Ud. _____
    _____(atreverse)
    _____ (irse)
    ____ nos _____

4. ¿Tú lo terminarías?
    _____ (decirlo)
    _____ (hacerlo)
    _____ (saberlo)
    _____ quererlo)

    B. Lea bien los diálogos, y después conteste las preguntas:

1. —En absoluto. Yo no le hablaría ni le sonreiría ni la dejaría volver jamás a esta casa. La castigaría, pero bien, ya lo verías.
 —¿Pero que haría entonces la pobre? ¿No le tienes lástima? Ay, Rómulo, eres un hombre muy duro. Me gustaría verte diferente, más dulce, más . . .
 —Nada, mujer. Así soy y así seré siempre.

 Conteste: **a.** En su opinión, ¿quiénes son las dos personas que están hablando aquí?
      b. ¿De quién estarán hablando?
      c. ¿Cómo la castigaría Rómulo?
      d. ¿Por qué le gustaría a la señora verle diferente?
      e. ¿Qué clase de persona es Rómulo?

2. —Señor, le digo la verdad. Yo escogería el modelo más caro. Valdría la diferencia en el precio. El motor es más grande y lo garantizaríamos por cinco años. Además, Ud. y su familia tendrían más espacio dentro, y los viajes serían más cómodos. No se arrepentirían. (You wouldn't be sorry.)

 —Bueno. Pero ¿qué diferencia habría en el precio?
 —Sólo dos mil pesos.
 —Pues ¿sabe Ud., amigo? A ese precio, ni a mí ni a mi familia nos gustaría tanta comodidad (comfort).

Conteste: **a.** ¿Qué estará comprando el señor?
b. ¿Qué modelo le recomendaría el vendedor?
c. ¿Por qué lo escogería?
d. ¿Por cuánto tiempo garantizarían el motor?
e. ¿Qué tendrían dentro el señor y su familia?
f. ¿Cómo serían los viajes?
g. ¿Qué diferencia habría en el precio?
h. ¿Por qué dice el señor que no le gustaría tanta comodidad?

35. The Conditional Perfect

a. The conditional perfect tells what *would have* happened. As you probably suspected, it consists of the conditional of *haber* + a past participle.

> habría tardado, cogido, reído
> habrías
> habría
> habríamos
> habríais
> habrían

Yo habría escogido el otro. —¿Por qué?	I would have chosen the other one.—Why?
¿Lo habrías hecho tú?—¡Nunca!	Would you have done it?—Never!
¿Quién lo habría creído? —Sólo él.	Who would have believed it? —Only he.
Se lo habríamos dicho.—Seguro.	We would have told you.—Sure.

b. It can also express probability about what *had* happened.

Había salido ya.	He had left already.
Habría salido ya.	He had probably left already.
Se habían dormido.	They had fallen asleep.
Se habrían dormido.	They had probably fallen asleep.

Ejercicios

A. Cambie para expresar lo que *habría* ocurrido. Por ejemplo:
Llegaron ayer.   *Habrían llegado ayer.*
¿Lo haría Ud.?   *¿Lo habría hecho Ud.?*

1. Yo se lo explicaría.
2. La cosimos en seguida.
3. Lo anunciaron ayer.
4. Charlaríamos con él.
5. Los ocultarían.
6. ¿La castigarías?
7. ¿Dónde lo acomodaría?
8. Lo enchufamos allí.
9. ¿Cuáles escogería Ud.?
10. ¿La reñirías tú?
11. Me disculparía.
12. No lo dudábamos.
13. No tardaríamos tanto.
14. Yo preferiría éste.
15. ¿Quién lo llenaría?
16. ¿Tú jugarías?
17. Le cobré cien pesos.
18. No los interrumpiría.
19. No me aprobaron.
20. Lo echó por la ventana.

B. Esta vez cambie para expresar probabilidad: Por ejemplo:
Lo habían dejado.   *Lo habrían dejado.*
Me había ido.   *Me habría ido.*

1. Se lo había devuelto. 2. Había cocinado uno de sus famosos pucheros. 3. Me había susurrado algo al oído. 4. Ya habías limpiado la alfombra. 5. Le había dado la moneda. 6. Se habían ido a la playa. 7. Habían caminado seis millas. 8. Se había roto el hilo. 9. Se había puesto los zapatos nuevos. 10. Habíamos perdido la dirección de su casa. 11. Había colgado ya las cortinas. 12. Lo había metido en el armario.

Domingo en una aldea colombiana. Una representación religiosa en el teatro cultural.

Área: aprox. 440,000 millas cuadradas
Población: aprox. 20,000,000
Unidad monetaria: peso

IV NOTAS HISPÁNICAS

Colombia

Colombia. La cuarta nación de Sudamérica en área. La tercera en población. La única cuyas fronteras llegan a *ambos* el Atlántico y el Pacifíco, y aun al río Amazonas en el sur. Pero ¡qué país más lleno de contrastes y contradicciones! *Vamos a acercarnos un poco.*

    He aquí un país de una gran riqueza potencial. Del suelo negro y rico de sus tierras volcánicas viene el famoso café colombiano, *sostén* principal de la economía. Y de sus llanos vienen frutas tropicales y orquídeas, maderas, y bananas y azúcar y algodón y *gomas*. Allí hace calor y llueve mucho porque las tierras son bajas y las cruza la línea ecuatorial. En cambio, en la región andina hace fresco, aun hace frío a veces. Allí hay ganadería y minería, y de sus ricas *vetas* salen el mejor *platino* del mundo y las esmeraldas más hermosas. Allí está situada también la capital, Bogotá, «la *Atenas* del Nuevo Mundo», a una altura de 8,600 pies sobre el nivel del mar. Bogotá, una ciudad de dos millones de personas, *orgullosa* de su larga tradición intelectual, de sus ocho universidades y sus excelentes periódicos. Y hay otras ciudades grandes: Medellín, y Cali, los dos principales centros industriales, corazón dinámico del país; Barranquilla, Cartagena, y Santa Marta, puertos de mar en la *cálida* costa del Caribe. Sí. Colombia es un país de una enorme riqueza potencial. Pero . . .

	both
	Let's get a closer look.
	Here is
	mainstay
	gums
	veins ~ platinum
	Athens
	proud
	warm

238

A pesar de su riqueza, se halla casi siempre *al borde de la bancarrota*. A pesar de su profunda conciencia cultural, hay regiones enteras que han vivido aterrorizadas por *bandoleros y guerrilleros*. Ni siquiera en las calles de la capital se siente uno *del todo seguro*.[1] A pesar de su gran producción agrícola, no puede *alimentar* a su propia gente. Sólo se cultiva un porcentaje pequeño de la tierra, y en algunas partes se emplean todavía métodos primitivos. Y a pesar de su larga historia intelectual (los escritores colombianos han figurado entre los más importantes de la América hispana), hay a lo menos cinco millones de personas que no saben leer ni escribir. El 38% de los niños no asisten a ninguna escuela, y sólo

on the edge of bankruptcy

bandits and guerrilla fighters ~ completely safe

feed

1. ¡Hasta tal punto ha llegado la violencia que la policía obliga frecuentemente a los espectadores de los partidos de fútbol a dejar sus pistolas y otras armas fuera del estadio! Y en las regiones rurales es peor. Desde 1948 han muerto unos tres millones de colombianos a causa del bandolerismo y de la violencia en sus varias formas.

Bogotá, capital política y cultural de Colombia.

Juan Valdés esperando la llegada del Exigente. Sasaima, Colombia.

el 10% de ellos llegan al quinto grado de la escuela elemental.

Sin embargo, las perspectivas para el futuro no son malas. Colombia ha gozado casi siempre de muy buenas relaciones con los Estados Unidos. *Ya no se habla mucho del* episodio del Canal de Panamá. Y aunque la intervención norteamericana en la República Dominicana produjo una crisis de *motines estudiantiles* en el año 1965, Colombia sigue *identificando* sus intereses con los de los Estados Unidos. Así es que más que ningún otro país, Colombia *se está aprovechando* de la Alianza para el Progreso. Ha recibido también con los brazos abiertos a los jóvenes del *Cuerpo de Paz*. Y la ayuda norteamericana está produciendo algunos resultados excelentes en el campo de la educación, la sanidad pública, la construcción de *viviendas* para los pobres, y el *desarrollo* técnico. Además, la inversión de capital privado norteamericano en industrias colombianas ha contribuido al *aumento* de su producto nacional.

Pero más que nada, Colombia está tratando de ayudarse a sí misma. Después de una historia llena de guerras civiles, golpes de estado y dictaduras *ha asentado* finalmente la base de un gobierno democrático y representativo.[2] Tiene que resolver todavía el problema de una población que está creciendo más rápidamente que su capacidad económica. Tiene que construir mejores medios de transporte y comunicación. (Aunque Colombia tiene una excelente línea aérea, Avianca, la primera y tal vez la mejor de Sudamérica, sus caminos están en condiciones deplorables, y hay pueblos que están totalmente aislados.) Tiene que acabar definitivamente con la *amenaza* de la violencia. Y encima de todo, tiene que desarrollar un sistema de educación universal. Podemos decir a lo menos que Colombia *se está encaminando* en esa dirección.

Not much is said any more about

student riots
identifying

is benefiting

Peace Corps

dwellings
development

increase

it has set up

threat

is heading

2. Colombia, como Venezuela, tiene una población mayormente mestiza, y nunca ha tenido problemas raciales. Pero sí han ocurrido algunos terribles conflictos regionales, y hasta cierto punto, el regionalismo y la desconfianza mutua continúan aun hoy.

Preguntas

1. ¿Cómo se compara Colombia con otras naciones de Sudamérica?
2. ¿En qué consiste su gran riqueza natural?
3. ¿Cuáles son sus productos e industrias más importantes?
4. ¿Dónde está la capital? ¿De qué está orgullosa Bogotá?
5. ¿Qué otras ciudades grandes tiene Colombia?
6. ¿Cuáles son algunas de las contradicciones que hallamos en la vida colombiana?
7. ¿Cómo es su sistema educativo?
8. ¿Qué relaciones existen entre Colombia y los Estados Unidos?
9. ¿Cómo está tratando de ayudarse a sí misma Colombia?
10. ¿Qué problemas tiene que resolver todavía?

V PASATIEMPO

Esencias

El juego de las *Esencias* es un poco diferente de los otros que hemos tenido hasta ahora. He aquí cómo se juega. (Here's how it's played.)

Piense en una persona famosa o en uno de sus compañeros de clase, pero no nos diga quién es (¡por supuesto!) Entonces sus amigos le tienen que hacer preguntas en estas categorías:

1. ¿Con qué colores lo asociaría Ud.?
2. ¿A qué época pertenecería?
3. ¿De qué marca sería su coche?
4. ¿En qué clase de casa viviría?
5. ¿Qué tipo de música escucharía?
6. ¿Qué escritores le gustarían?
7. ¿Qué deportes le interesarían?
8. ¿Qué clase de vestidos usaría?
9. ¿Lo identificaría Ud. con el campo o con la ciudad?
10. ¿Con qué instrumentos lo asociaría Ud.?

O si quieren, le pueden hacer más preguntas en otras categorías similares. Pero recuerden: las preguntas no deben ser directas, sino indirectas, y deben tratar de la personalidad o el carácter del individuo. ¿Entiende? Pues vamos a empezar.

13

Lección Trece

I CONVERSACIÓN

A.

1 ¿Es posible que llueva esta tarde?   Sí, es posible que llueva . . .
    No, no es posible que llueva . . .

2 ¿Es probable que llueva?
3 ¿Es probable que nieve?
4 ¿Es probable que haga mucho frío?
5 ¿Es posible que haga mucho calor?
6 ¿Es posible que tengamos un examen mañana?
7 ¿Es probable que lo tengamos el viernes?
8 ¿Es fácil (likely) que acabemos esta lección hoy?
9 ¿Es fácil que la acabemos mañana?

B.

1 ¿Cree Ud. que el español sea más fácil que el inglés?   No, no creo que sea . . .
    Sí, creo que es . . .

2 ¿Cree Ud. que el español sea más importante que el inglés?
3 ¿Cree Ud. que sea difícil esta lección?
4 ¿Cree Ud. que sea más fácil[1] que las otras?
5 ¿Creen Uds. que haya otra escuela como la nuestra?   No, no creemos que haya . . .
    Sí, creemos que hay . . .

6 ¿Creen Uds. que haya estudiantes tan buenos como Uds.?

---

1. Yes, **fácil** has two meanings: *easy*, and *likely*. Now how would you say *unlikely*?

7 ¿Creen Uds. que cueste poco vivir hoy día (nowadays)? — No, no creemos que cueste... / Sí, creemos que cuesta...
8 ¿Creen Uds. que cueste menos hoy que antes?
9 ¿Cree Ud. que sea difícil conseguir un buen trabajo?

C.

1 ¿Duda Ud. que haya una persona famosa en esta clase? — Sí, dudo que haya... / No, no dudo que hay...
2 ¿Duda Ud. que haya un millonario?
3 ¿Duda Ud. que haya un gran artista?
4 ¿Niega Ud. (Do you deny) que el inglés sea muy difícil? — Sí, niego que el inglés sea... / No, no niego que el inglés es...
5 ¿Niega Ud. que sea tan difícil como el español?
6 ¿Niega Ud. que hayamos hecho bastante progreso? — Sí, niego que hayamos hecho... / No, no niego que hemos hecho...

II ESCENAS DE LA VIDA

Concierto

Hoy será un día decisivo para Pepe Molina y su «grupo musical»—el último *ensayo* antes de su primer concierto. Mañana una *estrella* nueva *aparecerá en el cielo* de la música popular. Suena
5   el timbre de la puerta, y Pepe va a abrirla.

rehearsal
star
will appear in the sky

P.: Hombres. ¡Por fin! (Entran Arturo Colón, *guitarra*, y Chave Mendoza, *contrabajo*, llevando sus instrumentos.) ¿No dijimos ayer que a la una...?

guitar(rist) ∼ double bass (player)

10 CH.: Si tú piensas que es fácil caminar dos kilómetros con este *monstruo a cuestas*...

monster on my back

A.: No me mires a mí, Pepe. *Yo caminé solo.*

I walked by myself.

P.: Vaya, hombre.

CH.: ¿No les dije que sería mejor *ensayar* siempre en
15   mi casa? Si tengo que venir caminando otra vez...

to rehearse

P.: Pero tu madre *nos echó de casa* el otro día. ¿Tú crees que ella entienda algo de música?

CH.: *En absoluto.* ¡Ella cree que el *ye-ye* es una forma de *vals!* (Los tres se ríen.)

P.: Pero díganme, ¿dónde está David?

A.: ¿No te llamó?

P.: No.

A.: Pues *dudo que venga hoy.*

P.: No me tomes el pelo. Es imposible que él *nos haga tan mala jugada.*

A.: Pues a lo menos, no creo *que venga hasta* muy tarde. Tiene *cita* con el dentista a las dos y media, y es muy probable que *tenga que esperar.* Ese dentista siempre hace ocho citas para la misma hora.

CH.: Y si yo conozco a David, él *se pasará* el tiempo haciendo ocho citas con las recepcionistas.

A.: *Menos mal* entonces.

(Arturo y Chave se ríen.)

P.: Está bien. *Ríanse.* ¿Pero han pensado Uds.? ¿Cómo vamos a ensayar *sin tambor?* ¡*Él lleva* la melodía!

CH.: Vamos. No perdamos más tiempo, ¿eh? Yo estoy seguro de que David *sí* vendrá. Y *mientras tanto* ...

A.: De acuerdo. Escuchen: *Nos falta todavía* un buen nombre para el grupo. ¿Por qué no pensamos un poco más en eso?

P.: Yo creía que habíamos escogido ya «Los Brutos», ¿no?

CH.: No. «Las *Bestias*».

P.: ¡Qué va, hombre! Brutos. Brutos. No Bestias. ¿No se acuerdan? Ibamos a *ponernos cara de tonto* y no sonreír nunca mientras tocábamos.

A.: Pero eso no es original. Todos hacen la misma cosa.

P.: *¿Pues qué tal les parece* «*Los Dementes*»*?* Podríamos *llevar camisa de fuerza* y *correr de un lado para otro* gritando mientras tocamos.

A.: No creo que *les guste eso a las muchachas.* Prefieren

244

ver a los hombres *en un solo lugar.* Somos más fáciles *de coger así.*   in one spot / to catch that way

CH.: ¡Ay, hombre! Tú eres *el colmo.*   the limit

60 (La puerta de la cocina se abre, y sale un fuerte *olor,* seguido por la señora Molina. Arturo *se aprieta la garganta.* Chave *se pone pálido.*)   odor ~ clutches his throat ~ turns pale

A.: ¡Caramba! *Se me olvidó* que hoy es jueves.   I forgot

CH.: ¿No les dije que habría sido mejor en mi casa?

65 A.: Ahora entiendo por qué no vino David. Es verdad que el dentista le hace sufrir, pero esto es peor.

(La señora Molina se acerca, los saluda amablemente, y les pregunta si quieren probar su puchero.)

70 A. Y CH.: Gracias, señora . . . Tal vez más tarde . . .

P.: ¡Hombres! ¡Lo tengo! ¡¡Es fenomenal!! Nos llamaremos «El *Puchero Semanal»*—Puchero, porque somos una combinación de varias cosas, y Semanal . . .   Weekly Stew

75 CH.: Porque tocamos *una vez a la semana.*   once a week

A.: ¡Tremendo!

CH.: ¡Fantástico!

A.: El nombre tiene *ritmo.* Dudo que *haya otro* igual.   rhythm ~ there is any other like it

P.: Bueno. Vamos a ver. «Damas y caballeros, tenemos 80 el gusto de presentarles, por primera vez, el nuevo grupo musical, «El Puchero Semanal». Uno, dos, tres, y . . .

(Los tres muchachos cogen sus instrumentos y empiezan a tocar. El ruido es increíble. La señora 85 Pardo en el apartamento vecino *coge un martillo y comienza a dar golpes en la pared.* En el piso quinto la señora Trujillo toma una *cuchara* grande y da golpes en el *calentador.* En el piso tercero el señor Salas *se quita un zapato pesado* y lo usa *para martillear en el cielo* 90 *raso.* Y el concierto continúa. Por fin, Chave se vuelve a Pepe.)   grabs a hammer and starts banging on the wall / spoon / radiator ~ takes off a heavy shoe ~ to hammer on the ceiling

CH.: Pero, Pepe, ¿qué haremos si los vecinos siguen quejándose?

(Pepe *deja de tocar* por un momento su trompeta.)   stops playing

95 P.: Nada, hombre, nada. *¡Nos hacía falta* una sección de percusión!   We needed

245

Vocabulario Activo

cielo sky; heaven; ___ **raso** ceiling	**garganta** throat
estrella star	**el olor** odor, smell
el nombre name	**cuchara** (table)spoon
	la pared wall

acordarse de (me acuerdo) to remember about (something or someone)	**continuar** (continúo, continúas, continúa, continuamos, etc.) to continue
faltar to be lacking, missing	**ensayar** to try out, rehearse

amable(mente) pleasant(ly)	**increíble** unbelievable, incredible
semanal weekly	**pesado** heavy; boring

hasta, *prep.* until; even	**mientras** while; ___ **tanto** meanwhile, in the meantime

dejar de + *infinitive* to stop (doing something)	**dar un golpe** to hit, bang
	Se me olvidó . . . I forgot . . .

Preguntas

1. ¿Por qué será hoy un día decisivo para Pepe Molina y su grupo?
2. ¿Quiénes vienen a su casa?
3. ¿Qué instrumentos llevan?
4. ¿De qué se queja Chave?
5. ¿Por qué no ensayan en casa de Chave?
6. ¿Quién falta hoy?
7. ¿Por qué no vendrá hasta muy tarde David?
8. ¿Cómo se pasará el tiempo David en la clínica del dentista?
9. Según Pepe, ¿por qué no pueden ensayar sin tambor?
10. ¿Qué le falta todavía al grupo? (What does the group still need?)
11. ¿En qué nombres habían pensado ya?
12. ¿Qué nombre sugiere ahora Pepe?
13. ¿Qué sucede cuando se abre la puerta de la cocina?
14. ¿Qué ofrece a los muchachos la señora Molina?
15. ¿Qué idea fenomenal se le ocurre a Pepe?

16. ¿Cómo presenta Pepe ahora a su grupo?
17. ¿Qué hace la señora Pardo en el apartamento vecino cuando los muchachos comienzan a tocar?
18. ¿Qué hace la señora Trujillo en el piso quinto?
19. ¿Qué hace el señor Salas en el piso tercero?
20. ¿Por qué está contento Pepe con la intervención de los vecinos?

Discusión

1. ¿Toca Ud. un instrumento musical? ¿Ha estudiado Ud. música alguna vez? ¿Qué instrumentos tocan sus amigos? ¿Tocan bien? ¿Sabe Ud. cantar? ¿Tienen Uds. un «grupo musical»?

2. ¿Ha participado Ud. alguna vez en un concierto? ¿en una presentación musical o dramática? ¿Cuándo fue?

3. ¿Cuáles son los grupos musicales más populares ahora? ¿Le gustan los nombres sencillos o extraordinarios? ¿Puede Ud. darnos algunos ejemplos? En su opinión, ¿va a cambiar mucho en el futuro la música popular? ¿Le gusta mucho a Ud. la música de hoy?

III ESTRUCTURA

36. The Third Concept of the Subjunctive: Unreality

The subjunctive is used to express the world of unrealities: the doubtful, uncertain, indefinite, uncompleted, non-existent, impossible, or hypothetical. For example:

It is possible that he may come. (He may or he may not.)
I doubt that they'll do it. (They very likely may not.)
He denied that they stole it. (He said it wasn't so.)
In case you see him, . . . (You may or you may not.)
Let's wait *until* she finishes. (She hasn't finished yet.)
If I were you . . . (But I'm not!)

In other words, whenever the action of the subordinate clause is placed under the cloak of unreality, whenever its positive existence is doubted or denied, Spanish uses the subjunctive.
I doubt, I deny . . .

247

37. *I doubt, I deny . . .*

a. Very often the main clause expresses doubt or uncertainty about the following action, or denies that it ever took place. Spanish then calls for the subjunctive in the subordinate clause.

Dudo que vengan.	I doubt that they'll come.
Dudamos que sea Juanita.	We doubt that it's Jane.
Niega que lo hayan ayudado.	He denies that they have helped him.
No estoy segura de que esté abierto.	I'm not sure that it's open.
¿Es posible que ganemos?	Is it possible that we'll win?
No es verdad que yo lo haya vendido.	It isn't true that I have sold it.

b. Since by their very meaning they always imply doubt, uncertainty or denial, these impersonal expressions are always followed by the subjunctive:

Es posible que . . .	No es verdad que . . .
Es imposible que . . .	No es cierto que . . .
Es probable que . . .	Es fácil (likely) que . . .
Es improbable que . . .	Es difícil (unlikely) que . . .

c. When there is no expression of doubt, uncertainty or denial, the indicative remains.

No dudo que vendrán.	I don't doubt that they'll come.
No hay duda de que fue Juanita.	There is no doubt that it was Jane.
No niega que le han ayudado.	He doesn't deny that they have helped him.
Estoy segura de que está abierto.	I am sure that it is open.
Es cierto que hemos ganado.	It is certain that we've won.
Es verdad que lo he vendido.	It is true that I have sold it.

Ejercicios

A. Cambie según las indicaciones:

1. Dudo que lo *traigan*.
 (hacer, componer, reconocer)
2. No es posible que *se levanten*.
 (marcharse, atreverse, dormirse)
3. Niego que lo *hayamos hecho*.
 (decir, romper, abrir, escribir)
4. No niego que lo *hemos quitado*.
 (poner, ensayar, ocultar, pesar)
5. ¿Es posible que nos *castiguen?*
 (recordar, aprobar, conocer)
6. Es evidente que lo *han entendido*.
 (encender, apagar, enchufar)

B. Ahora substituya con el elemento nuevo:

1. *Es improbable* que vengan hoy. (Es seguro . . .)
2. *Es posible* que hayan chocado los dos coches. (Es evidente . . .)
3. *No hay duda de* que lo harán. (Dudo . . .)
4. *Es fácil* que nos den un examen mañana. (Es difícil . . .)
5. *Es verdad* que lo han lanzado ya. (No es verdad . . .)
6. *¿Niega Ud*. que le hayan visto? (¿Duda . . .?)
7. *Es probable* que se hayan equivocado. (Es cierto . . .)
8. *Estamos seguros* de que son ellos. (No estamos seguros . . .)

C. Termine de una manera original las frases siguientes:

1. Dudamos que . . .
2. ¿Es posible que . . . ?
3. Estoy seguro de que . . .
4. Es probable que . . .
5. No es verdad que . . .
6. No hay duda de que . . .

38. Subjunctive and Indicative with *creer*

The verb *creer* (to think, to believe) shows how it is the speaker's expression of doubt, and not the word itself, that calls for indicative or subjunctive. For example:

a. If a person says: "I think or believe something.", he is not at the same time saying: "I doubt, I deny." And so, an affirmative statement with *creer* generally calls for the indicative.

Creo que tienes razón.   I think you're right.
—Gracias.   —Thanks.

Creíamos que iban a venir.   We thought they were going
—Yo también.   to come. —I (did) too.

b. In a question, *creer* is followed by the subjunctive *if* the speaker wants to express *doubt*. It is followed by the indicative if there is no implication of doubt. Remember always that language serves to express *ideas*, and that the meaning is always more important than the word. So decide what impression you're trying to give, and then use the subjunctive or indicative accordingly.

¿Cree Ud. que vengan?	Do you think they'll come? (*I* doubt it.)
¿Cree Ud. que vendrán?	Do you think they'll come? (I have no idea. Do you?)
¿Crees que llueva mañana?	Do you think it will rain tomorrow? (It doesn't look that way to me.)
¿Crees que lloverá?	Do you think it will rain? (Who knows?)
¿No crees que es muy buen mozo?	Don't you think he's handsome? (I think he's a doll!)

c. Now after a negative statement: "I don't think . . .", the usual implication is doubt, and so Spanish normally calls for the subjunctive.

No creo que lo hagan.	I don't think they'll do it. (I doubt it.)
No creemos que sea él.	We don't think it's he. (It probably isn't.)

But if you really want to say: "I fully believe that something *won't* happen or *isn't* so.", you may use the indicative after «No creo . . .».

No creo que lo hizo.	I do not *believe* he did it. (I'm sure he didn't!)
No creemos que fue él.	We don't *believe* it was he. (No. No. It couldn't be!)

In other words, Spanish puts you in the driver's seat. If you wish to express doubt or uncertainty, use the subjunctive after *creer*. If you do not, the indicative will be fine.

Ejercicios

A. Conteste en español: (¿Hay otra lengua?)

1. ¿Cree Ud. que haga mucho calor mañana? 2. ¿Cree Ud. que nieve? 3. ¿Cree Ud. que sea fácil el inglés? 4. ¿No cree Ud. que es interesante el español? 5. ¿No cree Ud. que tenemos el mejor país del mundo? 6. ¿Cree Ud. que habrá paz algún día en el mundo? 7. ¿Cree Ud. que podamos eliminar algún día la pobreza (poverty)? 8. ¿Creen Uds. que puedan aprender sin estudiar? 9. ¿Creen Uds. que podamos terminar hoy esta lección? 10. ¿Cree Ud. que es fácil contestar estas preguntas?

Ahora díganos cuáles de estas preguntas expresan duda y cuáles no.

B. Lea los diálogos siguientes, y después conteste, como siempre:

1. —Felipe, ¿tú crees que vendrán mañana los chicos?
   —No. No creo que vengan. Creo que hará demasiado frío y viento y no querrán salir de casa.

   Conteste: **a.** ¿Por qué no cree Felipe que vengan mañana los chicos?
   b. ¿Qué estación del año será?

2. —Gloria, ¿crees que tu mamá escogerá la aspiradora más barata o el modelo superior?
   —Francamente, no creo que compre ninguna. No quiere gastar dinero.

   Conteste: **a.** ¿Cuál de las dos aspiradoras cree Gloria que comprará su mamá?
   b. ¿Cree Ud. que es pobre o rica la familia?

3. —Oigan, chicos. No creo que podamos ensayar esta tarde.
   —¿Por qué no?
   —Porque mi madre nos va a echar de casa. No aguanta nuestra música.
   —¿Y tú crees que ella sepa algo de música?
   —Nada, hombre. En absoluto. Pero ¿qué le vamos a hacer?

   Conteste: **a.** ¿Quiénes cree Ud. que están hablando aquí?
   b. ¿Por qué no cree el muchacho que puedan ensayar hoy?
   c. ¿Qué clase de música cree Ud. que toquen los jóvenes?

4. —Adela, ¿no crees que el señor Blanco es el hombre más guapo del mundo? Es como un actor de cine, ¿no te parece?
—Seguro. Pero no creo que te guste trabajar para él.
—¿Ah, no?
—No, María. Es un tirano. Nos dicta cartas todo el día, y muy rápidamente. E insiste en que las pasemos a máquina sin una sola falta. Nos vuelve locas.
—Gracias por decírmelo, Adela. Entonces creo que voy a buscar otro trabajo. No me gustan los hombres tan guapos.

Conteste: **a.** ¿Qué piensa María acerca del señor Blanco?
b. ¿Por qué no cree Adela que le guste a María trabajar para él?
c. ¿Qué va a buscar ahora María? ¿Por qué?
d. ¿Qué cree Ud. que son las dos chicas?

C. Diga ahora en español:
1. I think it's going to rain. **2.** Do you think they'll announce the prizes today? (*I* don't.) **3.** Do you think the buses will be crowded? (I'm just asking.) **4.** I don't think we'll be able to rehearse this afternoon. (I doubt it very much.) **5.** We don't believe that he would say that. (We're sure he wouldn't.) **6.** He thinks we're the best students in the world. —Go on! **7.** At first I thought they wouldn't accept. But finally they did accept.—I'm glad.

Lucha contra la pobreza; aprendiendo a leer.

Área: aprox. 110,000 millas cuadradas
Población: aprox. 5,000,000
Unidad monetaria: el sucre

IV NOTAS HISPÁNICAS

El Ecuador

Era un día *despejado y asoleado* cuando *aterrizamos* por fin en el aeropuerto de Quito, y la ciudad se veía como una *joya montada* entre las altas montañas. Dos veces antes habíamos tratado de llegar a la
5 capital ecuatoriana, pero la *neblina* no nos dejaba aterrizar. Aquella vez tuvimos suerte. Tomamos un coche y nos dirigimos hacia la ciudad.

    La carretera era bastante buena e íbamos rápidamente. Por todas partes había indios caminando en
10 los caminos—corriendo, *mejor dicho*, con ese *trote* especial suyo—hombres bajos *de pecho ancho* y de *espaldas* fuertes *dobladas* bajo el peso de los grandes *bultos*. Los veíamos trabajando en la tierra, o *asomados* a la puerta de sus pequeñas *chozas*. Nos miraban
15 con poco interés. Aun parecía que no nos veían. Las jóvenes madres llevaban a sus criaturas como bultos en la *espalda*, o *las amamantaban al pecho*. Vimos a una madre que caminaba con una *carga* grande entre los brazos, ¡mientras que del bulto que llevaba
20 en la espalda salían las *cabecitas* de dos criaturas y una *gallina!* Porque el Ecuador, como Bolivia y el Perú, es la tierra por excelencia del indio. Los indios *integran* más del 40% de la población, y los mestizos otro 40%, con un 10% de blancos y otro 10% de
25 negros y mulatos.

    Es una tierra donde el indio conserva todavía gran parte de sus tradiciones antiguas, su lenguaje,

clear and sunny ~ we landed

jewel set

fog

rather ~ trot
broad-chested
shoulders bent over
packs ~ peering out
huts

back ~ nursed them at the breast ~ load

little heads
hen

make up

253

su modo de vestir, aun su religión . . . y su pobreza.
Vamos a verlo un poco *más de cerca*. Y vamos a ana- — more closely
30 lizar un poco su mundo.

En tiempos antiguos ésta fue una de las últimas
regiones incorporadas al imperio incaico, y una de
las menos desarrolladas. Durante la época colonial,
fue parte del *virreinato* del Perú, y después de la — Viceroyalty
35 independencia *se unió* con Colombia y Venezuela — it joined
para formar la República de Gran Colombia. Pero
como ya sabemos, pronto *se disolvió* la unión, y en- — was dissolved
tonces comienza la historia verdadera de la nación
ecuatoriana, una historia caracterizada por luchas
40 internas, largos períodos de dictaduras, y una general inestabilidad política. Por ejemplo, el Ecuador
ha tenido 16 constituciones durante un período de
115 años. ¡Y en un período reciente de 23 años, fue
gobernado por 22 diferentes presidentes y juntas
45 militares! Muy pocos presidentes han podido terminar el *plazo* de cuatro años que les corresponde — term
según la constitución, y un presidente *contemporáneo* — contemporary
ha sido elegido y *destituido* cinco veces ya. — overthrown

Quito. Un mercado indio en la Plaza de San Francisco. En el fondo se ve la hermosa catedral colonial.

Un pequeño pastor atiende a sus ovejas en el altiplano ecuatoriano.

¿Cómo *se explica* esa inestabilidad? *De* varias
50 maneras. Primero, porque la nación está dividida
en tres zonas geográficas diferentes. Una es la estrecha *faja* en la costa del Pacífico, una tierra caliente y húmeda, pero muy fértil. Allí se hallan las
grandes plantaciones de bananas y de cacao, y las
55 selvas de *balsa*, las mayores fuentes de riqueza del
país. Allí se encuentra también el puerto de Guayaquil, el centro comercial del Ecuador, mezcla de
muchas razas, una ciudad moderna, dinámica, urbana . . . e intensamente *celosa* de Quito, la capital.
60 La segunda zona es la de las *altas planicies andinas*,
donde el suelo da poco de sí, y los indios cultivan sus
pobres tierras marginales en las *cuestas* de las montañas. Allí está situado Quito, cerca del *ecuador*, una
hermosa ciudad de catedrales coloniales llenas de
65 oro, de palacios que recuerdan los tiempos de los

can one explain ~ In

strip

balsa wood (the lightest wood on earth)

jealous
high Andean plateaus

slopes
equator

255

conquistadores, y *a cuya sombra se han instalado* ahora las pequeñas tiendas de los vendedores indios. Es una ciudad de casas *particulares* modernísimas y de una universidad que figura entre las mejores de la
70 América hispana. Y por todas partes se ven los indios, *envueltos* en sus ponchos y *rebozos* (porque hace frío a esa altitud), y viviendo *de lo que pueden*. Al principio *choca* un poco ver a las mujeres, y aun a los niños, con un *sombrero de ala ancha calado hasta*
75 *las orejas*. Pero uno se acostumbra pronto, ¡y *a poco* le parece natural, aun bonito! Aquella región es la más grande en su extensión geográfica, la más impresionante por sus magníficos picos cubiertos de nieve y por sus volcanes de una altura increíble.
80 Pero la región es pobre en recursos naturales, y la vida del indio es dura.

    Finalmente, al este de los Andes encontramos una zona baja de selvas tropicales donde viven todavía indios *salvajes*, tribus que resisten ferozmente el
85 *avance* de la civilización de afuera, tribus *de cazadores de cabezas* y que aun practican en ciertos lugares el canibalismo. Partes de aquella región no han sido exploradas para definir siquiera sus fronteras.

    Así es que por razones geográficas el Ecuador
90 está dividido en varias facciones políticas y económicas, y la *sospecha mutua conduce* a la disensión. Y hay otros factores también. Por ejemplo, menos del 1% de la población total *posee* más de la *mitad* de la tierra, y la gran mayoría de los indios labran tierras
95 que no son suyas, o que son casi imposibles *de* cultivar. Además, el indio está poco dispuesto a mandar a sus hijos a la escuela porque los necesita para trabajar con él en los campos. En realidad, aunque la educación primaria es obligatoria según la ley, no
100 hay bastantes escuelas ni maestros para educar a la gente.

    Poco a poco el indio de la *sierra* está *emigrando* a la ciudad, y los problemas urbanos se están *multiplicando*. Poco a poco también el *obrero* de la ciudad
105 se está acercando a los *sindicatos de trabajadores*, y éstos han llegado a tener una influencia poderosa en

---

in whose shadow have been set up

private

wrapped ∼ (a kind of blanket-shawl worn by women) ∼ as they can
it is shocking
wide-brimmed fedora jammed down to the ears ∼ shortly

savage

advance ∼ headhunters

mutual suspicion leads

own ∼ half

(do not translate)

mountains ∼ emigrating
multiplying
worker
labor unions

la política. El *cuadro* de la vida ecuatoriana está cambiando, pero muy gradualmente. Será necesario un verdadero esfuerzo para solucionar sus problemas mayores.

Preguntas

1. ¿Quiénes integran la mayor parte del pueblo ecuatoriano?
2. ¿Cómo vive generalmente el indio?
3. ¿En qué zonas geográficas está dividida la nación?
4. ¿Cómo es Guayaquil?
5. ¿Cuáles son algunos de los productos principales del Ecuador?
6. ¿Dónde está Quito? ¿Cómo es la capital?
7. ¿Qué recuerdos encontramos todavía de los tiempos coloniales?
8. ¿Cómo es la vida en la región de los altos Andes?
9. ¿Cómo es la región oriental del país?
10. ¿Cuáles son algunos de los problemas fundamentales del Ecuador?

V PASATIEMPO

Charla o Teatro

Prepare Ud. una charla original de unas cien palabras sobre el tema: «El Poder Juvenil» (Youth Power), explicando sus opiniones acerca de los derechos y los privilegios, las responsabilidades y las obligaciones de los jóvenes. Por ejemplo, ¿cree Ud. que los jóvenes deben votar? ¿Cree Ud. que tengan el derecho de escoger a sus propios maestros? ¿y a sus propios amigos? ¿Tienen el derecho de escoger sus propios vestidos? ¿sus propios cursos en la escuela? ¿Cree Ud. que deben trabajar? ¿o ayudar en la casa? ¿Hasta qué punto cree Ud. que deben obedecer a sus padres?, etc. Y después, sus compañeros de clase le van a hacer preguntas.

O si le gusta más el teatro, escriba un diálogo corto de unas doce líneas sobre el mismo tema. Por ejemplo, un joven puede estar hablando con sus padres o con sus amigos, con uno de sus maestros, con el Rector, con el presidente, con un muchacho de una época pasada, con un chico del siglo XXI, etc. Use la imaginación (y el subjuntivo, si es necesario), y vamos a ver cómo sale.

14

Lección Catorce

I CONVERSACIÓN

A.

1 En caso de que (In case) llueva mañana, ¿vendrá Ud. a la escuela?   En caso de que llueva mañana, sí vendré . . . (no vendré . . .)
2 En caso de que llueva, ¿se pondrá el impermeable (raincoat)?
3 En caso de que llueva, ¿traerá paraguas (an umbrella)?
4 En caso de que nieve, ¿habrá clases mañana?
5 En caso de que nieve, ¿tomará Ud. el autobús o vendrá caminando?
6 En caso de que nieve, ¿le (la) llevará en coche su mamá?
7 En caso de que tengamos examen mañana, ¿estará Ud. preparado?
8 En caso de que tengamos examen mañana, ¿qué hará Ud. esta tarde?
9 En caso de que haya (there is) fiesta el viernes, ¿irá Ud.?
10 En caso de que haya partido de fútbol el sábado, ¿irán Uds.?

B.

1 Cuando terminemos esta lección, ¿qué lección comenzaremos?   Cuando terminemos esta lección, . . .
2 ¿Y cuando terminemos la lección siguiente?
3 ¿Adónde irá Ud. cuando salga de esta clase hoy?

4 ¿Adónde irá cuando salga de la escuela?
5 ¿Qué hará primero cuando vuelva a casa esta tarde?
6 ¿Qué más hará cuando vuelva a casa?
7 ¿Comerá algo cuando llegue?
8 ¿Trabajará Ud. cuando termine sus estudios aquí?
9 ¿Irá al ejército cuando los termine?
10 ¿Asistirá Ud. a la universidad cuando se gradúe de aquí?   . . . cuando me gradúe de aquí.
11 ¿Se casará cuando se gradúe?
12 ¿Tendrá una familia grande después de que se case?

C.

1 ¿Habrá clases mañana aunque nieve (even though it may snow)?   Sí, habrá clases aunque . . .
2 ¿Jugarán al fútbol aunque llueva?   Sí, jugarán . . .
3 Si Ud. ama a un chico, ¿se casará con él aunque sea pobre?   Sí, me casaré . . .
4 Si Ud. quiere hacer algo, ¿lo hará aunque sea difícil?   Sí, lo haré . . .
5 ¿Puede uno sacar buenas notas a menos que (unless) estudie?   No, uno no puede . . .
6 ¿Puede uno ser muy popular a menos que sea simpático?   No, . . .
7 ¿Puede uno tocar bien el piano a menos que practique?
8 ¿Puede uno aprender bien una lengua a menos que la hable?

La necesidad habla por sí sola.

II. ESCENAS DE LA VIDA

Lotería

El hombre se llama Luis Ángel Coloma. Tiene 48 años de edad, cinco hijos, y un *pie cojo, recuerdo* del accidente en que perdió a su esposa. Lo encontramos todos los días en la esquina de las calles Montero y Lastre. Lleva en la mano derecha una *faja de boletos numerados.* En la izquierda *los despliega como una cadena de naipes que le llega hasta los pies.*

lame foot ~ souvenir

sheaf of numbered tickets
he displays them like a chain of playing cards that reaches his feet.

LUIS: Lotería... Boletos de lotería... Diez mil pesos hoy. Pueden ganar diez mil pe... ¿No quiere Ud. comprar, señor?... Señor, ¿no quiere?... El otro día ganaron... (*El aludido* sigue su camino.) Lotería... Diez mil pesos.. ¿Quién se *sacará el gordo?*.. Números de lotería... (La gente pasa delante de él, detrás de él. Parece que Luis Ángel Coloma no existe.) Señorita, Ud. comprará. ¿no? (La joven turista se para.) Aquí tengo para Ud. un número *feliz*—153990. Los «*nueves*» siempre traen suerte.

The man he speaks to
will win the first prize

lucky ~ "nines"

SRTA.: Me gustaría, pero ya no estaré aquí cuando anuncien los premios.

LUIS: ¿Cuándo *se va a marchar?*

are you leaving?

SRTA.: *Antes de que acabe la semana.*

Before the week is out.

LUIS: Pues eso no importa. *En caso de que gane*, sólo tendrá que mandar el boleto a esta dirección— ¿la ve Ud. aquí?—y le mandarán el dinero. *A menos que Ud. quiera* presentarse en persona.

In case you win

Unless you want

SRTA.: Bien. Lo tomaré.

LUIS: Dos pesos... Gracias, muchas gracias. Y que le vaya muy bien, señorita.

Luis Ángel se vuelve. Un coche nuevo se ha parado en la esquina y un señor bien vestido le está llamando.

SR.: Ea,.. ¿me quiere dar cinco boletos, antes de que *cambie a verde el semáforo?*

the light turns green

(Luis *se los entrega por la ventanilla* del coche.)

hands them to him through the window

LUIS: A ver.. números 991, 92, 93...

SR.: Está bien. Aquí tiene los diez pesos.
(El semáforo cambia a verde y el coche *arranca con un rugido*. El hombre *no se da cuenta* de que se ha caído
40 de su mano uno de los boletos.)
LUIS: Lotería . . . Boletos de lotería . . . Diez mil pesos . . .

pulls off with a roar ∼ doesn't

• Dos niños corren hacia el boleto que *yace al borde del camino*. Uno lo recoge.

is lying at the edge of the road

45 FELO: Dámelo, Quino.
QUINO: No. Es mío.
FELO: Yo lo vi primero.
QUINO: Y *yo corrí más*.
FELO: Óyeme, Quino. *No me enojes*, ¿entiendes?
50 QUINO: Muy bien, Felo. *Con tal que prometas* . . .
FELO: ¿Qué?
QUINO: Que *compartiremos* el premio *cuando* ganemos.
FELO: Déjame ver. Préstamelo. Presta . . . (Quino le da el boleto.) ¡Caramba! Número 153995.
55 ¿Sabes? Los números *impares* siempre traen mucha suerte. No hay duda, hombre. Ganaremos.

I ran faster
Don't get me mad
Provided that you promise

we'll share ∼ when

odd

La gente va y vuelve y charla y *se pasea* y se sienta en las sillas de los *cafés al aire libre*. Luis Ángel *cojea* visiblemente.

stroll around
open air cafes ∼ is limping

60 LUIS: Señora, ¿no quiere Ud . . . ? (La mujer parece no verle al principio. ¿Será que ella no ve o que él no existe?) Señora, por favor, ¿un solo boleto no podrá comprar? . .
(La mujer *estará* pensando en otra cosa. Casi auto-
65 máticamente, saca dos pesos de su bolso viejo y se los da. Los números rojos: 153996 *saltan* delante de sus ojos húmedos.)

must be

jump around

(Una joven pareja se acerca.)
LOR.: Dos, por favor, y *de los buenos*.
70 LUIS: Cómo no, señor. Aquí los tiene.
(Lorenzo le paga los cuatro pesos.)
LOR.: Uno para mí, y el otro para ti, Daniela. ¿Cuál te gusta más, el 997 o el 998?

good ones

261

DAN.: No sé, Lorenzo. *Me da lo mismo.*   It's all the same to me.
75 LOR.: A mí también. Los dos serán nuestros. Y tendremos suerte. Ya lo verás, Daniela. Juntos tendremos suerte.

(Los jóvenes se alejan y el vendedor saca de su bolsillo algunas monedas pequeñas. Es su propio
80 dinero, y lo va a usar para comprarse un boleto. Esta vez, nada más, esta única vez. Toma el boleto, *el suyo*, número 153999, y *lo guarda en el bolsillo derecho del pantalón.* Luis Ángel Coloma *sí existe.*)   his very own ~ puts it away in his right trouser pocket ~ does exist.

Hoy van a anunciar los premios. *Así que salga la
85 lista* Luis sabrá si . . . Pues bien, *aunque no sea el gordo, cualquier dinerito* le ayudará. Aunque le den sólo 100 pesos, o 50 . . .   As soon as the list comes out ~ even though it's not the big prize, any little money

El papel tiembla *entre sus* dedos. Casi no puede leer.   between his

PRIMER PREMIO: Número 1-5-3-9-9 . . .
90 La lista *se le cae de las manos.*   falls from his hands

Vocabulario Activo

boleto (*Span. Am.*) ticket (Recuerde: **el billete**—*Spain*)	**bolsillo** pocket
	cadena chain
camino road; way	**el pie** foot

alejarse to move off or away	**enojar** to make (someone) angry;
arrancar to start up, pull off (as a car); pull out	____**se** to get mad
	entregar to deliver, hand over
saltar to jump	**guardar** to keep; put away
pasearse to take a walk, stroll	**compartir** to share

cojo lame	**feliz** happy; lucky
cualquier any (at all)	**verde** green

darse cuenta de to realize	**Me da lo mismo** It's all the same to me.

262

Preguntas

1. ¿Quién es Luis Ángel Coloma? ¿Cómo es?
2. ¿Qué lleva en la mano derecha? ¿Y en la izquierda?
3. ¿Cuánto vale el premio gordo (first prize) de la lotería?
4. ¿Qué número recomienda Luis Ángel a la joven turista?
5. ¿Por qué dice la señorita que no puede comprar el boleto hoy?
6. ¿Qué tendrá que hacer en caso de que gane?
7. ¿Quién llama ahora al vendedor?
8. ¿Cuántos boletos compra el señor?
9. ¿Qué números tienen?
10. ¿De qué no se da cuenta el señor?
11. ¿Quiénes corren a recoger el boleto que ha caído en el camino?
12. ¿Qué harán los chicos «cuando ganen»?
13. ¿Qué número tiene su boleto?
14. ¿A quién vende Luis Ángel el boleto número 153996?
15. ¿Quiénes se acercan ahora al vendedor?
16. ¿Qué boletos compran?
17. ¿Qué número compra para sí mismo Luis Ángel? ¿Por qué le gusta ese número?
18. ¿Qué van a anunciar hoy?
19. ¿Cómo empieza el número que ha ganado el primer premio?
20. ¿Por qué no sabemos la última cifra (digit)?

Discusión

1. En su opinión, ¿quién ganó el primer premio? ¿Por qué piensa Ud. así? ¿Con quién simpatiza Ud. más? ¿Está Ud. de acuerdo con la expresión popular: «Los ricos siempre se hacen más ricos y los pobres, más pobres.»?

2. ¿Qué piensa Ud. de Quino y Felo? ¿Quién le gusta más? En su opinión, ¿deben compartir el premio si el número gana? ¿Por qué? ¿Quién será la señora que está sentada fuera del café? ¿Por qué está llorando?

3. ¿Le interesa a Ud. la lotería? ¿Tiene Ud. suerte para esas cosas? ¿Le gusta jugar a las cartas? ¿Le gustaría jugar por dinero?

III ESTRUCTURA

39. Unreality (cont.): In case…, Unless…, Even though…

As you know, the third concept of the subjunctive takes us into the world of things that are uncertain, indefinite, doubtful, uncompleted, hypothetical, or that don't even exist at all. Sometimes the cloud of unreality, or the shadow of a doubt comes from the main clause. This we have discussed before.

Dudamos que gane.	We doubt that he'll win.
No creo que lo compren.	I don't think they'll buy it.

Other times the doubt, the uncertainty, the indefiniteness come from the conjunction that introduces the subordinate clause. Let's look at a few examples.

a. Some conjunctions always imply uncertainty

By their very meaning, certain conjunctions always say that the following action is uncertain or indefinite. Among them are **en caso de que** in case, **con tal que** provided that, and **a menos que** unless. And so, these conjunctions are always followed by the subjunctive.

En caso de que me llame, dígale que no estoy.	In case he calls, tell him that I'm not in.
En caso de que gane Ud., le avisarán.	In case you win, they'll let you know.
A menos que estudies, no saldrás bien.	Unless you study, you won't do well.
¿Me lo prestarás?—Sí. Con tal que lo devuelvas.	Will you lend it to me?—Yes, provided that you return it.

b. Other conjunctions may imply certainty or uncertainty, according to what the speaker wishes to say. Take for example **aunque** although, even though, even if . . .

Aunque es rico, no gasta dinero.	Although he *is* rich (no doubt about it), he doesn't spend money.
Aunque sea rico, no gasta dinero.	Although (Even though) he *may be* rich, he doesn't spend money.

Aunque nos han invitado, no iremos.	Even though they've invited us, we won't go.
Aunque nos inviten, no iremos.	Even though (Even if) they invite us, we won't go.

Dado que *granted that* . . . is another example.

Dado que son inteligentes	Granted that they're smart
Dado que sean inteligentes	Granted that they may be smart

How do you know which to use? Well, when you're the speaker, you decide. When you're the listener, pay attention to what the other person is trying to convey.

Ejercicios

    A. Cambie según las indicaciones:

1. Aunque *llueva*, jugaremos.
   (nevar, hacer frío, hacer viento)
2. Aunque *llovió*, jugaron.
   (nevar, hacer frío, hacer viento)
3. En caso de que *vengan*, dígales que me esperen.
   (llamar, despertarse, presentarse)
4. No te lo daré a menos que *te sientes*.
   (callarse, irse, levantarse)
5. Dado que *sepa* español, no creo que pueda ayudarnos.
   (entender, hablar, comprender)

    B. Complete Ud. como quiera las frases siguientes:

1. Aunque . . . , iré.
2. Aunque . . . , no me gusta.
3. Aunque . . . tarde, fuimos juntos al cine.
4. Lo compraremos aunque . . . mucho dinero.
5. En caso de que . . . , ¿me llamarán?
6. A menos que . . . , me enojaré contigo.
7. Te pondrás enfermo a menos que . . .
8. Lo haremos con tal que Ud. . . .

C. ¿Puede Ud. encontrar en el Grupo **2** la conclusión de cada frase del Grupo **1**?

1	**2**
Aunque es muy gorda	había estrellas en el cielo . . .
Aunque la noche estaba oscura	salieron sin guantes . . . siempre
No se lo entregaré	come dulces . . . a menos que ensayen bastante . . . aunque me lo
En caso de que ganes	pidan . . . a menos que lo enchufes
No van a tocar muy bien	. . . no te hablaré más . . . continuarán tocando . . . lo guardes en el
Aunque hacía mucho frío	bolsillo . . . ¿compartirás el premio
A menos que te disculpes	conmigo?
El aparato no funcionará	
Lo vas a perder a menos que	
Aunque los vecinos se quejen	

40. When . . . , As soon as . . . , Until . . .

a. After a conjunction of time, such as **cuando** *when*, **así que** *as soon as*, **hasta que** *until*, **después de que** *after*, Spanish uses the subjunctive *if* the action is uncompleted, pending, unfulfilled. If the action is an accomplished fact, then the indicative logically remains. Once again, keep in mind always that it is the concept, not the particular word, that counts. For example:

Cuando se casen, vivirán en la ciudad.	When they get married, they will live in the city. (They aren't married yet.)

But:

Cuando se casaron, se fueron a la ciudad.	When they *got* married, they went off to the city.
Así que lleguen, ¿me llamarás?	As soon as they arrive, will you call me? (They haven't come yet.)

But:

Así que llegaron, me llamaron.	As soon as they arrived, they called me.
Esperaré *hasta que Ud. vuelva*.	I'll wait until you return. (You aren't back yet.)

But:

| Esperé hasta que Ud. volvió. | I waited until you returned. |
| *Después de que terminemos* esta lección, nos darán un examen. | After we finish this lesson, they'll give us a test. (We haven't finished it yet.) |

But:

| *Después de que terminamos* cada lección, nos dan un examen. | After we finish each lesson, they always give us a test. (That's what happens. It's a fact. |

   b. *Antes de que before*, by its very meaning says that the action hasn't or hadn't happened yet. And so, *antes de que* is always followed by the subjunctive.

| Vámonos *antes de que nos vean*. | Let's go before they see us. |
| Cambia el vestido *antes de que tu papá se enoje*. | Change your dress before your Dad gets angry. |

Ejercicios

    A. Termine las oraciones siguientes usando los verbos indicados:
1. Así que el hombre . . . la lista, sabrá si su número ganó. (ver)
2. Cuando el coche . . . , los niños corrieron a recoger el boleto. (arrancar)
3. Antes de que el dueño . . . , quítalo de ahí. (volver)
4. Te lo prometo. Me quedaré hasta que tú . . . (venir)
5. Mete la tarjeta en el bolsillo antes de que lo . . . (perder)
6. Cuando nosotros se lo . . . , apague todas las luces. (decir)
7. Después de que los niños . . . de comer, los acostaré. (acabar).
8. Así que . . . el timbre, siempre abro la puerta. (sonar)
9. Así que Pepe nos . . . las maletas, las llenaremos. (traer)
10. Cuando la alfombra . . . muy sucia, la limpio con la aspiradora. (estar)
11. Cuando . . . estas fresas, te gustarán. (probar)
12. Gritó y lloró hasta que sus padres le . . . lo que quería. (dar)—¡Qué niño, eh!

¿Entiende Ud. lo que significa cada oración?

B. Conteste ahora:

1. ¿Cuántos años tendrá Ud. cuando se gradúe de esta escuela? **2.** ¿Cuántos años tenía cuando entró? **3.** ¿Qué hará cuando se gradúe? **4.** ¿Adónde irá Ud. cuando termine este año escolar (school)? **5.** ¿Irá Ud. a algún lugar interesante antes de que acabe esta semana? ¿antes de que acabe el mes? ¿antes de que comience el año nuevo? **6.** ¿Estudiará Ud. otra lengua extranjera así que domine (you command) bien el español? **7.** ¿Hará Ud. un viaje a México cuando sepa mejor el español? **8.** Cuando Ud. vuelve a casa cada tarde, ¿qué hace primero? **9.** Cuando se levanta por la mañana, ¿a quién ve Ud. primero? **10.** ¿Qué hará Ud. mañana así que se despierte? **11.** Cuando una materia (subject) le resulta difícil, ¿sigue Ud. estudiando hasta que la aprende? **12.** ¿Seguirá Ud. estudiando esto hasta que lo aprenda? (¡Ojalá!) **13.** ¿Vivirá Ud. en casa de sus padres hasta que se case? **14.** ¿Vivirá con ellos después de que se case? **15.** ¿Estará Ud. contento cuando terminemos este ejercicio? (Muy bien. Hemos terminado.)

La Lima colonial. Monumento a Francisco Pizarro cerca de la Plaza de Armas.

Área: aprox. 500,000 millas cuadradas
Población: aprox. 12,000,000
Unidad monetaria: el sol

IV NOTAS HISPÁNICAS

El Perú

La llaman «la ciudad de los reyes»—Lima, capital del Perú, tierra del Inca. El aeropuerto es modernísimo. Subimos a un taxi, y *a poco* estamos pasando por calles pobres que *huelen a* pescado. (*La harina de pescado* es uno de los productos principales ahora del Perú.) Hay grupos de indios, mayormente mujeres vestidas de trajes multicolores, sentados en las aceras, charlando, vendiendo *bocaditos*, esperando . . . Y en las *colinas* están *amontonadas* una sobre otra las *casuchas destartaladas* de las *barriadas*.

Y continuamos hacia el centro. Los *tranvías* corren y los *rieles relucen*, y hay ruido en las calles. Hay edificios grandes y negocios. Hay tiendas donde venden alfombras de alpaca y otras donde venden objetos de plata—cucharas, bandejas, anillos y *broches*, adornados con el arte tradicional del indio. Y hay gente, mucha gente. Hay hombres en las esquinas que *pregonan* boletos de lotería, o periódicos o revistas. Hay pequeños *limpiabotas*, niños de ojos negros y de pelo oscuro y *tieso*, que nos siguen por todas partes. «Por favor, señor, ¿*le limpio* los zapatos? . . . *dos soles* . . . un sol, señor . . . ,» hasta que *les decimos que sí*. Hay niñitos *descalzos* que quieren vendernos *ramitos de flores marchitas*. Y hay fotógrafos en las plazas y en los parques, con cámaras viejas cubiertas de una *espesa* tela negra. Y más que nada, hay coches en las calles—«carcochas» se llaman—coches norteamericanos pero tan rotos y viejos que *desafían a* la

shortly thereafter
smell of ∼ fishmeal

tidbits
hills ∼ piled up broken-
 down shacks ∼ slums

trolleys
rails shine

brooches

peddle

shoeshine boys
coarse
may I clean your
(about 5¢) ∼ we say "yes"
barefoot ∼ little bunches
 of withered flowers

thick

they defy

269

imaginación. Hay carcochas que recuerdan la Primera Guerra Mundial. Hay carcochas compuestas de piezas de diez o veinte marcas diferentes. Hay carcochas sin *faroles*, sin *guardafangos*, sin puertas, sin ventanillas. ¡Algunas personas afirman que hay carcochas sin motor! Sin duda alguna, este *cementerio ambulante* de coches *resurrectos* es una de las vistas más distintivas, si no de las más distinguidas de Lima, Perú.

    Pero también hay unos barrios riquísimos, limpios, orgullosos. Y hay *reliquias* de la gran capital colonial fundada en el siglo XVI por los españoles para administrar las antiguas tierras de los Incas. Allí se ve todavía la Universidad de San Marcos, la primera construida en la América del Sur, en el año 1551. Y la hermosa Plaza de Armas, con su gran catedral donde *yace el cadáver* del conquistador Francisco de Pizarro. Y se ven elegantes casas con *balcones de maderas talladas* suspendidos sobre la calle. Allí vivieron las familias nobles que tomaron parte en la época de la colonización. Allí viven todavía muchos de sus descendientes. Porque Lima fue durante tres siglos la ciudad más *opulenta* y más culta de la América del Sur. Y el Perú fue la colonia más rica de todo el imperio español. De allí partían para España los barcos llenos de oro y de plata, y de esa *riqueza al parecer inacabable* dependía en gran parte la economía y el prestigio internacional de España. Pero las *venas* de metales preciosos *se agotaron*, y el Perú quedó pobre. Éste es el espectáculo que nos presenta hoy. Vamos a mirarlo desde otras perspectivas.

    El Perú es la tercera república más grande de Sudamérica. Su costa del Pacífico es una faja de tierra estéril y seca. Allí está situada la capital. *Prosiguiendo* hacia el este, encontramos casi en seguida la alta cordillera de los Andes, tierra habitada por los millones de indios que *integran* el 50% de la población total. (La otra mitad de la población consiste en un 40% de mestizos, y un 10% de blancos, negros, y otros.) Y al este de las altas tierras andinas se encuentra «la montaña», una región de

70 selvas tropicales donde vive todavía cierto número
de indios *salvajes*.   savage

Siendo un país agrícola más bien que urbano, el
Perú tiene pocas ciudades grandes. Además de la
capital, hay el *puerto cercano* de Callao, y dos ciudades   nearby port
75 que se *remontan* a tiempos antiguos—Arequipa, *acu-*   date back ∼ nestled in
rrucada a la sombra de un altísimo volcán, y el Cuzco,   the shadow
la vieja capital del imperio *incaico*. No muy lejos del   Incan
Cuzco, casi *escondido* entre los enormes picos andinos   hidden
se hallan las ruinas de una gran ciudad *pre-colombina*,   pre-Columbian (from
80 Macchu Picchu, uno de los *milagros* y misterios de   before Columbus) ∼
los tiempos pasados.   miracles

Los productos principales del Perú son metales
(plata, *cobre*, y un poco de oro), *vanadio* (un mineral   copper ∼ vanadium
que se usa en la fabricación del acero), petróleo,
85 harina de pescado, algodón, azúcar, y guano (una
clase de *abono* natural). Pero no hay que pensar que   fertilizer
el Perú sea un país rico. Al contrario. La mayor
parte de sus doce millones de habitantes sufren una
pobreza extremada. *Faltan* caminos (¡más de 800   are lacking
90 pueblos peruanos no tienen acceso a un solo camino!) Faltan agua *potable* y electricidad, y medios   drinking
adecuados de comunicación y de *sanidad*. Y *más que*   sanitation ∼ above all
nada, faltan escuelas, falta educación. En años re-
cientes, con la ayuda de la Alianza para el Pro-
95 greso, el gobierno peruano ha tratado de *encararse*   face
con algunos de estos problemas, pero hasta ahora el

Una madre india con su criatura a la espalda.

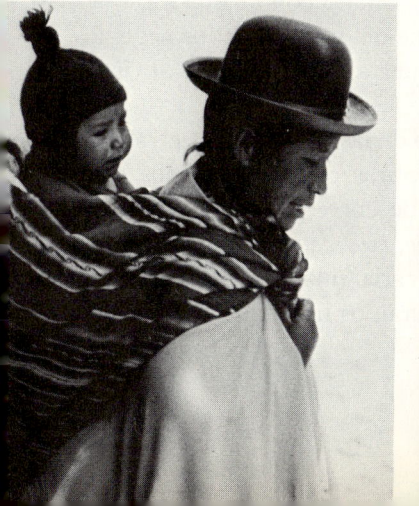

Esta hermosa alcoba con sus muebles de oro recuerdan los días opulentos del Perú.

progreso ha sido lento. *Hace poco* el Perú sufrió otra   a short while ago
crisis política, y el presidente fue *destituido* por una   deposed
junta militar. El gobierno se encuentra una vez más
en manos nuevas, pero no sabemos adónde lo lle-
varán.

Preguntas

1. ¿Qué nombre tiene Lima?
2. ¿Qué impresión recibe el viajero al llegar a la capital?
3. ¿Cómo es el centro?
4. ¿Qué son «carcochas»?
5. ¿Qué reliquias hay de la antigua capital colonial?
6. ¿Cómo era Lima en otros tiempos? ¿Qué importancia tenía el Perú?
7. ¿En qué zonas geográficas está dividido el Perú?
8. ¿De qué grupos raciales está compuesta su población?
9. ¿Cuáles son sus ciudades principales?
10. ¿Cuáles son algunos de sus problemas económicos y sociales?

V PASATIEMPO

Puertas

En nuestra casa hay ocho puertas, y detrás de cada una hay un objeto misterioso. A ver si Ud. puede adivinar cuál es.
1. Detrás de la puerta azul hay una persona.
2. Detrás de la puerta amarilla hay una parte del cuerpo humano.
3. Detrás de la puerta verde hay algo que pertenece a la naturaleza.
4. Detrás de la puerta blanca hay un comestible.
5. Detrás de la puerta violeta hay algo que usamos en la escuela.
6. Detrás de la puerta rosada hay algo relacionado con la música.
7. Detrás de la puerta gris hay algo que viene del mundo de los negocios.
8. Y detrás de la puerta anaranjada, la puerta más difícil de abrir, hay un objeto que encontramos en la casa.

Ahora bien. Repase el Vocabulario Activo de las lecciones, que ya hemos estudiado este semestre, y también las palabras que aprendimos el año pasado. Haga una lista de diez palabras que correspondan a cada categoría. Por ejemplo: **1.** *hombre, mujer, tío, dueño, vendedor, mecánico*, etc. Ahora escriba en ocho papelitos *una* palabra de cada una de sus categorías, y entregue los ocho papelitos a su maestro. Estamos listos ahora para jugar. ¡Vamos a ver si gana Ud.!

15

Lección Quince

I CONVERSACIÓN

A.

1 ¿Tiene Ud. una pluma que escriba en dos colores?

Sí, tengo una pluma que *escribe* ...
No, no tengo una pluma que *escriba* ...

2 ¿Ha visto Ud. una pluma que escriba en cuatro colores?

3 Donde vive Ud., ¿hay familias que tengan dos coches?

Sí, hay familias que *tienen* ...
No, no hay familias que *tengan* ...

4 ¿Hay familias que tengan tres coches?

5 ¿Hay casas que tengan más de diez cuartos?

6 ¿Hay casas que tengan veinte?

7 ¿Hay un chico en su clase que se llame Eugenio?

Sí, hay un chico que se *llama* ...
No, no hay un chico que se *llame* ...

8 ¿Hay una chica que se llame María?

9 ¿Hay una chica que se llame Antonieta?

10 ¿Hay un profesor en su escuela que se llame González?

11 ¿Hay un profesor que se llame Smith?

12 ¿Hay una tienda cerca donde vendan discos?

Sí, hay una tienda donde *venden* ...
No, no hay una tienda donde *vendan* ...

B.

1. ¿Conoce Ud. a alguien que haya vivido en España? Sí, conozco a alguien que *ha* . . .
   No, no conozco a nadie que *haya* . . .
2. ¿Conoce Ud. a alguien que haya estudiado en México?
3. ¿Conoce Ud. a alguien que haya nacido (been born) en Europa?
4. ¿Hay alguien en su clase que haya nacido en un país hispano?
5. ¿Hay un estudiante en su clase que haya visitado un país hispano?
6. ¿Hay alguien en esta clase que me preste un millón de dólares?
7. ¿Hay alguien aquí que sepa enseñarme francés? Sí, hay alguien que *sabe* . . .
   No, no hay nadie que *sepa* . . .
8. ¿Hay alguien aquí que sepa patinar (skate) muy bien?
9. ¿Hay alquien que sepa esquiar?
10. ¿Hay algo que le guste más que el español? Sí, hay algo que me *gusta* . . .
    No, no hay nada que me *guste* . . .
11. ¿Hay algo que le guste más que una buena comida?
12. ¿Hay algo que le guste más que terminar este ejercicio?

(Bueno. Vamos a terminar.)

II ESCENAS DE LA VIDA

Los Filósofos   The Philosophers

M.: Manuel Barrios   P.: Pedro Lozano
R.: Rómulo Díaz   E.: Esteban Carrión

Manuel Barrios y sus amigos están reunidos en el Café de los Filósofos. La *tertulia está en plena sesión*.   gathering is in full swing

M.: Figúrense. ¡Diez mil pesos ganó!

P.: Eso *sí que es* suerte.   really is

5 R.: Así es la vida. Yo lo digo siempre. Hay gente que tiene suerte y hay gente *que no* . . . Ssss[1], *mozo*, tráigame un café, ¿está bien?   who don't ~ waiter

1. In Spanish countries, as in much of Europe it is common to attract a waiter's attention by making a hissing sound.

(El *camarero* no le hace caso. Es día de fiesta, y el Café de los Filósofos está atestado.)   waiter

10 E.: Yo no sé. Yo creo que cada persona hace su propia suerte.

M.: ¡Qué va, hombre! ¿Es posible entonces que uno pueda sacarse el gordo *por sí solo, sólo por quererlo?*   all by himself, only by wanting to

E.: Eso no. Pero . . .

15 R.: Yo digo que si Dios quiere que seamos ricos, ricos seremos. Y si quiere que seamos pobres . . .

M.: ¡Ojalá que *quiera hacerme rico a mí! Aquí me tiene* esperando.   He wants to make *me* rich! Here I am suppose

E.: Pero *si* ese hombre no compra el boleto de
20 lotería, no gana nada, ¿verdad? Adiós, diez mil pesos.

P.: Creo que *fue una mujer.*   it was a woman

M.: Un hombre, me dijeron a mí.

R.: Dicen que fue la primera vez que compró un
25 boleto de lotería.

E.: Pues bien, mujer u hombre, no importa. *Quien no se aventura, no pasa el mar.*[2]   Nothing ventured, nothing gained

P.: De acuerdo.

R.: No. Fue la suerte, nada más, suerte pura y sen-
30 cilla. No hay nadie *que me convenza de lo contrario* . . .   who can convince me otherwise
Ssss, mozo . . . tres veces le he pedido ya que me traiga un café . . . con una *ración de mariscos.*   order of shellfish

M.: Dos raciones. Comienzo a tener hambre.

(El camarero parece no oírlos. Está ocupadísimo.)

35 P.: Ese camarero, no creo que nos atienda nunca. Se pone a charlar con unos *amigotes suyos* y se olvida de los demás clientes.   buddies of his

E.: ¿Ya ven, hombres? En este mundo uno debe hacer su propia suerte . . . *En su lugar,* ¿saben lo   in your place
40 que *hago yo?* Me levanto de la mesa y me voy a la   I'd do
cocina, *así sin más ni más,* y *me como* una buena ración de mariscos antes de que *vuelva la cabeza* el camarero. *Y se acabó.*   without further ado ∼ I'd eat up ∼ even turns around. ∼ And that's all there is to it.

• M.: Buena idea, Esteban . . . Ea, camarero . . .
45 (En vano.)

---

2. This is a well known Spanish proverb literally: "He who doesn't take a chance, doesn't cross the sea".

275

R.: Yo creo que debemos buscar otro café donde tengan mejor servicio. *Aquí se come muy mal.*

P.: Pero la conversación *está sabrosa*, ¿no?

E.: Eso sí. En mi casa *es al revés.* La comida es *riquísima.* Pero la conversación, ¡no hay nadie *que la aguante!* Hace meses que mi mujer *no habla de otra cosa sino* de Manolito Vargas y el Personaje Misterioso. *Me está volviendo loco.*

M.: *La mía* también. Todas las tardes la encuentro *pegada* a la radio, y rodeada de papeles y números y libros y . . .

E.: Uds. tienen que oír algunas de las preguntas que me hace Isabel. «Dime, Esteban, ¿tú conoces a un personaje famoso que *haya nacido* en 1835 y que *esté viviendo todavía?*» «Esteban, ¿tú sabes cuántos hermanos tuvo la abuela materna de Carlos Montoya?»

R.: Pues hombres, para eso hay sólo una solución. *Hay que amarrarse bien los pantalones,* y decirles que . . .

P.: Así es. En mi casa no permito *que mande* mi mujer. La mujer tiene que *obedecer,* nada más, y el hombre debe *mandar.* Así hizo Dios el mundo.

R.: De acuerdo. Si el hombre permite que la mujer haga *lo que le guste, ella le pierde el respeto.*

P.: Y entonces no hay nada que *la haga* quedarse en casa. Se enamorará del primer hombre que *la sepa dominar,* y . . .

P.: *La mujer honrada,* digo yo, *la pierna quebrada, y en casa.*[3]

R.: Hay que amarrarse los pantalones, hombres. Hay que saber mandar.

(Manuel Barrios se levanta. *Se despide* de sus amigos y se dirige a su casa. Cuando llega, oye que su esposa Emilia está hablando por teléfono.)

SRA.: ¡Ay, no, no, no! ¡Manolito Vargas! ¡¡Manolito Vargas!! ¿Es Ud.? ¿Realmente? . . . No lo creo. Sencillamente no lo puedo creer . . . ¿Sabe Ud., Manolito, todos los días . . . (*No se da cuenta*

[3]. Here is another Spanish proverb: "The honest woman, let her leg be broken and let her stay home".

85 *de* que su esposo ha entrado.) Ah, sí Manolito. ¡Cómo no! . . . El Personaje Misterioso es Carlos . . .

(Manuel Barrios se acerca y le quita el teléfono de la mano. Está *rabiando*.) — in a rage

90 M.: Señor Vargas, escúcheme bien. No vuelva Ud. a llamar este número, ¿está bien? O tendrá Ud. que *entenderse conmigo*. — deal with me

(*Cuelga abruptamente* el teléfono. Emilia está *pasmada*.) — He slams ~ stunned

95 SRA.: Manuel, ¿cómo pudiste? Yo estaba hablando con Manolito Vargas. Estaba a punto de ganar mil . . .

M.: Escúchame, mujer, no me importan los mil pesos. Sólo me importa que yo sea el único
100 Manolito en tu vida, ¿me entiendes?

(Emilia lo mira con *asombro*. Poco a poco *se le pasa la furia* y comienza a sonreír.) — astonishment ~ her fury passes

SRA.: Está bien, Manuel . . . Manolito . . .

Vocabulario Activo

camarero waiter	**los mariscos** shellfish
tertulia gathering; get-together	**la ración** portion
el día de fiesta holiday	**pierna** leg
respeto respect, awe	**los pantalones** trousers

despedirse de (me despido) to say goodbye to, take leave of	**obedecer (obedezco)** to obey
	olvidar(se de) to forget (about)

pegado stuck; glued	**riquísimo** very rich

al revés the opposite, to the contrary	**de otra manera** otherwise
	por sí solo all by himself
entenderse con (me entiendo) to deal with	**sin más ni más** just like that, without further ado,

277

Preguntas

1. ¿Dónde están Manuel Barrios y sus amigos?
2. ¿De qué están hablando?
3. ¿Qué dice Rómulo acerca de la suerte?
4. ¿Y qué piensa Esteban?
5. Según Rómulo, ¿que pasará si Dios quiere que seamos ricos?
6. ¿Qué espera Manuel entonces?
7. ¿Quién ganó la lotería—un hombre o una mujer?
8. ¿Qué piden Rómulo y Manuel al camarero?
9. ¿Por qué no los atiende el camarero?
10. ¿Qué haría Esteban en su lugar?
- 11. ¿Qué dice Rómulo acerca de la comida en este café?
12. Según Esteban, ¿qué diferencia hay entre su casa y el Café de los Filósofos?
13. ¿De qué habla siempre la esposa de Esteban?
14. ¿Cómo encuentra Manuel todas las tardes a su mujer?
15. ¿Qué solución les ofrecen Rómulo y Pedro?
16. ¿Qué pasa si el hombre permite que la mujer haga lo que le guste?
17. ¿Qué oye Manuel cuando llega a su casa?
18. ¿Qué dice Manuel cuando coge el teléfono?
19. ¿Cuál es la única cosa que le importa a Manuel?
20. ¿Qué dice su esposa cuando se le pasa la furia?

Discusión

1. ¿Cree Ud. en la suerte? Por lo general, ¿tiene Ud. buena suerte o mala suerte? ¿Cuáles son algunas de las circunstancias más afortunadas (fortunate) de su vida?

2. ¿Cree Ud. que cada persona es responsable de (responsible for) su propia suerte? ¿Es verdad que «si Dios quiere que seamos ricos, seremos ricos»? Y si Dios quiere que seamos pobres, ¿vale la pena trabajar? ¿Es Ud. el capitán de su propio destino?

3. ¿Cree Ud. que el hombre debe mandar en su casa? ¿Debe obedecer siempre la mujer? ¿Es verdad que la mujer pierde el respeto a su esposo si él la deja hacer lo que le guste? (A los muchachos) ¿Piensa Ud. mandar en su casa cuando se case? (A las muchachas) ¿Piensa Ud. obedecer?

III ESTRUCTURA

41. Unreality (cont.): Referring Back to Something Indefinite

In keeping with the concept of unreality, whenever the subordinate clause refers back to something that is *indefinite, hypothetical, uncertain,* or even *non-existent,* it must use the subjunctive. Take the following instances:

¿Hay alguien que me *preste* mil dólares?—¡Caramba!	Is there someone who will lend me a thousand dollars? (There may or may not be.)—¡#%$!
Busco un esposo que *sea* rico, simpático, inteligente, guapo, sincero, generoso . . . —Ah, sí. ¡Cómo no!	I'm looking for a husband who is rich, nice, intelligent, handsome, sincere, generous . . . —Ah, yes. Of course. (The individual may not even exist!)
¿Hay una tienda por aquí donde *vendan* bombillas?	Is there a store around here where they sell bulbs? (I don't know of any.)
Quiero comprar un libro que *tenga* las preguntas del examen.	I want to buy a book that has the exam questions. (Is there such a book?)
No hay nadie que me *guste* más que tú.	There is nobody I like better than you. (The person simply doesn't exist.)
Muy bien. Haré lo que Ud. me *diga.*	Very well. I'll do whatever you tell me. (You haven't told me anything definite yet.)

But of course, when we refer back to something that is definite or at least that is known to exist, we use the indicative. Compare these examples with those above:

Yo conozco a alguien que le prestará mil pesetas.	I know someone who will lend you a thousand pesetas. (I'm not mentioning his name, but he does exist.)
¿Sabes? Elena acaba de casarse con un hombre que es rico, inteligente, guapo, sincero . . .—¡Qué maravilla!	You know? Ellen has just married a man who is rich, intelligent, handsome, sincere . . . (She has found him!)—How wonderful!

Hay varias tiendas por aquí donde venden bombillas.	There are several stores around here where they sell bulbs.
Mira, José. ¿Quieres comprar este libro que tiene todas las preguntas del examen?—¡Hombre!	Look, Joe. Do you want to buy this book that has all the exam questions?—Oh, man!
Sólo hay una persona que me gusta más que tú.—¿Quién es?—¡Yo!	There is only one person I like better than you.—Who is it?—Me!
Ud. sabe que siempre hago lo que me dice. ¿No hice lo que me dijo el otro día?—Sí, pero ¡qué catástrofe!	You know that I always do what you tell me. Didn't I do what you told me the other day?—Yes, but what a disaster!

In other words, look at the meaning of what you are saying or hearing. If you are referring back to something that is not a known or existing certainty, use subjunctive. If it is definite, specific, or known to exist, stay with the indicative. Indicative and subjunctive are yours to command.

Ejercicios

A. Conteste afirmativamente las preguntas siguientes:
1. ¿Conoce Ud. a una persona que hable cinco lenguas? **2.** ¿Hay un estudiante en su clase que siempre saque «A»? **3.** En su barrio, ¿hay muchas personas que tengan perros? **4.** ¿Hay alguien en su clase que se llame Roberto? **5.** ¿Hay un restaurante por aquí donde sirvan comidas buenas y baratas? **6.** ¿Hay algo que le interese a Ud. más que sus estudios? **7.** Entre sus amigos, ¿hay uno que haya estado en México? **8.** ¿Me puede recomendar una tienda donde vendan ropa de la última moda? **9.** ¿Conoce Ud. a una persona que cocine tan bien como su madre? **10.** ¿Ha visto Ud. una báscula que le diga su peso y su fortuna?

B. Ahora conteste negativamente (¡y sea muy inteligente!)
1. ¿Hay alguien que sea más amable que Ud.? (!) **2.** ¿Hay algo que le guste más que el español? (!!) **3.** ¿Hay una cafetería en esta escuela donde sirvan buenas comidas? **4.** ¿Tiene Ud. un lápiz que escriba en tres colores? **5.** ¿Hay muchas personas que ganen más de cien mil dólares al año? **6.** ¿Ha visto Ud. un mercado que no huela mal? **7.** ¿Existe una muchacha que no se haya enamorado nunca? **8.** ¿Conoce Ud. a una persona que se haya sacado el gordo en una lotería? **9.** ¿Tiene Ud. un amigo que haya participado en una presentación dramática? **10.** ¿Conoce Ud. a alguien que haya vivido en el Oriente?

C. Ahora complete las oraciones siguientes usando el indicativo o el subjuntivo de los verbos indicados:

1. Tengo un amigo que siempre me . . . su coche. (prestar)
2. Quiero tener un amigo que siempre me . . . su coche. (prestar)
3. Estarán mintiendo. No hay nadie que . . . eso. (creer)
4. Al contrario. Hay muchas personas que lo . . . (creer)
5. ¿Hay alguien en su clase que . . . Anastasio? (llamarse)
6. No. Pero hay dos chicos que . . . Geofredo. (llamarse)
7. Estamos buscando un espejo que nos . . . parecer muy bonitas. (hacer)
8. Siento decírselo. Pero no hay ningún espejo que . . . hacer eso. (poder)
9. ¡Vaya! No hay nadie que . . . gordo sin comer dulces. (ponerse)
10. Yo conozco a un policía que nunca . . . a un ladrón. (coger)—¡Viva!

42. The Three Concepts of the Subjunctive in Review

Here again are the three concepts of the subjunctive. Every use of the subjunctive depends on them.

a. Indirect or Implied Command

When the main clause expresses one person's will that someone else do something, the subordinate clause uses subjunctive.

Le ruego que salga ahora mismo.	We beg you to leave right now.
Papá no quiere que fumemos.	Dad doesn't want us to smoke.
Es importante que lo hagas hoy.	It's important that you do it today.
Insisten en que volvamos temprano.	They insist that we return early.

b. Emotion

When the main clause expresses emotion about the following action, the subordinate clause uses subjunctive[4].

Me alegro de que esté mejor.	I'm glad he's better
¡Ojalá que se acuerden!	Oh, how I hope they remember! If only . . .!
Esperamos que nos reconozca.	We hope he recognizes us.
Es lástima que hayan perdido.	It's a pity that they've lost.

[4]. Of course, if there is no change of subject, there's no subordinate clause at all. **Siento decírselo.** *I'm sorry to tell you so.* **Me alegro de estar aquí.** *I'm glad to be here.*

c. Unreality

Anytime the action of the subordinate clause falls under the shadow of a doubt or the cloud of unreality, it must take the subjunctive.

1. When the main clause expresses doubt, uncertainty, or denial

¿Es posible que valga tanto?	Is it possible that it's worth so much?
No creo que se enojen.	I don't think they'll get angry.
Dudamos que obedezcan las reglas.	We doubt that they'll obey the rules.
Niega que se lo hayan dado.	He denies that they have given it to him.

2. When the conjunction that introduces the subordinate clause makes that action uncertain, indefinite, doubtful

En caso de que lo veas, dile que quiero hablarle.	In case you see him, tell him that I want to talk to him.
No lo compartiremos a menos que insistan.	We won't share it unless they insist.
Aunque quiera ayudarme, no la dejaré.	Even though she may want to help me, I won't let her.
Yo iré con tal que tú vayas también.	I'll go provided that you go too.

3. When a conjunction of time introduces an action that has not yet been completed

Cuando suene el timbre, abra la puerta.	When the bell rings, open the door.
Así que termine el semestre, nos iremos de vacaciones.	As soon as the semester ends, we'll go off on vacation.
Antes de que te pongas enfermo, deja de fumar.	Before you get sick, stop smoking.

4. When the subordinate clause refers back to something that is indefinite, hypothetical, or non-existent

¿Hay alguien que entienda todo esto?	Is there anyone who understands all this?
Busco un libro que tenga todas las respuestas.	I'm looking for a book that has all the answers.
No hay nadie que baile como ella.	There is no one who dances like her.

Ejercicios

A. Lea la carta siguiente, y después conteste las preguntas:

10 de diciembre

Querido Juan:

Siento tener que escribirte esta carta, pero no quiero que otra persona te diga antes lo que ha pasado. Tú sabes que no hay nadie en este mundo que me guste más que tú. No hay nadie que me parezca tan bueno, tan inteligente, tan simpático como tú. Pero el amor es curioso. Hace dos o tres semanas conocí a un chico en mi clase, y me enamoré de él. Nos vamos a casar así que termine el año escolar, y mis padres están de acuerdo. Espero que comprendas, y que podamos continuar siendo amigos. Cuídate mucho, y ojalá que no te olvides de mí.

Clarita

Conteste ahora:

a. ¿Cuál es la fecha de la carta de Clarita?
b. ¿Por qué tiene que escribirle esta carta a Juan?
c. ¿Hay alguien en este mundo que le guste más que Juan?
d. ¿Por qué le gusta tanto?
e. Entonces, ¿por qué no se va a casar con él?
f. ¿Cuándo se va a casar Clarita con el otro muchacho?
g. ¿Han dado su permiso los padres?
h. ¿Qué espera Clarita?
i. ¿Cuántos años cree Ud. que tienen los jóvenes?
j. ¿Qué piensa Ud. de Clarita?

B. Lea otra vez, conteste las preguntas y después termine la carta de una manera original:

10 de diciembre

Querida Clarita:

Quiero escribirte esta carta antes de que otra persona te escriba. Tú sabes que no hay nadie en este mundo que me encante tanto como tú. No hay ninguna chica que me parezca tan bonita ni . . .

Conteste otra vez:
a. ¿Quién cree Ud. que le está escribiendo a Clarita?
b. ¿Por qué quiere escribirle ahora la carta?
c. ¿Cómo la terminaría Ud.?

B. Diga en español:

1. I suggest that we make the party in the open air. What do *you* think?—It's all the same to me.
2. I forgot to tell you (decírselo). Please turn out all the lights before you leave.—Fine (Agreed).
3. It is possible that they don't realize the time (hora). Otherwise they would have called.—That's true. How I hope they come soon! (Ojalá . . .)
4. When I tell him why I didn't do the work, he'll get angry.—Go on! There's no man who gets angry with a pretty girl.
5. In case you win, will you share the prize with me?—Yes, provided that you buy the ticket.

Buenos Aires, «el París» del Nuevo Mundo. Avenida 9 de Julio.

Área: aprox. 1,000,000 millas cuadradas
População: aprox. 24,000,000
Unidad monetaria: peso

IV NOTAS HISPÁNICAS

La Argentina

Buenos Aires. Lo llaman el «París del Nuevo Mundo»—por sus anchos bulevares, sus tiendas elegantes, sus techos grises con ventanas «*a lo francés*»; por sus teatros y universidades, por ese *no sé qué* que
5 le hace a uno pensar que ya no está en Sudamérica, sino en el *mismo continente europeo*. Porque la Argentina *se diferencia* en muchas maneras del resto de Hispanoamérica. Y el argentino, el *porteño*, sobre todo, se considera más que un mero «americano»,
10 más cosmopolita, más hombre del mundo. *He aquí por qué.*

    La Argentina es la nación más fuerte y más desarrollada de la América hispana. Con el Uruguay, *tiene* el mejor sistema de educación y el nivel más
15 alto de la vida. Es uno de los países más importantes del mundo en el comercio internacional, y su capital, con una población de casi cuatro millones de personas, es una de las ciudades más grandes. La Argentina es el único país sudamericano que tiene
20 un *ejército y una marina de primera categoría*. Es sin duda la nación más *adelantada* del continente en su producción literaria, artística y aun industrial. Goza de un clima templado. Y su gente, una *amalgama* de varios pueblos europeos—españoles, italianos,
25 alemanes, y otros,—saca los beneficios de una tierra que da ricamente de sí.

    Y su riqueza es incalculable. Las vastas tierras de su pampa, aquella región que cubre *la quinta parte* del país entero, son las más fértiles del mundo. El

French-style
indefinable quality

Europe itself
differs
person from Buenos Aires

Here's why.

it shares

first-class army and navy
advanced

mixture

one-fifth

30 negro suelo alcanza entre siete y once pies de profundidad, sin piedras ni *guijarros* de ninguna clase, — pebbles
¡y tan rico es que no hay que usar abonos siquiera!
Y los únicos árboles que *se ven a través de* las largas — are seen across
distancias son *los que* han sido importados por los — those that
35 *estancieros*. En tiempos anteriores, la pampa fue — ranchers
tierra del gaucho, quien la dominaba con su caballo
y su *facón*, una figura solitaria sobre el terreno *des-* — gaucho knife ~ unin-
poblado. El gaucho existe todavía, pero *desempeña un*   habited ~ he plays a
papel menor. Hoy la pampa es tierra del *agricultor* y del   smaller role
                                                                                            farmer
40 *ganadero*. Y es el corazón económico de la nación — stock raiser
argentina, cuya exportación de carnes representa un
porcentaje altísimo de su comercio internacional.

    La Argentina es rica, sí—rica en sus tierras y en
su industria, rica en petróleo y minerales y metales,
45 rica en su cultura y en su historia. Fue una de las
primeras colonias en luchar por su independencia
de España. Allí nació José de San Martín, el liber-
tador de los *países del sur*. Y allí se estableció *a media-* — southern countries ~
dos del siglo pasado la primera democracia verdadera   around the middle
50 de la América hispana. Pero la gran república ha
cambiado mucho durante los últimos treinta años,
y ahora está pasando por una crisis. Vamos a analizar por un momento las causas.

    En primer lugar, desde la época del dictador
55 Juan Domingo Perón, quien *rigió* con una mano de — ruled
hierro por casi veinte años, la Argentina ha tenido
muy pocos períodos de gobierno democrático. Como
resultado, su economía también ha quedado grave-
mente *debilitada*. La situación *mejoró* un poco después — weakened ~ improved
60 del *destierro* de Perón en 1955, pero la gran nación — exile
ya no podía recuperar su fuerza antigua. En 1966
hubo otro golpe de estado, y una junta militar *se* — took over
apoderó del país. Desde entonces ha desaparecido
totalmente el proceso democrático en la república
65 más poderosa de la América hispana.

    Mientras tanto, la economía ha seguido *decayendo*. — declining
Hay un gran número de personas sin empleo. Ha
ocurrido una inflación gravísima. *Florece* el mercado — is flourishing
negro. Los ferrocarriles se encuentran en unas condi-
70 ciones lamentables. Y sin embargo, la Argentina no

quiere *darse cuenta de* que no puede existir por sí sola. Aunque tiene una capacidad enorme y un gran producto nacional, le faltan siempre *carbón*, hierro, *potencia* eléctrica y otros artículos esenciales. Le falta
75 aun más una *conciencia de su papel* entre las naciones del hemisferio occidental. Un *conocido* político argentino *solía* decir: «Salgo para Sudamérica», siempre *que* iba a visitar otro país de su propio continente. Y esa actitud existe todavía entre aquellos argentinos
80 de la «vieja generación» que se consideran europeos más bien que americanos en su formación cultural, que *desprecian a menudo* la cultura americana, que se visten según la moda europea, y que aprenden a hablar francés e inglés para el «*uso cortés*».
85 Sin duda, Buenos Aires es la reina del continente. Pero es una reina *cuyo pueblo* vive *inquieto* en este momento. Y sus anchísimas calles, sus hermosísimos bulevares y parques y teatros y almacenes contrastan tristemente con el punto de vista *estrechísimo* de
90 los que dirigen ahora su destino. Algún día la gran nación volverá a encontrar su camino.

Domando un caballo en la pampa.

Preguntas

1. ¿Cómo se compara la Argentina con los demás países de Hispanoamérica?
2. ¿Qué importancia internacional tiene?
3. ¿Cómo es Buenos Aires?
4. ¿Cómo es el sistema educativo argentino?
5. ¿De quiénes está compuesta su población?
6. ¿Qué es la pampa? ¿Cómo es su tierra?
7. ¿Cuáles son las industrias más importantes de la Argentina?
8. ¿Cómo se encuentra ahora la gran república?
9. ¿Qué ha ocurrido durante los últimos treinta años?
10. ¿Cuáles son algunos de los problemas que tiene ahora la Argentina?

V PASATIEMPO

La Batalla de los Sexos

Vamos a dividir la clase en dos partidos: los hombres contra las mujeres. A ver si podemos discutir algunos de los temas siguientes, ¡sin llegar del todo a la guerra!

Proposición Primera: Que los hombres son más inteligentes que las mujeres . . .   Sí.   No.

Proposición Segunda: Que las mujeres son menos crueles que los hombres . . .   Sí.   No.

Proposición Tercera: Que las mujeres son más materialistas que los hombres . . .   Sí.   No.

Proposición Cuarta: Que los hombres son más ambiciosos que las mujeres . . .   Sí.   No.

Proposición Quinta: Que la vida es más fácil para los hombres que para las mujeres . . .   Sí.   No.

Proposición Sexta: Que las mujeres son menos egoístas (selfish) que los hombres . . .   Sí.   No.

Proposición Séptima: Que las mujeres hablan más que los hombres . . .   Sí.   No.

Proposición Octava: Que los hombres y las mujeres son iguales . . .   Sí.   No.

Piense Ud. acerca de estas ocho proposiciones, y venga a la clase dispuesto a defender sus opiniones. ¿Quiénes ganarán?

3

Repaso Tercero

I REPASO DE GRAMÁTICA

A. Estudie otra vez los artículos **27–30, 33–34,** y después cambie al condicional las oraciones siguientes:

1. ¿Lo hará Ud.?
2. ¿No la castigarán?
3. Nosotros se lo diremos.
4. ¿Llegaré a tiempo?
5. ¿Se asomará a la ventana?
6. ¿A qué hora cenarás entonces?
7. Uds. tendrán tiempo, ¿verdad?
8. ¿Ensayarás todo el día?
9. ¿La obedecerá Ud.?
10. Yo no las olvidaré.
11. Papá se enojará contigo.
12. Se lo entregaremos en seguida.

B. Esta vez repase el **35,** y conteste según los modelos:
¿Qué habría hecho Ud.? (quejarme al gerente) —*Me habría quejado al gerente.*
¿Tú te habrías ido? (No . . . quedarme) —*No. Me habría quedado.*

1. ¿Qué habrías hecho entonces? (decirle la verdad) —*Le* _____
2. ¿Uds. le habrían dejado entrar? (No . . . llamar a la policía)— _____
3. ¿Qué comida les habría servido? (hacerles un puchero) _____
4. ¿Ud. lo habría interrumpido. (No . . . esperar) _____
5. ¿Los habrían aprobado Uds.? (No . . . suspender) _____

C. Ahora vuelva Ud. a los artículos **36–42** sobre el tercer concepto del subjuntivo, y entonces complete de una manera original las frases siguientes:

1. No es probable que . . .
2. No negamos que . . .
3. Dudo que . . .
4. Creemos que . . ., iremos.
5. En caso de que . . .
6. Te llamaré así que . . .
7. Cuando . . ., dígale que he llamado.
8. Me quedaré hasta que . . .
9. Aunque . . . rico, no gasta dinero.
10. No lo hará a menos que . . .

D. Ahora, a ver si Ud. puede relacionar las frases del Grupo **2** con las del Grupo **1**.

1	2
¿Hay alguien que me pueda ayudar con el inglés?	Ay, por favor, deja de pensar en las cosas pasadas.
No te hablaré hasta que te disculpes.	Lo siento, pero aquí no hay nadie que lo haya estudiado.
No creo que se acuerden de nosotros.	Tiene razón. No creo que estén muy frescas.
No llegará a tiempo a menos que lo mandes mañana.	¡Qué va! ¿Cómo nos iban a olvidar?
Aunque sea inteligentísimo, saca notas muy malas.	Bueno. ¿Entonces Ud. devolverá la llamada?
Aunque me gustan las fresas, éstas no son muy sabrosas.	Me da lo mismo, con tal que lleguemos a tiempo.
En caso de que me llame alguien, dígale que volveré.	Es que no estudia, nada más.
¿Prefiere Ud. que vayamos en taxi o en autobús?	Si quieres, podré mandarlo inmediatamente.

E. Diga finalmente en español:

1. Have you seen Luisa this week? —No. I think she went on a little trip with the family.
2. I didn't realize that he was lame until he walked off (*alejarse*). —Poor (thing)!
3. If you don't stop calling my daughter, you'll have me to deal with. —On the contrary, sir. *She* calls *me*.
4. I forgot to say goodbye to Mrs. Alonso. —Well, call her tomorrow.
5. When summer comes, we'll have a get-together in the open air. —Good idea.

II PEQUEÑO TEATRO

Prepare una escena original sobre uno de los temas siguientes:
1. Dos señoras están hablando acerca de la familia vecina. Parece que el otro día . . . (XI)
2. La persona de quien han estado hablando las dos vecinas da su propia versión del episodio. (XI)

3. Un vendedor de . . . viene a una casa y demuestra el aparato a la señora de la casa. (XII)
4. Un grupo de jóvenes músicos quieren ensayar para su primer concierto, pero no tienen dónde. (XIII)
5. Dos amigos de Pepe Molina han venido a su casa para estudiar con él. Mientras tanto, la señora Molina está cocinando uno de sus famosos pucheros. (XII)
6. Roque García quiere comprar su primer boleto de lotería, pero no se atreve porque tiene muy poco dinero. Por fin, lo compra, y . . . (XIV)
7. La lista de los ganadores (winners) ha salido, y varias personas comentan sobre el último sorteo de lotería (lottery drawing). (XV)
8. Varios hombres están reunidos en su café favorito, y charlan acerca de sus familias, las noticias del día, la lotería, la vida, etc. (XV)

III PASATIEMPO

Sobre Tiendas y Tenderos

Conteste ahora:

1. Si compro zapatos en una zapatería, ¿qué compro en una librería? ¿en una carnicería? ¿en una sombrerería? ¿en una ropería? ¿en una lechería? ¿en una quesería? ¿en una mueblería? ¿en una relojería? ¿en una panadería?
2. Ahora bien, si el señor que nos vende zapatos es un zapatero, ¿cómo llamamos al señor que nos vende leche? ¿carnes? ¿queso? ¿pan? ¿muebles? ¿ropas? ¿libros? ¿sombreros?

3. Si el médico me dice que compre cierta medicina, ¿adónde voy?
4. Si quiero que me corten el pelo, ¿adónde voy?
5. Si no funciona mi reloj, ¿adónde lo llevo?
6. Si tengo hambre y no quiero comer en casa, ¿adónde voy? 
7. Si estoy en una ciudad extranjera, ¿adónde voy para dormir? 
8. Si quiero depositar mi dinero en un lugar seguro, ¿adónde lo llevo? 
9. Si quiero comprar un martillo, ¿adónde voy?
10. Si necesito un plomero, ¿adónde voy? 
11. Si necesito un poco de carpintería en mi casa, ¿a quién llamo?

12. Si quiero dejar por un tiempo mi coche, ¿adónde lo llevo?

13. Si quiero que alguien me cosa (sew) el abrigo, ¿adónde voy?

14. Y finalmente, si me muero, ¿adónde voy?

Vamos de Compras

Vamos a jugar un poco ahora, ¿está bien? Alguien comenzará diciendo: «Ayer fui de compras y gasté...dólares (pesos, pesetas, etc.)» Y sus compañeros tendrán que adivinar a qué tienda fue y qué compró. Por ejemplo: ¿Fue a una tienda de comestibles? ¿a una ropería? ¿a una tienda de aparatos fotográficos, de televisores, etc.? Cuando hayan adivinado el nombre de la tienda, entonces tendrán que adivinar lo que compró Ud. allí.

Una cosita: Ud. tiene que limitarse a los artículos y tiendas que están incluidos en el Vocabulario Activo de este año y del año pasado. De otra manera no sería justo (fair) el juego, ¿verdad?

16

Lección Dieciséis

I CONVERSACIÓN

A. ¿Recuerda Ud. los tiempos cuando era pequeño, cuando tenía seis, ocho, diez años, cuando asistía a la escuela elemental, cuando . . . ? Pues piense en aquellos días, y después conteste las preguntas que le vamos a hacer:

1 ¿Le decía siempre su mamá que se acostara (to go to bed) más temprano?

Sí, siempre me decía que me acostara . . .
No, no me decía que . . .

2 ¿Le decía que jugara más al aire libre?

Sí, me decía que jugara . . .
No, . . .

3 ¿Le decía que estudiara más?

4 ¿Le decía que no mirara tanto la televisión?

5 ¿Le decía que no hablara tanto en la mesa?

6 ¿Le pedía que no invitara a tantos amigos?

7 ¿Le pedía que no peleara tanto con sus hermanos?

8 ¿Le pedía que la ayudara con los platos?

9 ¿Quería que Ud. limpiara su propio cuarto?

10 ¿Quería que Ud. estudiara música?

B.

1 ¿Le decía su mamá que comiera más (to eat more)?

Sí, me decía que comiera . . .
No, . . .

2 ¿Quería que Ud. aprendiera a tocar el piano?

Sí, quería que aprendiera . . .
No, . . .

294

3 ¿Quería que aprendiera a cantar?
4 ¿Quería que Ud. asistiera a una escuela dominical (Sunday school)?
5 ¿Le enseñó a leer antes de que asistiera a la escuela elemental?
6 ¿Permitía que Ud. saliera por la noche?
7 ¿Le decía que compartiera sus cosas con sus hermanos?
8 ¿Le pedía que sacudiera los muebles en su propio cuarto?
9 ¿Le decía siempre que no la interrumpiera?
10 ¿Le decía que no discutiera (argue) nunca con su papá?

C.

1 ¿Cuando hacía mucho frío, insistía en que Ud. se pusiera (put on) los guantes?
    Sí, insistía en que me pusiera . . .
    No, no insistía . . .

2 ¿Insistía en que se pusiera sombrero también?

3 ¿Le decía siempre que tuviera cuidado (take care) al cruzar el camino?
    Sí, me decía que tuviera . . .
    No, . . .

4 ¿Le decía que hiciera (to do) mejor sus tareas?

5 ¿Le decía que no fuera (not to go) tanto al cine?

6 ¿Le rogaba que no fuera tanto a casa de sus amigos?

7 ¿Querían sus padres que Ud. fuera (would be) mejor estudiante?

8 ¿Esperaban que Ud. se hiciera (would become) famoso algún día?

9 ¿Insistían en que Ud. les dijera (tell them) siempre adónde iba?
    Sí, insistían en que les dijera . . .
    No, . . .

10 ¿Insistían en que les dijera con quiénes iba?

II ESCENAS DE LA VIDA

Y en la *Pantalla* Gloriosa

La película: Noche Trágica de Amor. Los *astros:* Ricardo Montenegro y Gloria de Borbón . . . Perdón. Gloria de Borbón y Ricardo Montenegro . . . ¿Todavía no? Pues:

    RICARDO   DE BORBÓN
    GLORIA   MONTENEGRO

5 El *auditorio* está *pendiente de sus labios.*

ÉL: Mi *cielo,* mi *reina,* mi estrella, mi *flor.*[1]
ELLA: Mi sol, mi luna, mi *paraíso,* mi amor.
    LORENZO: ¡Válgame Dios!
    DANIELA: *Chist,* Lorenzo.
10   LORENZO: Tú no sabes cuánto sufro por ti, Daniela. Esta película . . .
    DANIELA: Lorenzo, por favor, déjame ver *lo que pasa.*
ÉL: No te dejaré escapar nunca de mis brazos.
15 ELLA: ¡Qué feliz *tristeza!* ¡Qué triste felicidad!
ÉL: ¿Por qué, mi alma? ¿No estás contenta conmigo?
ELLA: Ah, sí, mi corazón. Pero tengo miedo de mi papá. Él me dijo *que no te viera más. Mandó que me*
20 *casara con* Rodolfo, *y que me olvidara de ti.*
ÉL: Pero eso es imposible. Eres mi esposa ya.
ELLA: Ay, tú no conoces a mi papá. Si alguien *le lleva la contraria,* de todo es *capaz.* Es un tirano ese hombre. Es un *verdadero Satanás.*
25 (Se pone a llorar.)
ÉL: No llores, mi *tesoro.* Yo también de todo seré capaz.
ELLA: ¡Mi vida!

1. These are some common ways of saying "darling"

ÉL: ¡Querida!

30 (*Se abrazan apasionadamente. La cámara se acerca.* La música *aumenta.*)　　　　　　　　　　　They embrace passionately. Closeup. ~ becomes louder

    DAN.: Es divino. ¡Di-vi-no! Yo no creía que *existiera un hombre como él.*　　a man like him existed

    LOR.: Muchas gracias. La próxima vez,
35   *que él te lleve* al cine.　　　　　　　let *him* take you

    DAN.: Ay, Lorenzo, no seas así. Tú sabes que yo... Chist...

• (La escena ha cambiado. *Se ve* ahora una casa elegante. Un hombre de unos cincuenta años está
40 hablando con su secretario.)　　　　　　There is seen

SR.: ¡Tonto! ¡Imbécil! *Le mandé que no la dejara huir, que la vigilara* día y noche, *que la tuviera encerrada*...　　　　　　　　　　　I ordered you not to let her flee, to watch ~ to keep her locked up

SEC.: Pero, señor...

45 SR.: ¡Idiota! ¡Más que idiota! ¿*No le dije que la siguiera por todas partes, y que me llamara* en seguida si...　　　　　　　　　　　Didn't I tell you to follow her everywhere and to call me

SEC.: Pero, señor...

SR.: Pues *ya no hay remedio.* Tendré que *vengar* mi
50 honor.　　　　　　　　　　　　　　there's no other choice ~ avenge

(El viejo abre un *cajón de su escritorio* y saca una pistola. Se acerca a la pared donde tiene *colgada* su colección de armas, y escoge dos *dagas, un fusil y una flecha envenenada.*)　　　　　　desk drawer / hanging / daggers, a rifle and a poisoned arrow

55 SR.: Ya lo verán. *Conmigo tendrán que contar.* Vamos, Bruto, deme *el bastón con el cuchillo en el mango.*　　　　　　　　　　　　They'll have to reckon with me. ~ my cane with the knife in the handle

SEC.: Pero, señor...

(Daniela *se agarra* del brazo de Lorenzo. Lorenzo *no se opone.* Al contrario.)　　　　　　　clutches ~ doesn't resist

60 SR.: Y mi rifle automático... ¡Ajá! ¿Noche de amor, piensan ellos? Noche de tragedia *más bien* será.　　　　　　　　　　　　　　rather

(La cámara se aleja lentamente, y la música *disminuye.*)　　　　　　　　　　　　gets softer

65   DAN.: Es un tirano ese hombre. Es un verdadero Satanás. Ahora entiendo *de dónde sacaron el título.*　　　　　　　where they got the title from

    LOR.: ¿Qué dices, Daniela? La película entera es una tragedia.

70	DAN.: A mí me gusta.	
	LOR.: No lo creo. Es un desastre, Daniela. Es una catástrofe total.	
	DAN.: ¿*Así piensas?*	Oh, you think so?
	LOR.: Así pienso.	
75	DAN.: Entonces, Lorenzo, *siento decírtelo,* pero tú eres un hipócrita, y *de los peores.*	I'm sorry to tell you one of the worst
	LOR.: (gritando) ¿Hipócrita, yo?	
	VOCES ALREDEDOR DE ELLOS: Chist . . . Chist . . . Por favor, jóvenes . . . ¡Cállense!	
80	Queremos oír.	
	LOR.: (en voz más baja): ¿Hipócrita, yo? ¿Por qué?	
	DAN.: Porque tú me dijiste antes . . .	
	LOR.: ¿Cuándo?	
85	VOCES: Chist . . . Si no se callan Uds., ¡#%&! Queremos oír.	
	DAN.: Cuando me preguntaste qué película quería ver y yo *te dije que ésta,* y . . .	I told you this one
	LOR.: Sí, recuerdo. Pero ¿qué dije?	
90	DAN.: Tú dijiste que *cualquier cosa* te gustaría a tí, con tal que me gustara a mí. ¡Cualquier cosa, dijiste!	anything at all

(La música está muy fuerte ahora. Hay gritos y voces y *ayes y gemidos* y *tiros* y golpes y sirenas y
95 *suspiros.* Daniela se vuelve para hablar con la señora detrás de ella.)

moans and groans ~ shots sighs

	DAN.: ¿Qué pasó?	
	SRA.: *Los mataron.*	They killed them.
	DAN.: ¿A quiénes?	
100	SRA.: No sé. Hubo mucho ruido y confusión. Pero los mataron. ¡Qué *emoción!*)	excitement

(La música es muy dulce ahora. *Se oyen* dos voces entre las nubes de un cielo muy azul.)

are heard

	ÉL.: Solos, por fin, mi luna, mi sol.	
105	ELLA.: Contigo para siempre, mi *luz,* mi *farol.*	light ~ lantern

(La música termina en una nota triunfal.)

	LOR.: Vámonos, mi tesoro, mi fortuna, mi *pétalo,* mi flor.	petal
	DAN.: Muy bien, Lorenzo—mi tirano, mi	
110	déspota . . . mi *rey,* mi amor.)	king

Vocabulario Activo

auditorio audience	**la flor** flower
cámara camera	**reina** queen
pantalla screen	**rey** king
título title	**cuchillo** knife
	el fusil rifle

aumentar to increase	**huir** (huyo, huyes, huye, hui-
vigilar to watch (over)	mos, huís, huyen) to flee, run
matar to kill	away

capaz (*pl.* **capaces**) capable	**verdadero** real; true

al contrario on the contrary	**Ya no hay remedio.** There's no
en voz baja softly, in a low voice	other choice. There's no alter-
por todas partes everywhere	native.

Preguntas

1. ¿Cómo se titula la película? ¿Quiénes son los astros?
2. ¿Cuáles son algunos de los nombres cariñosos (affectionate) que usan los dos amantes?
3. ¿Por qué dice Lorenzo que sufre mucho por Daniela?
4. ¿Por qué está triste y feliz al mismo tiempo la joven de la película?
5. ¿Qué le dijo su papá?
6. ¿Por qué es imposible ya que no se vean los dos amantes?
7. ¿Qué clase de hombre es el papá de la muchacha?
8. ¿Qué dice Daniela acerca del astro de la película?
9. ¿Qué le contesta Lorenzo?
- 10. ¿Dónde es la escena ahora?
11. ¿Quiénes están hablando?
12. ¿Qué le dijo el viejo a su secretario?
13. ¿Qué armas saca el padre ofendido para vengar su honor?
14. ¿Cómo se explica el título de la película?
15. ¿Qué opinión tiene Lorenzo de la película entera?
16. ¿De qué acusa Daniela a Lorenzo?
17. ¿Qué dicen las personas que están sentadas cerca de Lorenzo y Daniela?
18. ¿Qué había dicho Lorenzo a Daniela antes de ir al cine?
19. ¿Dónde acaban los dos amantes de la película?
20. ¿Qué se dicen Lorenzo y Daniela al salir del cine?

Discusión

1. ¿Va Ud. frecuentemente al cine? ¿Qué películas ha visto recientemente? (Trate de decir los títulos en español.) ¿Quién es su actor favorito? ¿y su actriz favorita?

2. ¿Qué clase de películas le gustan más? ¿Le gustan las de vaqueros (cowboys) e indios? ¿de misterio? ¿de horror? ¿las películas musicales? ¿las de amor?

3. ¿Ha visto Ud. alguna vez una película como *Noche Trágica de Amor*? En su opinión, ¿cuál es la peor película del mundo? ¿la peor actriz? ¿el peor actor? ¿la mejor película? ¿la mejor actriz? ¿el mejor actor?

4. ¿Qué piensa Ud. ahora de Daniela y de Lorenzo? ¿Es Ud. así con su novio (o su novia)?

III ESTRUCTURA

43. When We Need a Past Subjunctive

    a. Until now we have been using only the present subjunctive, and occasionally, the present perfect.

    Siento que *esté* malo.   I am sorry that he *is* sick.
    Siento que *haya estado* malo.   I am sorry that he *has been* sick.

    But there are times when a simple past subjunctive is called for, often to correspond to a simple past in English.
    Siento que *estuviera* malo.   I am sorry that he *was* sick.

    b. Spanish has only one simple past subjunctive. It is called the *imperfect* subjunctive, and it is used as follows:

    1. When the *main clause* is in the *past*, and a subjunctive is required. Compare these sentences, for example:

    Quiero que Ud. le hable.   I want you to speak to him.
    Quería que Ud. le hablara.   *I wanted* you to speak to him.

    2. When the subjunctive clause describes a *past* action. Compare once again:

    Salgamos antes de que *vuelvan*.   Let's leave before they *return*.
    Salimos antes de que *volvieran*.   We left before they *returned*. (At the time they hadn't returned yet.)

44. Regular Forms of the Imperfect Subjunctive: First and Third Person Singular

	dejar	**meter**	**abrir**
(yo, él, ella, Ud.)	dej*ara*	met*iera*	abr*iera*

Once again, the first and third person singular forms are exactly the same. And so are the endings of *–er* and *–ir* verbs. Of course, if the subject isn't clear at any time, you may use the pronouns *yo*, *él*, *ella*, *Ud*. But that usually isn't necessary.

Ejercicios

A. Diga la forma correspondiente del imperfecto del subjuntivo:

1. (yo): saltar, hallar, alzar, olvidar, temblar, pesar, girar, enchufar; compartir, escribir, vender, romper, subir, salir, coger, oler
2. (Ud).: regresar, marcar, limpiar, tocar, guardar, probar, castigar, entregar; atender, conocer, crecer, valer, asistir, vivir, interrumpir, insistir
3. (el gerente): enojarse (se . . .), pasearse, asomarse, levantarse; volverse, atreverse, dirigirse, permitirse

B. Cambie ahora según las indicaciones:

1. Quería que Ud. le *contestara*. (llamar, responder, pagar)
2. Temían que yo lo *olvidara*. (pisar, romper, perder)
3. Era lástima que las *cerrara*. (cortar, apagar, mover)
4. Llamé antes de que él *volviera*. (regresar, cenar, salir)
5. Era imposible que lo *acabara*. (aprobar, escoger, aceptar)
6. Le pedí que me *esperara*. (ayudar, llevar, obedecer)
7. Dudábamos que *se enojara*. (marcharse, atreverse, quejarse)
8. Le rogamos que no *corriera*. (fumar, gritar, asistir)

C. Ahora cambie según los modelos:

Quiero que lo compre. (Quería) *Quería que lo comprara.*
Es posible que nos llame. (Era) *Era posible que nos llamara.*

1. Le pido que lo arregle. (Le pedí)
2. No quiero que se lo lleve. (No quería)
3. Esperamos que no suceda nada. (Esperábamos)
4. Me ruega que se lo prometa. (Me rogó)
5. Le aconsejo que no se asome a la ventana. (Le aconsejé)
6. Temo que nos olvide. (Temía)

7. Lo llamarán antes de que se aleje. (Lo llamaron)
8. Prometo que lo haré así que lo reciba. (Prometí que los haría . . .)
   Notice: I hadn't received it yet! Therefore subjunctive.
9. Dice que compartirá el premio con tal que gane mil pesos. (Dijo que compartiría . . .)
10. Dice que no asistirá a menos que asista yo. (Dijo que no asistiría . . .)
11. Busco una secretaria que hable español. (Buscaba)
12. No hay nadie que la conozca aquí. (No había)

45. Irregular Forms of the Imperfect Subjunctive: First and Third Person Singular

Actually, it is very easy to find the imperfect subjunctive of irregular verbs. All you need do is look at the *third person plural of the preterite*, and then change the ending –*ron* to –*ra*. For example:

tener:	tuvieron	tuviera	**hacer:**	hicieron	hiciera
estar:	estuvieron	estuviera	**venir:**	vinieron	____
andar:	anduvieron	____	**querer:**	quisieron	____
poder:	pudieron	____	**ir:**	fueron	____
poner:	pusieron	____	**ser:**	fueron	
saber:	supieron	____	**dar:**	dieron	
conducir:	condujeron	condujera	**caer:**	cayeron	____
producir:	____	____	**decir:**	dijeron	
traducir:	____	____	**traer:**	trajeron	

Fíjese en el hermoso facón (knife) y en el cinturón de monedas que lleva este gaucho.

There are no exceptions to this rule. In fact, even the *–ir* stem-changing verbs are included.

sentir: s*i*ntieron sintiera   **morir:** m*u*rieron muriera
pedir: pidieron   _____   **dormir:** durmieron_____

How many others do you know?

Ejercicios

A. Cambie según el elemento nuevo:

1. No queríamos que lo hiciera.
   _____querían _____.
   _____ (saber).
   ¿Tú _____?

2. ¿Quién le dijo que fuera?
   ¿_____(venir)?
   ¿Quiénes _____?
   ¿_____ (andar)?

3. No creía que fuera ella.
   _____ (decirlo) __.
   _____ (tenerlo) __.
   Era imposible _____.

4. Temían que se cayera. _____
   _____ (yo) _____.
   _____ (morirme)
   _____ (dormirme)

5. Negó que los pusiera así.
   _____(querer) _____.
   Dudaba _____.
   _____ (producir) __.

6. Siento que estuviera malo.
   _____ (ponerse) _____.
   Es lástima _____.
   _____(sentirse) __.

B. ¿Puede Ud. hallar en el Grupo **2** la conclusión de las frases del Grupo **1**? (A propósito, observe que no todas las frases emplean el subjuntivo. ¿Sabe Ud. por qué?)

1	2
Esperé hasta que	anduviera con ellos a la escuela . . .
Insistieron en que yo	que tuviera más paciencia . . . volvieron . . .
Le dijimos	que muriera tan joven . . . yo pudiera
Era lástima	verlos . . . estuviera enamorada de él . . .
Me sorprendió que ella	querían ayudarnos . . . quisiera ayudarnos
No había nadie que	
Había muchas personas que	
Se fueron antes de que	

Área: aprox. 72,200 millas cuadradas
Población: aprox. 3,000,000
Unidad monetaria: peso

IV NOTAS HISPÁNICAS

El Uruguay

Era la última semana de julio, y la tensión aumentaba. Parecía que un golpe de estado era inminente. Y el gobierno decidió actuar. Rápida, silenciosamente, las calles *céntricas* se llenaron de tropas. La
5 plaza principal se convirtió en un *enjambre* de tanques. Y *se evitó* el golpe . . . Pero la crisis *no se había resuelto*. No se ha resuelto todavía. Vamos a analizar por un momento las circunstancias que nos condujeron a aquel verano de 1968.

10 El Uruguay es la nación más pequeña de Sudamérica. En el mapa se ve casi como una provincia en el rincón nordeste de la Argentina. ¡Y sin embargo, es seis veces más grande, por ejemplo, que un país como Bélgica! El Uruguay ha sido durante un
15 período largo el país más independiente, próspero, democrático y progresista del continente. Goza de un clima templado. Su sistema educativo es uno de los mejores del mundo hispano, y más del 90% de la gente tiene a lo menos una educación elemental.
20 La sanidad pública es excelente, y el nivel de vida es relativamente alto. Su población es mayormente blanca, y predomina la clase media, cosa rara en la América hispana. Hasta tiempos recientes ha sufrido muy poca dominación militar, y su historia ha cono-
25 cido muy poca violencia, y muy pocas épocas de dictadura.

Fiel a su tradición progresista, el Uruguay nunca ha permitido *la esclavitud*, nunca ha tomado parte en una guerra de agresión, y *abolió* hace mucho
30 tiempo la *pena* de muerte. Fue el primer país hispanoamericano en *legitimar* el divorcio y en introducir

main
swarm
was avoided ~ had not been resolved

slavery
abolished
penalty
legalize

304

el sufragio de las mujeres. Y siempre ha tenido relaciones cordiales con los Estados Unidos, aunque ha *rechazado* tanto la influencia norteamericana como la soviética. Entonces, ¿por qué . . . ? Esperemos un poco más.

  La industria principal del Uruguay es la *ganadería*, y tan rico es el *suelo* de sus pampas que allí *se crían juntos ganado y ovejas*, sin causar *daño* a la tierra. Por supuesto, la economía uruguaya depende de la producción y exportación de carnes y de *lana*. Y durante la Segunda Guerra Mundial, cuando la carne *escaseaba* en otras partes del mundo, el Uruguay comenzó a gozar de una gran prosperidad.

  Sin duda alguna, la capital, Montevideo, con su millón de habitantes, es una de las ciudades más cosmopolitas de la América hispana. Refugio de intelectuales y de *políticos* exilados, es además una atracción turística para miles de personas que van cada año para gozar de sus hermosas playas y de la vista del mar. Y cuando se acerca la *temporada de la Cuaresma*, se celebra en Montevideo una fiesta de carnaval que *rivaliza con* la de Río de Janeiro.

  Al parecer, éste era un país *favorecido* por la fortuna —un país estable, un país que sabía vivir en paz con el mundo. Excepto . . . excepto por dos grandes defi-

rejected

livestock
soil ~ cattle and sheep are raised together ~ damage

wool

was scarce

without a doubt

politicians

Lenten season

rivals

Apparently ~ favored

Una de las avenidas principales de la hermosísima capital. *Montevideo.*

ciencias. Primero: un sistema político que se prestaba más que nada a la confusión. Aunque siempre había tenido sólo dos partidos, ¡dentro de cada partido había tantas facciones que en una elección reciente *se postularon* 123 candidatos presidenciales! ¡Y en lugar de tener un solo presidente, el Uruguay tenía nueve a la vez! *Aprovechándose* además de su nueva prosperidad, el Uruguay *desarrolló* un sistema de *seguridad social* que llegaba a un extremo increíble de *beneficencia*. Por ejemplo, un hombre podía *jubilarse* después de 30 años de trabajo (una mujer sin hijos después de 25) ¡y recibía para el resto de su vida su *sueldo* entero! ¡Una madre de familia se jubilaba con un *tercio* de su sueldo para el resto de su vida si había trabajado por diez años! Imagínese el costo de estos programas.

El segundo problema era de *índole* económica. Bajó el precio internacional de la lana, y el Uruguay, que dependía tanto de una sola industria, comenzó a sufrir las consecuencias. Además, había hecho pocos *adelantos* en la agricultura. Le faltaban *materias primas*, sufría de un gran *atraso* tecnológico, y de un sistema de impuestos *según el cual* casi nadie pagaba nada. ¿Y qué pasó? Comenzó una inflación tan grande que en el año 1965, por ejemplo, ¡el costo de la vida subió más del 85%! Y al año siguiente, ocurrió casi lo mismo; y al año siguiente, otra vez, hasta que . . .

were nominated

Taking advantage
developed
social security
generosity ~ retire

salary

third

nature

advances
raw materials ~
   backwardness ~
   according to which

Trasquilando (shearing) una oveja.

85 Se evitó por el momento el golpe. Pero la crisis no se había resuelto. No se ha resuelto todavía. Y ahora la nación más progresista y democrática de la América del Sur está *doblándose ante* la fuerza militar, buscando un rayo de luz ante la *creciente oscuridad*.   bowing before / growing darkness
90 La ayuda norteamericana que está recibiendo bajo la Alianza para el Progreso puede mejorar hasta cierto punto su dilema económico. Pero su futuro político está en la balanza. ¿Qué traerá?

Preguntas

1. ¿Qué ocurrió en el Uruguay en el verano de 1968?
2. ¿Qué sabe Ud. acerca de su población y su geografía?
3. ¿Cómo es la vida en el Uruguay?
4. ¿Cómo ha sido su historia?
5. ¿Por qué decimos que tiene una tradición progresista?
6. ¿Cuál es su industria principal?
7. ¿Cómo es Montevideo?
8. ¿Qué sistema político ha tenido desde su independencia?
9. ¿Qué problemas económicos han surgido recientemente?
10. ¿Cuál es la condición actual del Uruguay?

V PASATIEMPO

Partido de Tenis

Estudie bien las formas del imperfecto del subjuntivo, y venga preparado para usarlas en un rápido partido de tenis. He aquí cómo se juega (Here's how it is played): Cuatro personas juegan a la vez, dos en cada equipo. En efecto, si su profesor(a) quiere, la clase se puede dividir en grupos de cuatro, usando varias canchas (*courts*) al mismo tiempo en lugar de una. Ahora bien, la primera persona sirve un infinitivo a un jugador del otro equipo, y esa persona tiene cinco segundos para decir la forma correcta del imperfecto del subjuntivo. Si no la da, el primer equipo gana quince puntos y sirve otra vez. Si contesta correctamente, tiene que devolver otro infinitivo dentro de tres segundos, y uno de los jugadores del primer equipo tiene que responder. Según las reglas del tenis, cada partido consiste en ganar 60 puntos—15 para cada jugada (*play*)—y el juego continuará hasta que un equipo gane seis partidos. ¿Es posible que Ud. sea el campeón (*champion*)?

17

Lección Diecisiete

I CONVERSACIÓN

A. ¿Se acuerdan Uds. de los días cuando acababan de entrar en esta escuela? Pues piensen un poco en ellos, y después contesten las preguntas que les vamos a hacer. Por ejemplo, en aquellos días,

1 ¿Les decían siempre sus maestros que estudiaran más? — Sí, nos decían que estudiáramos . . . No, no nos decían . . .
2 ¿Les decían que no llegaran tarde? — Sí, nos decían que no llegáramos . . .
3 ¿Les decían que no hablaran tanto en la clase?
4 ¿Les decían que no hablaran en los pasillos (halls)?
5 ¿Insistían en que vinieran siempre muy bien preparados? — Sí, insistían en que viniéramos . . .
6 ¿Les pedían que no hicieran ruido en la cafetería? — Sí, nos pedían que no hiciéramos . . .
7 ¿Les decían que no corrieran en los pasillos?
8 ¿Querían que Uds. asistieran al Club Español?
9 ¿Querían que Uds. participaran en otras actividades?
10 ¿En qué actividades recomendaban que Uds. tomaran parte? — Recomendaban que tomáramos parte . . .

B. Ahora vamos a ver lo que haría Ud. bajo ciertas circunstancias. Por ejemplo:

1 Si no tuviéramos exámenes, ¿estudiaría Ud.? (If we didn't have . . .)   Si no tuviéramos exámenes, sí estudiaría (no estudiaría).
2 Si no tuviéramos notas, ¿le gustaría más la escuela?   Si no tuviéramos notas, me . . .
3 Si no hubiera tareas (If there were no homework), ¿le gustaría más la escuela?   Si no hubiera tareas, sí . . .
4 Si Ud. tuviera tiempo, ¿aprendería más lenguas extranjeras?
5 Si Ud. fuera muy rico, ¿trabajaría?
6 Si fuera millonario, ¿qué compraría?
7 Si Ud. fuera presidente, ¿dónde viviría?
8 Si Uds. fueran franceses, ¿qué lengua hablarían?   Si fuéramos . . .
9 Si fueran chilenos, ¿qué lengua hablarían?
10 Si Uds. fueran argentinos, ¿cuál sería la capital de su país?

C. Ahora contesten todos muy rápidamente:

1 Si Uds. tuvieran hambre, ¿qué harían?
2 Si Uds. tuvieran mucha sed, ¿qué tomarían?
3 Si una persona no se sintiera bien, ¿a quién llamaría?
4 Si le dolieran las muelas (If his teeth hurt), ¿a quién llamaría?
5 Si tuviera mucho sueño, ¿qué haría?
6 Si quisiera comprarse un par de zapatos, ¿adónde iría?
7 Si quisiera sacar un libro para leerlo, ¿adónde iría?
8 Si no quisiera comer en casa, ¿adónde iría?
9 Si Uds. estuvieran casados, ¿vivirían con sus padres?
10 Si Uds. pudieran visitar cualquier país del mundo, ¿cuál visitarían?

II ESCENAS DE LA VIDA

Fuga[1]

Lorenzo Barrios está hablando con sus padres. Está *delirando de* felicidad. A media milla de distancia Daniela está *contando* a su familia una noticia especial.

    out of his mind with / *telling*

5 LOR.: *Si me lo dijeran* hace seis meses, no lo creería. ¡Imagínense! ¡Yo! Pero no soy la misma persona. *Si tuviera alas, volaría* encima de las casas gritando: «¡Me ha dicho *que sí!* ¡¡Me ha dicho que sí!!...» ¿Qué les parece?

    If they told me so / *If I had wings, I'd fly* / *"yes"*

10 SR. B.: Que estás loco.

SRA. B.: Ah, no, Manuel. El chico está un poco emocionado, nada más. ¿Qué te pasa, Lorenzo? No entendemos exactamente lo que *quieres decir*.

    you mean

LOR.: Quiero decir que estoy enamorado, ¡e-na-mo-
15 ra-do de Daniela Campos, y ella está enamorada de mí! Y anoche le pedí que se casara conmigo y...

SRA. B.: Estás loco.

SR. B.: ¿No te lo dije?

20 LOR.: Y ella me dijo que sí.

SRA. B.: *Me voy a desmayar.*

    I'm going to faint.

SR. B.: Lorenzo, por favor, no hables así delante de tu mamá. Tú sabes que ella es muy delicada.

SRA. B.: ¡Agua! Me voy a desmayar...

25 DAN.: Pero mamá, no lo tomes así. Yo pensaba que estarías feliz.

SRA. C.: ¿Feliz? Háblale tú Ernesto. Yo no puedo hablar.

SR. C.: Pero Daniela, ¿no te parece que eres
30 un poco joven para casarte? *Apenas has cumplido diez y ocho años.* Si tuvieras veinte, o veinte y dos, entonces, tal vez...

    You've hardly turned 18

DAN.: Pero ya no soy una niña, papá. Lorenzo me ha hecho una mujer.

---

1. A Fugue is a musical form in which several voices play the same melody around and against each other.

35 SR.: ¿Ah, sí?
SRA. C.: ¡Me voy a desmayar!
SR. B.: Óyeme, Lorenzo. No seas tonto. ¿Cuántos años tienes ahora? ¿Veinte y uno, no?
LOR.: En octubre.
40 SR. B.: Pues hablemos de hombre a hombre. ¿Sabes lo que haría yo si estuviera en tu lugar? No me casaría inmediatamente. Eso sí que no. Esperaría dos años, o tres, o cinco. Trataría de conocer a otras muchachas. Y después, *si quisiera todavía a*   if I still loved Daniela, I'd
45 *Daniela, daría el salto.* Y si no, siempre habría otros   take the leap
peces en el mar.   fish in the sea
SRA. B.: Y tan buen mozo como eres.   with your good looks
LOR.: Uds. no entienden. No hay otra para mí sino Daniela. Ella es mi alma, mi vida . . .
DAN.: Es mi cielo, mi sol. No quiero vivir sin él. No queremos esperar. Mamá, papá . . .
(Elisa *aparece* en la puerta.)   appears
EL.: Daniela tiene razón. Yo estoy de tu parte, Daniela.
55 SRA. C.: Elisa, ¿no te dije hace una hora *que*   to go to bed?
te acostaras?
EL.: Tenía sed.
SRA. C.: Pues ésta no es la cocina. Toma un poco de agua y vete a la cama.
60 SR. C.: ¡En seguida!
(Elisa se dirige hacia la cocina. *En medio del*   Half way there
camino se vuelve, y se presenta otra vez en la puerta de la sala.)
EL.: Daniela, si yo fuera tú, me *huiría de casa.*   I'd run away from home
65 SR. C.: ¡¡Elisa!!

(La señora Barrios cierra la puerta de la sala detrás de sí, y sale llorando.)
LOR.: ¡Ay, mamá! No . . .
SR. B.: ¿Ya ves lo que hiciste? *Has puesto* enferma a   You've made
70 tu mamá.
LOR.: Yo no hice nada. Además, no está enferma. Ya verás, papá. Ella volverá . . . Realmente, no entiendo por qué *se emociona tanto.* Sería diferente   she gets so excited
si pensáramos huirnos de casa, o vivir en otro país,   if we were planning
75 o . . .

311

SR. C.: Sería diferente si fuéramos gente rica, si pudiéramos ayudarte a *poner* casa . . . set up
SRA. C.: Tan pobres no somos Ernesto. A lo menos tú eres arquitecto. Los Barrios tienen mucho menos que nosotros.
DAN.: No pienses siquiera en eso, mamá. Los Barrios son gente muy buena, y no importa *lo demás*. the rest

(La señora Barrios ha vuelto.)
SRA. B.: Bueno, Lorenzo. Por tu felicidad me voy a sacrificar.
LOR.: Gracias, mamá.
SRA. B.: Pero hay una cosa. Los Campos *pensarán* que ellos *valen* más que nosotros, porque tu papá trabaja en una fábrica y el señor Campos . . . probably think / are better
LOR.: No seas así, mamá. Ellos no piensan siquiera en eso. No les interesa mucho el dinero.

SR. C.: Bueno, Daniela. Muy bien. Pero hablemos *a las claras*. Lorenzo es un muchacho muy simpático. Pero es joven. No tiene *oficio*. No tiene futuro. openly / a trade
DAN.: El gerente ha prometido que algún día le dejará trabajar en la *Recepción*. Front desk
SRA. C.: (sin entusiasmo) *Enhorabuena*. Congratulations
DAN.: Pero a mí no me importa. Yo lo quiero a él, y *que sea* ascensorista u otra cosa *dará lo mismo*. Y sé que él me quiere a mí, y que de todo será capaz para hacerme feliz. whether he may be ~ / will be all the same to me

LOR.: Ya lo verán. Trabajaré día y noche. *A todo estoy dispuesto* para hacerla feliz. I'm ready to do anything
(Hay un corto silencio)
SR. B.: Lorenzo, *dame esa mano*. Eres un hombre ya. Put it there
SRA. B.: (con mucha emoción) Y *que Dios te guarde*, hijo, para siempre. may God keep you
SR. C.: Que Dios te guarde, Daniela. Ya eres *toda una mujer*. a real woman
SRA. C.: Mi hija . . . mi nena . . . (La puerta está *entreabierta*) ¡Elisa! ¡Vete a la cama ya!, ¡eh! ajar

Vocabulario Activo

el agua (*fem.; pl.* **las aguas**) water	**el mar** sea
el ala (*fem.; pl.* **las alas**) wing	**el pez** (*pl.* **peces**) fish (alive)
	oficio trade, occupation

aparecer (**aparezco**) to appear (put in an appearance)	**desmayarse** to faint
desaparecer (**desaparezco**) to disappear	**emocionarse** to get excited
	volar (**vuelo**) to fly

dispuesto ready; disposed	**entreabierto** ajar, partly open

anoche last night	**querer decir** to mean
lo demás the rest, remainder	**cumplir años** to reach a certain age; have a birthday
hablar a las claras to speak clearly, talk straight	**poner** (**enfermo, feliz, triste,** etc.) **a alguien** to make someone (sick, happy, sad, etc.)
¡Enhorabuena! Congratulations	
Yo estoy de tu parte. I'm on your side.	

Preguntas

1. ¿Con quiénes está hablando Lorenzo? ¿y Daniela?
2. ¿Qué haría Lorenzo si tuviera alas?
3. ¿Por qué está tan feliz Lorenzo?
4. ¿Qué piensan del caso sus padres?
5. ¿Por qué pide agua su mamá?
6. ¿Cómo reciben la noticia los padres de Daniela?
7. ¿Por qué dice el señor Campos que Daniela es muy joven para casarse?
8. ¿Por qué se va a desmayar la señora Campos?
9. ¿Qué haría Manuel Barrios si estuviera en el lugar de Lorenzo?
10. ¿Cuántos años esperaría antes de casarse?
11. ¿Por qué no quiere pensar en otras muchachas Lorenzo?
12. ¿Quién toma parte de repente en la conversación de los Campos?
13. ¿Qué haría Elisa si estuviera en el lugar de Daniela?
14. ¿Qué hace la señora Barrios en medio de la discusión?
15. ¿Qué no entiende Lorenzo acerca de su mamá?

16. Según el señor Campos, ¿en qué circunstancias sería diferente el caso?
17. Según Emilia Barrios, ¿qué pensarán los Campos?
18. ¿Por qué no le gusta mucho al señor Campos que su hija se case con Lorenzo?
19. ¿Qué dice Daniela para convencer a sus padres?
20. ¿Cómo convence Lorenzo a los suyos (*his* parents)?

Discusión

1. ¿Cree Ud. que es lógica la actitud de los Campos y los Barrios hacia el casamiento de sus hijos? ¿Cree Ud. que Daniela es muy joven para casarse? En su opinión, ¿cuál es la edad ideal para casarse una joven? ¿y un hombre?
2. Si Ud. fuera la mamá (o el papá) de Lorenzo, ¿qué le diría? Si fuera la mamá (o el papá) de Daniela, ¿qué le diría a ella?
3. ¿Le importa mucho a Ud. el dinero? ¿Le importa la posición social? Si no les gustara a sus padres su novio (o su novia), ¿se casaría Ud. con él (o con ella)? ¿Piensa Ud. casarse algún día? ¿Por qué?

Del precio de la lana depende en gran parte la economía uruguaya. ¿Quiere Ud. comprar un suéter nuevo?

III ESTRUCTURA

46. The Imperfect Subjunctive: First and Third Person Plural

a. Regular forms

	dejar	**meter**	**abrir**
(nosotros)	dej*á*ramos	met*ié*ramos	abr*ié*ramos
(ellos, ellas, Uds.)	dej*aran*	met*ie*ran	abr*ie*ran

b. Irregular forms

Once again, look at the third person plural of the preterite, and change the endings as follows:

		1 pl.	**3 pl.**
tener:	tuvieron	*tuviéramos*	*tuvieran*

Now can you do the rest?

estar:	estuvieron
andar:	anduvieron
poner:	pusieron
poder:	pudieron
saber:	supieron
haber:	hubieron
hacer:	hicieron
venir:	vinieron
querer:	quisieron
ir, ser:	fueron
dar:	dieron
caer:	cayeron
decir:	dijeron
traer:	trajeron
conducir:	condujeron

As before, *–ir* stem-changing verbs follow the same rule.

pedir:	p*i*dieron
morir:	m*u*rieron
servir:	sirvieron
dormir:	durmieron

Ejercicios

A. Cambie según las indicaciones:

1. No querían que lo *discutiéramos*.
   (olvidar, guardar, suspender, hacer, decir)
2. Tenían miedo de que los *mataran*.
   (castigar, vigilar, seguir, interrumpir, escoger)
3. Yo dudaba que *prometieran* más.
   (crecer, merecer, costar, conseguir, saber)
4. ¿Tú esperabas que *nos durmiéramos?*
   (levantarse, alejarse, alegrarse, atreverse, detenerse)
5. Me sorprende que *se emocionaran* así.
   (quejarse, encontrarse, equivocarse, desmayarse, despedirse)

B. Ahora haga plurales las formas indicadas. Por ejemplo:

Quería que *yo* se lo *diera.*   Quería que se lo *diéramos.*
Le grité que *se detuviera.*   *Les* grité que *se detuvieran.*
Me dijo que no lo *hiciera.*   *Nos* dijo que no lo *hiciéramos.*

1. Temía que *mi primo no llegara* hasta la medianoche.
2. *Le* pidió que *limpiara* las alfombras y los armarios.
3. *Le* rogamos que no *diera* más golpes contra el cielo raso.
4. El jefe *me* recomendó que *escogiera* otro oficio.
5. Era necesario que *yo comprara* una pantalla nueva.
6. ¿No *me* dijiste que *viera* esa película?
7. Es posible que *el pobre se muriera* de frío.
8. El vendedor no quería que *la señora tocara* los tomates.
9. El médico *me* dijo que no *comiera* tantos mariscos.
10. *Le* aconsejó que no *se casara* hasta que *cumpliera* veinte años.

C. Complete de una manera original, usando los verbos sugeridos.
   Por ejemplo:
   Nos pidieron que . . . (decir)   *Nos pidieron que les dijéramos la verdad, que no dijéramos nada,* etc.

1. Nos rogaron que . . . (hacer)
2. Esperábamos que los policías . . . (coger)
3. Les dije que . . . (tener)
4. La señora nos recomendó que . . . (poner)
5. No era posible que Ana y yo . . . (ir)
6. Sentíamos que nuestros amigos . . . (estar)
7. No queríamos que los otros . . . (saber)

47. If - clauses

a. The word *si* is a very special case in Spanish. When it introduces a *present* tense: *If he comes . . ., If we decide, . . .* Spanish regards it as meaning "assuming . . ." or "suppose . . .". And so, it calls for the *indicative*.

Si llueve, no vendrán.	If it rains, they won't come.
—Yo tampoco.	—I won't either.
Y si me olvido, ¿qué harás?—Nada. Te mataré.	And if I forget, what will you do? —Nothing. I'll kill you!

b. But when *si* refers to something that is *contrary to fact: If he were here* (but he isn't) . . ., *If I had money* (but I don't) . . ., then Spanish uses the *imperfect subjunctive*. Obviously, a condition that is contrary to fact is a clear case of unreality. Compare, for example:

Si tengo tiempo, lo haré.	If I have time (Assuming I do), I'll do it.
Si tuviera tiempo, lo haría.	If I had time (but I don't), I would do it.
Si es rico, podrá comprarlo.	If he is rich, he'll be able to buy it.
Si fuera rico, podría comprarlo.	If he were rich (but he isn't), he would be able to buy it.[2]
Si no está enferma, irá.	If she isn't sick, she'll go.
Si no estuviera enferma, iría.	If she weren't sick (but she is), she would go.

A sure giveaway that the *si*-clause is contrary to fact is the use of the *conditional* tense in the main clause.

| Si yo fuera Ud., no me *casaría*. | If I were you (but I'm not), I wouldn't get married. |
| Si lloviera, no *habría* partido. | If it should rain (but it probably won't), there would be no game. |

Ejercicios

A. Cambie para expresar una condición contraria al hecho (fact). Por ejemplo:

Si vienen, te avisaré.   *Si vinieran, te avisaría.*
Lo hará si se lo pido.   *Lo haría si se lo pidiera.*

---

[2] Did you notice that English also uses the past subjunctive here? If he *were* rich . . ., If I *were* . . ., If it *should* rain . . .

1. Vendrán si no llueve.   2. Si llegamos temprano, le llamaremos.   3. Si Juan está ocupado, no le interrumpiré.   4. Si la bombilla está rota, la lámpara no funcionará.   5. Si me gusta, lo compraré.   6. Si tenemos una reunión semanal, más personas asistirán.   7. Lo hará si no es peligroso.   8. Con mucho gusto la limpiaré si está sucia.   9. Si no es cojo, podrá caminar.   10. Si hay tiempo, lo arreglaremos hoy.

    B.   Indique cuál de las conclusiones le parece mejor:

1. Si le pisara los pies a alguien, (me alejaría, me disculparía, me acercaría).
2. Si me dijeran que acababa de sacarme el gordo, (me enojaría, me desmayaría, me despertaría).
3. Si el chico nos mintiera, le (castigaríamos, aprobaríamos, haríamos caso).
4. Tocarían mucho mejor si (regresaran más temprano, ensayaran más, se despidieran a tiempo).
5. Si mi propio papá me mandara hacer una cosa mala, no lo (obedecería, vigilaría, juraría).
6. Si no hiciera tanto frío hoy, (pagaríamos al cajero, nos pasearíamos en el parque, nos moriríamos).
7. Si yo fuera un pájaro, (volaría, charlaría, desaparecería).
8. Si mi jefe no me permitiera hablar por teléfono con Ricardo, (buscaría otro empleo, le tomaría el pelo, abriría de par en par las puertas).
9. Si se cuida bien, (no se pondrá enfermo, no necesitará estos cojines, meterá la cadena en el bolsillo).
10. Si escuchamos la radio, (nos dirán la dirección de su casa, ya no oleremos el puchero, podremos oír las noticias).

    C.   Conteste finalmente:

1. Si yo le pidiera un favor, ¿lo haría?   2. Si le invitaran a hacer una expedición a la luna, ¿iría?   3. Si Ud. encontrara un ladrón en su casa, ¿qué haría?   4. Si alguien le contara un chiste muy divertido, ¿qué haría Ud.?   5. Si su televisor no funcionara bien, ¿a quién llamaría?   6. Si los vecinos estuvieran haciendo mucho ruido, ¿daría Ud. golpes en la pared?   7. Si Ud. estuviera en un restaurante y el camarero no le prestara ninguna atención, ¿qué haría?   8. Si sus padres le dijeran que no se casara, ¿los obedecería?   9. Si Ud. tuviera tiempo para hacer un viaje largo, ¿iría en avión o por mar?   10. Si Uds. se encontraran en un país hispano, ¿sabrían hablar con la gente? ¿pedir una comida?

Área: aprox. 286,000 millas cuadradas
Población: aprox. 9,000,000
Unidad monetaria: escudo

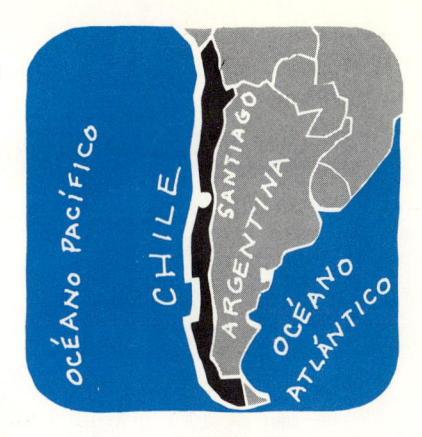

IV NOTAS HISPÁNICAS

Chile

Se dice que uno tiene que ser muy delgado para ser chileno. ¡*De otra manera se cae* del mapa! Mire Ud. por un momento el mapa, y ya verá por qué... Sin duda, Chile es *todo un* fenómeno geográfico. Su
5 costa en el Pacífico se extiende por unas 2,900 millas, más aún que la de los Estados Unidos. ¡Sin embargo, nunca alcanza más de 220 millas *de ancho*, y el *promedio* es de unas 125! Es como un largo *signo de exclamación*, una estrecha faja de tierra entre
10 los Andes y el Pacífico. Y ahí sólo comienzan sus problemas.

    La tercera parte de Chile está compuesta de altas cordilleras que corren de norte a sur como una *columna vertebral*. Las montañas son hermosas,
15 *majestuosas*, y sus picos *nevados* ofrecen el mejor *sitio* del mundo *para irse a esquiar*. Pero son *traicioneras* también. De allí *provienen* los terremotos catastróficos que tantas veces han destruido a las ciudades chilenas. Y las avalanchas y los *derrumbes* y las
20 erupciones volcánicas. Y *por* el lado del océano han venido *oleadas* tan fuertes que *han arrastrado poblaciones enteras*. Sí. Chile es un país grande pero *la naturaleza no le ha prodigado* siempre sus *bienes*.

    En el norte de Chile, cerca de las fronteras
25 peruana y boliviana, se halla el desierto del Atacama, donde por cientos de millas cuadradas no se ven ni una sola persona ni un solo árbol. Allí hay lugares que no han conocido en 400 años una sola *gota* de lluvia. Pero curiosamente, aquel desierto es

It is said
Otherwise he falls off

quite a

in width
average
exclamation point

spinal column
majestic ~ snow-capped ~ place
to go skiing ~ treacherous
come forth

landslides
on
tidal waves ~ have carried away whole towns ~ nature has not lavished on it ~ riches

drop

319

Una manifestación estudiantil — ¡¡en *favor* del Presidente!!

30 la base de su economía. Allí se encuentran las minas que han hecho a Chile el *tercer productor mundial de cobre*. Allí están también los *campos de nitratos*[3] y los grandes depósitos de hierro y de carbón. La vida es dura en el desierto, pero sin aquellas tierras secas y
35 formidables Chile no podría existir.

 El valle central de Chile es su única región fértil. Es como otra California, y allí vive tres cuartos de la población. El clima es templado, *pero escasea el agua*, y sólo las tierras bien irrigadas producen su cuota de
40 *trigo*, *uvas* y otros comestibles. Así es que Chile tiene que importar el 70% de *lo que necesita* para comer. En realidad, la esencia de la economía chilena consiste en *cambiar* minerales por comida, y desafortunadamente, el costo de los comestibles importados
45 sigue subiendo siempre.

 3. Aunque los abonos artificiales se emplean frecuentemente ahora en lugar del nitrato natural, el nitrato sirve todavía para producir el 70% del yodo (iodine) del mundo.

Al sur del valle central encontramos un largo archipiélago cuyas *fiordos* y bosques y altas montañas *se parecen a los de Noruega*. Llueve mucho en aquellas tierras *insulares*, y poco a poco el clima *se vuelve* frío
50 mientras nos acercamos a Puntas Arenas, al *Estrecho de Magallanes* y a la Tierra del Fuego. Estamos ahora cerca de la *Antártica;* estamos en el «fondo» de este planeta que llamamos nuestro.

    Hemos hablado ya del aspecto físico de Chile, de
55 las fuentes de su riqueza, de las causas de su *desesperación*. Pero hay otro Chile también, el Chile histórico y cultural, y sobre todo, el Chile humano que tenemos que considerar. Mirémoslo un poco más.

    Chile es uno de los países más «civilizados» del
60 mundo. Desde la época de su independencia ha sido una de las únicas naciones estables del continente. Su pueblo es esencialmente urbano y bien educado. Su capital, Santiago, la tercera ciudad más grande del continente, no tiene el elegante aspecto *pari-*
65 *siense* de Buenos Aires, pero sí es un centro cultural

fiords
resemble those of Norway
island ~ turns
Straits of Magellan

Antarctic region

despair

Parisian

La mina de cobre más grande del mundo.　　*Chuquicamata, Chile.*

de primera importancia. Las mujeres participan activamente en el comercio y aun en la política, y los chilenos por lo general son *muy aficionados a* la literatura, al baile, y a la música. Así es que han nacido en Chile algunos de los poetas, novelistas y músicos más distinguidos de la América latina.

    Pero Chile, como sus vecinos, también tiene que *encararse con* algunos problemas muy difíciles. En primer lugar, la poca tierra cultivable *de que dispone* está mal distribuida. En segundo lugar, todavía faltan oportunidades educativas para los hijos del pobre, y sin educación su futuro tendrá que ser igual al presente. Y finalmente, los enormes recursos de minerales y metales están mayormente en manos extranjeras. Y así, aunque los impuestos pagados por esas compañías son el *sostén principal* de la economía, el chileno *se resiente de* la intervención del *extranjero, y le echa la culpa de* todos sus problemas domésticos. Por estas razones, en las elecciones más recientes, el partido comunista *por poco gana el poder.* Afortunadamente, se formó una coalición liberal bajo un presidente *enérgico*, y ya ha comenzado un programa

great enthusiasts of

face
that it has available

mainstay
resents ~ foreigner, and blames him for

almost took power

energetic

Trabajadores en una planta de enlatar (canning) mariscos. *Valparaiso, Chile.*

de reformas. Mientras tanto, Chile está recibiendo bastante ayuda norteamericana *por medio de* la Alian-   through
90 za para el Progreso y el Cuerpo de Paz, y la crisis ha pasado, a lo menos por el momento. Parece que Chile encontrará sus soluciones dentro del proceso democrático. ¡Ojalá . . . !

Preguntas

1. ¿Por qué se dice que «uno tiene que ser muy delgado para ser chileno»?
2. ¿Por cuántas millas se extiende Chile en la costa del Pacífico?
3. ¿De qué está compuesta la tercera parte de sus tierras?
4. ¿Qué desastres naturales han ocurrido frecuentemente?
5. ¿Cómo es su geografía en el norte? ¿Qué productos vienen de allí?
6. ¿Cuál es la única zona fértil de Chile? ¿Cómo es?
7. ¿Cómo ha sido hasta ahora la historia chilena?
8. ¿Cómo es su pueblo? ¿y su sistema educativo?
9. ¿Cuáles son algunos de los problemas que tiene que resolver?
10. ¿Cómo ha podido evitar por ahora la crisis?

V PASATIEMPO

Si Yo Fuera Usted . . .

Piense en algunas situaciones difíciles en que Ud. o un amigo suyo se haya encontrado. O posiblemente en un problema que tenga ahora mismo. Pues bien, explique el caso a sus compañeros de clase, y ellos le van a decir lo que harían si estuvieran en su lugar: «Si yo fuera Ud., . . .» ¿Entiende? Bueno.

Puede resultar también que Ud. tenga que contestarle a otra persona. En ese caso, aquí tiene Ud. algunas respuestas posibles:

1. Si yo fuera Ud., me huiría de casa.
2. Si yo fuera esa persona, iría a la policía.
3. Si yo fuera tú, no comería por 60 días.
4. Si yo fuera Uds., me casaría en seguida.
5. Si yo fuera ella, dormiría por tres días seguidos (in a row).
6. ¡Ay, no! Si yo fuera Ud., me mataría.

Buenos consejos, ¿eh? A ver si Ud. puede contestar mejor.

18

Lección Dieciocho

I CONVERSACIÓN

A. Vamos a hablar como amigos hoy, ¿está bien? Por ejemplo, dime francamente:

1 Si pudieras vivir sin trabajar, ¿trabajarías?
2 Si pudieras sacar «A» sin estudiar, ¿estudiarías?
3 (A las muchachas) Si tuvieras una amiga muy bonita, ¿la presentarías a tu novio?
4 (A los muchachos) Si tuvieras un amigo más guapo que tú, ¿lo presentarías a tu novia?
5 Si le pisaras a alguien los pies, ¿qué harías?
6 Si perdieras tu cartera (wallet), ¿te enojarías?
7 Si ganaras cien mil pesos, ¿te desmayarías?
8 Si fueras muy rico, ¿serías feliz?
9 Si pudieras vivir en cualquier parte, ¿dónde vivirías?
10 Si pudieras conocer a cualquier persona, ¿a quién te gustaría conocer?

Si pudiera . . ., sí trabajaría (no trabajaría).

11 Si pudieras realizar un solo deseo, ¿cuál sería?
12 Si pudieras vivir en otra época, ¿cuál sería?

B. Conteste muy rápidamente ahora:
1 Si quisieras ocultar algo, ¿dónde lo meterías?
2 Si estuvieras muy cansado, ¿dónde te acostarías?
3 Si necesitaras una cuchara, ¿en qué cuarto la buscarías?
4 Si desearas limpiar las alfombras, ¿qué aparato usarías?
5 Si quisieras cortar algo, ¿qué instrumento usarías?
6 Si fueras soldado, ¿qué arma llevarías?
7 Si quisieras pesarte, ¿qué aparato usarías?
8 Si pensaras hacer un viaje, ¿qué necesitarías?
9 Si quisieras saber las noticias del día, ¿qué leerías?
10 Si quisieras ver una película, ¿adónde irías?
11 Si quisieras sacar (take) fotografías, ¿qué necesitarías?
12 Y si tuvieras un negocio (business), ¿qué necesitarías?

C. Ahora bien, éstas son las formas de *vosotros* que usan en España.

1 Si estudiarais más, ¿sacaríais mejores notas?
    Sí, si estudiáramos más, sacaríamos . . . No, . . .
2 Si escribierais todos los ejercicios, ¿aprenderíais mejor?
    Sí, si escribiéramos . . . No, . . .
3 Si tuvierais tiempo, ¿estudiaríais francés también?
4 Si fuerais millonarios, ¿seríais felices?

II   ESCENAS DE LA VIDA

Al Teléfono

La señora Campos está sentada al teléfono. Tiene delante de *sí* una larga lista de números telefónicos, y en este momento está marcando el primero.   her(self)

SRA. C.: ¿Raquel?... Sarita... Bien. ¿Y *los tuyos?*   yours (your family)
5 Me alegro. Oye, Raquel, tengo una noticia estupenda. Quería que tú fueras la primera *en* saber-   to
la... A ver si *adivinas*... No... Tampoco...   you can guess
¿Quieres que te ayude?... *Tiene que ver* con   It has to do
Daniela... Sí... Sí... ¡Lo adivinaste! Eres una
10 maravilla, ¿sabes?... Se llama Lorenzo Barrios.
Es joven, y muy buen mozo... Muy simpático,
sí. ¡Y qué enamorados están! ¡Ay, Raquel, si pudieras verlos! Son como dos *tórtolos*... Pues no, no   lovebirds
creo que se pueda llamar exactamente una profesión.
15 Es que... él está afiliado con el Hotel
Continental. Tiene un futuro *prometedor*... Sí...   promising
¿El padre? Ah, sí. Está... en la industria. Creo
que *fabrican*... No recuerdo ahora. ¡Tan emo-   they manufacture
cionada estoy! Pero Raquel, ¿me perdonas? Ten-
20 go que hacer otras llamadas ahora. Sólo quería
que tú fueras la primera en saberlo... Gracias
... Muchas gracias. Adiós.
(Sara cuelga el teléfono y llama en seguida el segundo número en su lista.)
25 SRA. C.: ¿Sofía... Sara María...
(Mientras tanto, Raquel también está marcando un número.)
RAQ.: ¿Florencia?... Ay, perdón, Gonzalo. No
reconocí su voz. Aquí habla Raquel... *No Roge-*   Not Roger
30 *lio*. ¡Raquel!... Así es... Oiga, Gonzalo, no le
quiero *molestar*. Pero *si me hiciera* el favor de de-   bother ~ if you would do me
cirle a Florencia... Bueno. Gracias... ¿Florencia? ¿Has oído la noticia? Sarita Campos me acaba de llamar. Me dijo que Daniela se va a casar.
35 ¡Qué maravilla, eh!... Tan simpática es la mu-

chacha . . . Sí. Se llama . . . no recuerdo exactamente . . . Lautaro . . . no, Lorenzo, Lorenzo Carrión. Eso es . . . Es uno de los jefes del Hotel Continental . . . Sí. Su padre es *fabricante,* no sé
40 *de qué* . . . Así es . . . ¡Ojalá que tuviera esa suerte mi hija Esperanza! . . . Exacto . . . ¡Qué maravilla, eh!   a manufacturer / of what

• (Sara Campos y Raquel Peña están ocupadísimas llamando a otras amigas. Florencia Santos está
45 hablando con su *cuñada* Laura.)   sister-in-law

   FLO.: El novio se llama Calderón . . . Leonardo Calderón . . . *Será de* la familia de los Calderón, ¿no te parece? . . . Figúrate. *Él mismo* es dueño del Hotel Continental, y como si eso no fuera
50 suficiente, ¡su padre es un famoso *industrial!* ¿Qué te parece, eh? . . . *Si me lo dijera otra persona,* no lo creería. ¡Qué suerte! ¡Qué maravilla!, ¿no?   He must belong to / He himself / industrialist / If someone else were to tell me

(El teléfono sigue sonando en más y más casas. Sara, Raquel, Florencia, Laura y sus amigas están
55 haciendo bien *su labor.*)   their job

   SRA. MONTERO: ¿De los Castellón, dices? *Pues si* todo el mundo los conoce. Creo que fabrican automóviles . . .   why

   SRA. ACEVEDO: Tienen una fábrica de automóviles, y
60 otra de aviones. Mi hija Oliva oyó en la radio que . . .

   SRA. GARCÍA: ¡No! ¿Don Bernardo Castellón? Lo vi *hace poco en el noticiero.* Pero Josefa, ¿no es un poco viejo don Bernardo para casarse con Daniela?   recently in the newsreel

65 SRA. LÓPEZ: Si yo fuera la madre de ella, le diría . . .

   SRA. DÍAZ: Creo que es el tercer casamiento para él. No, el cuarto. *¡Viejo calavera!* Yo recuerdo cuando se casó la segunda vez. Fue poco antes de que *naciera* mi hijo Pepe.   The old scoundrel! / was born

70 SRA. LONTANO: *Aunque me dieran un Potosí,* aunque me ofrecieran . . .   Even if they gave me a gold mine

   SRA. DEL PASO: ¡Escandaloso! ¡Dos novios *a la vez!* ¡Qué gente, eh!   at the same time

   SRA. GONZÁLEZ: ¡Daniela Campos! *¡Qué vergüenza!*   How shameful!
75 SRA. MARTÍN: ¡Daniela Campos! ¡Qué maravilla!

Vocabulario Activo

el avión airplane	**cuñado, cuñada** brother-in-law; sister-in-law
fabricante manufacturer	**lista** list
la labor work (often figurative or nonphysical)	**noticiero** newsreel

adivinar to guess	**ofrecer (ofrezco)** to offer
oír (oigo, oyes) to hear	**molestar** to annoy, bother
fabricar to manufacture	

a la vez at the same time	**otra persona** somebody else
en este momento at this (very) moment	**tampoco** neither, not ... either (Recuerde: **Ni yo tampoco**.)
tener que ver con to have to do with	**¡Qué vergüenza!** How shameful!
	¡Qué maravilla! How wonderful!

Preguntas

1. ¿Qué tiene delante de sí la señora Campos?
2. ¿A quién llama primero?
3. ¿Cómo describe al novio de su hija?
4. ¿Qué dice acerca de su oficio? ¿y acerca de su padre?
5. Mientras Sara marca otro número, ¿a quién llama Raquel?
6. ¿Quién contesta el teléfono?
7. ¿Qué favor le pide Raquel?
8. ¿Qué apellido (last name) da Raquel al novio de Daniela?
9. Según Raquel, ¿quién es Lorenzo? ¿y su papá?
10. ¿Qué desea para su propia hija?
• 11. ¿A quién llama Florencia ahora?
12. ¿Cómo repite Florencia el nombre del novio?
13. ¿Qué dice acerca de él y su familia?
14. ¿Dónde sigue sonando el teléfono?
15. ¿Qué comenta la señora Montero al oír la noticia?
16. ¿Qué dice la señora Acevedo?
17. ¿Con quién piensa la señora García que se va a casar Daniela?
18. ¿Qué recuerda la señora Díaz acerca de don Bernardo Castellón?
19. ¿Qué dice la señora Lontano?
20. ¿Y qué concluyen (conclude) las señoras González y Martín?

Discusión

1. ¿Cree Ud. que son típicas o no la señora Campos y sus amigas? ¿Le gustan a Ud.? ¿Por qué? ¿Conoce Ud. a algunas señoras como ellas? ¿Es así su madre?

2. ¿Ha tenido Ud. alguna vez una experiencia parecida (similar) a ésta? ¿Ha oído Ud. alguna vez un rumor exagerado? ¿Ha corrido alguna vez en el pueblo de Ud. un rumor? ¿Cuál fue? ¿Le gusta a Ud. repetir los rumores?

3. En su opinión, ¿es natural exagerar? ¿Es natural mentir (lie)? ¿Exagera Ud. frecuentemente las cosas? ¿Miente Ud.? ¿Dice Ud. siempre la pura y absoluta verdad?

III ESTRUCTURA

48. The Imperfect Subjunctive: Second Person

a. Regular forms

	dejar	meter	abrir
(tú)	dejaras	metieras	abrieras
(vosotros)	dejarais	metierais	abrierais

b. The irregular forms, as always, are based on the third person plural of the preterite. Can you say them yourself?

	sing.	pl.		sing.	pl.
tener:	tuvieras	tuvierais	hacer:	hicieras	
estar:	_____		venir:	_____	
andar:	_____		decir:	dijeras	
sentir:	sintieras		dormir:	durmieras	
caer:	cayeras		oír:	oyeras	

What other similar verbs do you know?

Ejercicios

A. Diga la forma correspondiente del imperfecto del subjuntivo:

1. (tú): adivinar, fabricar, molestar, volar; ofrecer, aparecer, desaparecer; venir, hacer; decir, traer; conducir, traducir; tener, estar, andar, haber; poner, poder, saber; sentir, pedir, morir; caer, leer, oír, huir[1]

[1]. *huir* and often verbs of its type (constr*uir*, destr*uir*, etc) also change *i* to *y* in the imperfect subjunctive: huyera, construyera, destruyera.

2. (tú y Pepito): echar, guardar, arrancar, saltar; devolver, responder, perder, merecer; despedir, mentir, dormir; producir, traer, decir; hacer, tener, estar, poner

   B. Cambie ahora a la segunda persona. Por ejemplo:

      No quería que Ud. lo *oyera*.   *No quería que lo oyeras.*
      Le dije que *viniera*.   *Te dije que vinieras.*

1. ¿Era posible que Ud. *mintiera*?
2. Lo hice antes de que *volviera*.
3. ¿Le pidió que la *guardara*?
4. Esperaba que los *compartiera*.
5. Temía que *se enojara*.
6. Dudaba que la *olvidara*.
7. Sentían que Ud. *faltara*.
8. *Le* rogué que no lo *matara*.

   C. Conteste escogiendo una de las alternativas:

1. Cuando tú eras pequeño, ¿te decían tus padres que te acostaras más tarde o más temprano? (Me . . .) **2.** ¿Preferían que jugaras más al aire libre o en la casa? **3.** ¿Te decían que comieras más rápidamente o más despacio? **4.** ¿Querían que comieras más o que comieras menos? **5.** ¿Preferían que jugaras con todos los muchachos o sólo con tus hermanos? **6.** Si tú pudieras vivir en cualquier época, ¿escogerías ésta u otra? **7.** Si pudieras escoger cualquier negocio u oficio, ¿escogerías el de tu padre u otro? **8.** Si pudieras asistir a cualquier escuela, ¿escogerías ésta u otra? **9.** Si asistieras a un entierro, ¿te vestirías de negro o de blanco? **10.** Si fueras a tu propia boda, ¿te vestirías de blanco o de otro color?

49. Review of the Imperfect Subjunctive

   a. Forms

	lavar	**nacer**	**subir**
(yo)	lavara	naciera	subiera
(tú)	lavaras	nacieras	subieras
(él, ella, Ud.)	lavara	naciera	subiera
(nosotros, as)	laváramos	naciéramos	subiéramos
(vosotros, as)	lavarais	nacierais	subierais
(ellos., ellas, Uds.)	lavaran	nacieran	subieran

   Those verbs that have irregular forms, including *–ir* stem-changing verbs, base their imperfect subjunctive on the third person plural of the preterite. Whatever changes appear in that form will appear here, but with the new endings added.

      tuvieron: *tuviera*   dijeron: *dijera*   murieron: *muriera*

Special note: Now it can be told! There is a second set of endings that can be used for the imperfect subjunctive. All you need do for now is recognize them. So look. Don't touch!

lavar	nacer	subir
lav*ase*	nac*iese*	sub*iese*
lav*ases*	nac*ieses*	sub*ieses*
lav*ase*	nac*iese*	sub*iese*
lav*ásemos*	nac*iésemos*	sub*iésemos*
lav*aseis*	nac*ieseis*	sub*ieseis*
lav*asen*	nac*iesen*	sub*iesen*

b. Uses

1. When the main clause is in the past, and subjunctive is required

   | *Queríamos* que fueras. | We wanted you to go. |
   | Le *dije* que me llamara. | I told him to call me. |

2. When the subjunctive (subordinate) clause refers to a past action

   | Es lástima que *estuvieran* enfermos. | It's a pity that they were sick. |
   | No creo que lo *hiciera*. | I don't believe he did it. |

3. When *si* introduces a condition *contrary to fact*

   | *Si pudiera*, la ayudaría. | If I could, I would help her. (But I can't.) |
   | *Si estudiaran* más, saldrían mejor. | If they studied more, they would do better. (But they don't.) |

4. When a conjunction of time introduces an action that *had* not yet been completed

   | Me dijo que esperaría *hasta que volviera*. | He said he would wait until I returned. (I hadn't returned yet.) |
   | Prometimos llamarle *así que pudiéramos*. | We promised to call him as soon as we could. (But we hadn't yet.) |

   But:

   | Esperó hasta que volví. | He waited until I returned. (And I did.) |
   | Lo llamamos así que pudimos. | We called him as soon as we could. (All done—no subjunctive.) |

Ejercicios

A. Complete las oraciones siguientes usando la forma correcta de los verbos indicados. (Tenga cuidado de distinguir entre el indicativo y el subjuntivo, entre el presente del subjuntivo y el imperfecto.)

1. Espero que las cortinas nuevas . . . esta tarde. (venir)
2. Esperábamos que la alfombra . . . el martes pasado. (llegar)
3. Si yo . . . alas, volaría encima de las casas. (tener)
4. Algún día, si . . . dinero, haré un viaje a España. (tener)
5. Estuvimos allí todo el día hasta que el jefe nos . . . (llamar)
6. ¿No dije que me quedaría hasta que tú me . . .? (llamar)
7. El dueño no quiere que nosotros . . . este ascensor. (usar)
8. No queríamos que ellos lo . . . todavía. (saber)
9. Papá no permitía que Carmen y yo . . . por la noche. (salir)
10. Era imposible que esos muchachos . . . tal cosa. (hacer)
11. Por favor, váyanse antes de que los . . . el policía. (ver)
12. Se fueron antes de que los . . . el policía. (coger)

B. Ahora lea los diálogos, y conteste:

1. —Antonia, no le hagas caso a papá. Si yo fuera tú, me huiría de casa. Me marcharía en la primera ocasión que se presentara.
 —No me pongas nerviosa, Pepe. Si yo te escuchara a ti, no tendría familia ni nada. Sería un desastre.

 Conteste: a. ¿Quiénes serán Pepe y Antonia?
 b. ¿Qué haría Pepe si él fuera Antonia?
 c. ¿Cuándo se marcharía?
 d. En su opinión, ¿qué problema habrá surgido (arisen) en aquella familia?
 e. Según Antonia, ¿qué sucedería si ella escuchara a Pepe?

2. —Hablemos a las claras, Juanita. Si tú no me esperas hasta que salga de la oficina hoy, ya no eres amiga mía. No aguanto viajar sola por una hora entera en el tren.
 —Escucha, María. El otro día también me dijiste que te esperara, y tú te olvidaste.
 —Eso sí que no. No es verdad que me olvidara, sino que Ricardo Contreras me pidió que cenara con él, y tú sabes . . .
 —¿Así no más? Pues esta tarde, que Ricardo te espere. Adiós.

Conteste: **a.** ¿Qué oficio cree Ud. que tendrán María y Juanita?
b. ¿Viven cerca o lejos de donde trabajan? ¿Cómo lo sabe Ud.?
c. ¿Hasta cuándo quiere María que la espere Juanita?
d. ¿Qué le dijo el otro día?
e. ¿Es verdad que María se olvidara?
f. ¿Por qué se fue con Ricardo?
g. ¿Cómo sabemos que Juanita está muy enojada con María?
h. Si Ud. fuera Juanita, ¿se enojaría también?
i. ¿La esperaría otra vez hasta que saliera?

50. The Verb *oír* (to hear)

Oír is an irregular verb, but it falls into certain obvious patterns. Let's look at its special forms, and you supply the missing ones.

Present Indicative	Present Subjunctive
oigo	oiga
oyes	oigas
oye	_____
oímos	_____
oís	_____
oyen	_____

Preterite	Imperfect Subjunctive
oí	oyera
oíste	oyeras
oyó	_____
oímos	_____
oísteis	_____
oyeron	_____

Ejercicios

A. ¿Puede Ud. encontrar la conclusión de cada frase del Grupo 1?

1	2
No oigo nada	pero no me oyó ... el disco nuevo ... con
Le susurré la respuesta	tanto ruido ... no me molestes, ¿eh? ... los
No querían que	oyéramos ... lo que pasó ayer? ... pero no
Queremos que oigan	prestan atención
Algunas personas oyen	
Manolo, ¿oíste	
Oye, chico,	

B. Ahora escriba Ud. cuatro oraciones originales empleando *oír*. Sólo una de ellas debe usar el presente del indicativo.

Área: aprox. 150,000 millas cuadradas
Población: aprox. 2,200,000
Unidad monetaria: el guaraní

IV NOTAS HISPÁNICAS

El Paraguay

El Paraguay es uno de los países menos conocidos del mundo. Vamos a tratar de conocerlo un poco. A ver ...

Primero, ¿dónde está? Se halla en el centro de la
5 América del Sur, rodeado por Bolivia, la Argentina, el Brasil y el Uruguay, y sin acceso al mar. Sus fronteras están delineadas esencialmente por tres ríos—el río Paraná en el sur y el este, el Pilcomayo en el oeste, y el Paraguay, que corre en el norte.
10 Hemos dicho que sus fronteras están delineadas «esencialmente» porque *nunca se han fijado* definitivamente al norte y al oeste del río Paraguay. En aquella zona llamada «el Gran Chaco» viven unos 30,000 indios tan primitivos y unos *cocodrilos* tan
15 grandes y *feroces* que los *emisarios* del gobierno no han podido *acercarse bastante* para estudiar bien el terreno. Fuera de aquella selva tropical, el clima por lo general se podría llamar «semi-tropical». El Paraguay tiene más o menos el mismo *tamaño* que nuestro
20 estado de California, y una población de unos dos millones de personas. Pero curiosamente, de una población tan pequeña, hay unos 500,000 paraguayos que están viviendo *actualmente* fuera del país. ¿Por qué? Más tarde lo veremos.
25 La composición racial del Paraguay es casi totalmente mestiza, y el Paraguay es el único país americano que tiene dos lenguas oficiales—el español y el guaraní. (El guaraní es el dialecto de los indios de aquella región.) Hay programas de radio

they have never been fixed

crocodiles
ferocious ~ emissaries
get close enough

size

at present

30 en guaraní y hay poesía y canciones y aun pequeñas obras de teatro en ese idioma. Los políticos lo usan, y se habla junto con el español en las escuelas. El único lugar donde no se habla es en la televisión, ¡sencillamente porque la televisión no ha llegado 35 todavía al Paraguay!

Ahora bien, si no tiene televisión, ¿qué tiene el Paraguay? Tiene una tierra muy fértil para la agricultura y *propicia* para la ganadería. Sus productos más importantes son carnes, algodón, tabaco, 40 y varias maderas. El quebracho, por ejemplo, es una clase de madera tan pesada que no puede flotar siquiera en el agua. Pero tiene una gran variedad de usos comerciales, sobre todo en el *curtido de los cueros*, y representa uno de los recursos naturales más 45 *valiosos* de la pequeña república. Desafortunadamente, aunque la tierra es muy barata en el Paraguay, sólo se ha podido cultivar hasta ahora el 2% de la tierra total. Y dos tercios de la selva es virgen todavía.

suitable

tanning of leathers

valuable

Descargando los productos del campo en el río Paraguay. *Asunción.*

Asunción, la capital, es una ciudad que *no carece de encanto*. Fundada por los españoles en el año 1537, la pequeña metrópoli tiene ahora unos 300,000 habitantes. Es una ciudad limpia. No se van barrios muy pobres ni muchos mendigos en las calles. Tampoco se ven grandes institutos culturales ni *empresas* importantes industriales o comerciales. Pero sí tiene un *negocio floreciente de contrabando* en cigarrillos norteamericanos, licores *escoceses*, perfumes franceses, cámaras alemanas y japonesas, radios de transistores, relojes suizos, etc. Es una ciudad *aficionada a* la música y a las fiestas y tertulias, y a trabajar fuerte toda la mañana, ¡y a descansar toda la tarde!

Pero fuera de Asunción aparece otra vez la *miseria*. En toda la extensión de sus tierras, hay sólo tres caminos de categoría siquiera *mediana*. *No más que* el 2% de los caminos están *pavimentados*, y hay sólo 450 millas de caminos que se pueden usar durante todo

Aquí vemos a una anciana haciendo encaje (lace) según la tradición paraguaya.

Lección de aritmética en una escuela paraguaya. ¡Qué niña más preciosa!

el año. Un viaje en tren desde Asunción hasta Buenos Aires (una distancia de 938 millas) tarda 56 horas, ¡y los trenes, que salen sólo una vez a la semana, usan viejas locomotoras que *queman* madera! Hay solamente 10,000 automóviles en el país entero. Hay sólo cinco ciudades con más de 35,000 habitantes. Hay pocas escuelas, poca industria, poco desarrollo tecnológico. *Más que nada*, hay pocas posibilidades en este momento de cambiar las condiciones existentes. Pero volvamos al pasado. ¿Cómo llegó a ser así?

    Durante gran parte de la época colonial los indios paraguayos vivían en un estado casi feudal dirigido por los jesuitas, quienes les enseñaban religión, agricultura y pequeñas industrias. Curiosamente, los jesuitas, que respetaron el lenguaje guaraní de los indios, no *se esforzaron siquiera por* enseñarles español pero sí un poco de latín para que pudieran participar mejor en los ritos católicos. Después de la expulsión de los jesuitas, las «reducciones»—así se llamaban aquellas colonias de indios—se desintegraron y el indio volvió en muchos sentidos a su antigua manera de vivir.

burn

Above all

even attempt to

La historia posterior del Paraguay ha sido una historia marcial, llena de guerras con la Argentina y Bolivia, guerras que han *desangrado* a generación *tras* generación de su *juventud*. Ha sido también una historia de dictaduras desde los primeros años de su independencia. Y esa historia ha continuado hasta el momento *actual*, ahora en la persona del general Stroessner, un dictador «*a lo antiguo*» en cuyas manos queda el destino de toda una nación. Por eso vive en el *destierro* casi el 25% de la población del Paraguay. Y los días se convierten en años. Y el Paraguay no ha tomado su lugar todavía entre las naciones del mundo. ¿Cuándo . . .?

bled dry
after ~ youth

present
in the old-fashioned style

exile

Preguntas

1. ¿Dónde se halla el Paraguay?
2. ¿Qué ríos importantes tiene?
3. ¿Por qué no se han fijado definitivamente todas sus fronteras?
4. ¿Qué tamaño tiene el Paraguay?
5. ¿Cuál es su composición racial?
6. ¿Qué lenguas se hablan allí?
7. ¿Cuáles son sus productos principales?
8. ¿Cómo es la capital?
9. ¿Cómo es la vida fuera de la capital?
10. ¿Qué otras dificultades tiene el Paraguay?

V PASATIEMPO

Déjeme Soñar

Piense Ud. por un momento en un sueño ideal. ¿Cómo sería su vida si pudiera hacer todas las cosas que le gustaran? ¿Cómo sería el mundo si Ud. pudiera crearlo de nuevo? ¿Cuál sería su concepto de la felicidad? . . . Y si alguien trata de decirle que todo eso sería imposible, contéstele sencillamente: «Déjeme soñar.», y adelante.

A propósito, no se olvide de emplear a lo menos cinco veces el subjuntivo. De esa manera estará realizando a lo menos el sueño más profundo . . . ¡de su profesor(a) de español!

19

Lección Diecinueve

I CONVERSACIÓN

A.

1 ¿Estudia Ud. para ser médico algún día?
    Sí, estudio para . . .
    No, . . .
2 ¿Estudia para abogado (lawyer)?
3 ¿Para qué profesión u oficio se prepara Ud.?
    Me preparo para ser . . .
4 ¿Qué tiene que hacer uno para sacar buenas notas?
5 ¿Hay que trabajar mucho para hacerse rico?
6 ¿A qué hora sale Ud. de casa para ir a la escuela?
7 ¿A qué hora se levanta su padre para ir a trabajar?
8 ¿A qué hora se despierta su mamá para preparar el desayuno?
9 ¿Toma Ud. el autobús para venir a la escuela?
10 ¿Toma el metro (subway) para visitar a sus abuelos?

B.

1 ¿Ha comprado Ud. algo esta semana para un amigo?
    Sí, he comprado algo para . . .
    No, no he comprado nada . . .
2 ¿Ha comprado algo para su casa?
3 ¿Ha comprado algo para sí mismo?
4 ¿Tiene Ud. algo para mí?
5 ¿Le han dado sus padres una radio para su cuarto?

6 ¿Han comprado muebles nuevos para la sala?
7 ¿Han comprado un televisor para su propia alcoba?

C.
1 ¿Tiene Ud. mucho que hacer para mañana?   Sí, tengo . . . / No, . . .
2 ¿Tiene algo que hacer para el fin de semana?
3 ¿Para cuándo tendremos que terminar esta lección?
4 ¿Para cuándo tendremos que acabar el libro?
5 ¿Cuál será la tarea para mañana?
6 Para (By) el año 2000, ¿cree Ud. que habrá viajes interplanetarios?
7 Para entonces, ¿habrá ciudades debajo del mar?
8 Para aquel año, ¿habremos establecido ciudades en la luna?
9 Para entonces, ¿cree Ud. que habrá paz en el mundo?
10 ¿Le gustaría a Ud. vivir para siempre?

D.
1 ¿Cree Ud. que la vida será más fácil en el futuro?   Sí, creo que será . . . / No, . . .
2 ¿Es fácil para Ud. ahora?
3 ¿Fue más fácil para sus padres?
4 ¿Fue menos complicada para sus abuelos?
5 Para un hombre de su edad, ¿es muy fuerte su padre?
6 ¿Es muy bonita para su edad su mamá?
7 ¿Son muy jóvenes sus padres para tener hijos grandes?
8 ¿Ha sido fácil o difícil para Ud. contestar estas preguntas?

II ESCENAS DE LA VIDA

Fiesta de Compromiso

                Engagement Party

Emilia Barrios se ha puesto su vestido más elegante, *el* que compró hace un año para la boda de su sobrino. Manuel lleva el *traje* negro que usa para ir a *misa* los domingos. Los Campos los han invitado a cenar.   the one / suit / mass

SRA. B.: Tomemos un taxi esta noche, Manuel. ¿Está bien?
SR. B.: ¿Por qué? ¿El autobús *no sirve?*   isn't good enough?
SRA. B.: Por favor, Manuel. Quiero que los Campos *nos vean bajando* de un taxi. Hagámoslo por Lorenzo.   to see us getting out
LOR.: A mí no me importa, mamá.
SRA. B.: Por favor, Manuel. Es una noche especial.
SR. B.: Muy bien, Emilia, si así lo quieres.
SRA. B.: Gracias, Manuel . . . Y una cosita más. Por favor, *te lo ruego*, no digas nada esta noche que *nos pueda mortificar*.   I beg you / can embarrass us
SR. B.: ¿Yo? ¿Cuándo he dicho yo algo . . . ?
SRA. B.: Ya te conozco. Comienzas a hablar de tu familia, y de repente *sueltas lo de* tu tío Pepe el *contrabandista* . . .   you blurt out about / smuggler
LOR.: *El que* está siempre *en la cárcel*. Por favor, papá, ¿eh?   The one who ∼ in jail
SRA. B.: *Ni de* tu hermano Adolfo el *enterrador*.   Nor about ∼ gravedigger
SR. B.: Entonces, mujer, ¿de quién debo hablar? En tu familia tampoco hay *ministros* ni presidentes.   government officials
SRA. B.: Pues tengo un *primo hermano* que es *cura*. Y mi primo Héctor es *alcalde* de un pueblo del sur. No recuerdo el nombre.   first cousin ∼ a priest / mayor
SR. B.: No tiene nombre. En ese pueblo hay sólo 40 personas, y él y su familia son tres cuartos de la *población*.   population
SRA. B.: Manuel, por favor, ¿eh?

341

SR. B.: *No te preocupes*, Emilia. Ya entiendo. Es una   Don't worry
35   noche especial.

Estamos ahora en casa de los Campos. La comida ha
sido un gran *éxito*, y las dos familias están sentadas   success
ahora en la sala. El señor Campos se levanta.

SR. C.: Pues bien, amigos, vamos a *brindar* ahora por   toast
40   la felicidad de nuestros hijos, y la unión de nuestras dos familias, para siempre, amén.

SR. B.: *Muy amable*.   Very nice of you.

SRA. B.: Uds. son tan simpáticos.

• (La señora Campos se levanta ahora.)

45 SRA. C.: Y aquí tenemos algunos pequeños *regalos*   gifts
para los novios—para ayudarlos a comenzar su
vida matrimonial. Primero, una *vajilla de loza* para   married life ~ set of pottery
la cocina . . .

SRA. B.: Estupendo.

50 SRA. C.: Y *otra de porcelana* para los días de fiesta.   another (set) of china

DAN.: ¡Ay, mamá, papá! ¡Qué maravilla! Son mag-
níficas.

SRA. C.: ¿Les gustan? Me alegro . . . Pues aquí tienen
doce vasos de cristal para agua, y ocho *copas para*   wine goblets
55   *vino*. Eran de mi madre.

LOR.: Pero señora Campos, esto es demasiado. *No*   You shouldn't have
debieron . . .

SRA. C.: Esperen. Hay más: Seis *juegos de sábanas y*   sets of sheets and pillow cases
fundas para la cama . . .

60 SRA. B.: ¡Qué hermosura! ¡Bordadas a mano!   How gorgeous! Hand-embroidered

(Manuel Barrios está rebosando de felicidad.)

SRA. C.: Y *hemos encargado en la Mueblería Losada* un   we have ordered at the Losada Furniture Store
juego de muebles para la alcoba, y un televisor.
Llegarán para el 15 del mes.

65 DAN.: ¡Mamá! ¡Papá!

LOR.: Gracias. Mil gracias. No sé qué decir.

SR. B.: *Sí que son Uds. gente.*   You really are some people!

(La señora Barrios se levanta.)

SRA. B.: Pues nosotros también tenemos una *sorpresa*   surprise
70   para los novios. Hemos decidido comprarles . . .
¡un juego entero de muebles para la sala!

LOR.: ¡Ay, no! ¡Qué maravilla!

(Manuel Barrios está más *sorprendido* que los demás.)   surprised

SRA. B.: ¡Y un juego para la cocina! ¡con *estufa* y   a stove
refrigerador!
SR. B.: (para sí) ¡Ay, no! ¡Qué calamidad!

(Todos se abrazan y *se felicitan.*)   congratulate each other

SRA. C.: ¡Qué contenta estoy de conocerlos a Uds.!
SRA. B.: Y nosotros también. Pero, ¿sabe Ud., señora Campos . . ?
SRA. C.: Puede llamarme Sara—Sara María.
SRA. B.: Y yo soy Emilia.
SRA. C.: Es mejor así, ¿no?
SRA. B.: Absolutamente. Pues, ¿sabe Ud., señora Campos?, ya estuve una vez en esta casa. Hace unos tres años, cuando vino su hermano don Alberto el *Consejero.*[1]   Adviser
SRA. C.: ¿Ah, sí? Pues vinieron tantas personas aquel día que . . .
SRA. B.: Así es. Pero dígame, ¿qué *ha sido* de él? Todas   has become
estábamos locas por él. ¡Qué hombre! Era un verdadero poeta. Y de repente, desapareció de la radio. ¿Qué *le pasaría?*   could have happened to him?
ELISA: Es un secreto.
SRA. C.: ¡Elisa! ¡Por favor!
SR. B.: Un secreto, ¿eh? ¿*Estará* en la cárcel como mi   Can he be
tío el con . . .
SRA. B.: El cónsul. Una *cuestión de política* nada más.   political matter
ELISA: Ah, no. Mi tío Alberto se llama ahora Manolito. Él es Manolito Vargas y tiene un programa . . .
SRA. B.: ¡Manolito Vargas! ¡No! ¡Ay, no! Manuel, y tú le colgaste el teléfono. ¿Ahora ves lo que has hecho? Nunca te lo voy a perdonar. ¡Manuel, Manuel!

(Manuel no sabe qué contestar. Sonríe débilmente, y dice por fin:)

SR. B.: Lo siento, Emilia. Si quieres, voy a llamar a mi hermano Adolfo. *A ver si él me puede enterrar* . . .   Maybe he can bury me!

[1] Don Alberto had a very popular Advice-to-the-Lovelorn radio program in Book I: *Usted y yo.*

343

Vocabulario Activo

el alcalde mayor
pueblo town; (a) people, (the) people
la cárcel jail
el cura priest
misa mass
compromiso engagement
regalo present, gift

el traje suit; outfit
juego game; set (of furniture, etc.)
vaso (drinking) glass
vino wine
éxito success (*not* exit!)
sorpresa surprise

---

mortificar to embarrass
preocuparse to worry

perdonar to pardon, forgive
soltar (suelto) to let go, let loose or out

---

sorprendido surprised

No sirve. It's no good. It won't do.

¿Qué ha sido de . . .? What has become of . . .?

Preguntas

1. ¿Qué vestido se ha puesto la señora Barrios?
2. ¿Qué traje lleva su esposo?
3. ¿Por qué se han vestido con tanta elegancia esta noche?
4. ¿Por qué quiere tomar un taxi Emilia?
5. ¿Qué otro favor pide Emilia a su esposo Manuel?
6. ¿De quiénes no debe hablar Manuel?
7. ¿Qué personajes ilustres (illustrious) hay en la familia de la señora Barrios?
8. ¿Dónde se sientan los Campos y los Barrios después de la comida?
9. ¿Qué brindis (toast) ofrece el señor Campos?
10. ¿Qué regalos presentan primero los Campos a los novios?
11. ¿Qué vasos y copas les dan?
12. ¿Qué cosas les dan para la cama?
13. ¿Y qué han encargado en la mueblería?
14. ¿Qué sorpresa tiene ahora la señora Barrios para los novios?
15. ¿Quién es el más sorprendido de todos?
16. ¿Cuándo estuvo Emilia anteriormente en esta casa?
17. ¿Qué quiere saber la señora Barrios?
18. ¿Qué secreto revela Elisa?

19. ¿Por qué se pone furiosa Emilia con su esposo?
20. ¿Por qué dice Manuel que va a llamar a su hermano Adolfo?

Discusión

1. De todos los personajes de esta Escena, ¿quién le gusta más? ¿Quién le gusta menos? ¿Por qué? ¿Le parecen a Ud. personas verdaderas?
2. ¿Qué piensa Ud. de la señora Barrios? ¿Y de Manuel? ¿Conoce Ud. a alguien como ellos?
3. En su opinión, ¿por qué dan tantos regalos a los novios los señores Campos? ¿Cree Ud. que son realmente generosos, nada más? ¿Por qué anuncia su «sorpresa» la señora Barrios? ¿Cree Ud. que van a ser muy buenos amigos en el futuro los Barrios y los Campos?

III ESTRUCTURA

51. The Uses of *para*

Para, whose usual meaning is *for*, *in order to*, or *by* (a certain time), generally looks *ahead* ————→ It seeks the goal, the destination, the logical outcome of the action. This is how it generally appears:

a. In order to ————→ goal, logical result

Estudio para hacerme maestro.—¿En serio?	I'm studying (in order) to become a teacher.—Seriously?
Lo hizo para ayudarnos. —¡Al contrario!	He did it (in order) to help us. —On the contrary!
Para sacar buenas notas, hay que estudiar.—De acuerdo.	(In order) to get good grades, one has to study.—Agreed.

Notice that English often uses "to" instead of "in order to". Spanish still needs *para*.

b. Headed for, intended for ————→ destination, goal

¿Es para mí?—Sí, para ti, mi reina, mi flor.—Te quiero, te adoro, mi rey, mi amor.	Is it for me?—Yes, for you, my queen, my flower.—I love you, my, . . . (¡No aguanto más!)
Mañana salimos para Ixtaccíhuatl.—¿Para dónde?	Tomorrow we're leaving for Ixtaccihuatl.—For where?

345

c. To be used for ──→ goal, objective

> Aquí tiene Ud. un vaso para agua, y uno para vino.—Prefiero un vaso *de* vino.
>
> Here you have a water glass (glass for water) and one for wine.—I prefer a glass *of* wine.

d. By or for (a certain time or date) ──→ goal, objective

> Para mañana, lean Uds. . . .
> For tomorrow, read. . . .
> Téngalo listo para el jueves.
> Have it ready by Thursday.
> Habremos vuelto para el 15.
> We'll have returned by the 15th.

e. Considering, with relation to ──→ immediate object of comparison

> Para mí, no hay problema. Para ellos, sí.
> For me there's no problem. For them, there is.
> Para un chico de su edad, sabe mucho.—Demasiado.
> For a boy of his age, he knows a lot. —Too much.

Ejercicios

A. Conteste escogiendo una de las alternativas:

1. Si Ud. tiene sed, ¿toma un vaso para agua o un vaso de agua? **2.** Si tiene frío, ¿toma una taza de té o una taza para té? **3.** Si quiere comprar un regalo de boda para una amiga, ¿le compra seis vasos de vino o seis vasos para vino? **4.** Si los padres quieren brindar a los novios, ¿toman una copa de champaña o una copa para champaña? **5.** Para estar delgado, ¿hay que comer poco o mucho? **6.** Para engordar, ¿debe uno comer muchos dulces o muy pocos? **7.** Para ir de aquí a México, ¿es más rápido tomar el tren o el avión? **8.** Para ir de su casa al colegio, ¿es mejor tomar el autobús, el metro, o caminar? **9.** Para comer sopa, ¿usamos una cuchara o un cuchillo? **10.** Para comer carne ¿usamos cuchara o tenedor? **11.** En su opinión, ¿es más fácil la vida para Uds. o para sus padres? **12.** Por lo general, ¿es más difícil para los jóvenes o para los mayores de edad (adults)? **13.** Para un alumno de escuela superior, ¿es mejor participar en muchas actividades o concentrarse en los estudios? **14.** ¿Se prepara Ud. para una profesión o para un oficio?

Ejercicios

A. Lea los pequeños diálogos, y después conteste:

1. —Miguel, te recomiendo que lleves abrigo y sombrero hoy. Y no salgas sin paraguas. Temo que te pongas enfermo.
   —No te preocupes. Me encanta este clima.

   Conteste: **a.** ¿Qué debe llevar hoy Miguel?
   b. ¿Qué teme la persona que le habla?
   c. ¿Qué tiempo hace?
   d. ¿Le importa a Miguel?

2. —Pagamos mil dólares por esta mesa, y cien por la lámpara. Y encargamos otra lámpara igual para el tocador de la alcoba.
   —¡Qué maravilla!

   Conteste: **a.** ¿Cuánto pagaron por la mesa?
   b. ¿Y cuánto por la lámpara?
   c. ¿Qué más encargaron?
   d. ¿Son ricas o pobres estas personas?

3. —Mi hijo mayor va a ser abogado, como su papá. Pero ¿sabe?, ese chico también es artista y músico y científico. Es un verdadero genio.
   —¡Qué muchacho! Uds. tienen mucha suerte, Alicia.

   Conteste: **a.** ¿Qué va a ser el hijo mayor de Alicia.
   b. ¿Qué más es el chico?
   c. ¿Cuántos años cree Ud. que tiene?
   d. ¿Qué es el padre del chico?

B. Diga ahora en español:

1. I have a thousand things to (que) do today.
2. If you don't have a pen, use a pencil.
3. Frankie, why don't you put on a hat?—I don't like it.
4. Although it was very cold, she went out without a coat.
5. I'll tell you the whole story another day.
6. A certain man approached the waiter and said to him: I'll give you a hundred *pesos* if you bring me a portion of shellfish.—Go on! You're kidding me.

Área: aprox. 420,000 millas cuadradas
Población: aprox. 4,000,000
Unidad monetaria: peso

IV   NOTAS HISPÁNICAS

Bolivia

Según el *dicho* popular, Bolivia es un lugar «donde *casi todo puede suceder, y todo* sucede.» Es mucho más grande en área que el Paraguay y es la quinta nación más grande de la América del Sur, pero
5 tiene bastante en común con aquel país vecino. Como el Paraguay, se halla sin acceso al mar desde que perdió en una guerra con Chile su costa del Pacífico. Como el Paraguay, es un país pobrísimo, y el nivel de vida es uno de los más bajos del mundo
10 hispánico. Y como el Paraguay, ha tenido una historia política *sumamente* triste. Pero Bolivia tiene también un carácter *propio*, y de ese carácter vamos a hablar ahora.

Cuando llegamos a Bolivia estamos literalmente
15 «*en la cima* del mundo». La Paz es la capital más alta del mundo, y su aeropuerto está a más de dos millas y media sobre el nivel del mar. El *altiplano* que la rodea se parece más bien a un cráter de la luna, remoto, *aislado*, casi *irreal*. Este altiplano ocupa la
20 tercera parte del territorio boliviano y su altitud es aun mayor que la de la región andina peruana. Así es que llegan allí muy pocos turistas extranjeros, y los que *sí se atreven* resultan víctimas frecuentes del soroche, un fuerte *malestar* producido por la falta de
25 *oxígeno*.

La extremada altitud afecta también a los *mismos* habitantes de aquella región. En algunas partes una vida normal no *pasa de* los 32 años de edad, y una

saying
almost anything can happen, and everything does

extremely
of its own

at the top

high plateau

isolated ~ unreal

do dare
discomfort
oxygen
very

exceed

350

mujer de 25 años es abuela ya y *se ve* como una   she looks
30 *viejecita*. Sin embargo, el boliviano por lo general   little old lady
es de una raza muy fuerte. La gran mayoría—
hasta el 70%—son descendientes de las tribus
quechua y aymará que *sobrevivieron* la conquista   survived
española. Hoy siguen con igual resignación el
35 camino de sus *antepasados* en aquellas tierras áridas   ancestors
y *silenciosas*.   still

    Bolivia tiene también una zona más templada
donde se *crían ganados*, y otra calurosa, cuyos *panta-*   cattle are raised ~
nos y junglas desafían aun a la tecnología más   swamps
40 moderna. Allí como en las selvas tropicales de
otros países sudamericanos, vive un número *redu-*   small
cido de indios primitivos, *alejados* totalmente del   removed
mundo de afuera. Pero los problemas *agudos* que   acute
atormentan a la república boliviana *no provienen* de   do not stem
45 aquellos «salvajes» sino de los hombres «civiliza-
dos» que han *colocado el interés propio* por encima del   placed self-interest
bienestar colectivo. *He aquí* lo que pasó: Here is

    Durante la época colonial, las tierras que ahora
se llaman bolivianas figuraban entre las posesiones
50 más valiosas del imperio español. Allí habían encontrado «el Potosí», la mina de plata más fabulosa

La Paz, capital que casi toca el cielo.

del mundo. Hasta hoy día cuando una persona quiere decir que una cosa vale muchísimo, exclama, «¡Pero si eso vale un Potosí!» Y no hay
55 *encarecimiento* mayor. Pero el metal precioso *se agotó*, y desde entonces lo *gobernantes* españoles prestaron muy poca atención a aquella *desierta* región. Vino la época de la independencia, y Bolivia se hizo una nación independiente, tomando el nombre de
60 Bolívar, el gran *libertador*. Pero los *caudillos* que habían surgido durante la guerra no estaban dispuestos a *relinquir el poder*. Y comenzaron las luchas internas.

El siglo XIX no fue más que una larga serie de
65 trastornos políticos y de confusión general. Y el siglo XX *trajo consigo* la larga y sangrienta guerra del Chaco con el Paraguay, una guerra que llevó a Bolivia al *pleno desastre*. En los últimos treinta años Bolivia ha tratado de recuperar un poco sus fuerzas,
70 pero la violencia que ha caracterizado siempre su historia continúa.[2] Su industria principal, y casi la única de importancia es la del *estaño*. ¡Pero aun los mineros tienen sus propias fuerzas armadas que participan en las luchas por el poder!
75 ¿Cuál es la situación actual entonces en Bolivia? Pues ahí vemos una nación que depende casi total-

praise ~ was used up
rulers
barren

liberator ~ "strong men"

relinquish their power

brought with it

total disaster

tin

---

2. Bolivia ha tenido unas 180 revoluciones en un período de 126 años. ¡Sin duda ha establecido un «record» en el campo de la inestabilidad!

La minería es sin duda la base de la economía boliviana.

Tocador de flauta (flute player) en el altiplano boliviano. La música alegra el corazón al indio.

mente de un solo producto, el estaño, y que tiene que importar a lo menos la mitad de los comestibles esenciales para alimentar a su gente. Y gran parte de sus casi cuatro millones de personas *no han dejado nunca de conocer el hambre*. En estos momentos el gobierno está tratando de *evitar* el camino de la violencia, y es posible que instituya algunas de las reformas tan necesarias para su salvación. Mientras tanto, Bolivia *sigue siendo* un país que *llama* muy poco la atención del mundo. Y sus dos capitales, La Paz, la capital *de hecho*, y Sucre, la capital legal, siguen siendo poco más que dos nombres en el mapa, aislados, solitarios.

has never ceased to know hunger

avoid

continues to be ~ attracts

de facto (real)

Preguntas

1. ¿Qué dicen acerca de Bolivia?
2. ¿Qué tiene en común con el Paraguay?
3. ¿Cómo se compara su área total con la de otros países?
4. ¿Dónde está situada La Paz?
5. ¿Cómo es la vida en los altiplanos bolivianos?
6. ¿Qué otras zonas geográficas tiene Bolivia?
7. ¿Qué importancia tuvo aquella región durante la época colonial?
8. ¿Cómo ha sido su historia posterior (later)?
9. ¿Cuál es el único producto importante de Bolivia?
10. ¿Cómo es la situación acual?

V PASATIEMPO

Charla o Teatro

Prepare Ud. una charla sobre el tema: *La felicidad*. Trate de describir lo que quiere decir para Ud. la palabra «felicidad», y las cosas que debemos hacer para conseguirla. Y después, por supuesto, sus compañeros de clase le van a hacer algunas preguntas. O posiblemente, si prefiere, puede escribir una escena corta sobre el mismo tópico. Por ejemplo, puede mostrar el conflicto que existe dentro de cada persona para hallar la felicidad y conformarse a la vez con las necesidades prácticas del mundo. Puede crear un diálogo entre dos amigos, o dos novios, entre un padre y su hijo, entre un cura y un joven que viene a pedirle ayuda, entre dos niños, entre un policía y un ladrón . . . Las posibilidades son tan ilimitadas como su imaginación.

20

Lección Veinte

I CONVERSACIÓN

A.

1 ¿Ha hablado Ud. con alguien por teléfono hoy?
2 ¿Pasa Ud. mucho tiempo hablando por teléfono?
3 ¿Manda Ud. sus cartas generalmente por avión?
4 ¿Por quién fue escrito el drama *Hamlet?*
5 ¿Por quién fue escrita la novela *Don Quijote?*
6 ¿Por quién fue escrito este libro?
7 ¿Por quién fue publicado?

B.

1 ¿Qué piensa Ud. hacer mañana por la mañana?
2 ¿Le gusta más trabajar por la mañana o por la tarde?
3 ¿Le gustaría trabajar por la noche?
4 ¿Adónde va Ud. el sábado por la tarde?
5 ¿Habrá fiesta el viernes por la noche?
6 ¿Quieren Uds. descansar ahora por un rato?

C.

1 ¿Cuánto pagan Uds. por una Coca Cola?
2 ¿Cuánto pagan por el almuerzo en la cafetería?
3 ¿Cuánto pagaron sus padres por su coche?
4 ¿Cuánto cobran por una libra (pound) de carne en la tienda?
5 ¿Cuánto cobran por un abrigo?
6 ¿Cuánto cobran por una revista?

D.

1. ¿Se casaría Ud. por dinero?
2. ¿Se casaría Ud. por compasión?
3. ¿Se casaría Ud. sólo por amor?
4. ¿Pelearía Ud. por su patria (country)?
5. ¿Hacen mucho por Ud. sus padres?
6. ¿Hace Ud. mucho por ellos?
7. ¿Se sacrificaría Ud. por su familia?
8. ¿Va Ud. a la tienda por su madre?
9. ¿Va por el periódico o lo traen a su casa?
10. Si alguien se pone enfermo, ¿va Ud. por el médico o lo llaman por teléfono?

II ESCENAS DE LA VIDA

Entre Familias

Las dos familias *se han puesto de acuerdo*. Lorenzo y Daniela se casarán para fines del año, y los novios han comenzado ya a preparar la lista de los invitados.   have come to an agreement

5 LOR.: *En fin*, Daniela, ¿cuántas personas vendrán?   So
DAN.: No sé exactamente. Creo que entre noventa y cien.
LOR.: ¿Y tu tío Manolito va a venir?
DAN.: Sí. Mamá ya habló con él. Dice que tendrá
10 un programa por la mañana aquel día, pero por la tarde estará *libre*.   free
LOR.: Me alegro. Me gustaría mucho conocerlo.
DAN.: Pero recuerda, Lorenzo. No lo llames Manolito. Su nombre es Alberto, don Alberto Rojas y
15 Pineda.
LOR.: Entonces, ¿por qué lo cambió?

DAN.: Porque cuando él era don Alberto el Consejero las mujeres *le seguían* por todas partes. «Es Ud. un poeta, don Alberto, un genuino filósofo.» El pobre se volvía loco.

LOR.: Ya comprendo. Así me ocurre también a mí todos los días. Me vuelvo loco diciéndoles: «Por favor, déjenme en paz. Me voy a casar con Daniela Campos, ¡con Daniela Campos!»

DAN.: *Ajá.*

LOR.: ¿Y sabes lo que ellas me contestan?: «*¿Con esa fea?* Ay, no, Lorenzo. No debes casarte por conveniencia, sino por amor.» ¿Qué te parece, Daniela?

DAN.: Que tienen razón. (Lorenzo la abraza, y los dos se ríen.) En serio, Lorenzo, pídele a tu mamá que no diga nada a sus amigas acerca de don Alberto. Él no quiere que sepan quién es.

LOR.: Si yo conozco a mi mamá, *será tarde* ya. Ayer pasó todo el día hablando por teléfono.

DAN.: ¡Ay, no!

LOR.: Además, la pobre está *hecha un desastre. Por una parte* se está muriendo *por* hablar con «Manolito». Y *por otra* tiene miedo de que él recuerde cómo papá lo insultó aquella tarde. Anoche *hasta nos amenazó con no asistir a* la boda.

DAN.: ¿*Y sería capaz* . . . ?

LOR.: ¡Qué va! Ya se está haciendo un vestido nuevo. *Aunque no me presentara yo, ella sí iría.*

DAN.: Menos mal. Entonces a lo menos *con ella puedo contar.*

LOR.: Daniela, te adoro, ¿sabes?

DAN.: No. Dímelo otra vez . . . (Se pone a reír.)

LOR.: ¿Qué hay? ¿Te hace gracia?

DAN.: Es que he estado pensando. Con los *parientes* que tenemos tú y yo, la boda va a ser una *lata,* pero tremenda, ¡tre-men-da! Imagínate, Lorenzo . . .

LOR.: ¿Qué?

DAN.: Pues yo te hablé una vez de la tía de mi mamá, ¿no?—*la que* vive en el campo.

LOR.: ¿La gorda?

356

DAN.: Sí. «La Montaña». Pues ella tiene un *miedo* fenomenal de *los cementerios*. Ya ha dicho que *ni a su propio entierro va a asistir*.

LOR.: ¿Ah, sí?

DAN.: Bueno, ¿qué pasará si ella se sienta *en* la fiesta junto a tu tío el enterrador?

LOR.: ¡Hombre! No lo pienses siquiera. Pero yo tengo una idea mejor. *La sentaremos* junto a mi tío Mariano. *Ese*, así que toma una *copita*, comienza a ver *las cosas diez veces más grandes de lo que* son. En la boda de mi primo Felipe, por ejemplo, entró por un momento un gato, ¡y mi tío *lo tomó por un león!*

DAN.: ¡Pobre! Si ve entonces a mi tía . . .

LOR.: Nada. Pensará que es una ficción de su imaginación, ¡y *dejará para siempre de beber!*

DAN.: ¡Qué maravilla! Y mi primo Luciano el ateo . . .

LOR.: Lo sentaremos con don Inocencio, el cura. Mamá dice que *sabría convertir al mismo diablo*.

DAN.: Y a mi primo Antonio el comunista, lo sentaremos con «La Peluca»[1]. Esos dos ya tienen algo en *común*. Antonio ha hecho ya siete *manifestaciones* delante del Hotel Continental.

LOR.: ¡Fantástico!

DAN.: ¡*Por sí solo* fue responsable *de* tres huelgas!

LOR.: La boda será tremenda, ¡tre-men-da!

DAN.: Yo no puedo esperar.

LOR.: *Yo tampoco*. ¿Por qué *no nos fugamos* esta noche? Podríamos casarnos secretamente . . .

DAN.: Lorenzo, tú sabes que no sería posible. Además, la paciencia es una *virtud*.

LOR.: ¿Y tú *la* tienes?

DAN.: No más que tú, Lorenzo.

LOR.: Dame un beso, ¿eh? . . .

DAN.: (riéndose todavía) La boda va a ser fantástica, ¿eh, Lorenzo?

LOR.: ¡Tremenda! No puedo esperar.

---

1. Daniela and Lorenzo's boss, the manager of the Hotel Continental.

Vocabulario Activo

cementerio cemetery
gato cat
diablo devil
lata (tin) can; (slang) mess
la virtud virtue

boda wedding
los parientes relatives (Recuerde: **padres** parents)
la manifestación demonstration, protest

---

amenazar to threaten, menace

convertir (convierto) to convert

---

libre free (having freedom, *not* free of charge)

común common
responsable responsible

Déje(n)me en paz. Let me alone.
estar hecho un desastre to be a total wreck
ponerse de acuerdo to come to an agreement
por una parte on the one hand, for one thing

¿Qué hay? What goes? What's the matter?
¿Te hace gracia? Does it strike you funny?
para fines del año by the end of the year

Preguntas

1. ¿Cuándo se casarán Daniela y Lorenzo?
2. ¿Cuántas personas vendrán a la boda?
3. ¿Va a venir Manolito Vargas? ¿Cómo pasará Manolito aquel día?
4. ¿Cómo debe llamarle Lorenzo cuando hable con él?
5. ¿Por qué dejó de ser (did he stop being) don Alberto el Consejero?
6. ¿Qué le ocurre también a Lorenzo todos los días?
7. ¿Qué le dicen las muchachas cuando Lorenzo insiste siempre en casarse con Daniela?
8. ¿Qué quiere Daniela que Lorenzo le pida a su mamá?
9. ¿Cómo pasó Emilia Barrios todo el día ayer?
10. ¿Por qué está hecha un desastre?
11. ¿Cómo va a ser la boda, según Daniela? ¿Por qué?
12. ¿De qué tiene miedo la tía gorda de Daniela?
13. ¿Con quién no debe sentarse en la boda?
14. ¿Dónde sugiere Lorenzo que la sienten (they seat her)?
15. ¿Qué le pasó al tío Mariano en la boda de su sobrino Felipe?
16. ¿Qué pasará si Mariano ve a «La Montaña»?
17. ¿Con quién van a sentar al primo Luciano? ¿Por qué?

18. ¿Por qué quieren sentar al primo Antonio junto a «La Peluca»?
19. ¿Qué quiere Lorenzo que hagan él y Daniela esta misma noche?
20. ¿Por qué deciden no fugarse?

Discusión

1. ¿Es muy grande la familia de Ud.? ¿Cuántos tíos tiene? ¿y cuántas tías? ¿cuántos primos? ¿Se ven Uds. frecuentemente? ¿Viven cerca la mayor parte de sus parientes?
2. ¿Hay un «tipo original» ("character") en su familia? ¿Quién es? ¿Puede Ud. contarnos algo acerca de esa persona? ¿Le gusta mucho a Ud.?
3. ¿Tiene Ud. un tío rico? ¿un pariente famoso? ¿unos parientes que vivan en otro país? ¿unos parientes que Ud. no haya conocido nunca?

III ESTRUCTURA

54. The Uses of *por*

Por has two basic kinds of meanings. One refers to physical or measurable things: location, position, means, duration of time, exchange, and so forth. The other looks back ←———— to the reason for an action, or to its cause. Consider the following examples:

a. Physical or measurable situations

  1. By means of, by (someone or something)

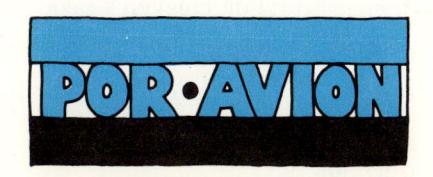

AIRMAIL

  Nos llamó por teléfono. He called us (by phone).
  El árbol fue arrancado por el huracán. The tree was pulled out by the hurricane.
  Don Quijote fue escrito por Cervantes. *Don Quixote* was written by Cervantes.

  2. Through, along, by, around (a certain place)
  Salgan Uds. por aquí. Go out this way (through here).

¿Dónde está mi cuaderno? —Tiene que estar por ahí.
Where is my notebook? —It has to be around there.

Caminábamos por las calles de la ciudad.
We were walking along the streets of the city.

Paso por allí todos los días.
I pass by there every day.

3. During, for (a period of time), in (the afternoon, etc.)

Los veré el lunes por la tarde.[2]
I'll see them Monday (during the) afternoon.

Vengan Uds. mañana por la mañana.
Come tomorrow (in the) morning.

Vivimos allí por un año.
We lived there for a year.

4. In exchange for

¿Cuánto cobran por una ración de mariscos? —Cien pesetas. —¡Ladrones!
How much do you charge for a portion of shellfish?—100 pesetas. —Thieves!

En absoluto. No lo haríamos por nada.
Absolutely not. We wouldn't do it for anything.

b. Reason, cause ⟵——— por

1. Out of, because of

Se casó por dinero, no por amor. —¡Qué vergüenza!
She married for money, not for love. —What a shame!

Se lo dimos por compasión.
We gave it to him for (out of) pity.

2. For the sake of, on behalf of

¡Por Dios!
For Heaven's sake!

Hazlo por tu mamá.
Do it for your mother.

Dio su vida por su patria.
He gave his life for his country.

3. For, in search of, in quest of

Rápido, vayan por el cura.
Quick. Go for the priest.

No se preocupe. Volverán por los boletos.
Don't worry. They'll be back for the tickets.

Now do you understand these expressions?:

por ejemplo, por eso, por todas partes, por sí solo, el noventa por ciento (90%), ayer por la mañana, ¿Por qué...?, por favor

2. Remember, however, if the hour is mentioned, we use *de. A las tres de la mañana, a las cinco de la tarde.*

Ejercicios

A. ¿Puede Ud. relacionar las frases del Grupo **1** con las del Grupo **2**?

1	2
Llegaron faltos de aliento.	Sí, lo tomaron por sorpresa.
¿Mandaste la carta por avión?	Con mucho gusto. Mañana por la tarde iré.
¿Por fin cogieron al ladrón?	Claro. De otra manera habría llegado tarde.
Lo haré por ti, porque eres mi cuñado.	¿Ya ve? Por eso les dije que no corrieran.
¿Quieres pasar por mi casa?	Gracias. Y yo también estaría de tu parte.
Figúrese. Por diez mil pesos vendieron la casa.	No sé. Dicen que se fue por dos años a Madrid.
¿Qué ha sido de Ernesto?	Yo la habría comprado por menos.
Por favor, ¿me podría decir quién escribió Hamlet?	Cómo no. Fue escrito por . . . no recuerdo.

B. Diga ahora en español:

1. We'll see you Friday night. 2. Come this way, please. 3. You'll find it around there. 4. I didn't do it for you, but for my country. 5. They offered us ten dollars for the set. 6. We were received by the mayor himself. 7. The engagement will be announced by the parents of the bride. 8. Will you phone me or write? —I'll write you airmail. 9. Da Vinci is most famous for the Mona Lisa. —Really? I thought it was painted by Picasso. —¡Caramba! 10. Please, go for the doctor, at once. For Heaven's sake! —I'm going right now.

55. Chart of *por* and *para*

por	**para** ⟶ goal, destination, result
a. Place, time, means	
1. by means of, by someone or something	1. in order to ⎯⎯⎯⟶
2. through, along, by, around (a certain place)	2. headed for, intended for ⎯⎯⎯⟶
3. during, for (a period of time), in (the morning, etc.)	3. to be used for ⎯⎯⎯⟶
4. for, in exchange for	4. by or for a certain time ⟶
	5. considering, with relation to ⎯⎯⎯⟶

361

     por
  b. reason, cause ←――――
   1. out of, because of ←――――
   2. for the sake of, on behalf
    of ←――――
   3. for, in search of, in quest
    of ←――――

Ejercicios

  A. Complete las oraciones siguientes, usando *por* o *para*

1. He comprado una vajilla de loza . . . mi cuñada.
2. No se preocupe . . . mí. Sabré cuidarme bien.
3. Nos paseábamos . . . el parque.
4. Quiero que lo tenga listo . . . el viernes . . . la tarde.
5. . . . un muchacho inteligente, dice algunas cosas tontísimas.
6. . . . ejemplo, si lo mandamos . . . avión, llegará en un día. Si lo mandamos . . . correo (mail) ordinario, llegará en tres.
7. ¿. . . qué cuarto es el televisor? —. . . la sala.
8. . . . gastar tanto dinero, hay que ser riquísimo.
9. Se entregó a la policía . . . miedo a (of) sus propios compañeros.
10. No lo haría . . . nadie sino . . . ti. —¿. . . qué?—Porque te quiero.
11. ¿Cuánto pagaría . . . las flores? —Diez pesos, no más.
12. Acabo de ver unas hermosas tazas . . . café. —¿De veras? ¿Dónde?

  B. Ahora lea los diálogos, y conteste, como siempre:

1. —¿Por dónde entraron—por la puerta de atrás o por la del frente?
 —Ni por una ni por otra. Entrarían por la ventana del segundo piso.
 Conteste: **a.** ¿Quiénes están hablando?
     b. ¿A quiénes se refieren?
     c. ¿Por dónde cree la primera persona que entraron?
     d. ¿Qué piensa la segunda persona?

2. —Para ir de aquí a la ciudad es mejor en coche, ¿verdad?
 —Sí, pero no por la tarde. A veces hay un lío de tránsito tan grande que hay que esperar por dos horas en el túnel.
 Conteste: **a.** Para ir de aquí a la ciudad, ¿cómo es mejor por la mañana?
     b. ¿Qué dificultad se presenta por la tarde?
     c. ¿Ocurre este episodio en una región rural o en las afueras de una gran ciudad?
     d. ¿Por qué piensa Ud. así?

estrecha faja de tierra *a lo largo de* la costa del Atlántico. Pero en el interior un estado como Amazonas, que ocupa un área tan grande como México, tiene menos habitantes que la ciudad de Milwaukee. Y el territorio de Amapá, que es tan grande como Francia, tiene sólo 60,000 habitantes, ¡menos que en diez cuadras de ciertos barrios de la ciudad de Nueva York! Aunque las distancias son vastas, hay menos caminos *pavimentados* en todo el Brasil que en los *alrededores* de Los Ángeles, California, y sólo 23,000 millas de *ferrocarriles*, comparadas con unas 215,000 en los Estados Unidos. El servicio *de correos* es increíblemente lento, y el sistema telefónico *deja aun más que desear*. En cambio, el servicio aéreo es excelente, sobre todo entre los tres centros principales, São Paolo, Río de Janeiro, y la capital nueva, Brasilia. Más tarde hablaremos de ellos.

along

paved
outskirts
railroads
postal
leaves even more to be desired

La hermosa bahía de Río de Janeiro. Mar y montañas, playa y sol.

El Brasil es un país rico y pobre a la vez. Es el primer productor de café en el mundo, el segundo de maíz, caña de azúcar, y cacao, y el tercero de
45 tabaco. Tiene grandes recursos de minerales, metales, y de piedras semi-preciosas. Y es uno de los principales manufactureros de automóviles. Pero *a pesar* de ser una nación mayormente agrícola, ¡sólo *se cultiva* el 5% de la tierra y el Brasil tiene que im-
50 portar comestibles (sobre todo trigo) para vivir! Gran parte de la gente vive en la miseria. Por lo menos el 50% de la población no sabe leer ni escribir, y *el analfabetismo* está creciendo. Aunque la educación elemental es obligatoria, más de 6,000,000
55 de niños no asisten a la escuela sencillamente porque no hay escuelas para ellos. Y de los que sí asisten, sólo *la quinta parte* se queda bastante tiempo para aprender a leer y escribir.

in spite

is cultivated

illiteracy

one-fifth

Brasilia, ciudad del futuro, vigilada por dos figuras de otro mundo.

La catarata del Iguazú, entre el Brasil y la Argentina, es uno de los espectáculos más impresionantes del mundo.

    Y los contrastes continúan. Río de Janeiro, *ante-*   formerly
riormente la capital, es una de las ciudades más hermosas del mundo. Rodeada de montañas, y *presi-*   presided over
dida por el *emocionante* Cristo del Corcovado, ofrece   thrilling
al mismo tiempo el espectáculo de la *bahía* más   bay
ancha del mundo y de blancas playas donde los
jóvenes corren jugando al fútbol en la *arena*. Los   sand
mismos nombres tienen un sonido romántico: Copa-   very
cabana, Ipanema... Y las calles del centro, atestadas siempre, llenas de gente y de grandes edificios y
de pequeños Volkswagen, *respiran* igualmente la   breathe
música, el ritmo especial, la *naturalidad* del carácter   easiness
carioqueño. Dicen que, «Dios hizo el resto del mundo   Cariocan (of Rio) ~ saying

en seis días, y guardó el séptimo para Río de Janeiro.» Y así parece ser. Pero aun Río tiene sus barrios pobres, sus «favelas», y otra vez la pobreza es chocante.

São Paolo, con sus cinco millones de habitantes, es el centro comercial del Brasil—un *bosque* de *rascacielos* blancos y de torres de metal—dinámico, vibrante, cosmopolita, cultural. Y Brasilia, situada en el interior a unas quinientas millas de Río, es un fenómeno que hay que ver para creerlo. Una ciudad totalmente «planeada», parece ser la creación de una sola mano. Todo está en orden, todo es limpio, funcional. No hay siquiera *semáforos* porque se han eliminado las *encrucijadas*. Los caminos *serpentean* en semicírculos, y los *transeúntes* pasan por encima y por debajo. Y por la noche de la impresión de un sueño surrealista en blanco y negro. Brasilia, ciudad del año 2000, hecha hoy.

¿Y quiénes habitan las ciudades y las vastas tierras del Brasil? Un pueblo compuesto de tantos grupos *étnicos*—europeos (al principio, mayormente portugueses), negros, indios, y *hasta* asiáticos—que *descontando* los inmigrantes más recientes, hay pocos brasileños que se puedan llamar ya de un «color» o de otro. El Brasil es una sociedad realmente integrada, aunque hay todavía en la región de Bahía un número bastante grande de negros, y en la jungla amazónica, un número bastante pequeño de indios primitivos.

Ahora bien, ¿por qué la *denominó* el presidente Kennedy «la tierra del porvenir»? Porque es una tierra de un potencial no realizado todavía; un país que está sufriendo en estos momentos bajo una dictadura militar, una nación inmensa que no ha podido resolver hasta ahora sus problemas económicos ni educar a toda su gente. Pero existe sin embargo dentro de ella una riqueza enorme en recursos naturales y humanos, la promesa de un día nuevo. El Brasil . . .

Preguntas

1. ¿Qué lengua se habla en el Brasil?
2. ¿Cómo se compara en tamaño (size) con otros países del mundo?
3. ¿Cuántos habitantes tiene ahora? ¿Y para el año 2000?
4. ¿Dónde vive la mayor parte de la gente?
5. ¿Qué dificultades se presentan respecto a la transportación?
6. ¿Cuáles son los productos principales del Brasil?
7. ¿Por qué decimos que es un país rico y pobre a la vez?
8. ¿Cómo es Río de Janeiro? ¿Y São Paolo?
9. ¿Qué sabe Ud. acerca de Brasilia?
10. ¿Cómo es el pueblo brasileño?

V PASATIEMPO

Use Su Imaginación

Su profesor(a) va a comenzar diciéndoles la primera frase de un cuento o de un episodio interesante. Escuche Ud. muy bien porque en seguida Ud. y sus amigos lo tendrán que continuar. Por ejemplo:

Era una noche fría. Hacía viento y nevaba . . .

Ahora Ud. tiene que usar su imaginación para continuar el cuento. Puede decir, por ejemplo:

Mis hermanos habían salido.
Papá me pidió que saliera por el periódico.
Yo miraba mi programa favorito de televisión.

Diga cualquier cosa que se le ocurra, y entonces, la persona que Ud. indique tendrá que continuar. Por ejemplo:

De repente, alguien llamó a la puerta.
Sonó el teléfono, y cuando lo fui a contestar . . .

¿Comprende? Pues bien. Usemos todos la imaginación, y vamos a ver lo que saldrá.

4

Repaso Cuarto

I   REPASO DE GRAMÁTICA

A.   Estudie muy bien los artículos **44, 45, 46,** y **48, 49.** Ahora complete las frases siguientes usando la forma correcta del verbo indicado. (A propósito, ¡no todas las frases emplean el subjuntivo!)

1. No era posible que el nene lo. . . . (hacer)
2. Dudábamos que . . . ella. (ser)
3. El cura quería que todos . . . a misa. (ir)
4. Temían que alguien . . . al rey o a la reina. (matar)
5. A menos que las aguas . . . pronto, el pueblo desaparecería. (bajar)
6. Estábamos seguros de que el noticiero . . . bien recibido. (ser)
7. Nos pidió que le . . . algunas flores. (traer)
8. No querían que te . . . tan triste. (poner)
9. Era muy probable que los tenderos . . . todos los precios. (aumentar)
10. El ladrón podría huir a menos que lo . . . bien. (vigilar)
11. No le gustaba que los niños lo . . . (molestar)
12. No había la menor duda de que el alcalde lo . . . (coger)

B.   Repase ahora el artículo **47,** y después complete de una manera original las frases siguientes:

1. Si . . . ., compraría un coche europeo.
2. Si . . . ., no iré al partido.
3. Si . . . ., volaría.
4. Si . . . ., sería mucho mejor.
5. Si . . . ., te lo daré.
6. Si . . . ., tendría más éxito.
7. Si . . . ., lo echarán en la cárcel.
8. Si . . . ., te pondrás enfermo.
9. Si . . . ., me preocuparía mucho.
10. Si . . . ., sería una gran sorpresa.

C. Vuelva ahora a los artículos **51, 54, 55,** y después trate de relacionar las oraciones de los Grupos **1** y **2.**

1	2
¿Ud. cree que él sería capaz de hacerlo?	Para fines del mes, si no antes.
Si se lo diera ahora mismo, ¿cuándo me lo devolvería?	No puedo. No tengo nada que ver con él.
¿Qué clase de película debo usar para esta cámara?	¡Cómo no! Para él no hay nada difícil.
Si lo viera en este momento, no lo reconocería.	Ah, sí. Tengo solamente una vajilla de loza para la cocina.
Por favor, ¿podría presentarme al Sr. González?	Entonces, ¿irán por mar o en avión?
¿Necesitas una vajilla de porcelana para el comedor?	Me gustaría muchísimo, si tuviera tiempo.
¿Quieres dar un paseo conmigo por el parque?	Yo tampoco. Hace años que no pasa por aquí.
Ya nos hemos puesto de acuerdo. Saldremos para Europa mañana.	La de 35 milímetros. Y necesita una pantalla nueva para proyectarla.

D. Diga por fin en español:
1. Why are you laughing? Does it strike you funny? I wouldn't do that if I were you.—Please. Don't get excited. I'm on your side.
2. Would you accept if the devil appeared suddenly and offered to make you a millionaire?—No. I'd faint.
3. Let's talk straight. Do you want to work for (para) me or for somebody else?—For nobody.
4. The engagement party was a real surprise. And the bride received so many presents.—Wonderful!
5. What has become of Pepe López?—I don't know. I haven't seen him for years.

II PEQUEÑO TEATRO

A ver si puede Ud. escribir una corta escena original basada en uno de los tópicos siguientes:
1. Una película de amor (o de misterio, etc.) en el cine. (XVI)
2. Dos novios quieren ir al cine pero no pueden ponerse de acuerdo sobre qué película van a ver. (XVI)
3. Dos personas están describiendo el mismo episodio desde su propio punto de vista. Puede ser algo que ocurrió en la escuela, en la calle, un accidente, un encuentro inesperado, etc. (XVII)

4. Una chica llama por teléfono a una amiga. La amiga llama a otra, etc. (O si prefiere, un chico puede llamar a una chica para pedirle una cita, y ella llama después a amiga, etc. O un muchacho puede llamar a otro para decirle lo que le ocurrió en . . .) (XVIII)
5. Hay una fiesta de compromiso o de cumpleaños en casa de una familia. Varias personas de carácter diferente asisten. (XIX)
6. Dos familias se conocen por primera vez. Cada una trata de crear una impresión muy buena. (XIX)
7. Dos jóvenes preparan una lista de invitados para una fiesta muy importante. (XX)

III PASATIEMPO

Vamos en Automóvil

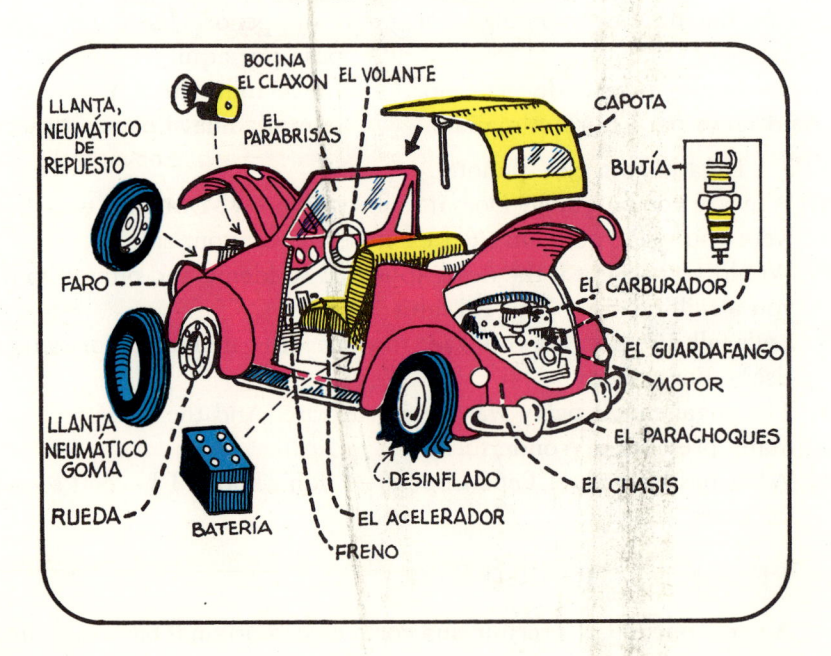

Conteste ahora:
1. ¿Sabe Ud. manejar (drive) un coche? ¿A qué edad aprendió (o aprenderá) a manejar? ¿Quién le enseñó (o enseñará)? ¿Lo enseñan en esta escuela?
2. Si Ud. fuera rico, ¿qué coche compraría? ¿Cuántos tendría? ¿Tendría un chófer, o manejaría Ud. mismo?

21

Lección Veintiuna

I CONVERSACIÓN

A.

1 ¿A qué hora llegó Ud. al colegio hoy? Llegué ...
2 ¿Es probable que llegue a la misma hora mañana?
3 ¿Quiere su maestro que lleguen Uds. más temprano?
4 ¿Jugó Ud. al fútbol ayer? Sí, jugué ... No, ...
5 Cuando juegue el equipo de esta escuela, ¿asistirá Ud.?
6 ¿Es fácil (likely) que le castigue por algo hoy su profesor(a)?
7 ¿Es fácil que le castiguen sus padres?
8 ¿Castigó Ud. recientemente a uno de sus hermanos? Sí, castigué ... No, ...
9 ¿Le pegó (hit)? Sí, le pegué ... No, ...
10 ¿Cuánto pagó Ud. por los zapatos que lleva hoy? Pagué ...

B.

1 ¿Buscó Ud. algo esta mañana antes de salir para la escuela? Sí, busqué ... No, ...
2 Cuando su madre pierde algo, ¿le pide a Ud. que lo busque?
3 ¿Mortificó Ud. (Did you embarrass) alguna vez a sus padres? Sí, mortifiqué una vez ... No, no ...
4 ¿Es posible que uno de sus amigos le mortifique algún día?
5 ¿Qué números telefonicos marcó Ud. ayer? Marqué ...

377

6 ¿Se equivocó Ud. en uno de los números?   Sí, me . . .
7 ¿Tocó Ud. alguna vez un instrumento musical?
8 ¿Tocó alguna vez en una orquesta?
9 ¿Quiere su profesor(a) que Uds. saquen papel y pluma ahora?
10 ¿Quiere Ud. que su profesor(a) les explique este ejercicio?

C.

1 ¿En qué año comenzó Ud. a estudiar español?   Comencé . . .
2 ¿Es fácil que Ud. comience a estudiar otra lengua ahora?
3 ¿Es probable que empiece el francés?
4 ¿Cuándo empezó Ud. sus estudios en esta escuela?   Empecé . . .
5 ¿Tropezó Ud. recientemente con un amigo suyo en la calle?   Sí, tropecé . . .
   No, . . .
6 ¿Tropezó con uno de sus maestros?

D.

1 ¿Coge Ud. un tren por la mañana?   Sí, cojo . . . No, . . .
2 ¿Coge el autobús cuando vuelve de la escuela?
3 ¿Escoge Ud. sus propios vestidos?   Sí, escojo . . . No, . . .
4 ¿Le gusta que su madre se los escoja (choose them for you)?
5 ¿Recoge Ud. los papeles en esta clase?
6 ¿Es probable que su profesor(a) recoja las tareas hoy?
7 ¿A quién se dirige Ud. cuando tiene un problema personal?   Me dirijo a . . .
8 ¿A quién se dirige cuando necesita dinero?
9 ¿A quién se dirige cuando necesita ayuda en la escuela?
10 ¿A quién se dirige si se pierde en el camino (your way)?

II ESCENAS DE LA VIDA

Llegada de los Trenes

El tren de Santa Cruz es un *perezoso*. Anda, descansa, corre un poco, y se para falto de aliento en cada estación. Los tres *vagones* de primera clase están casi vacíos. El vagón de *segunda* está ocupado por unas 50
5 personas, 150 cajas, maletas y bolsas de diversas formas, y siete *gallinas*. Una señora gordísima que ocupa dos asientos en el fondo saca una *cebolla* grande, *la corta en dos*, y ofrece la mitad al hombre que está sentado *frente a ella*.

Arrival

lazy (thing)

(train) cars
empty ∼ second class

hens
onion
cuts it in half
facing her.

10 SRA.: *¿Le apetece?* . . . *Ala*, coma. *Le aprovechará*.
HOMBRE: *Este* . . . *muy amable*. (Los dos se ponen a comer.)
HOMBRE: Ah . . . Sabroso.
SRA.: Hay que *alimentarse*. *Se tarda mucho* de aquí a la
15 capital.
HOMBRE: Así es. Dicen *que* nueve horas.
SRA.: A lo menos. Una vez *partí* a la una de la tarde y no llegué hasta la medianoche.
HOMBRE: ¿Ah, sí?
20 SRA.: Sí. El viaje es muy largo. Hay que alimentarse. (La señora saca dos *piernas de pollo asado* y una bolsa con arroz.) ¿Le apetece?
HOMBRE: Gracias . . . *Está rico* . . . (*Se chupa los dedos* y comienza a *hurgar* en una maleta que tiene de-
25 bajo del asiento.) ¿Entonces Ud. va siempre a la capital?
SRA.: Una vez al año cojo un tren y me voy. Tengo sobrin~ ~ allí. Gente rica. El esposo de mi sobrina es arquitecto . . . Ahora voy a la boda de su hija.
30 (El hombre ha sacado de la maleta una taza vieja y un frasco de vino.)
HOMBRE: Pues entonces . . . este . . . vamos a brindar a los novios, ¿está bien?
SRA.: Muy amable . . . Mmm. Está riquísimo el vino.
35 ¿Dónde lo compró? Yo *no consigo en ninguna parte* un vino como éste.

Would you like some? ∼
Go on ∼ It'll do you
good. ∼ Well, er . . .
very nice of you

eat properly ∼ It takes a
long time

(Don't translate.)
I left

roast chicken legs

It tastes delicious ∼ He
licks his fingers
poke

don't get anywhere

HOMBRE: Muchas gracias. Yo *mismito* lo hice. Yo sembré *el parral y recogí las uvas*, y . . .   all by myself (slang) planted the vine and picked the grapes
SRA.: Entonces tendrá Ud. unas tierras *lindas*.   beautiful
40 HOMBRE: Pues . . . las tierras no son exactamente mías. Es que lo sembré en el cementerio . . . donde trabajo. La tierra es fertilísima y nadie . . . Pero señora . . . ¡señora! . . . ¡¡señora!!

- El tren de San Mateo es *un vicioso*. Fuma demasiado.   full of vices
45 *Se come* grandes cantidades de *carbón*, y después *escupe, estornuda, tose*, y vomita un *humo* negro *a lo largo de los rieles*. Una familia *numerosa* acaba de subir, y el tercer vagón de segunda clase está *inundado de* niños.   It eats up ∼ coal
it spits, sneezes, coughs ∼ smoke ∼ along the tracks ∼ very large
flooded with
50 COBRADOR: Buenas tardes. ¿Los boletos, por favor?   Conductor
SR.: *Aquí mismo* están. (Los busca en sus bolsillos, pero en vano. Se vuelve a su esposa.) Luisa, te los *entregué* a ti, ¿no?   Right here

I handed
SRA.: A mí no. Tal vez a Rafaelito. ¿Sabes, Héctor?,
55 creo que *dejé encendido el horno*.   I left the oven on
SR.: Más tarde, mujer . . . (Gritando) Rafael, ven acá. (Un chico de unos doce años se acerca.) Yo te entregué los boletos en la estación, ¿no?
RAFAEL: Sí, papá. Y yo se los di a Pipo cuando fui al
60 *aseo*, y . . .   washroom
SRA.: (gritando) ¡Niños, *no se peguen!* ¡Eusebio! ¡Luis!   don't hit each other
SR.: Bueno, Rafael. Dile a Pipo que venga acá en seguida.
65 RAFAEL: Pipo. Ven acá. Rápido. Papá te quiere.
(Pipo, un muchacho de unos once años deja de pelear con sus hermanos y viene corriendo. En el camino tropieza con tres chiquitos que están jugando en el *pasillo*. Los pequeños se ponen a llorar.)   aisle
70 SRA.: Pipo, ¿qué has hecho?
PIPO: Nada, mamá. Comencé a correr y tropecé con Ñico, y él *se cayó* y . . .   fell down
SR.: *Basta*, Pipo. Dime, muchacho, ¿tú tienes los boletos?   Enough
75 PIPO: Sí, papá. Los *coloqué* en una de las maletas. Pero no sé en cuál.   I put

380

SRA.: Héctor, ¿no te dije que no debíamos aceptar la invitación? Los Barrios no vienen nunca a visitarnos a nosotros.

80 SR.: ¡Caramba! ¡Esto es el *colmo!* Rafael, Concha, María, Carmen, y Pipo—saquen todas las maletas y busquen los boletos, ahora mismo, ¿me oyen?   limit

(Los chicos mayores se ponen a *deshacer* todas las   unpack
85 maletas. Los asientos y el pasillo *quedan cargados de*   remain loaded with
ropa, comestibles, pañales y juguetes.)   clothes, food, diapers and toys

SRA.: Ahora estoy segura, Héctor. No *apagué* el horno.   I didn't turn off

PIPO: Papá, ¡aquí están!

90 (Héctor entrega los boletos al cobrador.)

COBRADOR: Pero señor, aquí hay sólo dos boletos—para Ud. y su esposa. ¿No los compró para los niños?

SR.: ¿Para qué? Si no tienen más de seis años de edad.   What for?
95 (El cobrador lo mira con *asombro.*) Este . . algunos son un poco grandes para su edad, ¿sabe?   shock

(Se oye un *pitazo largo.*)   long whistle

SRA.: Adelina, Paco, Rufino . . . ¡*No toquen* ese botón!   Don't touch

100 (El cobrador quiere decir algo, pero no puede. *Se*   He shrugs his shoulders
encoge de hombros y se marcha. Es un hombre *derrotado.*)   defeated

El tren de Santiago es un *presumido.* Corre *de ciudad*   snob ~ from city to city
en ciudad desconociendo a los pueblecitos que esperan al   ignoring the small
105 *sol* para saludarlo. Un joven *soldado* está sentado en   towns that wait in the
el quinto vagón de primera junto a una señorita bien vestida.   sun ~ soldier

SOLD.: Pues *ya vamos llegando.* El tren *sí que ha estado* lleno hoy.   we're getting in now ~ really has been
110 SRTA.: *Será por* la Navidad.   It must be because of

SOLD.: Sin duda. Todo el mundo quiere estar con su familia.

SRTA.: ¿Y Ud.?

SOLD.: También. Me han dado *licencia para asistir a*   leave to attend
115 la boda de mi hermana.

SRTA.: *Enhorabuena.*   Congratulations
SOLD.: Gracias. A propósito, yo me llamo Enrique Campos. ¿Le puedo preguntar . . ?
SRTA.: Cintia Calderón.
120 SOLD.: ¡Cintia Calderón! ¡Qué casualidad! ¿Sabe? Yo la conocí una vez en casa de un amigo. ¿No lo recuerda Ud.? . . Pues señorita Calderón . . . Cintia . . ¿cómo *la convenzo* ahora a darme el   do I convince you
número de su teléfono?
125 (El tren da un pitazo. Está llegando a su *destino.*   destiny
Hay voces y gritos. «*Maletero*» . . . «Pasajeros bajen   Porter
por aquí, por favor . . . Sí, señora. Siga adelante.»
. . «¡Ma-le-te-ro!» . . «¡Ahí, está! ¡Mira, ahí viene
papá!» . . . «¡¡Ma-le-te-ro!!» La locomotora da un   that's what it's like to be
130 suspiro y se apaga. Y *eso es ser gente, ¿eh?*   people

Vocabulario Activo

el carbón coal	**aseo** washroom
humo smoke	**la cantidad** quantity
el vagón (train) car	**la mitad** half

convencer (convenzo) to convince	**estornudar** to sneeze
	toser to cough
aprovechar to use to good advantage; ___**se de** to take advantage of	**pegar (pegué)** to hit; glue, stick on
	colocar (coloqué) to place

lindo beautiful	**vacío** empty

a lo largo de along (something)	**Esto es el colmo.** This is the limit. This is too much.
frente a facing	
tardar en to take (a certain time) to; to be delayed in	**¿Le apetece?** Would you like some?

382

Preguntas

1. ¿Por qué le decimos (why do we call) «perezoso» al tren de Santa Cruz?
2. ¿Cómo están los vagones de primera clase? ¿y el de segunda?
3. ¿Qué hace la señora gordísima que está sentada en el fondo?
4. ¿Cómo sabemos que está muy lejos la capital?
5. ¿Qué ofrece ahora la señora gorda al otro viajero?
6. ¿Por qué va a la capital la señora?
7. ¿Qué saca de su maleta el hombre?
8. ¿Por qué es tan bueno el vino?
9. ¿Por qué no puede hablar la señora cuando descubre de dónde viene ese vino?
10. ¿Por qué le decimos «vicioso» al tren de San Mateo?
11. ¿Quiénes acaban de subir?
12. ¿Qué pregunta el señor a su esposa cuando no puede hallar los boletos?
13. ¿A quién se los dio Rafael?
14. ¿Dónde los colocó Pipo?
15. ¿Qué manda entonces el padre que hagan los niños?
16. Según el hombre, ¿por qué compró sólo dos boletos cuando tiene tantos niños?
17. ¿Por qué le decimos «presumido» al tren de Santiago?
18. ¿Por qué le han dado licencia al joven soldado?
19. ¿Qué táctica usa el soldado para ganar la confianza (confidence) de la joven bonita?
20. ¿Qué gritos y ruido oímos cuando el tren llega por fin a su destino?

Discusión

1. ¿Quién es la señora gorda que conocemos en el tren de Santa Cruz? ¿Qué piensa Ud. de ella? En su opinión, ¿quién es el hombre que está sentado frente a ella? ¿Por qué va él a la capital? ¿Cree Ud. que viaja mucho ese hombre? ¿Es su primera visita a la capital? ¿Por qué piensa Ud. así?

2. ¿Quién es el señor que viaja con su familia numerosa? ¿Qué clase de persona es? ¿Qué tal le parece a Ud. su esposa? ¿Conoce Ud. a una mujer como ella?

3. ¿Ha hecho Ud. un viaje recientemente en tren? ¿Ha viajado alguna vez en un tren rural? ¿Cree Ud. que podría ocurrir en nuestro país un episodio como éste?

4. ¿Quién es Enrique Campos? ¿Le gusta a Ud.? ¿Cree Ud. que Enrique tiene éxito siempre con las muchachas? ¿Por qué?

III ESTRUCTURA

57. Spelling Changing Verbs: g>gu; c>qu

Certain verbs in Spanish have to change their spelling so that their pronunciation will remain the same. These are not irregular verbs by any means. In fact, if you read them aloud, you will see how important the spelling change is in keeping their pronunciation entirely normal.

a. Verbs that end in *–gar*

Verbs that end in *–gar* must change *g* to *gu* before an *e*. The *u* serves merely to keep the *g* hard. The change appears in the *yo*-form of the preterite, and in the whole present subjunctive. Nowhere else is it necessary.

apagar		**jugar**	
Pret.	*Pres. Subj.*	*Pret.*	*Pres. Subj.*
apagué	apague	jugué	juegue
apagaste,	apagues	jugaste,	juegues
etc.	apague	etc.	juegue
	apaguemos		juguemos
	apaguéis		juguéis
	apaguen		jueguen

How many other such verbs do you know?

b. Verbs that end in *–car*

In order to keep the hard *c* sound, verbs that end in *–car* change *c* to *qu* in the same places.

sacar		**buscar**	
Pret.	*Pres. Subj.*	*Pret.*	*Pres. Subj.*
saqué	saque	busqué	busque
sacaste,	saques		_____
etc.	saque		_____
	saquemos		_____
	saquéis		_____
	saquen		_____

Ejercicios

A. Conteste en el pretérito según los modelos, escribiendo todas sus respuestas. Por ejemplo:

¿Sacará Ud. las maletas?   *Ya las saqué.*
¿Cuándo colgará el cuadro?   *Ya lo colgué, Lo colgué ayer, etc.*

1. ¿Tocará Ud. esta noche?
2. ¿Buscará un regalo?
3. ¿Cuándo marcará su número?
4. ¿A qué hora apagará la luz?
5. ¿Le rogará quedarse?
6. ¿Cuándo nos pagará?
7. ¿Arrancará el árbol?
8. ¿Fabricará los aparatos?
9. ¿Me entregará las latas?
10. ¿Jugará hoy al básquetbol?
11. ¿Se tragará la medicina?
12. ¿Pegarás al niño?
13. ¿Colocarás allí los cojines?
14. ¿Me explicará Ud. la tarea?
15. ¿Cuándo llegarás?
16. ¿Sacarás ahora el juego?

B. Ahora cambie según las indicaciones. Por ejemplo:
Pagaremos ahora. (Quieren que . . .) *Quieren que paguemos ahora.*

1. Marco el número ahora mismo. (Me piden que . . .)
2. Chocarán con un árbol. (Temo que.. . .)
3. ¿Explicará otra vez la lección? (Le rogamos que . . .)
4. ¿Fabrican muchos modelos nuevos? (¡Ojalá . . .)
5. Uds. se equivocan. (No quiero que . . .)
6. Jugarán mañana. (No creo que . . .)
7. No apagan las luces hasta la medianoche. (Esperamos que . . .)
8. ¿Llegarás a tiempo? (No es posible que . . .)
9. ¿Pagará tanto por esas cortinas? (No hay nadie que . . .)
10. ¿Lo colocarán tan cerca de la ventana? (No recomiendo que . . .)

58. Spelling Changing Verbs: g > j; c > z; gu > g

a. Verbs that end in *–ger* or *–gir*

In order to keep the soft *g* sound, *g* changes to *j* before *o* or *a*. This change is needed only in the *yo*-form of the present indicative and throughout the present subjunctive. Can you tell why?

coger		**dirigir**	
Pres. Ind.	*Pres. Subj.*	*Pres. Ind.*	*Pres. Subj.*
co*j*o	co*j*a	diri*j*o	diri*j*a
coges,	co*j*as	diriges,	diri*j*as
etc.	co*j*a	etc.	————
	co*j*amos		————
	co*j*áis		————
	co*j*an		————

b. Verbs that end in a *consonant* + *–cer* or *–cir*

In the same places (but this time to keep the soft *c* sound—*th* in most of Spain, *s* in Spanish America), verbs that end in a *consonant* plus *–cer* or *–cir* change *c* to *z*. Once again, as you read and write, give each word the pronunciation test.

convencer		**torcer** (to twist)	
Pres. Ind.	*Pres. Subj.*	*Pres. Ind.*	*Pres. Subj.*
convenzo	convenza	tuerzo	tuerza
convences,	convenzas	tuerces,	tuerzas
etc.	convenza	etc.	tuerza
	convenzamos		torzamos
	convenzáis		torzáis
	convenzan		tuerzan

c. And again in the same forms, verbs that end in *–guir* drop the *u*. Once more, can you explain why?

seguir		**distinguir**	
Pres. Ind.	*Pres. Subj.*	*Pres. Ind.*	*Pres. Subj.*
sigo	siga	distingo	distinga
sigues	sigas	distingues	distingas
etc.	siga	etc.	_____
	sigamos		_____
	sigáis		_____
	sigan		_____

Ejercicios

A. Conteste cada pregunta según los modelos:

¿Juan los escoge? *No. (¡Qué va!, etc.) Yo los escojo.*
¿Quién la convence? *Yo la convenzo.*

Si puede añadir una exclamación u otra cosa original, por favor, hágalo, ¿está bien?

1. ¿Quién me sigue?
2. ¿Jaime lo coge?
3. ¿Quién recoge los papeles?
4. ¿Ellos escogen las cortinas?
5. ¿El nene tuerce el hilo?
6. ¿Quién sigue las reglas?
7. ¿Su cuñado me lo consigue?
8. ¿El criado se dirige al rey?
9. ¿Quién distingue entre los dos?
10. ¿Nadie lo vence (defeats)?

B. Esta vez cambie a mandatos las frases siguientes. Por ejemplo:

Se dirige al jefe mismo. *Diríjase al jefe mismo.*
Lo tuercen así. *Tuérzanlo así.*

1. Ud. lo convence, ¿verdad?
2. ¿Los recoge todos?
3. Escogen los mejores.
4. ¿Me consigue Ud. una cama?
5. ¿Sigue adelante?
6. Cogen el tren de la una.
7. Vencen a sus enemigos.
8. Lo distingue claramente.
9. Todos lo siguen fielmente.
10. No lo tuerce mucho.

59. Spelling Changing Verbs: z > c; i > y

Last, there are verbs that undergo a slight spelling change so that the rules of Spanish spelling will remain consistent. For example, we know that the soft *th* or *s* sound is spelled *c* before *e* or *i*: *c*enar, *c*inco; *z* before *o*, *a*, or *u*. Well, let's see what happens in the next category of verbs we're going to discuss.

a. Verbs that end in *–zar* change *z* to *c* before an *e*. (It makes sense, doesn't it?) Now where do these changes appear? Let's see if you can tell us . . .

	alzar		comenzar
Pret.	*Pres. Subj.*	*Pret.*	*Pres. Subj.*
al*c*é	al*c*e	comen*c*é	comien*c*e
alzaste,	al*c*es	etc.	comien*c*es
etc.	al*c*e		comien*c*e
	al*c*emos		comen*c*emos
	al*c*éis		comen*c*éis
	al*c*en		comien*c*en

Do you know at least five other verbs like these?

b. Verbs that end in *–eer* change *i* to *y* in the third person of the preterite and, of course then, in the entire imperfect subjunctive. Incidentally, the present participle also follows suit.

Now, why «*y*»? Just try pronouncing «cre-ió» and you'll understand.

	creer		leer	
Pret.	*Impf. Subj.*	*Pret.*	*Impf. Subj.*
creí	cre*y*era	leí	le*y*era
creíste	cre*y*eras	leíste	_____
cre*y*ó	cre*y*era	le*y*ó	_____
creímos	cre*y*éramos	leímos	_____
creísteis	cre*y*erais	leísteis	_____
cre*y*eron	cre*y*eran	le*y*eron	_____

And the present participles: cre*y*endo, le*y*endo

c. Verbs that end in *–uir* (but not *–guir!*) change *i* to *y* as follows:

huir (construir, etc.)

Pres. Ind.	*Pres. Subj.*	*Pret.*	*Impf. Subj.*
hu*y*o	hu*y*a	huí	hu*y*era
hu*y*es	hu*y*as	huiste	hu*y*eras
hu*y*e	*etc.*	hu*y*ó	*etc.*
huimos		huimos	
huís		huisteis	
hu*y*en		hu*y*eron	

Ejercicios

A. Conteste otra vez en español:

1. ¿Cuál fue el primer libro que leyó Ud.? 2. ¿Leyeron el mismo libro sus hermanos? 3. ¿Qué revistas leyó su familia la semana pasada? ¿Las leyó Ud. también? 4. ¿Cuántos años tenía Ud. cuando comenzó a hablar? ¿cuándo comenzó a nadar? ¿a patinar? 5. ¿Cuántos años tenía cuando empezó a estudiar una lengua extranjera? ¿a estudiar música? ¿a conducir (drive) un coche? 6. ¿Qué programas de radio oyó Ud. anoche? ¿Oyó algo interesante? 7. ¿Tropezó Ud. con un vecino suyo el otro día? 8. ¿Creyeron en la democracia sus abuelos? 9. ¿Huyó de casa alguna vez uno de sus hermanos? ¿Huyó Ud.? 10. ¿Quién construyó la casa en que vive Ud.? 11. ¿La construyeron sus abuelos? ¿sus padres? 12. ¿Es probable que construyan una escuela nueva aquí? 13. Si la construyeran el año que viene, ¿asistiría Ud.? ¿Asistirían sus hermanos? 14. ¿Amenazó Ud. alguna vez a alguien? ¿Le amenazó alguien a Ud.?

B. Cambie cada vez según el elemento nuevo:

1. Les digo que alcen las manos.
_____ la pantalla.
Te _____.
_____ pido _____.
_____ (alcanzar) _____.

2. Tropecé con él en el museo.
_____ la escuela.
(Comenzar) _____.
(Empezar) _____.
Me (abrazar) _____.

3. Era imposible que lo creyeran.
_____ (oír)
_____ (construir)
Esperábamos que no _____.
_____ (destruir)

4. No creo que lo lancen.
_____ (alcanzar)
_____ (amenazar)
Era lástima _____
_____ (leer)

IV NOTAS HISPÁNICAS

Castilla, Corazón de España

Hemos llegado ahora a España. Vamos derecho a su corazón. Castilla, la alta *meseta* que se levanta como una *fortaleza* en el centro de la península ibérica. Una tierra de color *pardo amarillento*, donde los
5 fuertes contrastes del frío *invernal* y del calor *veraniego* hacen aun más dura la vida. Una tierra poco fértil, donde el *pastor de ovejas* y el agricultor trabajan día y noche para ganar el pan. Una tierra seca que da poco de sí—cereales, *uvas*, *aceitunas*, carbón,
10 mercurio, y poco más. Y sin embargo, Castilla es la fuerza dominante de España, la región que *llegó a imponer* sobre el resto del país su lengua, su *liderato*, y su ley.

Sí. Castilla es el corazón de España, y *a su vez*
15 Madrid es el corazón de Castilla, el asiento del gobierno, el centro cultural. En realidad, hay dos «Madriles» dentro del uno. Hay la ciudad histórica cuya Plaza Mayor recuerda el *traslado* de la corte española a mediados del siglo XVI. Y hoy la
20 Plaza está llena de gentes y de tiendas. Hay el Ma-

plateau
fortress

yellowish-brown
winter's ∼ summer's

shepherd

grapes, olives

managed to impose
leadership

in its turn

transfer

La Plaza de España, con el monumento a Cervantes. Al fondo se ve el gigantesco Palacio Real.

drid del Teatro del Príncipe donde *se estrenaron las comedias de Lope de Vega*[1], «el Shakespeare de España». Y no muy lejos está la casa del gran poeta y *dramaturgo*, en la calle llamada ahora—¡figúrese!—
25 *de Cervantes*. Porqué allí vivió también Miguel de Cervantes, el autor de *Don Quijote*, y tantos otros escritores cuyas obras llevaron a España a la cima de la cultura occidental. Allí se encuentran también el Palacio Real, y el hermoso Parque del Retiro, que
30 en otros tiempos era el jardín de los reyes. Y el edificio de las *Cortes*, y el *Rastro*, donde venden desde *tornillos usados* hasta obras valiosísimas de arte. Y la *Plaza de Toros;* y la Puerta del Sol, antiguo centro comercial y residencial, y . . . Y por otro lado se en-
35 cuentra el Madrid moderno, cuyos barrios nuevos de casas de apartamentos parecen *brotar de la noche a la mañana*. El Madrid de la gran Ciudad Universitaria, de las calles atestadas y los caminos llenos de coches pequeños, y los *bazares* llenos de *mercancía*
40 de toda Europa, y *muñecos de bailarines flamencos* y mantillas de seda.

the plays of Lope de Vega were first performed

dramatist

Cervantes Street

Spanish Parliament ∼ "flea market" in Madrid ∼ used screws ∼ Bull Ring

spring up overnight

department stores ∼ merchandise ∼ dolls of gypsy dancers

1. Lope de Vega, llamado «el padre del teatro español» vivió desde 1562 hasta 1635.

La catedral de Toledo se levanta hacia el cielo.

El Madrid viejo sobrevive al lado del nuevo. Una vista típica cerca de la Plaza Mayor.

Madrid, moderno y antiguo a la vez—la *Gran Vía*, y la *lechería de vaca;* los letreros de bombillas eléctricas y las iglesias *calladas;* y *tascas y marisquerías* y vendedores de lotería y niños que venden *rosquillas* en la Plaza de España, delante de las estatuas de don Quijote y Sancho.

    Dejamos a Madrid, y damos una vuelta *alrededor*. Alcalá de Henares, ciudad universitaria del siglo XVI. Allí nació Cervantes ... Toledo, al sur. Antigua capital en tiempos de los *godos*.[2] Su catedral es la *sede* de la iglesia española, pero dentro del hermoso edificio hay *arcos* y columnas de estilo árabe. Y cerca se halla el *alcázar que sintió los pasos del Cid*[3] y del emperador Carlos I. Y allí están todavía las viejas *sinagogas judías* y la casa de El Greco.[4] Y sobre el río, el viejo puente romano ... Un poco hacia el norte, El Escorial, el palacio monasterio de Felipe II. Austero, fuerte, *desnudo*, como el carácter de su creador ... Segovia, con su acueducto romano que desafía al tiempo; y su alcázar árabe, un castillo *sacado* de los cuentos de las Mil y Una Noches; y sus casas con *diseños* originales en las paredes amarillas. ... Ávila, *ciudad medieval amurallada*. Allí nació Santa Teresa de Jesús.[5] ... Salamanca, asiento universitario, el Oxford de España. Torres y arcos y casas de un singular color casi rosado ... Burgos, en la región que se llama Castilla la Vieja, tierra del Cid.

    Y alrededor de las ciudades, hay el campo. Pueblos pequeños de casas *apretadas una contra* otra. Tierras que esperan al hombre y al agua. Pueblos que han cambiado poco a través de los siglos. Los instrumentos *de cultivo* son los mismos. La vida corre igual que antes, a veces sin electricidad todavía, sin teléfonos. Pero el castellano es *duro* como su tierra.

---

2. Los godos invadieron España en el siglo V y la dominaron hasta la invasión de los árabes a principios del siglo VIII.
3. Rodrigo Díaz de Vivar, «el Cid» murió en 1099. Fue el primer héroe de la Reconquista de España después de la ocupación árabe.
4. Uno de los pintores más grandes del arte mundial. Vivió en los siglos XVI y XVII.
5. La gran santa, escritora y reformadora del siglo XVI.

Trabajando en los campos de trigo, sin ayuda de maquinaria moderna. *Burgos.*

«*Desnudo nací*, desnudo me hallo. Ni pierdo ni gano.», dice. Y sigue adelante. *Estoico, resuelto*, tiene una *fe* inmensa en la tierra y en el Dios que le co-
80 locó allí para trabajar.

Castilla—el espíritu *unificador*, el espíritu conquistador de España.

I was born naked
Stoic (unafraid), determined ~ faith

unifying

Preguntas

1. ¿Cómo es la geografía de Castilla? ¿y su clima?
2. ¿Por qué la llamamos el «corazón de España»?
3. ¿Qué encontramos en el viejo Madrid?
4. ¿Cómo es la ciudad nueva?
5. ¿Quiénes son algunos de los personajes importantes que vivieron en Madrid?
6. ¿Cuáles son algunas de las otras vistas típicos de Madrid?
7. ¿Qué importancia tuvo Alcalá de Henares? ¿y Salamanca?
8. ¿Qué lugares de interés tiene Toledo? ¿y Segovia?
9. ¿Quién nació en Burgos? ¿y en Ávila?
10. ¿Cómo son las tierras de Castilla? ¿Cómo es el castellano?

V PASATIEMPO

Detective de Palabras

Hay más de 140 palabras escondidas (hidden) en este diagrama. A ver cuántas descubrirá . . .

	1	2	3	4	5	6	7	8	9	10	11	12	13	14	15	16	17	18
1	A	P	A	G	A	R	E	S	C	R	I	T	O	R	A	M	O	R
2	U	O	M	E	A	L	A	B	A	I	R	E	P	E	L	E	A	R
3	M	S	A	N	T	O	M	A	N	C	A	R	E	C	L	A	S	E
4	E	I	B	E	S	O	L	O	C	O	S	C	R	O	I	N	E	S
5	N	B	L	R	O	N	C	A	I	R	P	E	O	R	S	D	S	U
6	T	L	E	A	N	C	H	O	O	R	O	R	A	D	I	O	O	L
7	A	E	O	L	E	R	I	M	N	I	N	O	M	A	I	Z	N	T
8	R	O	B	O	D	E	C	I	R	D	E	P	E	R	D	E	R	A
9	D	E	M	A	S	C	A	R	P	A	R	T	E	S	A	L	I	D
10	E	S	E	R	E	E	S	A	S	R	E	C	I	B	I	R	S	O
11	S	A	B	E	R	R	E	S	P	O	N	D	A	G	U	A	A	R
12	E	L	A	D	O	S	Ñ	C	O	N	S	E	G	U	I	R	L	A
13	N	T	J	U	N	T	O	S	I	S	E	G	U	I	D	A	I	R
14	C	O	O	C	P	A	R	E	D	S	E	D	A	Ñ	A	S	D	E
15	I	S	L	A	S	U	E	Ñ	O	C	O	M	P	A	S	S	A	L
16	L	A	N	C	H	A	L	L	O	O	A	C	O	R	D	E	O	N
17	L	M	A	I	O	H	O	R	A	S	L	L	O	R	A	R	N	I
18	O	O	D	O	Y	O	J	U	R	A	Z	A	P	A	T	O	I	Ñ
19	S	V	E	N	T	I	L	A	R	L	A	R	O	M	A	S	D	O
20	E	N	C	O	N	T	R	A	R	A	R	O	D	E	A	D	O	S

A propósito, si necesita un poco de ayuda, la lista siguiente incluye muchas de las palabras que encontrará aquí.

acordeón	conseguir	ese	manca	posible	santo
adorar	contra		menta		se
agua	corrida	general	mira	radio	seda
al	cosa	guapo	más	rara(s)	seguida
alaba	chicas	guiñar	mascar	raro	seguir
alzar		hallo	me	recibir	sencillo(s)
allí	da	horas		recordar	señor
amable	dañas	hoy	nada	red	ser
ama	dar		ni	reloj	si
ame	das	id	nido	res	sol
amo	data	ida	no	responda	solo
amor	de	Inés		resulta	son
ancha	decir	ir	o	resultado	sonrisa
ancho	demás	ira(s)	olé	rico	su
ando	dora		oler	risa	sueño
apagar	dorar	juntos	orad	robo	
aromas	dos	jura	oro	rodeado(s)	tarde(s)
as	doy			rodea	tercero
ase(s)		la	pared	ron	tos
aumentar	educación	lados	partes	ronca	tosa
	el	lancha	pelear		toman
bajo	en	lo	peor	saber	
	encontrar	loar	perder	sal	ventilar
canción	encontrará	locos	perderá	sala	
claro	ere	llorar	pero	salid	yo
clase	esas		pon	salida	
compás	escritor	maíz	poner	salto(s)	zapato

Una cosa más: Recuerde que no hay acentos escritos en el diagrama porque todas las letras son mayúsculas (capital letters). Por eso, la palabra *más* se escribe MAS; *perderá* PERDERA, etc.

394

22

Lección Veintidós

I CONVERSACIÓN

A. Cada persona va a entregar un artículo al maestro, y después su profesor(a) o un miembro de la clase va a preguntar, muy rápidamente:

1 ¿De quién es este libro (cuaderno, chicle, esta pluma, etc.) Es mío (mía) . . . Es de . . .
2 ¿De quién son estos guantes (un par), estas gafas, estos aretes (earrings), etc.?
3 ¿De quiénes son estos guantes (dos pares), cuadernos, gomas, etc.)
4 Y ahora, una pregunta filosófica: En su opinión, ¿de quiénes es el mundo, de los grandes o de los humildes (humble)? ¿de los ricos o de los pobres? ¿de las minorías o de la mayoría?

B. Esta vez Ud. puede mentir un poco, si quiere:

1 ¿Es Ud. la persona cuyo (whose) nombre apareció ayer en el periódico? Sí, yo soy la persona cuyo . . . No, . . .
2 ¿Es Ud. el chico cuyos padres ganaron la lotería?
3 ¿Es Ud. la muchacha cuya cara «lanzó mil barcos al mar» (launched 1,000 ships)?
4 ¿Es Ud. el muchacho cuyas notas siempre son las mejores?
5 ¿Son Uds. los alumnos cuyo maestro (cuya maestra) es el más brillante de todos? (!)

395

C.

1. ¿Le parece a Ud. que va a llover mañana?
2. ¿Cree Ud. que habrá tiempo para acabar esto hoy?   Sí, creo que habrá . . . / No. No creo que haya . . .
3. ¿Conoce Ud. a alguien que haya estado en el Perú?   Sí, conozco a alguien que ha . . . / No, no conozco a nadie que haya . . .
4. ¿Habrá muchas personas aquí que conozcan bien la América hispana?
5. ¿Existirá un joven que siempre obedezca a sus padres?
6. ¿Habrá un muchacho que no sea aficionado a los deportes (a sports fan)?

D.

1. ¿Sabe Ud. lo que (what) quiere ser algún día?   Sí, sé lo que . . .
2. ¿Sabe Ud. lo que significa ser pobre?
3. ¿Sabe lo que significa tener hambre?
4. ¿Sabe Ud. lo que significa trabajar fuerte?
5. ¿Saben Uds. lo que tendremos que hacer para mañana?

II   ESCENAS DE LA VIDA

Peluquería de Señores

Barbershop

La peluquería de Alfonso Osorio tiene su cuota usual de «habitantes». Un cliente está *recostado en la silla de barbero, confiando a la navaja homicida de Alfonso* la vida de su *bigote*. Hay cinco o seis hombres sentados en el fondo de la tienda, fumando, charlando, y leyendo el periódico. La radio está puesta con mucho volumen, pero nadie la escucha. Manuel Barrios entra.

lying back on the barber chair, entrusting to Alfonso's murderous-looking razor mustache

MAN.: Alfonso . . . Hombres . . . ¿Qué tal?
BARBERO: Así, así. *Tirando.*   Pulling along.
VARIOS HOMBRES: Bien . . . Regular . . . *¿Qué hay,*   What's up
Barrios?

(Manuel se acerca a la única silla *desocupada* y levanta un abrigo viejo que está *caído* en ella.) — unoccupied / lying

15 MAN.: ¿De quién es este abrigo?
1ᵉʳ HOMBRE: Es mío.
MAN.: ¿*Le importa* . . .? — Do you mind . . .?
1ᵉʳ HOMBRE: *En absoluto. Démelo. Preste* . . . *Preste* . . . (Manuel le entrega el abrigo y se sienta.) — Not at all ~ Let me have it
20 MAN.: Hace frío hoy, ¿eh?
2º HOMBRE: Creo que va a llover.
MAN.: ¡*Ojalá que no!* — I hope not.
1ᵉʳ HOMBRE: *Nos hace falta* una buena lluvia. — We need
MAN.: Pues *que espere* hasta el domingo. Mañana se casa mi hijo. No quiero que llueva *en* la boda. — let it wait / at
25
2º HOMBRE: ¿Se va a casar su hijo? Enhorabuena.
1ᵉʳ HOMBRE: *Que sea* con mucha suerte. — May it be
MAN.: Gracias.
2º HOMBRE: ¿Cuántos años tiene el muchacho?
30 MAN.: Veinte y uno.
1ᵉʳ HOMBRE: Tú lo conoces, Rodrigo. Es Lorenzo Barrios, el que jugaba al fútbol *hace un par de años*. — a couple of years ago
2º HOMBRE: Ah, sí. ¡Cómo no!
35 MAN.: Todavía juega. Está en un equipo que juega todos los domingos.
1ᵉʳ HOMBRE: Muy bien, hombre. No me gustan los muchachos de *alfeñique*. — made of sugar paste (sissies)
2º HOMBRE: ¿Saben? Yo conocía a un chico *cuyos* padres no le permitían jugar al fútbol, ni nada. — whose
40
MAN.: ¿Por qué?
2º HOMBRE: Querían que se hiciera médico, u *otra cosa por el estilo*. ¿Y saben? Mientras ellos pensaban que estudiaba sus *materias*, a *espaldas de ellos* jugaba todos los días al fútbol. — something else on that order / school subjects ~ behind their backs
45
1ᵉʳ HOMBRE: Así son los jóvenes hoy. Hacen lo que ellos quieren hacer, nada más.
2º HOMBRE: Y un buen día se hace futbolista profesional, pero con un nombre diferente, ¿entienden? Y *el mismito padre*, que era un *aficionado* de Los Cohetes, ¡no sabía que su hijo «el doctor» era el que *les ganaba todos los partidos!* — his very own father ~ fan / was winning all their games for them
50
MAN.: ¡*Bravo muchacho!* — Good boy!

• (El barbero ha terminado con el otro cliente.)
55 BARB.: Está bien. ¿*A quién le toca* ahora?   Whose turn is it
   MAN.: A mí.
   BARB.: Hola, Manuel. ¿Cómo está? *¿Qué me cuenta?*   What do you say?
   MAN.: Bien, bien. Mi hijo Lorenzo se casa mañana.
   BARB.: ¿Ah, sí? ¿Tan joven?
60 MAN.: Así es.
   (El barbero *le coloca una capa sobre los hombros* y   puts a cape on his
   comienza a cortarle el pelo.)   shoulders
   MAN.: Un poco más *por atrás*. Quiero que *me dure*   in the back ∼ the haircut
   cuatro semanas el corte.   to last me four weeks
65 BARB.: Bueno . . . *Así que* se casa Lorenzo, ¿eh?   So
   Pues ¿sabe Ud.? Si yo fuera su padre, ¿sabe *lo que*   what I'd tell him?
   le diría?
   MAN.: ¿Qué?
   BARB.: Que debía esperar un par de años y tratar de
70 conocer primero a otras muchachas.
   MAN.: *Eso es lo que* le dije yo.   That's what
   BARB.: Y después, si la quisiera todavía a esa chica,
   siempre habría tiempo para dar el salto.
   MAN.: Exacto. Ésas fueron mis palabras.
75 BARB.: ¿Entonces . . . ?
   MAN.: Nada. Hoy día los jóvenes hacen lo que ellos
   quieren . . . Un poco más *por los lados*, Alfonso.   on the sides
   BARB.: Bien.
   MAN.: Yo tengo un vecino *cuya* hija huyó de casa   whose
   porque *los papás* le dijeron que no se casara con   her parents
80 cierto chico.
   BARB.: Y el hijo de un primo mío—el que tiene la
   estación de servicio—pues ese muchacho se levantó   gas station
   un buen día y se fue a los Estados Unidos a vivir
85 —¡imagínese!—sin decirle nada a nadie.
   MAN.: ¡Qué cosas, eh!
   BARB.: *Así es* la vida. Los chicos *se ponen grandes* y   grow up
   nosotros nos ponemos viejos.
   MAN.: No tan pronto, hombre. Por favor, no tan
90 pronto.
   BARB.: ¡Qué va! Dentro de un año Ud. será abuelo,
   y *de ahí* . . .   from then on
   (Dos hombres de *los que* han estado fumando y   those who
   charlando en el fondo se levantan y se dirigen hacia
95 la puerta.)

398

1ᵉʳ HOMBRE: Bueno. Alfonso . . . Barrios . . . hasta pronto, ¿eh?
2º HOMBRE: Adiós, viejos. Y muchas *felicidades*, Manuel.   congratulations
100 1ᵉʳ HOMBRE: Sí. Enhorabuena. *Que le den* muchos nietos, y pronto.   May they give you
MAN.: (sin entusiasmo) Gracias.
(Los dos salen.)
BARB.: Bueno. ¿Quiere *que le afeite* ahora?   me to shave you
105 MAN.: Sí. Pero he estado pensando, Alfonso . . .
¿Le parece que . . . posiblemente . . . si *me quitara el* bigote . . . me vería . . . un poco . . . más joven?   I took off my
A lo menos por ahora . . . meintras *no sea* abuelo *todavía?*   I'm not yet
110 (La puerta se abre de repente, y entran los dos hombres que acaban de salir.)
1ᵉʳ HOMBRE: ¿Saben? Ha comenzado a llover.
MAN.: *Que llueva*, hombre. *Que siga* lloviendo.   Let it rain ∼ Let it keep on

Vocabulario Activo

el bigote mustache	**un aficionado** a fan, enthusiast; amateur
el corte cut; ___ **de pelo** haircut	**materia** subject, course (in school) (physical) matter, substance
navaja razor	
peluquería barbershop	

afeitarse to shave	**tocar** to touch; play (an instrument); ___ **le a alguien** to be someone's turn
confiar (confío, confías) to trust, confide	

cuyo, *adj.* whose	**recostado** lying down

a espaldas de behind (someone's) back	**un par de (años, etc.)** a couple of (years, etc.)
¡Felicidades! Good luck! Congratulations!	**¿Qué me cuenta?** What do you say? What's new?
por el estilo along that line, something like that	**Tirando.** Getting along.
por atrás in the back	**Nos hace(n) falta . . .** We need . . . ; We are missing . . .

399

Preguntas

1. ¿Quiénes son los «habitantes» de la peluquería de Alfonso Osorio?
2. ¿Cómo está puesta la radio?
3. ¿Qué tiempo (weather!) está haciendo?
4. ¿Por qué no quiere Manuel que llueva mañana?
5. ¿Por qué razón (reason) recuerdan a Lorenzo los hombres?
6. ¿A qué chico conocía uno de los hombres?
7. ¿Por qué no le permitían sus padres jugar al fútbol?
8. ¿Qué se hizo finalmente el chico?
9. ¿Qué no sabía siquiera el padre?
- 10. ¿Qué comenta el barbero cuando Manuel le dice que Lorenzo se casa mañana?
11. ¿Qué le diría Alfonso si fuera su padre?
12. ¿Qué le pasó a la hija del vecino de Manuel?
13. ¿Y qué hizo el hijo del primo de Alfonso?
14. ¿Qué nos ocurre a nosotros cuando los hijos se ponen grandes?
15. Según el barbero, ¿qué será dentro de un año Manuel?
16. ¿Qué hacen ahora dos de los hombres que han estado charlando y fumando?
17. ¿Qué le dicen a Manuel antes de despedirse?
18. ¿Por qué quiere quitarse el bigote ahora Manuel?
19. ¿Por qué vuelven los dos hombres que acaban de salir?
20. ¿Qué dice Manuel cuando oye que está lloviendo?

Discusión

1. ¿Va su padre siempre a la misma peluquería? ¿Va Ud. allí también? ¿Cómo se llama su barbero? ¿Se encuentran allí siempre varios hombres fumando y charlando? ¿Puede Ud. describir la peluquería a donde va Ud.?

2. En su opinión, ¿por qué no quiere realmente Manuel que se case Lorenzo? ¿De qué tiene miedo? ¿Es un sentimiento natural el que siente Manuel? ¿Le considera Ud. una persona tonta? ¿egoísta (selfish)? ¿buena? ¿normal? ¿Cree Ud. que será así su padre cuando Ud. quiera casarse?

III ESTRUCTURA

60. ¿De quién . . .? vs. cuyo

a. *¿De quién (es)* . . .? is the only way of asking the question "Whose . . .?" We have already used it many times. Let's review it again.

¿De quién es este cuarto? —Es de mi cuñado.	Whose room is this?—It's my brother-in-law's.
¿De quién son las gafas? —Son mías.	Whose eyeglasses (one pair) are they?—They're mine.
¿De quiénes es la fábrica? —Pertenece a la familia Calderón.	Whose factory is it?—It belongs to the Calderon family.
¿De quiénes son aquellos coches?—Son nuestros.	Whose cars are those?— They're ours.

b. *Cuyo* whose (son, daughter, etc.) appears only in the middle of a sentence. It does not ask a question, but merely states possession. Notice that since *cuyo* is an adjective, it agrees with the noun that follows it.

Éste es el señor *cuya hija* se va a casar hoy.—Enhorabuena.	This is the gentleman *whose daughter* is getting married today.—Congratulations.
¿Conoce Ud. a la chica *cuyo cuadro* ganó el premio?—Encantado.	Do you know the girl *whose painting* won the prize? —Delighted (to meet you).
Yo tenía una amiga cuyos *parientes* eran de Bolivia. —Yo también.	I had a friend whose relatives were from Bolivia.—So did I.

Ejercicios

A. Complete Ud. las frases siguientes usando *¿De quién(es)* . . .? o *cuyo(a, os, as)*:

1. Daniela es la chica a . . . boda asistiremos el domingo.
2. Han inventado un avión nuevo . . . alas serán flexibles.
3. Hay un pueblo aquí cerca . . . alcalde es un verdadero tirano.

4. ¿... es esta navaja? ¿Y ... son las otras?
5. Ésa es la señora ... boleto ganó en la lotería.
6. Conozco a un pobre barbero ... peluquería fue destruida por un incendio (fire) la semana pasada.
7. ¿Quién es el fabricante ... compañía hace esos juegos?
8. Hay varios artistas ... éxito no voy a comprender nunca.
9. Gloria Pardo es la chica ... novio la llama todo el día.
10. ¿... son esos guantes? (Hay sólo un par.) ¿Y ... son esos ejemplares (copies) de *Nuestro Mundo?*

  B. Escriba ahora cinco oraciones originales usando *¿De quién(es) ...?* y *cuyo*, y no se olvide del Vocabulario Activo de las lecciones que acabamos de estudiar.

61. que and quien

  a. *Que* is the most used and probably the most useful joiner of them all. Whether we find it as the conjunction *that* or as the relative pronoun *who* or *which*, it refers to both people and things, to singular and to plural. Sometimes, as direct object of a verb, it can even mean *whom*. What could be handier?

Sabíamos *que* era él.	We knew (*that*) it was he.[1]
Dudo *que* lo hagan.	I doubt (*that*) they'll do it.[1]
El muchacho *que* vive en la casa vecina ...	The boy *who* lives in the house next door ...
Los vecinos *que* teníamos antes ...	The neighbors *that* (*whom*) we had before ...
La lata *que* habíamos abierto ...	The can *that* (*which*) we had opened ...
Los actores *que* vimos en ese programa ...	The actors *whom* we saw on that program ...

  b. *Quien(es)* is generally used after a preposition, and means *whom*.[2]

Mamá, te quiero presentar al chico *de quien* he hablado tanto.—¡Me voy a desmayar!	Mom, I'd like to introduce the boy about whom I've spoken so much.—I'm going to faint!

  1. Notice that English often drops the conjunction *that*. Spanish does *not:* I think you're right. Creo *que* tienes razón.
  2. Once in a while, *quien* appears instead of *que* to mean *who*. We'll talk about that in Level III.

¿Conoce Ud. a los chicos *con quienes* haremos el viaje?
No recuerda el nombre del señor *a quien* se dirigió. —¡Por Dios!

Do you know the fellows with whom we'll take the trip?
He doesn't remember the name of the man to whom he spoke. —For Heaven's sake!

Ejercicios

A. Conteste otra vez:

1. ¿Ha leído Ud. algo recientemente que le haya impresionado mucho? 2. ¿Quiénes son las personas que han tenido más influencia en su vida? 3. ¿Cómo se llama el maestro (la maestra) con quien comenzó a estudiar español? ¿y con quien comenzó a estudiar música? 4. ¿Tiene Ud. unos parientes que hayan nacido en otro país? 5. ¿Conoce Ud. a alguien que haya participado alguna vez en una manifestación? ¿o en una huelga? 6. ¿Hay alguien en su familia que lleve bigote? ¿que lleve barba (beard)? 7. Hay muchas personas para quienes compra Ud. siempre regalos de Navidad? ¿y regalos de cumpleaños?

B. Lea bien los diálogos, y después interprételos según las preguntas:

1. —Tú conoces al chico con quien Dorotea se va a casar, ¿no?
   —¿Qué sé yo? ¿Cómo se llama?
   —Roberto Contreras.
   —¡Ay, no! ¿Qué me cuentas? Eso es el colmo.

   Conteste: **a.** ¿Quiénes son las dos personas que están hablando?
   b. ¿Qué nombres les daría Ud.?
   c. ¿Cómo se llama el chico con quien Dorotea se va a casar?
   d. ¿Cómo explica Ud. la reacción de la segunda persona?

2. —Si sigue nevando, no creo que vengan esta noche.
   —¿Cómo lo sabes? ¿Hablaste con ellos por teléfono?
   —No. Llamé, pero no estaban. Sin embargo, la chica que contestó el teléfono me dijo que dudaba muchísimo que salieran. No les gusta mucho el frío.
   —¡Qué maravilla!
   —¡Qué vergüenza, Chalo! Me molesta que pienses así.

Conteste: **a.** ¿Quiénes están hablando esta vez?
b. ¿Quiénes son las personas que deben venir esta noche?
c. ¿Por qué es difícil que vengan?
d. ¿Qué dijo la chica que contestó el teléfono?
e. ¿Le gusta a Chalo la noticia? ¿Cómo lo sabe Ud.?
f. ¿Qué le contesta la otra persona?

62. *lo que* and *el que*

a. *Lo que* means *what*, but *not* as a question. Please don't confuse it with ¿*Qué* . . . ? or ¿*Cuál* . . . ? *What* . . . ?

Hacen *lo que* ellos quieren, nada más.	They do what *they* want, that's all.
Lo que te hace falta es una buena comida.	What you need is a good meal.
Lo que ella pidió fue imposible.	What she asked for was impossible.
Haré *lo que* pueda.	I'll do what I can.

b. *El que, la que,* etc.

El que, la que, los que, las que mean *the one(s) who* or *which, those who,* etc.[3]

El que te lo dijo mentía.	The one (the person, the man) who told you so was lying.
Los que vinieron se divirtieron muchísimo.	Those who came had a very good time.
Esta lista es la mejor. *La que* tú tienes no sirve.	This list is the best. The one that you have is no good.

Ejercicios

A. *Lo que Ud. dice . . .*

Esta vez vamos a hacer una cosa diferente. Prepare Ud. cinco comentarios o preguntas originales sobre cualquier tema. Por

---

[3] *El que, la que,* etc. can also be used at times in place of *que,* but we'll leave that for next year. ¿Está bien?

ejemplo: *Quiero que me prestes diez dólares ahora mismo... Yo pienso que el español es la lengua más hermosa del mundo... ¿Por qué no suspendemos todas las clases mañana?*, etc. Trate de usar su imaginación y de hacer algunas oraciones interesantes. ¿Está bien? Pues entonces, cuando Ud. nos lea una de sus frases o preguntas, sus compañeros de clase van a responder de la manera siguiente (o por el estilo). Aquí tienen Uds. algunas contestaciones típicas:

1. Lo que Ud. dice es imposible (fantástico, estupendo...)
2. Lo que tú quieres es ridículo (facilísimo, dificilísimo...)
3. ¿Sabe(s) lo que haría yo? Yo...
4. ¿Sabe(s) lo que yo recomiendo (recomendaría, aconsejaría...)?
5. Muy bien. Haré lo que pueda.
6. No entiendo realmente lo que quiere(s).
7. Lo que a Ud. le hace falta (a ti te hace falta). es...
8. Lo que busca(s) está aquí mismo.
9. Lo que él (ella, etc.) pide es...
10. No sé lo que puede(s) hacer.

Por supuesto, si quieren hacer otros comentarios empleando *lo que*, será muchísimo mejor. Vamos a comenzar.

B. Diga ahora en español:

1. I can't give her what she asks for. I'm not a millionaire.
2. What you should do is explain it to her. She'll understand.
3. Those who came late had to go to the principal's office.—¡Ay!
4. At first, I didn't realize what they wanted.—Neither (did) I.
5. What has become of the two girls who used to live here?—The one that lived on the first floor got married, and the other (one) returned home.

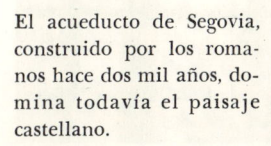

El acueducto de Segovia, construido por los romanos hace dos mil años, domina todavía el paisaje castellano.

IV NOTAS HISPÁNICAS

Por Tierras del Sur

Dejamos atrás a Castilla. Cruzamos la Sierra Morena, y nos hallamos en otro mundo. Seguimos un camino *tortuoso* que sube y baja y *serpentea* entre las montañas. Allí en frente hay siempre una *cuesta*, 5 después otra, y otra, cubiertas de *olivos alineados* uno detrás de otro como soldados *en fila*. A veces en la cima se ve una antigua fortaleza *árabe*. Y por los lados, entre las tierras amarillas, hay pueblos de casas pequeñas *blanqueadas* por el sol. Estamos en 10 Andalucía, en aquella región donde algunos dicen que termina Europa y comienza el continente de África. Andalucía, que vivió durante ocho siglos bajo la dominación *musulmana*, y las *huellas* quedan todavía. Córdoba, Sevilla, Málaga, Granada . . . 15 Vamos a visitarlas.

tortuoso ~ winding ~ twists
cuesta mountain slope
olivos alineados olive trees lined up
en fila in a row
árabe Arabic
blanqueadas bleached
musulmana Moslem ~ *huellas* traces

A través de esta hermosa reja (grill) se ve un típico patio cordobés.

Vista parcial de la Alhambra, con sus hermosos jardines y fuentes. *Granada.*

    Llegamos primero a Córdoba, blanca y *asoleada*. Los patios de las casas están llenos de flores y fuentes, y hay *callejuelas* tan estrechas que las verdes *matas colgadas en una y otra casi se tocan*. Allí vivieron
20 en paz en tiempos medievales poetas, filósofos y científicos de las tres religiones, musulmanes, cristianos, y *judíos*. Y se dice que aun cuando los reyes cristianos del norte *se enfermaban*, mandaban por uno de los famosos médicos *cordobeses* o viajaban ellos
25 mismos a la hermosa ciudad árabe. Tanta era su fama . . .
    La vida es más lenta en Córdoba. La atmósfera está *compenetrada* de los siglos pasados. *Huimos* por un momento del sol y entramos en la gran *mezquita*, hoy
30 convertida en una iglesia católica. El espectáculo es extraordinario. Estamos de repente en medio de un verdadero bosque de arcos montados sobre colum-

asoleada — sunny

callejuelas — alleys
matas colgadas en una y otra casi se tocan — plants hanging on either side almost touch each other

judíos — Jews
se enfermaban — took sick
cordobeses — of Cordoba

compenetrada — suffused with ~ *Huimos* — We take refuge
mezquita — mosque (Moslem temple)

407

Una casa morisca en Granada. En la sala vemos a un niño usando unos instrumentos antiguos de tejer.

nas delgadas. El edificio es inmenso, pero *la acústica* es tan buena que cualquier palabra pronunciada
35 en el altar principal *retumba sobre* los arcos y llega perfectamente a *oídos de todos*. Pero más que nada, en ese edificio está resumida la historia de la ciudad de Córdoba. Sus *cimientos* son los de una antigua iglesia *visigótica* que había sido construida en el siglo VI
40 sobre las ruinas de un templo romano. Después llegaron los árabes, y en ese mismo lugar comenzaron a levantar su gran mezquita. Al principio no tenían a mano todas las materias que necesitaban para darle los *últimos toques* de elegancia. Y así
45 construyeron con ladrillos blancos y rojos los arcos del templo. Pero más tarde llegaron otros *artesanos*

acoustics

bounces off
everyone's ears

foundations
Visigothic

final touches

skilled workmen

mejores, trayendo consigo *alabastro y mármol* y   alabaster and marble
mosaicos de oro y raras maderas talladas. Y poco a
poco fueron *ensanchando* el edificio y adornándolo   enlarging
50 con todos los tesoros de su tierra. Para fines del siglo
XIV ya era uno de los edificios más hermosos del
mundo. Y así se ha quedado hasta hoy, con la única
excepción de que ahora está instalado en su centro
un gran altar católico, *señal* de la reconquista de   sign
55 España por los cristianos en el siglo *posterior*.   next

    Continuamos nuestro viaje hacia el sur. Sevilla,
en la boca del río Guadalquivir, el «río grande» de
los árabes. Sevilla *se parece* bastante a Córdoba en el   resembles
aspecto de sus casas, en la atmósfera de sus calles.
60 La llaman la ciudad más «romántica» de España,
porque así ha sido su historia. *Hogar* de poetas y de   The home
músicos, fue una de las capitales más importantes
del imperio musulmán durante *la Edad Media*, y la   the Middle Ages
mezcla de las dos civilizaciones, árabe y cristiana,
65 predomina todavía hoy. La torre musulmana de la
Giralda, donde en tiempos antiguos llamaban a los
fieles para rezar a Alá, está junta ahora a la gran   faithful to pray to Allah
catedral católica. Y el viejo alcázar de los *emires* fue   emirs (Arabic rulers)
convertido en un palacio de los reyes españoles.
70 Pero sobre todo, Sevilla fue el mayor foco de
actividad durante la época de la exploración de
América. De allí salían todos los barcos que se
dirigían al Nuevo Mundo, y hasta allí llegaban en el
viaje de vuelta, cargados de oro y de otros metales   return trip
75 preciosos. Por eso los monarcas españoles *hicieron*   had built at the edge
construir en la orilla del río un edificio singular
llamado la Torre de Oro, y allí guardaban las
grandes riquezas *de ultramar*. Hay mucho más que   from over the seas
podríamos decir acerca de la bella ciudad, pero
                                          let it suffice to quote ∼ He
80 *baste citar* el refrán popular: «Quien no ha visto   who
Sevilla, no ha visto *maravilla*.» Y así es de verdad.   a marvelous sight

    En Granada, sin embargo, dicen otra cosa.
«Quien no ha visto Granada, no ha visto nada.»
Y ellos también tienen razón. Porque Granada fue
85 la capital principal de los conquistadores árabes,

y la última ciudad que reconquistaron los españoles en el año 1492. Allí dicen que el rey Boabdil *entregó* las llaves de la ciudad a *Fernando e Isabel* diciendo: «Estas son las llaves del *paraíso*. Recíban-
90 las, porque así es la *voluntad* de Dios.» Y allí encontramos el palacio nunca *igualado* de la Alhambra. El patio de los leones. La *cámara* donde la reina Isabel recibió a Colón. Los ricos mosaicos. Los cuartos del *harén*. Los arcos un poquito imperfectos,
95 «porque la perfección está sólo en las manos de Dios». Y por las ventanas *arqueadas*, la vista de las colinas que rodean a la ciudad y donde viven los *gitanos granadinos*. Los jardines del Generalife, flores y fuentes y pájaros que cantan al sol. Y cerca,
100 las tumbas de Fernando e Isabel . . . Granada, con Sevilla y Córdoba, los puntos más altos de la cultura norteafricana en España. Pero hay Málaga también, y tantas otras ciudades *andaluzas*. Y *más allá*, al nordeste, la región de Valencia, cuya capital fue
105 liberada de las manos musulmanas por el Cid mismo, sólo para caer *de nuevo* después de su muerte. Y así siguió la historia de una España hecha de muchas razas y gentes, una historia conservada para siempre en aquellas tierras del sur.

entregó handed over ~ Ferdinand *Fernando e Isabel* and Isabella ~ paradise *paraíso*
voluntad will
igualado equaled
cámara chamber

harén harem

arqueadas arched

gitanos granadinos gypsies of Granada

andaluzas Andalusian ~ farther off *más allá*

de nuevo again

Preguntas

1. ¿Qué vemos en los caminos de Andalucía?
2. ¿Bajo qué dominación vivió por ocho siglos aquella región?
3. ¿Puede Ud. describir un poco a Córdoba?
4. ¿Por qué fue famosa Córdoba durante la Edad Media?
5. ¿Cómo resume su mezquita la historia de la ciudad?
6. ¿Dónde está situada Sevilla?
7. ¿Qué importancia tuvo durante la época de la exploración de América?
8. ¿Qué puntos de interés encontramos en Granada?
9. ¿Qué significación histórica tiene aquella ciudad?
10. ¿Qué otras ciudades forman parte de las herencia (heritage) musulmana en España?

V PASATIEMPO

¿Qué Soy?

Aquí tiene Ud. algunos rompecabezas nuevos. ¿Cuántos puede Ud. solucionar?

1. Nunca le pregunto nada a nadie. Sin embargo, siempre me tienen que contestar. ¿Qué soy?
2. Puedo correr y silbar, pero no tengo pies ni boca. ¿Qué soy?
3. Me encuentran una vez en cada minuto, dos veces en cada momento, pero ni una sola vez en cien años. ¿Qué soy?
4. Aumento cada que vez que me comparten con otros. ¿Qué soy?
5. Muchas veces me hallan donde no existo siquiera. ¿Qué soy?
6. Si me tratan bien, soy todo el mundo. Si me rompen, no soy nadie. ¿Qué soy?
7. Los que no me tienen no quieren tenerme. Los que sí me tienen no quieren perderme. Los que me ganan no me tienen ya. ¿Qué soy?
8. Siempre peso lo mismo, no importa que sea pequeño o grande. ¿Qué soy?
9. Soy muy conocido en el mundo entero y mi nombre tiene dos letras. Pero por casualidad, cuando me quitan una letra del nombre, mi nombre queda igual. ¿Qué soy?
10. Vengo siempre con el tren y me voy con el tren. No le sirvo de nada, y sin embargo el tren no puede andar sin mí. ¿Qué soy?
11. Puedo correr, pero no puedo caminar. ¿Qué soy?
12. Tengo muchos agujeros (holes) en mi cuerpo. Sin embargo, no se me escapa el agua. ¿Qué soy?
13. Todo el mundo me guarda de vez en cuando, pero casi nadie me toca. ¿Qué soy?
14. Soy demasiado para una persona y bastante para dos. Pero ya no soy nada si tres personas me tienen. ¿Qué soy?

Respuestas a los Rompecabezas

1. un teléfono 2. una locomotora 3. la letra *m* 4. la felicidad 5. una falta 6. un espejo 7. un pleito 8. un hueco 9. té 10. el ruido 11. el agua 12. una esponja 13. la lengua 14. un secreto

23

Lección Veintitrés

I CONVERSACIÓN

A.

1 ¿Cuándo fue descubierto el Nuevo Mundo? El Nuevo Mundo fue . . .
2 ¿Por quién fue descubierto? Fue descubierto por . . .
3 ¿Sabe Ud. en qué año fue fundada (founded) nuestra escuela?
4 ¿Fue construida hace muchos años o hace pocos?
5 ¿Fue establecida por la ciudad o por el estado?
6 ¿Cuándo fue construida su casa?
7 ¿Sabe Ud. por quiénes fue construida?
8 ¿Fue invitado Ud. alguna vez a una boda?
9 ¿Fue invitado por la familia de la novia o por la del novio?
10 ¿Será Ud. invitado a otra boda este año?
11 ¿Es posible que sea invitado a una fiesta esta semana?
12 ¿Por quiénes cree Ud. que será invitado?

B.

1 ¿Ha sido Ud. elegido (elected) alguna vez presidente de su clase? Sí, he sido elegido (elegida) . . . No, . . .
2 ¿Fue nombrado alguna vez a un comité especial?

3 ¿Por quién(es) fue nombrado?
4 ¿Ha sido Ud. premiado (given a prize) alguna vez?
5 ¿Ha sido Ud. alabado alguna vez por un profesor?
6 ¿Ha sido Ud. llevado alguna vez a la oficina del Rector?
7 ¿Ha sido Ud. acusado injustamente alguna vez?
8 ¿Por quién fue acusado?
9 ¿Ha sido castigado injustamente alguna vez?
10 ¿Por quién?
11 ¿Ha sido Ud. admitido alguna vez en una fraternidad?
12 ¿Es probable que sea admitido en la universidad de su elección (choice)?

C.

1 ¿Fue espantado Ud. alguna vez por algo?
2 ¿Fue amenazado alguna vez por alguien?
3 ¿Dónde fue fabricado su automóvil?
4 ¿Fueron fabricados en los Estados Unidos su radio y su televisor?
5 ¿A qué hora fueron abiertas las puertas de la escuela hoy?
6 ¿A qué hora serán cerradas?

D.

1 ¿Estaban abiertas o cerradas las puertas cuando Ud. llegó hoy?
2 ¿Estaban abiertas o cerradas las ventanas cuando entró en esta sala?
3 ¿Está sentado o parado ahora su profesor?
4 ¿Están sentados todos los alumnos?
5 ¿Le parece que está bien preparada hoy la clase?
6 ¿Está terminado ahora este ejercicio?

II ESCENAS DE LA VIDA

Peluquería de Señoras — Beauty Salon

Mañana será la boda de su hija, y Sara María de Campos ha ido a la peluquería. Está rodeada de un grupo de señoras mientras la *peinadora le arregla el pelo*. — hairdresser fixes her

5 SRA. C.: ... *Será atendida* por cuatro de las chicas que trabajan con ella en el hotel. Y por supuesto, Elisa *llevará la cola del traje de novia*. — She'll be attended / will carry the train of the bridal gown
SRA. 1: Y el *traje*, ¿cómo es? — gown
SRA. C.: De la última moda. *Fue hecho* por una *cos-* — it was made ~ dressmaker
10 *turera* que copia todos los modelos de París.
SRA. 2: ¡Qué maravilla!
SRA. C.: El *cuello* está adornado con *perlas* y la falda está bordada a mano. — neck ~ pearls
SRA. 3: ¡Qué bello!
15 SRA. 1: La felicito.
SRA. 2: ¿Y habrá flores?
SRA. C.: ¡Cómo no! La iglesia estará llena de flores. Me encanta al *azahar*. — orange blossom
SRA. 3: A mí también.
20 (Sara se vuelve a la peinadora.)
SRA. C.: Por favor, Jimena, un poco más alto *por delante*, ¿está bien? — in front
PEINADORA: ¡Cómo no, señora! ... ¿Así?
SRA. C.: Sí. Así está mejor ... Pues bien, después de
25 la ceremonia *seremos llevados en limosín* al lugar de la fiesta. — we'll be taken in a limousine
SRA. 1: ¿En limosín? Eso sí que es lujo.
SRA. C.: Hemos *alquilado* dos para todo el día. — hired
SRA. 3: ¡Figúrese!
30 SRA. 2: ¿Y la fiesta? ¿Dónde la tendrán?
SRA. C.: En el jardín de la *Bodega* Italiana. Primero habrá una recepción, y la comida será servida a las tres. — Winecellar (Restaurant)
SRA. 1: ¡Ojalá que no llueva!
35 SRA. C.: No lloverá. *No se atreverá*. — It won't dare.

PEINADORA: Pues bien, señora Campos. He acabado. ¿Le gusta?

SRA. C.: Déjeme verlo por atrás . . . Bueno. Muy bien hecho. Gracias, Jimena.

40 (Se levanta de la silla.)

SRA. 1: Si *no se cuida*, Ud. misma será tomada por la *novia*.   you don't watch out / bride

(La señora Campos está rebosando de felicidad.)

SRA. C.: Ay, no. ¡Qué *pensamiento*!   a thought

45 SRA. 2: Pues, *que todo le resulte* muy bien mañana.   may everything turn out for you

SRA. 3: Y que le den muchos nietos.

SRA. 1: Enhorabuena.

SRA. C.: Gracias. Gracias. Adiós.

(La señora Campos paga su *cuenta* y sale. Las otras   bill
50 señoras vuelven a hablar *entre sí*.)   among themselves

• SRA. 1: Ana, ¿tú crees que ella decía la verdad?

SRA. 2: No sé. Limosines . . flores . . comida en la Bodega Italiana. ¿*Tan ricos serán?*   Can they be so rich?

PEINADORA: Puede ser. La señora Campos viene de
55 una familia importantísima. ¿No saben Uds. quién es su hermano?

SRAS. 1 y 2: No.

SRA. 3: ¿Quién es?

PEINADORA: Manolito Vargas.

60 SRAS. 1, 2, y 3: ¡Manolito Vargas!

SRA. 1: ¿*De verdad*?   Really?

SRA. 2: ¿Cómo lo sabe Ud.?

PEINADORA: Ella me lo dijo. Es un secreto.

SRA. 3: ¡Manolito Vargas! ¡Imagínese!

65 PEINADORA: ¿Y quieren que les diga *otra cosa*?   something else

SRAS. 1 y 3: Sí.

SRA. 2: ¡Cómo no! Absolutamente.

PEINADORA: Pues *antes de ser* Manolito Vargas, ¡él   before he was
era don Alberto el Consejero!

70 SRAS. 1, 2 y 3: ¡No!

SRA. 2: ¡Don Alberto el Consejero! Yo lo recuerdo. Era una maravilla ese hombre.

SRA. 2: Dicen que tres veces *fue premiado* por el Insti-   he was awarded prizes
tuto Social.

75 SRA. 1: ¡Don Alberto el Consejero!

SRA. 2: ¡Manolito Vargas!

SRA. 1: ¿Y él será invitado a la boda?

415

PEINADORÁ: *¿Si será invitado?* Ha sido invitado y ha aceptado. Y allí estará mañana en la Iglesia de San Francisco a la una de la tarde. Y después en la Bodega Italiana. — *Will he be invited?*

SRA. 1: Pues.. dígame, Jimena, ¿Ud. tendrá tiempo para peinarme hoy?

SRA. 2: Yo necesito una manicura.

SRA. 3: *¿Me podrá lavar y peinar?* — *Can you wash and set me?*

SRA. 1: ¿Saben? Está haciendo frío. ¡Ojalá que no llueva mañana!

SRA. 2: No lloverá.

SRA. 3: No se atreverá.

Vocabulario Activo

cola tail; train (of a dress)	**perla** pearl
cuello neck; neckline	**lujo** luxury
costurera dressmaker	**cuenta** bill; account
peinadora hairdresser	**ceremonia** ceremony
	pensamiento thought

alquilar to rent; hire (a thing, not a person)	**copiar** to copy
	premiar to award; reward

por delante in front (opp. of **por atrás**)	**rebosar de felicidad** to be bursting with happiness; to be beaming
bordado a mano hand-embroidered	**¿De verdad?** ¿Really?

Preguntas

1. ¿Por qué ha ido a la peluquería hoy la señora Campos?
2. ¿De quiénes está rodeada?
3. ¿Por quiénes será atendida Daniela?
4. ¿Por quién fue hecho su traje de novia?
5. ¿Cómo estará mañana la iglesia?
6. ¿Cómo serán llevados al lugar de la fiesta los miembros de la familia?
7. ¿Dónde tendrán la recepción?
8. ¿A qué hora será servida la comida?

9. ¿Por qué dice la señora Campos que no lloverá?
10. Según una de las señoras, ¿por quién será tomada la señora Campos?
11. ¿Cómo la felicitan las señoras? (What do the ladies say when they congratulate her?)
• 12. ¿Por qué preguntan después las señoras si Sara decía la verdad?
13. Según la peinadora, ¿de qué clase de familia viene la señora Campos?
14. ¿Qué secreto les revela la peinadora?
15. ¿Qué más les dice acerca de Manolito Vargas?
16. Según una de las señoras, ¿por qué instituto fue premiado don Alberto?
17. ¿Qué quiere saber ahora la señora primera?
18. ¿Qué otra información le da Jimena acerca de la boda?
19. ¿Qué piden ahora las señoras a Jimena?
20. Por qué no quieren las señoras que llueva mañana?

Discusión

1. (A las muchachas) ¿Va Ud. de vez en cuando al salón de belleza (beauty parlor)? ¿Tiene Ud. una peinadora favorita? ¿Se peina Ud. normalmente o le peina el pelo su mamá? ¿o su hermana? ¿o una amiga?

2. (A todos) ¿Va frecuentemente al salón de belleza su madre? ¿Van sus vecinas? ¿Sabe Ud. cuánto cuesta en la peluquería de señoras lavar y peinar (set)? ¿Cuánto cuesta en la peluquería de señores un corte de pelo?

3. ¿Se tiñe (dyes) el pelo su madre? (A las muchachas) ¿Piensa Ud. teñirse (dye) el pelo o le gusta su color natural? (A los muchachos) ¿Le gusta más a Ud. el pelo teñido o el pelo natural? Si Ud. estuviera casado, ¿permitiría a su esposa cambiar el color de su pelo? ¿Le permitiría cambiar el color frecuentemente?

III ESTRUCTURA

63. What Does the Passive Voice Mean?

It means that the *subject is receiving*, not doing the action. Compare, for example:

The mad dog bit him. (*Active* voice. The subject—dog—*does* the action.)

He was bitten by a mad dog. (*Passive* voice. The subject—he—does nothing. It just *receives* the bite!)

The passive voice can be used in any tense. Please do not confuse *passive* with *past!*

Will he be invited?—Of course.	¿Será invitado?—Por supuesto.
The building *has been finished* already.—I congratulate you.	El edificio ha sido terminado ya.—Le felicito.
Is it possible that we *may be admitted?*—How do I know?	¿Es posible que seamos admitidos?—¿Qué sé yo?

64. The True Passive

a. The true passive voice in Spanish is formed exactly as it is in English. Remember, though, that only the verb *ser* is used before the past participle, and that the past participle that follows *ser* must agree with the subject.

Subject +	to be +	Past Participle	
The book	was	published	in 1968.
El libro	fue	publicado	en 1968.
A new house	will be	built	here.
Una casa nueva	será	construida	aquí.
The letters	have been	sent	already.
Las cartas	han sido	mandadas	ya.

b. *Por* tells *by* whom or what the action is done.

Fuimos alabados por el jefe.	We were praised by the boss.
Su obra será premiada por el gobierno.	His work will be awarded (a prize) by the government.
Han sido invitados por el alcalde mismo.	They have been invited by the mayor himself.

Occasionally, *de* is used instead of *por*, especially if the action is mental rather than physical.

Es amado de todos.	He is loved by all.

Ejercicios

A. Cambie según el elemento nuevo:
1. *El puente* fue construido después de la guerra.
   (La catedral, los edificios, estas fábricas, la cárcel)
2. El fabricante del cohete será *premiado* por el gobierno.
   (alabar, acusar, reconocer, recomendar)
3. *El vestido* fue *hecho* por una costurera francesa.
   (La cola, el traje, de novia, las corbatas, los pantalones)
4. Una huelga ha sido *declarada* por los trabajadores.
   (comenzar, iniciar, anunciar, amenazar)
5. Temo que los *árboles* sean *destruidos* por el huracán.
   (el mercado, las flores, los jardines, la casa)

B. ¿Puede Ud. hallar la conclusión de las frases del Grupo **1**?

1	2
Las uvas fueron sembradas	en coche a la iglesia . . . por los
El compromiso será anunciado	padres de la novia . . . cancelado
El alcalde fue elegido	esta tarde . . . en el cementerio . . .
Seremos llevados	por una costurera italiana . . . en
El noticiero ha sido	tres materias . . . por la reina misma
Esa chica ha sido suspendida	. . . en el sur del Pacífico . . . por la
El traje de novia fue hecho	gran mayoría del pueblo . . . por el
Esas perlas fueron encontradas	camarero nuevo
Uds. serán servidos	
Es posible que sean recibidos	

65. *Estar* + a Past Participle

When there is really no action involved, but merely a *condition that follows* a completed act, Spanish uses *estar* + a past participle. Actually, if you can insert the idea "already", chances are that you are dealing with the resulting condition of an action, and not with the action itself. We have already used this many times. Do you remember?

Mi hermana está casada.—¿Ah, sí? ¿Desde cuándo?   My sister is married.—Really? Since when?

Las tiendas no están abiertas hoy.—Lástima.   The stores aren't open today.—Too bad.

El abuelito está dormido.—Pobre. Estaba muy cansado.   Grandfather is asleep.—Poor thing. He was very tired.

Notice how different this concept is from that of the passive voice, which always tells of an action being done to the subject.

¿A qué hora fue cerrada la puerta?—No sé. Ya *estaba* cerrada cuando yo llegué.	At what time was the door closed?—I don't know. It was already closed when I arrived.
Durante la noche el pueblo fue rodeado por tropas enemigas.	During the night the town was surrounded by enemy troops.
El pueblo *estaba* rodeado cuando llegaron nuestros soldados.	The town was (already) surrounded when our soldiers arrived.
El edificio será construido en 1978.	The building will be constructed in 1978.
El edificio *estará* construido para 1978.	The building will (already) be constructed by 1978.
El traje de novia fue hecho por una costurera nueva.—*Está* muy bien hecho, ¿sabe?	The bridal gown was made by a new dressmaker.—It is very well made, you know?

Ejercicios

A. Conteste siempre según los modelos. Por ejemplo:

¿Los ejercicios serán escritos mañana?—*No. Están escritos ya.*
¿El banco fue cerrado a la una?—*No. Estaba cerrado ya.*

1. ¿El postre será servido pronto? **2.** ¿La cadena fue rota durante la pelea? **3.** ¿Los García serán invitados a la fiesta? **4.** ¿El televisor será arreglado por el mecánico? **5.** ¿La carta fue dictada esta mañana por el señor Ramos? **6.** El puente fue construido en 1950. **7.** ¿La lección será terminada para el fin de esta semana? **8.** ¿Las llaves serán colgadas allí en el rincón? **9.** ¿La huelga será declarada el jueves? **10.** ¿El apartamento será alquilado este verano?

B. Diga ahora en español (¡y sea brillante!, ¿no?):

1. When was Mexico discovered?—I don't know exactly. But it was already colonized by 1535. **2.** Suddenly the house was surrounded by police. **3.** Our house is surrounded by a beautiful garden.—That's true. **4.** Were they asleep when we called?—Yes. But they were awakened by the telephone. **5.** I think the tray was broken by the new maid.—Absolutely not. It was already broken before she came.

IV NOTAS HISPÁNICAS

Cataluña y las Islas Baleares

Hemos hablado más de una vez acerca del individualismo del español. Hemos *señalado* como en una época u otra, casi todas sus regiones se han declarado independientes o han luchado a lo menos por
5 su *autonomía*. Y como aun dentro de las mismas regiones han surgido movimientos separatistas de parte de varias provincias o comunidades. Pero hay que decir que de todas las regiones españolas, no hay ninguna más individualista que Cataluña. Recuerdo
10 por ejemplo a un señor simpatiquísimo que *llegamos a conocer* en el avión *rumbo a* Barcelona. Nos estaba hablando con cierto *despego* acerca de «los españoles». Y por fin, le preguntamos: «¿Pero no es Ud. español?»—«Soy catalán»—contestó. Y siguió hablando
15 acerca de «España» como si fuera un país extranjero.

pointed out

self-rule

we got to know
on the way
detachment

La iglesia de la Sagrada Familia, en construcción todavía, ha llegado a ser ya el símbolo de Barcelona.

¿Por qué será así? Tal vez porque la historia de Cataluña *tanto como* su geografía la han *apartado* de la corriente principal de la vida española. En primer
20 lugar, Cataluña está situada en un rincón del nordeste de la península, más cerca, por ejemplo, de Francia y de Italia que de Madrid. En los *primeros* tiempos medievales, cuando Cataluña era poco más que una tierra medio habitada y fértil campo para
25 contrabandistas y bandoleros, fueron unos *monjes franceses los que fundaron poblaciones* y la ayudaron a desarrollar una vida nacional. Aunque Cataluña ha podido encontrar su propia identidad y carácter, su contacto con Francia no ha desaparecido del todo.
30 La Costa Brava, aquella tierra hermosísima al norte de Barcelona, se considera la «Riviera española». Y los nombres de los pueblos y el mismo dialecto catalán reflejan todavía la influencia francesa.

En segundo lugar, Cataluña ha sido siempre un
35 país marítimo. Barcelona es el único puerto importante español en el Mediterráneo, y gran parte de su comercio y de su desarrollo cultural ha dependido

as well as ∼ separated

early

it was some French monks who founded townships

Recogiendo patatas en las Islas Baleares. Fíjese bien en los molinos de viento (windmills) que están en uso todavía.

En el puerto de Barcelona la figura de Cristóbal Colón señala la ruta del Nuevo Mundo.

precisamente de sus relaciones con Italia. Por esa razón se dirigió a Barcelona el aventurero italiano
40 Cristóbal Colón. Allí *expuso* por primera vez ante la reina Isabel su proyecto de ir a las Indias. Barcelona lo recuerda, y ahí en el mismo puerto está la Santa María, una reproducción exacta de la capitana *original* de Colón. Y ahí cerca está la estatua del
45 gran descubridor, encima de una alta columna, con el brazo extendido hacia el mar. Barcelona también es una ciudad que mira hacia afuera.

    En muchos respectos, entonces, Barcelona es la menos española de todas las ciudades de España. A
50 diferencia de las del sur, del centro y del sudeste, conoció muy poco la ocupación árabe. ¡Y qué distinta es, por ejemplo, de Madrid! Madrid es más bien *provinciano*. Barcelona es cosmopolita, una ciudad internacional. Madrid es más bien *conservador*.
55 Barcelona ha sido la *cuna* de muchos movimientos radicales. Madrid tiene pocas industrias y Castilla vive de sus duras tierras. Barcelona es el centro in-

expounded

flagship

provincial
conservative
cradle

423

dustrial más importante de toda España, y las tierras catalanas son verdes y fértiles. Madrid es seco. Barcelona goza del azul del mar, del *dorado* de las playas *arenosas*, del verde de los campos *regados* por la lluvia. Madrid es una fuerza dinámica que *atrae* dentro de su órbita a la mayor parte de la península ibérica. Barcelona es otra fuerza dinámica que quiere *arrastrarse fuera* de la órbita de Castilla, que busca su propio camino y salvación. Así es entonces que el catalán sigue hablando su propio lenguaje, al lado del *castellano*. Y aunque el gobierno le prohibe publicar periódicos en catalán, hay un gran número de revistas y libros y aun obras de teatro en ese idioma. Madrid recuerda con nostalgia su pasado, y la Plaza Mayor es su símbolo. Barcelona vive en el presente, y su símbolo es la todavía incompleta iglesia de la Sagrada Familia, modernísima, curiosísima, medio fea, medio hermosa, pero siempre *suya*, independiente, individual.

A poca distancia de Barcelona, *allá* en el azul Mediterráneo están las tres grandes islas, llamadas Baleares—Mallorca, Menorca, e Ibiza. En años recientes Mallorca, con sus hermosísimas playas y su clima ideal, ha llegado a ser uno de los lugares más populares del mundo para el turista extranjero. Y poco a poco sus dos compañeras, Menorca e Ibiza, la están siguiendo en el camino del turismo. Dicen que la cultura de Ibiza es tal vez la más vieja de toda España, que *se remonta* a los tiempos antiguos cuando los *fenicios* vinieron a la península, antes de la época de Cristo, antes de la invasión romana. Y la evidencia descubierta *últimamente* por los *arqueólogos* parece *respaldar* esa teoría.

Así es que Barcelona y la Costa Brava y sus islas vecinas son las regiones más conocidas de España para el mundo exterior. Barcelona, porque el extranjero se siente *como en casa* entre sus calles atestadas, sus edificios familiares, el tránsito, el comercio, el ruido, el fuerte *sentido de «hoy»*. La Costa Brava porque allí se halla el mismo sol, la misma hermosura natural, el mismo mar que en

la costa francesa. Pero los precios son más baratos,
100 y el catalán es más *vivaz*. Las islas Baleares, porque   lively
son como un paraíso natural que sólo ahora co-
mienza a revelar un fascinante pasado cultural.
Cataluña, rincón de España, más *mundial* que   of the world
español.

Preguntas

1. ¿Cuál es una de las características más notables del carácter catalán?
2. ¿Dónde está situada Cataluña?
3. ¿Con qué país tuvo más contacto en la época medieval?
4. ¿Qué evidencia tenemos todavía de la influencia francesa?
5. ¿Qué importancia ha tenido Italia en el desarrollo de Cataluña?
6. ¿Cómo recuerdan a Colón en Barcelona?
7. ¿Puede Ud. señalar tres diferencias importantes entre Madrid y Barcelona?
8. ¿Cuál es el símbolo de Barcelona? ¿Cómo refleja su carácter?
9. ¿Qué son las islas Baleares? ¿Como son?
10. ¿Por qué decimos que Cataluña es la región menos «española» de España?

V PASATIEMPO

Asociaciones

Todas nuestras experiencias están relacionadas en una forma u otra con otras experiencias anteriores. Vamos a ver hoy qué ideas se le ocurren —qué colores, que imágenes, qué sentimientos, qué recuerdos—cuando piensa en las cosas siguientes:

1. el 4 de julio
2. la Navidad
3. el mes de junio
4. la felicidad
5. un desfile (parade) militar

6. el primer día de la primavera
7. el amor
8. el calor
9. el éxito
10. la seguridad (security)

Hable francamente, y no tenga miedo de revelar su mundo íntimo. Nos encantaría conocerle mejor.

24

Lección Veinticuatro

I CONVERSACIÓN

A.

1 ¿Cómo llevan las faldas ahora (are skirts being worn)—cortas o largas?   Las llevan . . .
2 ¿Las llevaban más cortas el año pasado?
3 ¿Qué colores usan en esta estación del año?   Usan el . . .
4 ¿Qué colores usan más en el verano?
5 ¿Qué película presentan esta semana en el cine aquí?
6 ¿Qué película presentaron antes?
7 ¿Qué programas nuevos han presentado este año en la televisión?
8 ¿A qué hora presentan las noticias del día?
9 ¿Dicen que lloverá mañana?
10 ¿Dicen que hará calor?
11 ¿Dicen que nevará?
12 ¿Temen que haya un huracán?

B.

1 ¿Cuándo construyeron la casa en que vive Ud.?
2 ¿Sabe Ud. en qué año construyeron esta escuela?
3 ¿En qué año escribieron la Declaración de Independencia?

4 ¿Sabe Ud. en qué año terminaron nuestra Constitución?
5 ¿Sabe Ud. si van a construir un gimnasio nuevo en este colegio?
6 ¿Construirán un teatro?
7 ¿Hacen muchas presentaciones dramáticas?
8 ¿Cuántos conciertos dan al año?
9 ¿Han anunciado ya el horario (schedule) de los exámenes finales?
10 ¿Les darán una semana o dos para los exámenes?   Nos darán . . .

C. Hay muchas cosas que decimos u oímos todos los días, y frecuentemente las aceptamos porque estamos acostumbrados a ellas. Aquí tiene Ud. algunas de esas expresiones comunes. ¿Con cuántas está Ud. de acuerdo?

1 Ver es creer. (Seeing is believing.)
2 Querer es poder. (Wanting to do something is doing it, or "Where there's a will . . .")
3 Vivir es aprender.
4 Conocer a una persona es amarla.
5 El mucho trabajar nunca le ha hecho daño a nadie. (Working hard has never hurt . . .)
6 El cantar alegra el corazón. (Singing makes the heart glad.)
7 El acostarse y levantarse temprano alarga (lengthens) mucho la vida.

Pescadores asturianos. La pesca tiene una gran importancia en las provincias españolas del norte.

II ESCENAS DE LA VIDA

La Boda

El día ha llegado. La boda *se ha celebrado*, y el jardín de la Bodega Italiana está vestido *de fiesta*. Una pequeña orquesta está tocando, y la señora Campos está sentada a la mesa de honor llorando con su
5 amiga Raquel. — has taken place / for a party

SRA. C.: No lo puedo creer ... Mi nena ... Parece que sólo ayer ...
RAQ.: La recuerdo cuando estaba en la *cuna*. — cradle
SRA. C.: Como dos *muñequitos* eran, ella y David. — little dolls
10 RAQ.: Y ahora es una mujer.
SRA. C.: Casada. Y en un año, *a mí me llamarán* «abuelita». Ay, ay ... (El señor Campos se acerca.) Ay, Ernesto ... — I'll be called
SR. C.: Sara, por favor, *deja de llorar* ... Dime, ¿has
15 visto a tu hermano Alberto? — stop crying
SRA. C.: Lo vi en la iglesia. ¿No ha venido a la fiesta?
SR. C.: No lo veo en ninguna parte.
SRA. C.: No lo entiendo. El *debía* venir con nosotros en el limosín. — was supposed to
20 SR. C.: Pues no vino. No sé qué ... Espera. Creo que ahí está ... Pero Sarita, ¿ése será él? — can that be he?
(Don Alberto acaba de entrar por la puerta de atrás del restaurante. Está hecho un desastre. Ha perdido la corbata y una *manga del saco. Tiene la camisa rota*, — sleeve of his (suit) coat. His shirt is all torn
25 y el pelo *desgreñado*.) — all messed up
SRA. C.: ¡Alberto! ¿Qué te ha pasado?
(Don Alberto se cae en un asiento.)
ALB.: Me cogieron ... en la puerta ... de la catedral ... Había cien ... doscientas ... no sé
30 cuántas ... «¡Manolito Vargas!», gritaban. «¡Don Alberto!» Y me *rodearon* ... y *me arrebataron los gemelos* ...[1] y la corbata ... — grabbed off my cufflinks
(Manuel Barrios comienza a reír *ruidosamente*.) — noisily
MAN.: ¡A lo menos *le dejaron* los pantalones! Una vez — they left you your
35 cuando los policías cogieron a mi tío Pepe el contrabandista ...

---

1. *Gemelos* means both "cufflinks" and "twins". Do you see the connection?

428

(Don Alberto lo mira con horror.)

SR. C.: Alberto, toma un poco de vino. Te aprovechará.

40 ALB.: Gracias ... Mmm. Sabroso ... Pero ¿saben? No entiendo cómo me reconocieron. ¿Cómo *supieron* que yo ...? Sarita, ¿tú no dijiste nada, ¿verdad?   *did they find out*

SRA. C.: ¿Yo, Alberto? ¿Yo? *El pensarlo siquiera* ...   *Just thinking it*

45 (La señora Campos *le toca ligeramente el brazo, y el puño de su* camisa se cae en un plato de *fideos*.)   *touches his arm lightly, and the cuff of his ~ spaghetti*

La fiesta se ha puesto más alegre. Unos treinta niños van corriendo entre las piernas de los camareros, y el suelo está *salpicado de salsa de tomate*. Se oye la voz de una señora.   *splattered with tomato sauce*

50

SRA.: Eusebio, Mateo, Pipo, ¡No se peguen! ... Rafael, *vete a buscar a* Ñico ... ¡Ñico se ha perdido! ... ¡Ñico! ... ¡¡Ñico!! ... Héctor, ¿es posible que lo hayamos dejado en casa?   *go look for*

• Elisa *se está escondiendo* debajo de una mesa. Un señor bien vestido *deja caer su servilleta*, y descubre a la niña.   *is hiding herself* / *drops his napkin*

SR.: Hola, preciosa. Ven acá ... Así ... Ahora dime, ¿como te llamas?

60 EL.: Elisa Campos. Daniela es mi hermana. Pero, ¿por qué *lo invitaron a Ud.?*   *were you invited?*

SR.: Pues yo soy el jefe de Daniela y de Lorenzo. Soy el gerente del Hotel Con ...

EL.: ¿De verdad? ¡Entonces Ud. será el Sr. Peluca! 65 ¡Qué maravilla! *¡Ver es creer!* (Elisa se vuelve y llama a sus primas.) Marisela, Juanita. Vengan a ver. ¡Aquí está un señor con el pelo de dos colores!   *Seeing is believing*

La fiesta está *en su apogeo* ahora. Acaban de presentar a un nuevo grupo musical, El Puchero Semanal—   *at its height*
70 Pepe Molina, trompeta, Chave Mendoza, contrabajo, Arturo Colón, guitarra, y David Campos, tambor. La música comienza y el ruido es imposible *de describir*. Se oye *encima del tumulto* la voz de Antonio, el primo de Lorenzo.   *to describe ~ above the uproar*

75 ANT.: ¡Decadencia! ¡Música capitalista! *Así gasten el dinero,* y los trabajadores se mueren de hambre.   That's how money is spent

(Enrique Campos está hablando con una muchacha bonita.)
ENR.: ¡Concha Mercedes! ¡Qué casualidad! ¿Sabe
80   Ud.? Yo la conocí una vez en casa de un amigo. ¿No lo recuerda Ud.? ... Ahora señorita Mercedes ... Concha ...

(Don Mariano, el tío de Lorenzo se vuelve a una señora muy gorda que está sentada a su izquierda.)
85 DON M.: Señora, es Ud. una ilusión, una ilusión monumental. (Levanta su copa de vino y *la arroja contra la pared.*) Adiós, mi *copita,* para siempre, adiós.   throws it against the wall
darling drink

(La música se pone más y más alta. Todos los invitados están gritando. Hay una *conmoción a la entrada*   commotion at the entrance
90   del jardín, y de repente entra un ejército de señoras.
SEÑORAS: *¡Ahí está!* ¡Manolito! ¡Don Alberto!   There he is!
(Daniela se vuelve a Lorenzo. Está loca de felicidad.)
DAN.: ¿No te dije, Lorenzo? La boda es una lata,
95   ¡pero fantástica!
LOR.: Tremenda, Daniela. ¡Tremenda! *¡Valió la   It was worth waiting for!
pena esperar!*

Vocabulario Activo

camisa	shirt	**iglesia**	church
manga	sleeve	**la catedral**	cathedral
puño	cuff	**entrada**	entrance
los gemelos	cufflinks; twins	**puerta de atrás**	back door
los fideos	spaghetti	**bodega**	wine cellar; restaurant; (Sp. Am.) grocery store
salsa	sauce		
servilleta	napkin	**orquesta**	orchestra

arrojar	to throw	**descubrir**	(*past part.* **descubierto**) to discover
esconder	to hide		
		rodear	to surround

ruidoso	noisy	**salpicado**	spattered

430

Preguntas

1. ¿Qué día ha llegado?
2. ¿Por qué está llorando la señora Campos?
3. ¿Quién no ha llegado todavía a la fiesta?
4. ¿Dónde lo vio su hermana hace poco (a while ago)?
5. ¿Cómo llega por fin don Alberto?
6. ¿Qué le pasó?
7. ¿Qué dice Manuel al oír la historia (story)?
8. ¿Qué pregunta don Alberto a su hermana Sara?
9. ¿Qué ocurre cuando Sara le toca ligeramente el brazo?
10. ¿Qué están haciendo los niños durante la fiesta?
11. ¿Quién se ha perdido? ¿Qué piensa su mamá?
- 12. ¿Cómo descubre a Elisa el jefe de Daniela?
13. ¿Qué le dice Elisa? ¿Qué hace la niña?
14. ¿A quiénes acaban de presentar ahora?
15. ¿Quién toca el tambor en el grupo?
16. ¿Qué grita Antonio el comunista?
17. ¿Qué está haciendo Enrique, el hermano mayor de Daniela?
18. ¿Qué dice el tío Mariano cuando ve a la señora gordísima?
19. ¿Por qué hay una conmoción a la entrada del jardín?
20. ¿Qué piensan Daniela y Lorenzo de su fiesta de boda?

Discusión

1. ¿A cuántas bodas ha asistido Ud.? ¿Dónde se celebraron? ¿Ha asistido a una boda recientemente? ¿De quiénes fue? ¿Hubo una gran fiesta después? ¿Estaban nerviosos los novios? ¿Lloraban las mamás?

2. ¿Le gusta más a Ud. una boda grande y elegante o una boda sencilla? ¿Por qué? ¿Recuerda Ud. un episodio divertido relacionado con una boda? ¿o con otra fiesta?

3. ¿Le gustaría a Ud. la idea de fugarse (elope)? ¿Qué pensarían de eso sus padres? ¿Se fugaron ellos? ¿Dónde se casaron?

III ESTRUCTURA

66. The Impersonal "they"

Just as in English, Spanish will often use the impersonal "they . . ." in place of a true passive voice, provided, of course, that the real doer of the action is not mentioned. For example:

Dicen que hará calor mañana. —¡Ojalá!	*They say* (It is said) that it will be warm tomorrow.—I hope so!
Este año *anunciarán* los premios en la radio.	This year *they'll announce* the prizes (the prizes will be announced) on the radio.
Entonces, ¿ya *no publicarán* la lista en el periódico?	Then *won't they publish* the list (won't the list be published) any more in the paper?
Pero papá, así *llevan* las faldas ahora.—¿Con tan poca tela? ¡Válgame Dios!	But Dad, this is how *they're wearing* skirts (skirts are being worn) now.—With so little cloth? Heaven help us!

Remember once more: The impersonal "they . . ." can be used in place of the true passive *only* if the doer of the action is *not* expressed. Consider, for instance:

Seremos invitados al banquete. Nos invitarán al banquete.	We'll be invited to the banquet.
El cuadro fue colgado allí. Colgaron el cuadro allí.	The picture was hung there.
La casa ha sido alquilada. Han alquilado la casa.	The house has been rented.

But when you tell *by* whom or *by* what, only the true passive remains:

Seremos invitados por el jefe.	We'll be invited by the boss.
El cuadro fue colgado allí por el artista mismo.	The picture was hung there by the artist himself.
La casa ha sido alquilada por una familia numerosa.	The house has been rented by a large family.

Ejercicios

A. Diga de otra manera las oraciones siguientes. Por ejemplo:

¿*Han publicado* ya el horario nuevo?   ¿*Ha sido publicado* ya . . .?
La casa *será vendida* este verano.   Este verano *venderán* . . .
No *seremos reconocidos* allí.   No *nos reconocerán* allí.

1. El vagón de primera será usado en lugar del otro. (Usarán . . .)
2. La sopa de gallina fue preparada ayer.
3. La cuenta no ha sido pagada todavía.
4. Construirán una catedral nueva en nuestro pueblo. (Una catedral nueva será . . .)
5. Espero que seamos bien recibidos en aquella ciudad. (Espero que nos . . .)
6. La Bodega Italiana fue escogida para la fiesta de boda.
7. Fui cogido en la puerta de la iglesia.
8. De repente abrieron la puerta de atrás.
9. Nos suspendieron en cuatro materias.
10. No te admitirán en ese oficio.
11. El letrero será colocado en la parada del autobús.
12. Éstas son las llaves que fueron usadas para hacer el robo.

B. Diga ahora de dos maneras en español, siguiendo los modelos.

He was pardoned.   *Fue perdonado. Lo perdonaron.*
The boy was found.   *El niño fue hallado. Hallaron al niño.*
We'll be caught.   *Seremos cogidos. Nos cogerán.*

1. I was chosen.   2. We were threatened.   3. The purse has been found.
4. The rocket has been launched.   5. He was handed over to the police.   6. That tree will be pulled out.   7. The whole city was destroyed.
8. The award will be announced today.

C. ¿Puede Ud. escribir ahora cuatro frases originales usando la tercera persona del plural en lugar de la voz pasiva?

67. The Infinitive As a Noun

The only part of a verb that can be used as a noun in Spanish is the infinitive. This is very different from English, which often uses a present participle (Singing, Dancing, Smoking, etc.) as a subject or object noun.

El fumar es peligroso.—Lo sé.   *Smoking* is dangerous.—I know. But
   Pero *el comer* demasiado   *eating* too much isn't good either.
tampoco es bueno.

El vivir allí sí cuesta dinero. —Pero vale la pena, ¿no?

Living there really costs money. —But it's worth it, isn't it?

Me encanta *el bailar* de esos chicos.—A mí también.

I adore the *dancing* of those youngsters.—I do, too.

The article *el* is often omitted when the infinitive used as subject is linked up with another infinitive-noun.

Ver es creer.

Seeing is *believing*.

Querer es *poder*.

Wanting is *doing*. (Where there's a will, there's a way.)

Ejercicios

A. ¿Puede Ud. hallar en el Grupo **2** una respuesta lógica para cada oración del Grupo **1**?

1

Ud. no lo hizo, María, ¿verdad?

Han prometido prestarnos todo lo que necesitemos.

El vivir aquí cuesta mil pesos semanales.

Nos encanta el cantar de los pájaros.

Rosario es simpatiquísima, ¿no le parece?

El ir y volver en un solo día nos cansa demasiado.

Cuando sea mayor, se dará cuenta de lo que es la vida.

2

¿Ah, sí? Pues ver es creer.

Es cierto. A mí me encanta toda la naturaleza.

¡Rogelio! El pensarlo siquiera me ofende.

¡Caramba! Para eso hay que ser millonario.

Entonces, ¿por qué no se quedan una noche con nosotros?

Así es. Vivir es aprender.

Tienes razón. Sólo conocerla es quererla.

B. Termine de una manera original las frases siguientes:

1. El estudiar mucho . . .
2. El vestirse bien . . .
3. El comer demasiado . . .
4. No me gusta el cantar . . .
5. El saber una lengua extranjera . . .
6. El toser y estornudar mucho . . .
7. El fumar . . .
8. El jurar falsamente . . .
9. El mentir . . .
10. Vivir es . . .

IV NOTAS HISPÁNICAS

Las Regiones del Norte

Andemos por las tierras del norte, la España «*castiza*» que conoció muy poco la ocupación musulmana y de donde vino el *ímpetu* de la Reconquista. La España «cristiana» que recuerda los tiempos medievales cuando cada región era un *reino* independiente, y reyes y nobles y *clérigos* peleaban entre sí por el poder.

Aragón, *delimitado* por montañas. Al norte, los Pirineos; al sur, la cordillera Ibérica. Y en el centro, el valle del río Ebro, el único río de España que corre de oeste a este, hacia el azul Mediterráneo. Aragón fue la última región incorporada a la nación española. Su *príncipe*, Fernando, se había casado con la joven Isabel de Castilla. Y cuando los dos heredaron la *corona* de sus respectivos reinos, cada uno juró conservar su independencia. Así que durante la vida de los Reyes Católicos (así llamaban a Fernando e Isabel), aunque los esposos *actuaron* juntos en muchas ocasiones, Aragón y Castilla *siguieron siendo* dos naciones distintas. Sólo después de la muerte de Fernando e Isabel, cuando su nieto Carlos *subió* al trono, *se unificaron* aquellos dos reinos, y España llegó a ser una nación unida . . . Aragón, una de las fuerzas más vitales en el desarrollo de la nación española.

"pure Spanish"

impetus

kingdom

clergy

bounded

prince

crown

acted
kept on being

ascended ~ united

La fiesta de San Fermín en Pamplona. ¿Se atrevería Ud.?

Navarra, al oeste de Aragón. Montañosa, tradicionalista, casi *encerrada* en su propia historia, su propia personalidad. Sus bailes de hoy son los bailes folklóricos de otros tiempos. El vestido típico
30 se conserva todavía en las zonas rurales. Y en la fiesta de San Fermín (que comienza en el séptimo día del séptimo mes a las siete de la mañana), los toros corren por las calles de Pamplona, y los jóvenes los *persiguen* exactamente como los perse-
35 guían hace años, hace siglos . . .

    Las *Provincias Vascongadas*, donde los nombres son casi tan largos como su historia. Elguezábal, Izcatárregui, Zumárraga, Echegaray . . . El «País Vasco», llaman a su tierra, porque el vasco es un
40 hombre sumamente individualista, y no le ha gustado nunca la idea de ser sólo una parte pequeña de una gran nación. Para él su «*patria chica*» es realmente un país, si no independiente, a lo menos autónomo. Y así es que ha conservado siempre su
45 propia lengua—el vascuence—tal vez la más vieja de Europa, y del todo diferente de los demás dialectos españoles. El vasco es industrioso, *trabajador*. Cultiva *asiduamente* su tierra. Baja a las minas para sacar su hierro y carbón. Y ha construido una capi-

locked

chase

Basque Provinces

little homeland

hard-working
assiduously

Un animado baile vasco. Fiesta en San Sebastián.

El pórtico de la Gloria en la catedral de Santiago de Compostela, Galicia.

50 tal, Bilbao, que es el *segundo* centro industrial de toda España. Pero al mismo tiempo es *reacio al cambio*. Y no tiene miedo de defender con la vida su derecho de ser como es. El «País Vasco», pequeña tierra en los montes Pirineos, un mundo *propio*.

55 Asturias, al norte de León. El *paso* de Covadonga, donde los cristianos detuvieron por primera vez a los invasores árabes en el siglo VIII. Tierra orgullosa de aquel pasado. Tierra de mineros y de *pescadores*. Una región tradicionalista, «castiza», 60 como Navarra.

Y finalmente, Galicia. La verde Galicia, *suave*, húmeda, cubierta de una *neblina* nostálgica. La tierra es montañosa y pobre, pero la vida parece menos dura en Galicia porque hay agua y un sol 65 *tibio*, y la vista del mar. La Coruña es su ciudad principal. Pero Santiago de Compostela es su alma. A Santiago se dirigieron los *peregrinos* cristianos durante la Edad Media. De toda Europa venían para *rezar* en la catedral donde *yacían los restos de* 70 *Santiago*, el santo patrón de España. Y hoy la ciudad se ve casi igual que en aquellos tiempos. Las calles corren en ángulos geométricos alrededor de la catedral, siempre a la sombra del edificio de Dios. Allí

second (most important)
slow to accept change

of its own
mountain pass

fishermen

soft
haze

luke-warm

pilgrims

pray ~ lay the remains of St. James

437

se oye el suave acento *gallego*, dialecto muy *parecido*   Galician ~ similar
75 al portugués. Curiosamente, ¡el gallego-portugués era la lengua usada por los poetas castellanos durante gran parte de la Edad Media, precisamente porque la consideraban más dulce, más musical que su propio idioma! El tiempo trae sus cambios. Pero
80 la hermosa lengua gallega y su pueblo han cambiado relativamente poco.

    Seguimos hacia el sur. Llegamos a Portugal, y España ha quedado atrás. España, fusión de pueblos y de culturas, madre de América.

Preguntas

1. ¿Cómo era la España cristiana en tiempos medievales?
2. ¿Qué hay al norte de Aragón? ¿y al sur?
3. ¿Quién fue el último rey de Aragón? ¿Con quién se casó?
4. ¿Cuándo llegó a unificarse definitivamente la nación española?
5. ¿Cuáles son las características fundamentales de Navarra?
6. ¿Qué ocurre en Pamplona en la fiesta de San Fermín?
7. ¿Cómo es el carácter vasco? ¿Qué lengua habla junto al castellano?
8. ¿Por qué es orgullosa de su historia la provincia de Asturias?
9. ¿Cómo es la tierra gallega? ¿Qué dialecto se oye allí?
10. ¿Por qué ha sido importante en la historia española la ciudad de Santiago de Compostela?

V PASATIEMPO

Charla o Teatro

El tema de nuestra charla para hoy será: *El año que viene*. Queremos saber cómo piensa Ud. pasarlo. ¿Cuáles son sus sueños, sus deseos, sus ambiciones? ¿Y cuáles son las posibilidades de realizarlos en el futuro inmediato?.. O si le gustan más las obras de teatro, escriba un corto diálogo sobre el mismo asunto. Por ejemplo, puede sacar una página del libro de «mañana», proyectándose en esa época: ¿Qué estará Ud. haciendo de hoy en un año (a year from today)? ¿Dónde estará? ¿Habrá cambiado mucho o poco su vida? Vamos a ver cómo le sale la obra . . .

25

Lección Veinticinco

I CONVERSACIÓN

A.

1 ¿Se come bien en la cafetería aquí? (Does one eat well . . .? Is the food good . . .?)   Sí, se come . . .
No, no se come . . .
2 ¿Se come mejor aquí o en casa?
3 ¿Se come mejor aquí o en un restaurante del centro?
4 ¿Cómo se va de aquí al centro? (How does one go . . .?)   Se va en (tren, coche, etc.)
5 ¿Cómo se va mejor de aquí a México?
6 ¿Cómo se va más rápidamente —en avión o en barco?
7 ¿Cómo se va más cómodamente?
8 ¿Cómo se aprende a hablar bien el español?
9 ¿Cómo se aprende a tocar un instrumento musical?
10 ¿Cómo se saluda a una persona? (How does one greet . . .?)
11 ¿Cómo se responde cuando alguien le dice: «Muchas gracias.»?
12 ¿Cómo se contesta el teléfono en España?
13 ¿Cómo se contesta en otras partes del mundo hispano?

14 ¿Cómo se despide uno de sus amigos? (How does one take leave . . .?)

B.

1 ¿Se habla español en esta clase? (Is Spanish spoken . . .?)
2 ¿Qué otra lengua se habla aquí?
3 ¿Ha visto Ud. alguna vez un letrero que diga: «Aquí se habla español.»?
4 ¿Qué lengua se habla en Francia?
5 ¿Qué lenguas se hablan en la América del Sur?
6 ¿Qué lenguas se hablan en las Naciones Unidas?
7 ¿A qué hora se abre esta escuela por la mañana?
8 ¿A qué hora se cierran las puertas por la tarde?
9 ¿Se ha construido recientemente un edificio importante por aquí?
10 ¿Se han construido algunas tiendas nuevas?
11 ¿Se ha construido una biblioteca nueva?
12 ¿Se han presentado aquí algunas famosas obras de teatro?

C.

1 Cuando un niño es malo, se le alaba o se le castiga (is he praised or punished)?   Se le . . .
2 Cuando se coge a un ladrón, ¿adónde se le manda?   Se le manda . . .
3 Si una persona necesita una operación, ¿adónde se le manda?
4 Si los estudiantes faltan siempre a clase, ¿se les aprueba o se les suspende?   Se les . . .

5 Si una muchacha ha mentido muchas veces, ¿se la cree todavía (is she still believed)? Sí, se la . . .
No. No se la . . .
6 Si el presidente ha hecho muy mal en el gobierno, ¿se le elige otra vez (is he elected . . .)?

II ESCENAS DE LA VIDA

Nuestro mundo

Es muy tarde, y el hombre está solo en la estación del *metro*. Se mira en el espejo de una *máquina vendedora*. Su cara *se ve* cansada. ¿Es él mismo? Saca una moneda del bolsillo. Tal vez con un poco de
5 chocolate, o una *pastilla de chicle* . . . Se para. La máquina no es la *misma de ayer*. Hay algo diferente —un *letrero* nuevo:

    subway ~ vending machine
    looks

    stick of gum
    same one as yesterday
    sign

    MÁQUINA *HABLADORA*
    ¿Quiere hablar con alguien?
    Hable conmigo.
10   Un peso.

    Talking

    (*Se aprieta* el botón a la derecha
    para hacer que hable la máquina.)

    You press
    to make the machine talk

El hombre mete la moneda en la *ranura* y aprieta el botón.
15 MÁQ.: Hola. ¿Qué me cuenta?
HOMBRE: Tú primero. Yo pagué.
MÁQ.: ¿*Se siente* Ud. *solo–sola?*
HOMBRE: Sí.
MÁQ.: ¿No tiene amigos?
20 HOMBRE: Los tenía. Estoy *aburrido*. Ya no me interesan.
MÁQ.: Pobre . . Pobre . . Po-(El hombre le da un golpe y la máquina continúa.)-bre. ¿Quiere oír un cuento *divertido?*

    slot

    Do you feel lonely

    bored

    funny

25 HOMBRE: *A ver.* — Let's hear.
   MÁQ.: Pues *se dice* que una vez había un hombre que . . . (Silencio) — it is said
   HOMBRE: ¿Qué le pasó?
   MÁQ.: Un peso más, por favor.
30 HOMBRE: ¿Tan pronto? (La máquina se ha callado.) ¿Tan pronto te tragaste el peso? ¡Ladrón! (Le da unos fuertes golpes. La máquina se queja un poco, pero no contesta.) ¡Caramba!
   (El hombre saca otra moneda, la mete en la ranura,
35 y aprieta el botón.)
   MÁQ.: ¿Qué quiere? Con un peso *no se compra* nada hoy día. — you don't buy
   HOMBRE: Bueno. Acaba con el cuento.
   MÁQ.: Muy bien . . . Había un hombre que pensaba
40 que ya no le interesaba nada, ni nadie.
   HOMBRE: *Muy divertido está el chiste.* — Oh, this joke is hilarious
   MÁQ.: Él era suficiente a sí mismo . . . a sí mismo . . . a sí mismo . . . a sí mismo . . . (El hombre le da otro buen golpe.) Hasta que un día, estando
45 solo en una estación del metro, *¡llegó a pensar* que una máquina vendedora estaba hablando con él! — he actually thought
   HOMBRE: ¿Y ése es el cuento? *¡Embustero! Ni medio peso* vale. — You cheat! ~ Not even half a peso
   MÁQ.: Y de repente se dio cuenta de que . . .
50 (El tren se acerca, *borrando* la voz de la máquina. El hombre entra. El vagón está casi vacío. Otro hombre de cara cansada está sentado en un rincón. El hombre se acerca a él y se sienta. — blotting out
   HOMBRE: Buenas noches. *Está haciendo* menos frío, — It's not so cold now
55 ¿no le parece?
   (El otro sonríe y los dos se ponen a hablar . . . La máquina se ha quedado sola. En su boca hay dos pastillas de chicle.)

• Las radios están puestas.
60 «Boletín. *Se acaba de anunciar el lanzamiento* de un cohete que *dará la vuelta* al sol. Según información oficial, *se han instalado* en el cohete algunos aparatos electrónicos que . . .» — There has just been announced the launching ~ will go around there have been installed

(«¿Los Cohetes? ¡Qué equipo, eh»!)

65 «Esta mañana por primera vez *se ha transplantado* un *cerebro*. *Se realizó* la histórica operación...»   has been transplanted
brain ~ was realized
(«Tú eres mi vida, mi *aliento*, mi alma, mi corazón.»)   breath

70 «Se ha encontrado ya el coche usado por los ladrones que *asaltaron* ayer el Banco Nacional robándole más de un millón...»   held up
(«Escúchame, mujer. No me importan los mil pesos. Sólo me importa que yo sea el único Manolito en tu vida, ¿me entiendes»?)

75 «Según *fuentes fidedignas* se han mandado 50,000 tropas a la *frontera occidental*. *Se teme* en círculos diplomáticos...»   reliable sources, 50,000 troops have been sent Western border ~ It is feared
(«Esteban ¿tú sabes cuántos hermanos tuvo la abuela materna de Carlos Montoya»?)

80 «El año pasado murieron en accidentes de automóviles 35,793 personas, casi siete mil más que...»
(«¡Caramba! Número 153995. ¿Sabes? Los números impares siempre traen mucha suerte.»)

«Pollitos frescos... Fresquecitos...»
85 «¡Qué suerte la mía! ¡Qué casualidad»!
«No puede ser. Es Ud. muy joven para ser gerente...»
«Escandaloso. ¡Es-can-da-lo-so»!
«Les juro. ¡Tan furioso estaba que se le erizaron
90 los pelos de la peluca»!
—Te adoro, Daniela. ¿Lo sabes?
—No, Dímelo otra vez.

(Música)

Nuestro Mundo.

Vocabulario Activo

metro subway	**frontera** border; frontier
máquina vendedora vending machine	**tropa(s)** troop(s)
	el cohete rocket
ranura slot	**lanzamiento** launching
pastilla stick (of gum); tablet, pastille	**la fuente** source; fountain
	cuento story
el chicle gum	**embustero** liar; cheat
	cerebro brain, mind

apretar (aprieto) to squeeze; press	**borrar** to erase
	robar to rob; steal
asaltar to attack	

aburrido bored; boring	**occidental** Western
divertido funny; amusing	(Recuerde: **oriental** Eastern)

por primera vez for the first time

Preguntas

1. ¿Dónde está el hombre? ¿En qué espejo se mira?
2. ¿Por qué saca del bolsillo una moneda?
3. ¿Qué letrero nuevo tiene la máquina vendedora?
4. ¿Qué pregunta al hombre la máquina?
5. ¿Por qué ya no tiene amigos el hombre?
6. ¿Qué clase de cuento promete decirle la máquina?
7. ¿Por qué se calla de repente la máquina?
8. ¿Qué hace entonces el hombre?
9. ¿Qué dice la máquina cuando vuelve a hablar?
10. ¿Qué pensaba el hombre cuya historia cuenta la máquina?
11. ¿Qué llegó a pensar un día?
12. ¿Por qué no se puede oír el fin del cuento?
13. ¿A quién ve el hombre cuando sube al tren?
14. ¿Qué hace nuestro hombre?
15. ¿Cómo se ha quedado la máquina? ¿Qué tiene en la boca?
16. ¿Qué boletín se oye ahora en la radio?
17. ¿Que histórica operación se ha realizado?
18. ¿Qué coche se ha encontrado?
19. ¿Cuántas tropas se han mandado a la frontera occidental?
20. ¿Cuál es la última noticia que leemos?

Discusión

1. ¿Cómo interpreta Ud. el cuento del hombre y la máquina vendedora? ¿Cree Ud. que la máquina le hablaba de verdad? ¿Por qué tiene dos pastillas de chicle en la boca? ¿Por qué se acerca el hombre al otro hombre cansado? ¿Por qué le dice: «Está haciendo menos frío.»? En su opinión, ¿quién es el otro hombre?

2. ¿Qué ironía encuentra Ud. entre el boletín y el pequeño trozo (bit) de conversación que lo sigue? ¿Y en el caso del transplante? ¿Y en la noticia del asalto al Banco Nacional? ¿Y en la de la crisis internacional? ¿Y en la cifra (total) de los accidentes automovilísticos? ¿Qué conclusiones saca Ud.?

3. ¿Le gusta a Ud. soñar? ¿fantasear (make up fantasies)? ¿Nos puede describir uno de sus sueños? ¿o una fantasía suya?

III ESTRUCTURA

68. The Impersonal *se*

Spanish very often uses the impersonal *se* very much as English uses *one* or the colloquial *you*.

¿Cómo *se* sale de aquí?	How does one get out of here? (How do you . . .?)
¿Por dónde *se* entra?	How does one (do you) get in?
¿Cómo *se* aprende una lengua extranjera?—Hablándola.	How does one (do you) learn a foreign language? —By speaking it.
¿Qué *se* puede hacer en ese caso?—Nada.	What can one do in that case? —Nothing.
Se dice que . . . —¡Qué va! No se sabe nada todavía.	It is said (One says) that . . . —Go on! Nothing is known yet.

Ejercicios

A. Escoja Ud. la contestación que corresponda mejor a cada pregunta:

1. ¿Dónde se coloca este cuadro?—(Se deja en el suelo. Se pega en el cielo raso. Se cuelga en la pared de la sala.)
2. ¿Cómo se va mejor de aquí al centro?—(Se coge un autobús. Se vuela en avión. Se va por mar.)

3. ¿Qué se hace para no engordar?—(Se ensaya mucho. Se sigue una dieta. Se esconde la comida.)

4. ¿Ud. sabe cómo hacer funcionar esta máquina?—Cómo no. (Se saca una moneda del bolsillo. Se aprieta ese botón. Se desenchufa.)

5. Si uno tiene dos casas en el mismo pueblo y no quiere vender ni una ni otra, ¿cóme se arregla el asunto?—(Se alquila una. Se devuelve una a su antiguo dueño. Se destruye una.)

B. Exprese ahora de una manera impersonal las oraciones siguientes. Por ejemplo:

¿Entramos por aquí?   *¿Se entra por aquí?*
¿Lo harán así?   *¿Se hará así?*
¿Qué podíamos hacer?   *¿Qué se podía hacer?*

1. *Ud. toma* el tren de la una.   **2.** *Seguimos* todas las reglas.   **3.** *Aprendieron* una buena lección.   **4.** *Vamos* al campo para descansar.   **5.** Siempre *usan* el fusil automático.   **6.** Cuando hace calor, *vamos* a la playa.   **7.** Si *perdemos* uno, *encontramos* otro.   **8.** Cuando *cerraban* la puerta de enfrente, *abrían* la de atrás.   **9.** Si no *sé* la respuesta, *adivino*.   **10** Si *escuchan* bien, *oirán* un ruido.

69. The Reflexive to Express a Passive Voice

The use of the reflexive to express a passive voice is very closely related to the impersonal reflexive we have just learned. It appears in two ways:

a. A normal reflexive usage

When the one *by* whom the action is done is *not* mentioned in the passive sentence, Spanish often uses a normal reflexive—as if the subject had done the action to itself!

Aquí *se construirá la casa.*	The house will be built here.
Aquí *se construirán las casas.*	The houses will be built here.

Incidentally, you'll find that the verb usually comes *before* the subject here.

Se oye una voz alegre.	A gay voice is heard.
Se oyen algunas voces en la calle.	Some voices are heard in the street.
Ayer se dio la función.	The performance was given yesterday.
Ayer se dieron dos funciones.	Two performances were . . .

b. The impersonal *se*—always singular
When the subject of the passive sentence is a person or could conceivably do the action to itself, we use the impersonal *se*—always singular!—in a special way.

Se mató *al* general.   The general was killed.
Se le mató.   He was killed.

What would «Se mató el general.» mean? . . . Can you see now why we must use a completely impersonal form here?

Se mandará *a* Luisa.   Elisa will be sent.
Se la mandará.   She will be sent.
Se castigará *a* los niños.   The boys will be punished.
Se les castigará.   They will be punished.
Se le ha ofrecido un empleo bueno.   He has been offered a good job. (A job has been offered *to* him.)
Se me ha ofrecido un empleo mejor.   I have been offered a better job.
No se nos ha ofrecido nada.   We haven't been offered anything.

Do you remember: *Se me ocurre una idea* . . . and *¡Ay, no! Se me olvidó* . . . ?

c. See how this reflexive passive can be used in place of the third person plural to express passive voice.[1] In most cases, either one will do, and so the choice is yours. For example:

Dicen que lloverá.   They say it will rain.
Se dice que lloverá.   It is said that it will rain.
Construyeron un mercado allí. They built a market there.
Se construyó un mercado . . . A market was built . . .
Despidieron al cajero.   They fired the cashier.
Se despidió al cajero.   The cashier was fired.
Le alabaron mucho.   They praised him highly.
Se le alabó . . .   He was praised . . .

[1] You may find the impersonal third person plural easier to use. So please review #66 now, and decide which alternate you prefer.

Ejercicios

A. Conteste escogiendo una de las alternativas:

1. Si un pobre tiene mucha hambre, ¿se le ofrece primero un empleo o una comida? **2.** Si un estudiante ha faltado muchas veces a la clase y no sabe casi nada, ¿se le aprueba o se le suspende? **3.** Si dos jóvenes acaban de casarse, ¿se les felicita o se les riñe? **4.** Si los estudiantes no entienden la lección, ¿se les explica otra vez o se pasa a la próxima lección? **5.** Si alguien es herido (injured) en un accidente de automóviles, ¿se le lleva primero al hospital o a la policía? **6.** Para comer carne, ¿se usa cuchara o tenedor? ¿y para comer sopa? **7.** Si una persona no quiere hacer algo, ¿se le convence o se le obliga a hacerlo? **8.** Si hay un criminal peligroso en la cárcel, ¿se le vigila mucho o se le deja en libertad? **9.** Si un niño miente constantemente, ¿se le perdona o se le castiga? **10.** Si un trabajador ha hecho muy bien su trabajo, ¿se le recomienda para otro trabajo mejor o se le despide (fire)?

B. Lea bien los trocitos, y conteste:

1. —¿Sabe? Se me ha confiado un cargo (task) muy importante.
—Enhorabuena. Le felicito, Eduardo.

Conteste: ¿Cumplió bien o mal Eduardo los cargos anteriores que se le confiaron?

2. —Se ha publicado el artículo en más de cien revistas y periódicos.
—Así es. Y se dice que en algunas partes lo están copiando aun a mano.

Conteste: **a.** ¿Ha sido bien o mal recibido el artículo?
b. ¿Qué evidencia tiene Ud.?

3. —Hubo un robo anoche en casa de don Inocencio. Se le robó casi todo lo que tenía en la casa—dos mil pesos, obras de arte, piedras preciosas, de todo . . .

Conteste: ¿Es un hombre pobre o rico don Inocencio?

4. —Se le vigila día y noche. No quieren permitir que huya.

Conteste: ¿De quién cree Ud. que se trata?

5. —¡Mucho cuidado ahí! No se acerquen con el fósforo (match). Se acaba de llenar el tanque.

Conteste: ¿Se ha llenado de agua o de otra sustancia el tanque?

6. —Cuando se descubrió quién era, lo rodearon, le rompieron la camisa, le arrancaron los gemelos, y por poco no se le deja escapar.

Conteste: ¿De quién cree Ud. que se trata ahora?

IV NOTAS HISPÁNICAS

Última Mirada al Mundo Hispánico

En fin, ¿qué es España? Es una nación que una vez fue la más *poderosa* del mundo. Casi toda América, *más* algunas tierras del Pacífico y del norte de África eran suyas, y *no se ponía* el sol en el imperio español.
5 Pero no duró mucho tiempo esa supremacía. Porque mientras sus colonias le traían riquezas *nunca soñadas*, y sus escritores y artistas la llevaban a la cima de su *Siglo de Oro*[2], España *se desangraba* en guerras inútiles. El rey Felipe II quiso detener con
10 *sangre* española la *ola creciente* del protestantismo, y *fracasó*. La Armada Invencible española fue destruida por los ingleses en 1588, y desde aquel año, lentamente, a veces *sin notarse* siquiera, la estrella de España empezó a caer.

powerful

plus
didn't set

never dreamed of

Golden Age ~ was bleeding itself dry
blood ~ growing wave
he failed

unnoticeably

2. El período aproximadamente entre 1550 y 1650.

Ávila

15 Los siglos XVII y XVIII le trajeron una sucesión de reyes débiles, con muy pocas excepciones. La familia *real* francesa de los *Borbones se apoderó del* trono español, pero España siguió *decayendo*. Comienza el siglo XIX. Napoleón Bonaparte invade
20 España, pero esta vez el pueblo español no está dispuesto a aguantar más. Sin ejército, sin armas siquiera, se defiende contra las tropas francesas, y allí sufrió Napoleón su primera *derrota*. Pero el sueño de un gobierno democrático *por el cual* habían
25 luchado los españoles *se disipó bajo el talón* de un tirano, y España *se sumió* una vez más en la desesperación. Hispanoamérica se declaró independiente. La economía española *se arrastraba por el suelo*, y en la política *no hubo más que* conflictos

royal ~ Bourbons took over the
going down

defeat
for which
was crushed under the heel
plunged

was dragging
there were only

El hispanoamericano tendrá que triunfar sobre una naturaleza hostil.

internos y guerras civiles. El pueblo se levantó contra la opresión y corrupción, pero la «revolución gloriosa», como la llamaban, acabó sólo en disensión y caos.

Vino el año 1898. España perdió sus últimas posesiones en una guerra desastrosa con los Estados Unidos. El gran país de otros tiempos quedaba *destrozado*. Tenía que levantarse de nuevo. Tenían que encontrar un futuro mejor. Sus intelectuales llamaban al pueblo para hacer una renovación. Y por un breve tiempo España soñó otra vez con crear una vida distinta a su vida anterior. Se estableció una república, pero el país estaba dividido. Poco después, en el año 1936, *estalló* la Guerra Civil. El general Francisco Franco, ayudado por Hitler y Mussolini, ganó. Y desde entonces, España ha vivido bajo su *régimen*.

¿Y mañana? No sabemos exactamente lo que va a ocurrir. Franco es viejo, y cuando muera, es posible que España vuelva otra vez a la antigua monarquía constitucional. Pero es casi cierto que de una manera u otra los militares mantendrán el poder. A menos que . . . Las posibilidades son infinitas. Mientras tanto, España sigue *a la sombra* de las naciones grandes del mundo. Su economía es mayormente agrícola. Produce, además de trigo y cereales, una cantidad significativa de *aceitunas*, *naranjas* (de la hermosa Valencia), uvas, vinos, *corcho*, carbón, y hierro. Y por encima de todo, tiene el turismo. ¿Se podrá industrializar algún día España? ¿Encontrará un camino que la conduzca a la democracia? ¿Volverá a ser una de las naciones más poderosas del mundo occidental? . . . ¿Quién podrá contestar?

Ahora bien, ¿qué es Hispanoamérica? Es una tierra que nació de la gloria y al mismo tiempo de la tragedia de dos pueblos—el español y el indio. Y aunque España le trajo su cultura y fundó sus grandes ciudades, *la sofocó* a la vez bajo el peso de su monopolio económico. Así es que cuando las antiguas colonias españolas se hallaron libres, no sabían adónde encaminarse. En vez de encontrar su fuerza dentro de la unidad, *se fragmentaron en* dieciocho países independientes. En vez de realizar sus ideales democráticos, *se entregaron mayormente en manos de caudillos*, jefes que dominaban por la fuerza de su personalidad o de su ejército *más bien que por* sus ideas. Y *faltándole* experiencia, faltándole educación y medios para desarrollar sus propios recursos, la América hispana quedó durante un período largo bajo el dominio de *empresas* extranjeras. El cuadro económico ha cambiado muchísimo en años recientes. La influencia extranjera ha *disminuido bastante* y las repúblicas están buscando su propia salvación. Algunas la han

they broke up into

they handed themselves over to "strong men"

rather than through

lacking

enterprises

lessened considerably

Mirando con esperanza hacia el futuro. Escuela de niñas, Matucana, Perú.

85 encontrado ya. Pero muchas están *luchando* todavía   struggling
contra unos problemas dificilísimos—la falta de
educación, la falta de buenos medios de transporte
y comunicación, una geografía que desafía muchas
veces al *ingenio* humano, y un *faccionalismo*   ingenuity ∼ division into factions
90 extremado que conduce a la inestabilidad. Los
Estados Unidos han invertido grandes sumas de
dinero en programas de ayuda económica en la
América latina. Pero aun más importante ha sido
el intercambio personal y moral a través del
95 Cuerpo de Paz.

    Hispanoamérica tiene su futuro ahora en sus
propias manos. ¿Seguirá en el camino antiguo o
buscará dentro de la solidaridad hemisférica una
nueva esperanza, una nueva *realización?* El tiempo   fulfillment
100 nos lo dirá.

Preguntas

1. ¿Cómo era España en los siglos XVI y XVII?
2. ¿Cómo empezó a decaer?
3. ¿Cuál fue su historia en el siglo XIX?
4. ¿Cómo quedó después de la guerra con los Estados Unidos?
5. ¿Qué ocurrió en 1936? ¿Qué clase de gobierno tiene ahora?
6. ¿Cómo es su economía?
7. ¿Qué ocurrió en Hispanoamérica después de conseguir su independencia?
8. ¿Por qué no pudo desarrollar sus propios recursos?
9. ¿Qué problemas existen todavía en la América hispana?
10. ¿Qué programas han instituido los Estados Unidos para ayudarla?

V PASATIEMPO

Vamos a Cantar

    Aquí tenemos algunas de las canciones más conocidas del mundo hispánico. Vamos a cantar, ¿está bien?

Las Mañanitas

Andante

Estas son las mañanitas que cantaba el Rey David, Pero no eran tan bonitas, Como las cantan aquí. Si el sereno de la esquina me quisiera hacer favor, De apagar su linternita, Mientras que pasa mi amor. Des-

pier - ta mi bien des pier - ta, Mi -
ra que ya a - ma - ne - cio',   Que a - ma -
ne - ce que a - ma - ne - ce ro - si - ta
blan - ca de Je-ri - co'. Des pier - ta mi bien des -
pier - ta, Mi - ra que ya a - ma - ne -
ció,   Ya los pa - ja - ri - llos
can - tan, La lu - na ya se me - tio'.

La Cucaracha

(Corrido Mexicano)

Refrán

La cu-ca-ra-cha, la cu-ca-ra-cha, ya no pue-de ca-mi-nar. Por-que no tie-ne por-que le fal-ta, di-ne-ro pa-ra gas-tar. La cu-ca- tar.

Verso

Un pa-na-de-ro fue a mi-sa,
No en-con-tran-do que re-zar.
Le pi-dió a la Vir-gen pu-ra
Di-ne-ro pa-ra gas-tar. La cu-ca-

Refrán D.S.

5

Repaso Quinto

I REPASO DE GRAMÁTICA

A. Estudie otra vez los artículos **57, 59,** y después conteste *por escrito* empleando siempre el pretérito:

1. ¿Quién jugó?—Yo . . .
2. ¿Ud. sacó la lista?—No, yo no . . .
3. Pague Ud. la cuenta.—Ya la . . .
4. ¿Quién fabricó ese aparato?—Yo . . .
5. ¿Tú colgaste los cuadros?—Sí, yo . . .
6. Marque el número, por favor.—Ya lo . . .
7. Entrégueles la perla.—Ya se la . . .
8. Toque mi canción favorita.—Ya . . .
9. ¿Quién llegó primero?—Yo . . .
10. Juegue Ud. mañana.—Ya . . .
11. Comiéncelos en seguida.—Ya . . .
12. Alce la ventana.—Ya . . .
13. ¿Ud. leyó el poema?—No. Los otros lo . . .
14. ¿Su hijo huyó de casa?—Sí. Él y su hermano . . .
15. ¿Uds. lo creyeron?—No. Pero José lo . . .
16. ¿Todos los oyeron?—No. Sólo ella . . .

B. Ahora responda usando el presente del indicativo o del subjuntivo, según el caso:

1. Nadie la convence.—¡Qué va! Yo la . . .
2. ¿Quién escoge los libros?—Yo los . . .
3. No creo que nadie lo siga.—Al contrario. Yo lo . . .
4. ¿Quiénes empezarán?—Es posible que nosotros . . .
5. Entonces Ud. lo buscará, ¿verdad?—No. Quiero que los demás . . .
6. ¿Quién dirige la orquesta?—Yo la . . .
7. ¿Cogerán el tren de las ocho?—Dudo que lo . . .

8. ¿Lo pegará su padre?—Espero que no lo . . .
9. ¿Puedo tocar la navaja?—No. No quiero que la . . .
10. ¿Has apagado las luces?—No. Quiero que tú las . . .

    C.   Ahora repase los artículos **63, 64, 66** y **69**, y escriba cinco oraciones originales usando la voz pasiva.

    D.   ¿Puede Ud. relacionar ahora las oraciones de los Grupos **1** y **2**?

1

¡Pobre Rafael! Le han suspendido ahora en tres materias.

La casa fue construida antes de la Primera Guerra Mundial.

El traje de boda fue hecho por una costurera famosa.

Le arrebataron los gemelos y la corbata y los puños de la camisa.

Los fideos se sirven con una rica salsa de tomate.

Se dice que la compañía comprará cien vagones nuevos.

Se han mandado cincuenta mil tropas a la frontera.

El cohete será lanzado dentro de dos días.

2

Será muy vieja, a menos que se haya modernizado.

¿Qué me cuenta? Esto es el colmo ya.

¡Dios mío! ¡Ese chico sí que es un cerebro!

Sí. Dicen que tiene una cola de seda y el cuello de perlas.

¡Ojalá que no se declare una guerra!

Pero no se sabe todavía si irá a la luna o a otro planeta.

Hacen muchísima falta. Los trenes están en malísimas condiciones.

Me imagino que serán sabrosísimos.

    E.   Diga por última vez en español:

1. The wedding was beautiful. The bride was bursting with happiness and everything turned out well.—Really? I'm so glad.
2. The army has been sent to the Western border. It is said that . . . —Don't tell me (any) more. I can't stand it.
3. Where are you going now?—To the library.—But it doesn't open until three. I suggest that you wait here with me.
4. We left him three tablets in case he got sick during the night.—Don't worry. He won't need them. He's much better now.
5. The orchestra was marvelous. There were two guitars, two trumpets and a drum that carried the melody.—Do you know? For the first time I'm beginning to understand why I hate music!

II PEQUEÑO TEATRO

1. Estamos en un tren (o un avión, un autobús, etc.). Hay una vieja pobre que viene a visitar a sus hijos en la ciudad después de muchos años. Hay un joven soldado que vuelve de la guerra, o que está de licencia (on leave). Hay una joven que se va a casar muy pronto. Hay una familia con varios hijos. Hay . . . Use Ud. la imaginación, y prepare un diálogo entre algunos de estos personajes. (XXI)
2. Estamos en una peluquería de señores. Varios hombres están reunidos charlando, jugando a las cartas, etc. (XXII)
3. Estamos en una peluquería de señoras. Una señora (o una joven) está rodeada de varias otras porque . . . (XXIII)
4. Estamos en una fiesta de boda, y los invitados se están divirtiendo muchísimo. (XXIV)
5. Estamos soñando con un mundo fantástico donde las máquinas pueden hablar y pensar. (XXV)
6. Las radios están puestas en una casa grande de apartamentos. En cada piso o apartamento se oye un programa diferente. Los fragmentos de los varios programas parecen unirse (go together), y oímos . . . (XXV)

III PASATIEMPO

El Mundo de Hoy

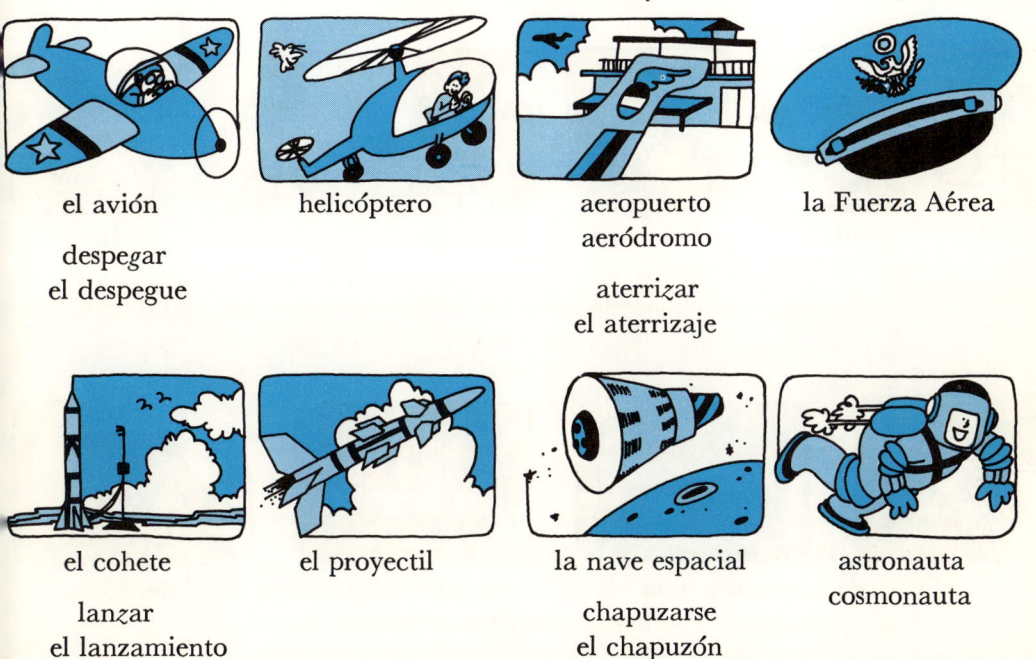

el avión
despegar
el despegue

helicóptero

aeropuerto
aeródromo
aterrizar
el aterrizaje

la Fuerza Aérea

el cohete
lanzar
el lanzamiento

el proyectil

la nave espacial
chapuzarse
el chapuzón

astronauta
cosmonauta

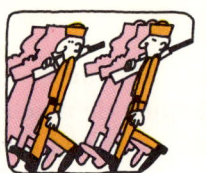

soldado   tropas   marinero   barco   la marina
           el ejército   el buque flota

guerra   el ataque   el portaviones
la paz   acuerdo

la Organización de las Naciones   la Organización de los Estados
Unidas (ONU)   Americanos (OEA)

The United Nations (UN)   The Organization of American
                                        States (OAS)

el policía   ladrón   bombero   incendio   obrero   huelga

la policía   el Cuerpo de Bomberos

el huracán   tormenta   terremoto   el derrumbe
                        el temblor de tierra

460

Chart of Direct Commands

	Affirmative	*Negative*
tú	3rd person singular present indicative: habla, come, vive	Present Subjunctive: no hables, no comas, no vivas
vosotros	Infinitive: final r > d: hablad, comed, vivid	Present Subjunctive: no habléis, no comáis, no viváis
Ud. **Uds.**	Present Subjunctive: hable(n), coma(n), viva(n)	Present Subjunctive: no hable(n), no coma(n), no viva(n)
nosotros	Present Subjunctive: hablemos, comamos, vivamos or *Vamos a* + infinitive	Present Subjunctive: no hablemos, no comamos, no vivamos

Compound (Perfect) Tenses

INDICATIVE MOOD

PRESENT PERFECT

I have spoken	*I have eaten*	*I have lived*
he hablado	he comido	he vivido
has hablado	has comido	has vivido
ha hablado	ha comido	ha vivido
hemos hablado	hemos comido	hemos vivido
habéis hablado	habéis comido	habéis vivido
han hablado	han comido	han vivido

PLUPERFECT (PAST) PERFECT

I had spoken	*I had eaten*	*I had lived*
había hablado	había comido	había vivido
habías hablado	habías comido	habías vivido
había hablado	había comido	había vivido
habíamos hablado	habíamos comido	habíamos vivido
habíais hablado	habíais comido	habíais vivido
habían hablado	habían comido	habían vivido

FUTURE PERFECT

I shall have spoken	*I shall have eaten*	*I shall have lived*
habré hablado	habré comido	habré vivido
habrás hablado	habrás comido	habrás vivido
habrá hablado	habrá comido	habrá vivido
habremos hablado	habremos comido	habremos vivido
habréis hablado	habréis comido	habréis vivido
habrán hablado	habrán comido	habrán vivido

CONDITIONAL PERFECT

I should (would) have spoken	*I should (would) have eaten*	*I should (would) have lived*
habría hablado	habría comido	habría vivido
habrías hablado	habrías comido	habrías vivido
habría hablado	habría comido	habría vivido
habríamos hablado	habríamos comido	habríamos vivido
habríais hablado	habríais comido	habríais vivido
habrían hablado	habrían comido	habrían vivido

SUBJUNCTIVE MOOD

PRESENT PERFECT

(that) I (may) have spoken	*(that) I (may) have eaten*	*(that) I (may) have lived*
haya hablado	haya comido	haya vivido
hayas hablado	hayas comido	hayas vivido
haya hablado	haya comido	haya vivido
hayamos hablado	hayamos comido	hayamos vivido
hayáis hablado	hayáis comido	hayáis vivido
hayan hablado	hayan comido	hayan vivido

PLUPERFECT (**-ra** form)

(that) I might have spoken	*(that) I might have eaten*	*(that) I might have lived*
hubiera hablado	hubiera comido	hubiera vivido
hubieras hablado	hubieras comido	hubieras vivido
hubiera hablado	hubiera comido	hubiera vivido
hubiéramos hablado	hubiéramos comido	hubiéramos vivido
hubierais hablado	hubierais comido	hubierais vivido
hubieran hablado	hubieran comido	hubieran vivido

PLUPERFECT (**-se** form)

(that) I might have spoken	*(that) I might have eaten*	*(that) I might have lived*
hubiese hablado	hubiese comido	hubiese vivido
hubieses hablado	hubieses comido	hubieses vivido
hubiese hablado	hubiese comido	hubiese vivido
hubiésemos hablado	hubiésemos comido	hubiésemos vivido
hubieseis hablado	hubieseis comido	hubieseis vivido
hubiesen hablado	hubiesen comido	hubiesen vivido

Stem (Radical) Changing Verbs

A radical change means a change in the root (stem) of a verb. Specifically, in Spanish, it refers to a change in the *vowel* of the root.

1. **The -ar and -er Stem Changing Verbs**
   Stem changing verbs that end in **-ar** or **-er** change the stressed vowel **e** to **ie**, the stressed **o** to **ue**.
   -Ar or **-er** stem changing verbs change *only* in the present indicative and present subjunctive. All other tenses are conjugated regularly. (Recall that the imperative singular is the same as the third person singular of the present indicative.)

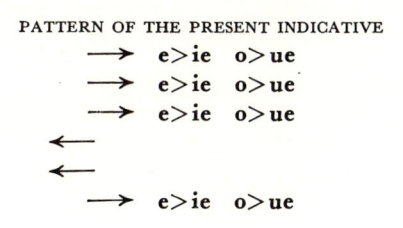

   PATTERN OF THE PRESENT INDICATIVE
   ⟶ e>ie o>ue
   ⟶ e>ie o>ue
   ⟶ e>ie o>ue
   ⟵
   ⟵
   ⟶ e>ie o>ue

pensar	perder	contar	mover
pienso	pierdo	cuento	muevo
piensas	pierdes	cuentas	mueves
piensa	pierde	cuenta	mueve
pensamos	perdemos	contamos	movemos
pensáis	perdéis	contáis	movéis
piensan	pierden	cuentan	mueven

The present subjunctive follows exactly the same pattern, except that **-a** endings change to **-e**, **-e** endings to **-a**. Other common verbs of this type are:

acordarse	encender	probar
acostarse	encontrar	recordar
atravesar	entender	rogar
comenzar	jugar	sentar(se)
costar	llover	sonar
despertar(se)	mostrar	soñar
empezar	negar	volver

2. **The -ir Stem Changing Verbs**
   Stem changing verbs that end in **-ir** are of two types:
   Type I: Those whose stressed **e** changes to **ie**, whose stressed **o** changes to **ue**. Common verbs of this type are:

| advertir | convertir | mentir | preferir |
| consentir | dormir | morir | sentir |

467

Type II: Those whose stressed **e** changes to **i**. Common verbs of this type are:

concebir	reír	seguir	sonreír
pedir	repetir	servir	vestir(se)

A. The Present Indicative of **-ir** Stem Changing Verbs
The pattern is exactly the same as that of all other stem changing verbs.

Type I (e>ie, o>ue)		*Type II* (e>i)
sentir	dormir	pedir
siento	duermo	pido
sientes	duermes	pides
siente	duerme	pide
sentimos	dormimos	pedimos
sentís	dormís	pedís
sienten	duermen	piden

B. The Present Subjunctive of **-ir** Stem Changing Verbs
The pattern of the present indicative is maintained. But a *second* change is added. The *unstressed* **e** of the first and second persons plural becomes **i**; the unstressed **o** becomes **u**:

sienta	duerma	pida
sientas	duermas	pidas
sienta	duerma	pida
sintamos	durmamos	pidamos
sintáis	durmáis	pidáis
sientan	duerman	pidan

C. The Preterite of **-ir** Stem Changing Verbs
In the third person, singular and plural, the unstressed **e** becomes **i**, the unstressed **o** becomes **u**:

sentí	dormí	pedí
sentiste	dormiste	pediste
sintió	durmió	pidió
sentimos	dormimos	pedimos
sentisteis	dormisteis	pedisteis
sintieron	durmieron	pidieron

Remember: The preterite of **-ar** and **-er** verbs has no radical change.

D. The Imperfect Subjunctive of **-ir** Radical Changing Verbs.
The **e>i, o>u** change governs the entire imperfect subjunctive.

sintiera (sintiese)	durmiera(iese)	pidiera(iese)
sintieras	durmieras	pidieras
sintiera	durmiera	pidiera
sintiéramos	durmiéramos	pidiéramos
sintierais	durmierais	pidierais
sintieran	durmieran	pidieran

Remember: The imperfect subjunctive of **-ar** and **-er** verbs has no radical change.

E. The present participle of **-ir** radical changing verbs changes the stem vowel **e>i, o>u**: sintiendo, durmiendo, pidiendo.

Spelling Changing Verbs

Many verbs undergo a change in spelling in some tenses in order that the sound of the final consonant of the stem or the normal rules of Spanish spelling may be preserved. Recall:

1. **g** before **e** or **i** is pronounced like the Spanish **j**.
2. **g** before **a**, **o**, or **u** is hard.
3. **g** before **e** or **i** may be kept hard by placing **u** after the consonant.
4. **c** before **e** or **i** is pronounced like the English *th* (throughout Spain, except Andalusia) or like **s** (in Spanish America and Andalusia).
5. **c** before **a**, **o**, or **u** is pronounced like the English **k**.
6. **c** changes to **qu** before **e** or **i** to keep the sound hard.
7. **z** changes to **c** before an **e** or **i**.
8. Unstressed **i** between vowels changes to **y**.
9. Two consecutive unstressed **i**'s merge into one.
10. Two consecutive **s**'s are reduced to one.
11. A word that begins with a diphthong must be preceded by **h** or the initial **i** of the diphthong changes to **y**.
12. Unstressed **i** before **e** or **o** disappears after **ll**, **ñ**, and **j**.

The following are important types of verbs that are regular in their conjugation, but undergo necessary changes in spelling.

1. Verbs ending in **-car** change **c** to **qu** before **e**

    sacar   *to take out*

Preterite	*Present Subjunctive*
saqué	saque
sacaste	saques
sacó	saque
etc.	saquemos
	saquéis
	saquen

2. Verbs ending in **-gar** change **g** to **gu** before **e**

    pagar   *to pay*

Preterite	*Present Subjunctive*
pagué	pague
pagaste	pagues
pagó	pague
etc.	paguemos
	paguéis
	paguen

3. Verbs ending in **-zar** change **z** to **c** before **e**

                gozar   *to enjoy*

Preterite	*Present Subjunctive*
gocé	goce
gozaste	goces
gozó	goce
etc.	gocemos
	gocéis
	gocen

4. Verbs ending in **-cer** or **-cir** preceded by a consonant change **c** to **z** before **o** and **a**

                vencer   *to conquer*

Present Indicative	*Present Subjunctive*
venzo	venza
vences	venzas
vence	venza
etc.	venzamos
	venzáis
	venzan

5. Verbs ending in **-ger** or **-gir** change **g** to **j** before **o** and **a**

                coger   *to catch*

Present Indicative	*Present Subjunctive*
cojo	coja
coges	cojas
coge	coja
etc.	cojamos
	cojáis
	cojan

                dirigir   *to direct*

Present Indicative	*Present Subjunctive*
dirijo	dirija
diriges	dirijas
dirige	dirija
etc.	dirijamos
	dirijáis
	dirijan

6. Verbs ending in **-guir** change **gu** to **g** before **o** and **a**

                distinguir   *to distinguish*

Present Indicative	*Present Subjunctive*
distingo	distinga
distingues	distingas
distingue	distinga
etc.	distingamos
	distingáis
	distingan

7. Verbs ending in **-quir** change **qu** to **c** before **o** and **a**

        delinquir   *to commit an offense*

Present Indicative	Present Subjunctive
delinco	delinca
delinques	delincas
delinque	delinca
etc.	delincamos
	delincáis
	delincan

8. Verbs ending in **-guar** change **gu** to **gü** before **e**

        averiguar   *to ascertain*

Preterite	Present Subjunctive
averigüé	averigüe
averiguaste	averigües
averiguó	averigüe
etc.	averigüemos
	averigüéis
	averigüen

9. Verbs ending in **-eer** change unstressed **i** to **y** between vowels

        leer   *to read*

Preterite	Imperfect Subjunctive		Participles: Present, Past
leí	leyera	leyese	leyendo
leíste	leyeras	leyeses	leído
leyó	leyera	leyese	
leímos	etc.	etc.	
leísteis			
leyeron			

10. Verbs ending in **-eír** are stem changing verbs that lose one **i** in the third person of the preterite, imperfect subjunctive, and present participle

        reír   *to laugh*

Present Indicative	Preterite	Imperfect Subjunctive		Present Participle
río	reí	riera	riese	riendo
ríes	reíste	rieras	rieses	
ríe	rió	riera	riese	
reímos	reímos	etc.	etc.	
reís	reísteis			
ríen	rieron			

11. Verbs whose stem ends in **ll** or **ñ** drop the **i** of the diphthongs **ie** and **ió**

bullir   to boil

Preterite	Imperfect Subjunctive		Present Participle
bullí	bullera	bullese	bullendo
bulliste	bulleras	bulleses	
bulló	bullera	bullese	
bullimos	etc.	etc.	
bullisteis			
bulleron			

reñir   *to scold* (also stem changing)

Preterite	Imperfect Subjunctive		Present Participle
reñí	riñera	riñese	riñendo
reñiste	riñeras	riñeses	
riñó	riñera	riñese	
reñimos	etc.	etc.	
reñisteis			
riñeron			

Changes in Accentuation

1. **Verbs Ending in -iar**
   Some verbs ending in **-iar** bear a written accent on the **i** in all singular forms and in the third person plural of the present indicative and subjunctive, and in the imperative singular.

enviar   *to send*

Present Indicative	Present Subjunctive	Imperative
envío	envíe	
envías	envíes	envía
envía	envíe	
enviamos	enviemos	
enviáis	enviéis	enviad
envían	envíen	

2. **Verbs Ending in -uar**
   Verbs ending in **-uar** (except those ending in **-guar**) bear a written accent on the **u** in the same forms listed above.

continuar   *to continue*

Present Indicative	Present Subjunctive	Imperative
continúo	continúe	
continúas	continúes	continúa
continúa	continúe	
continuamo	continuemos	
continuáis	continuéis	continuad
continúan	continúen	

IRREGULAR VERBS

Note: Only the tenses containing irregular forms are given. The conjugation of verbs ending in **-ducir** may be found under **conducir;** those ending in a vowel +**cer** or +**cir** are found under **conocer;** and those ending in **-uir** are under **huir.**

                        andar   *to walk, go*

PRETERITE   anduve, anduviste, anduvo, anduvimos, anduvisteis, anduvieron

IMPERFECT SUBJUNCTIVE   (-ra) anduviera, anduvieras, anduviera, anduviéramos, anduvierais, anduvieran

                              (-se) anduviese, anduvieses, anduviese, anduviésemos, anduvieseis, anduviesen

                        caber   *to be contained in, fit*

PRESENT INDICATIVE   quepo, cabes, cabe, cabemos, cabéis, caben
PRETERITE   cupe, cupiste, cupo, cupimos, cupisteis, cupieron
FUTURE   cabré, cabrás, cabrá, cabremos, cabréis, cabrán
CONDITIONAL   cabría, cabrías, cabría, cabríamos, cabríais, cabrían
PRESENT SUBJUNCTIVE   quepa, quepas, quepa, quepamos, quepáis, quepan
IMPERFECT SUBJUNCTIVE   (-ra) cupiera, cupieras, cupiera, cupiéramos, cupierais, cupieran

                              (-se) cupiese, cupieses, cupiese, cupiésemos, cupieseis, cupiesen

                        caer   *to fall*

PRESENT INDICATIVE   caigo, caes, cae, caemos, caéis, caen
PRETERITE   caí, caíste, cayó, caímos, caísteis, cayeron
PRESENT SUBJUNCTIVE   caiga, caigas, caiga, caigamos, caigáis, caigan
IMPERFECT SUBJUNCTIVE   (-ra) cayera, cayeras, cayera, cayéramos, cayerais, cayeran

                              (-se) cayese, cayeses, cayese, cayésemos, cayeseis, cayesen

PRESENT PARTICIPLE   cayendo
PAST PARTICIPLE   caído

                        conducir   *to conduct* (similarly, all verbs ending in **-ducir**)

PRESENT INDICATIVE   conduzco, conduces, conduce, conducimos, conducís, conducen
PRETERITE   conduje, condujiste, condujo, condujimos, condujisteis, condujeron
PRESENT SUBJUNCTIVE   conduzca, conduzcas, conduzca, conduzcamos, conduzcáis, conduzcan
IMPERFECT SUBJUNCTIVE   (-ra) condujera, condujeras, condujera, condujéramos, condujerais, condujeran

                              (-se) condujese, condujeses, condujese, condujésemos, condujeseis, condujesen

                        conocer   *to know* (similarly, all verbs ending in a vowel+**cer** and +**cir,** except **cocer, hacer, mecer,** and their compounds)

PRESENT INDICATIVE   conozco, conoces, conoce, etc.
PRESENT SUBJUNCTIVE   conozca, conozcas, conozca, conozcamos, conozcáis, conozcan

                        creer   (*see* **leer,** p. 471)

dar *to give*

PRESENT INDICATIVE	doy, das, da, damos, dais, dan
PRETERITE	di, diste, dio, dimos, disteis, dieron
PRESENT SUBJUNCTIVE	dé, des, dé, demos, deis, den
IMPERFECT SUBJUNCTIVE	(-ra) diera, dieras, diera, diéramos, dierais, dieran
	(-se) diese, dieses, diese, diésemos, dieseis, diesen

decir *to say, tell*

PRESENT INDICATIVE	digo, dices, dice, decimos, decís, dícen
PRETERITE	dije, dijiste, dijo, dijimos, dijisteis, dijeron
FUTURE	diré, dirás, dirá, diremos, diréis, dirán
CONDITIONAL	diría, dirías, diría, diríamos, diríais, dirían
PRESENT SUBJUNCTIVE	diga, digas, diga, digamos, digáis, digan
IMPERFECT SUBJUNCTIVE	(-ra) dijera, dijeras, dijera, dijéramos, dijerais, dijeran
	(-se) dijese, dijeses, dijese, dijésemos dijeseis, dijesen
PRESENT PARTICIPLE	diciendo
PAST PARTICIPLE	dicho
IMPERATIVE	di, decid

estar *to be*

PRESENT INDICATIVE	estoy, estás, está, estamos, estáis, están
PRETERITE	estuve, estuviste, estuvo, estuvimos, estuvisteis, estuvieron
PRESENT SUBJUNCTIVE	esté, estés, esté, estemos, estéis, estén
IMPERFECT SUBJUNCTIVE	(-ra) estuviera, estuvieras, estuviera, estuviéramos, estuvierais, estuvieran
	(-se) estuviese, estuvieses, estuviese, estuviésemos, estuvieseis, estuviesen
IMPERATIVE	está, estad

haber *to have*

PRESENT INDICATIVE	he, has, ha, hemos, habéis, han
PRETERITE	hube, hubiste, hubo, hubimos, hubisteis, hubieron
FUTURE	habré, habrás, habrá, habremos, habréis, habrán
CONDITIONAL	habría, habrías, habría, habríamos, habríais, habrían
PRESENT SUBJUNCTIVE	haya, hayas, haya, hayamos, hayáis, hayan
IMPERFECT SUBJUNCTIVE	(-ra) hubiera, hubieras, hubiera, hubiéramos, hubierais, hubieran
	(-se) hubiese, hubieses, hubiese, hubiésemos, hubieseis, hubiesen

hacer *to do, make*

PRESENT INDICATIVE	hago, haces, hace, hacemos, hacéis, hacen
PRETERITE	hice, hiciste, hizo, hicimos, hicisteis, hicieron
FUTURE	haré, harás, hará, haremos haréis, harán
CONDITIONAL	haría, harías, haría, haríamos, haríais, harían
PRESENT SUBJUNCTIVE	haga, hagas, haga, hagamos, hagáis, hagan
IMPERFECT SUBJUNCTIVE	(-ra) hiciera, hicieras, hiciera, hiciéramos, hicierais, hicieran
	(-se) hiciese, hicieses, hiciese, hiciésemos, hicieseis, hiciesen

PAST PARTICIPLE   hecho
IMPERATIVE   haz, haced

huir *to flee* (similarly, all verbs ending in **-uir,** except those ending in **-guir** and **-quir**)

PRESENT INDICATIVE   huyo, huyes, huye, huimos, huís, huyen
PRETERITE   huí, huiste, huyó, huimos, huisteis, huyeron
PRESENT SUBJUNCTIVE   huya, huyas, huya, huyamos, huyáis, huyan
IMPERFECT SUBJUNCTIVE (-ra) huyera, huyeras, huyera, huyéramos, huyerais, huyeran
                      (-se) huyese, huyeses, huyese, huyésemos, huyeseis, huyesen
PRESENT PARTICIPLE   huyendo
IMPERATIVE   huye, huid

ir *to go*

PRESENT INDICATIVE   voy, vas, va, vamos, vais, van
IMPERFECT INDICATIVE iba, ibas, iba, íbamos, ibais, iban
PRETERITE   fui, fuiste, fue, fuimos, fuisteis, fueron
PRESENT SUBJUNCTIVE   vaya, vayas, vaya, vayamos, vayáis, vayan
IMPERFECT SUBJUNCTIVE (-ra) fuera, fueras, fuera, fuéramos, fuerais, fueran
                      (-se) fuese, fueses, fuese, fuésemos, fueseis, fuesen
PRESENT PARTICIPLE   yendo
IMPERATIVE   ve, id

oír *to hear*

PRESENT INDICATIVE   oigo, oyes, oye, oímos, oís, oyen
PRETERITE   oí, oíste, oyó, oímos, oísteis, oyeron
PRESENT SUBJUNCTIVE   oiga, oigas, oiga, oigamos, oigáis, oigan
IMPERFECT SUBJUNCTIVE (-ra) oyera, oyeras, oyera, oyéramos, oyerais, oyeran
                      (-se) oyese, oyeses, oyese, oyésemos, oyeseis, oyesen
PRESENT PARTICIPLE   oyendo
PAST PARTICIPLE   oído
IMPERATIVE   oye, oíd

oler *to smell*

PRESENT INDICATIVE   huelo, hueles, huele, olemos, oléis, huelen
PRESENT SUBJUNCTIVE   huela, huelas, huela, olamos, oláis, huelan
IMPERATIVE   huele, oled

poder *to be able*

PRESENT INDICATIVE   puedo, puedes, puede, podemos, podéis, pueden
PRETERITE   pude, pudiste, pudo, pudimos, pudisteis, pudieron
FUTURE   podré, podrás, podrá, podremos, podréis, podrán
CONDITIONAL   podría, podrías, podría, podríamos, podríais, podrían
PRESENT SUBJUNCTIVE   pueda, puedas, pueda, podamos, podáis, puedan
IMPERFECT SUBJUNCTIVE (-ra) pudiera, pudieras, pudiera, pudiéramos, pudierais, pudieran
                      (-se) pudiese, pudieses, pudiese, pudiésemos, pudieseis, pudiesen
PRESENT PARTICIPLE   pudiendo

poner *to put, place*

PRESENT INDICATIVE	pongo, pones, pone, ponemos, ponéis, ponen
PRETERITE	puse, pusiste, puso, pusimos, pusisteis, pusieron
FUTURE	pondré, pondrás, pondrá, pondremos, pondréis, pondrán
CONDITIONAL	pondría, pondrías, pondría, pondríamos, pondríais, pondrían
IMPERFECT SUBJUNCTIVE	(-ra) pusiera, pusieras, pusiera, pusiéramos, pusierais, pusieran
	(-se) pusiese, pusieses, pusiese, pusiésemos, pusieseis, pusiesen
PAST PARTICIPLE	puesto
IMPERATIVE	pon, poned

querer *to wish*

PRESENT INDICATIVE	quiero, quieres, quiere, queremos, queréis, quieren
PRETERITE	quise, quisiste, quiso, quisimos, quisisteis, quisieron
FUTURE	querré, querrás, querrá, querremos, querréis, querrán
CONDITIONAL	querría, querrías, querría, querríamos, querríais, querrían
PRESENT SUBJUNCTIVE	quiera, quieras, quiera, queramos, queráis, quieran
IMPERFECT SUBJUNCTIVE	(-ra) quisiera, quisieras, quisiera, quisiéramos, quisierais, quisieran
	(-se) quisiese, quisieses, quisiese, quisiésemos, quisieseis, quisiesen

(**reír** see p. 471)

saber *to know*

PRESENT INDICATIVE	sé, sabes, sabe, sabemos, sabéis, saben
PRETERITE	supe, supiste, supo, supimos, supisteis, supieron
FUTURE	sabré, sabrás, sabrá, sabremos, sabréis, sabrán
CONDITIONAL	sabría, sabrías, sabría, sabríamos, sabríais, sabrían
PRESENT SUBJUNCTIVE	sepa, sepas, sepa, sepamos, sepáis, sepan
IMPERFECT SUBJUNCTIVE	(-ra) supiera, supieras, supiera, supiéramos, supierais, supieran
	(-se) supiese, supieses, supiese, supiésemos, supieseis, supiesen

salir *to go out, leave*

PRESENT INDICATIVE	salgo, sales, sale, salimos, salís, salen
FUTURE	saldré, saldrás, saldrá, saldremos, saldréis, saldrán
CONDITIONAL	saldría, saldrías, saldría, saldríamos, saldríais, saldrían
PRESENT SUBJUNCTIVE	salga, salgas, salga, salgamos, salgáis, salgan
IMPERATIVE	sal, salid

ser *to be*

PRESENT INDICATIVE	soy, eres, es, somos, sois, son
IMPERFECT INDICATIVE	era, eras, era, éramos, erais, eran
PRETERITE	fui, fuiste, fue, fuimos, fuisteis, fueron
PRESENT SUBJUNCTIVE	sea, seas, sea, seamos, seáis, sean
IMPERFECT SUBJUNCTIVE	(-ra) fuera, fueras, fuera, fuéramos, fuerais, fueran
	(-se) fuese, fueses, fuese, fuésemos, fueseis, fuesen
IMPERATIVE	sé, sed

tener *to have*

PRESENT INDICATIVE	tengo, tienes, tiene, tenemos, tenéis, tienen
PRETERITE	tuve, tuviste, tuvo, tuvimos, tuvisteis, tuvieron
FUTURE	tendré, tendrás, tendrá, tendremos, tendréis, tendrán
CONDITIONAL	tendría, tendrías, tendría, tendríamos, tendríais, tendrían
PRESENT SUBJUNCTIVE	tenga, tengas, tenga, tengamos, tengáis, tengan
IMPERFECT SUBJUNCTIVE	(-ra) tuviera, tuvieras, tuviera, tuviéramos, tuvierais, tuvieran
	(-se) tuviese, tuvieses, tuviese, tuviésemos, tuvieseis, tuviesen
IMPERATIVE	ten tened

traer *to bring*

PRESENT INDICATIVE	traigo, traes, trae, traemos, traéis, traen
PRETERITE	traje, trajiste, trajo, trajimos, trajisteis, trajeron
PRESENT SUBJUNCTIVE	traiga, traigas, traiga, traigamos, traigáis, traigan
IMPERFECT SUBJUNCTIVE	(-ra) trajera, trajeras, trajera, trajéramos, trajerais, trajeran
	(-se) trajese, trajeses, trajese, trajésemos, trajeseis, trajesen
PRESENT PARTICIPLE	trayendo
PAST PARTICIPLE	traído

valer *to be worth*

PRESENT INDICATIVE	valgo, vales, vale, valemos, valéis, valen
FUTURE	valdré, valdrás, valdrá, valdremos, valdréis, valdrán
CONDITIONAL	valdría, valdrías, valdría, valdríamos, valdríais, valdrían
PRESENT SUBJUNCTIVE	valga, valgas, valga, valgamos, valgáis, valgan
IMPERATIVE	val(e), valed

venir *to come*

PRESENT INDICATIVE	vengo, vienes, viene, venimos, venís, vienen
PRETERITE	vine, viniste, vino, vinimos, vinisteis, vinieron
FUTURE	vendré, vendrás, vendrá, vendremos, vendréis, vendrán
CONDITIONAL	vendría, vendrías, vendría, vendríamos, vendríais, vendrían
PRESENT SUBJUNCTIVE	venga, vengas, venga, vengamos, vengáis, vengan
IMPERFECT SUBJUNCTIVE	(-ra) viniera, vinieras, viniera, viniéramos, vinierais, vinieran
	(-se) viniese, vinieses, viniese, viniésemos, vinieseis, viniesen
PRESENT PARTICIPLE	viniendo
IMPERATIVE	ven, venid

ver *to see*

PRESENT INDICATIVE	veo, ves, ve, vemos, veis, ven
IMPERFECT INDICATIVE	veía, veías, veía, veíamos, veíais, veían
PRESENT SUBJUNCTIVE	vea, veas, vea, veamos, veáis, vean
PAST PARTICIPLE	visto

VOCABULARIOS

All words that appear in the text are included here, except for exact or very close cognates. Active vocabulary is shown in *blue*. Active vocabulary from the previous level of this course, *Usted y yo*, is marked with a ●. The following abbreviations are used.

m., masculine   **adj.,** adjective
f., feminine   **adv.,** adverb
n., noun   **prep.,** preposition
pron., pronoun   **conj.,** conjunction
v., verb

    Gender is shown for all nouns, except masculine nouns that end in **-o,** feminine nouns that end in **-a,** or nouns referring to male or female beings. Irregular verbs are marked with an asterisk: **tener*, venir*,** and their full conjugation appears in the Verb Appendix on pages 463–477. Stem changing verbs have the change indicated in parentheses: **cerrar (ie), contar (ue), pedir (i).** Verbs like **conocer** have **(zco)** in parentheses. Verbs ending in **-ducir** follow the pattern of **conducir*,** those ending in **-eer** are conjugated like **creer*,** and those ending in **-uir** follow **huir*.** Spelling changing verbs are shown by italicizing the affected consonant. Also, wherever it is appropriate, synonyms are given for words whose English translation may cause difficulty.

    Incidentally, as you glance through these lists, notice how many words are related to each other. These relationships often allow you to move from a known word to an unknown one without referring to the vocabulary.

Español-Inglés

a to; **— las ocho** at eight o'clock; **— lo menos** at least; **— que** I'll bet that...; **— poco** in a little while; **— propósito** by the way; **— solas** alone; **— través de** across; over (a period of time); **— veces** at times; **— ver** let's see
abarcar to include
abierto open
abismo abyss, bottom, depths
abogado lawyer
abolir to abolish
abono fertilizer
abrazados hugging (each other)
abrazar(se) to hug, embrace
abrigo overcoat; **— de pieles** fur coat
abrir (*past participle* **abierto**) to open; **—se paso** to make way or room
absoluto absolute; **¡En —!** Absolutely not!
abuela grandmother
abuelo grandfather
aburrido bored; boring
acá here; **¡Ven acá!** Come here!
acabar to finish; **Ya se acabó.** That's the end of it.; **— de** + *infinitive* to have just
acaloradamente heatedly, excitedly
acaso perhaps; **por si —** just in case
aceituna olive
aceptar to accept
acera sidewalk
acerca de about, concerning
acercarse (a) to approach steel
acomodar to fit into, accommodate
acompañar to accompany
acondicionado conditioned; **aire —** air conditioning
aconsejar to advise
acordarse (ue) de to remember about
acostar (ue) to put to bed; **—se** to go to bed
acostumbrado accustomed
acostumbrarse to get accustomed

acrobacia acrobatics
actitud, *f.* attitude
actriz actress
actual present, current
actuar (úo) to act
acudir to rush over
acuerdo agreement; **de —** agreed; **estar* de —** to be in agreement; **ponerse* de —** to come to an agreement
acurrucado huddled
Adán Adam
adecuado adequate, suitable
adelantado advanced; **por —** in advance
adelantar(se) to move ahead
adelante forward, ahead
adelgazar to get slim
además, *adv.* besides; **— de,** *prep.* beside(s)
adivinar to guess
adivino fortuneteller
admirar to admire, wonder at
¿Adónde? ¿A dónde? (To) where...?
adorar to adore, worship
advertir (ie) to warn
aéreo aerial, by air; **correo —** airmail
aeropuerto airport
afeitar(se) to shave
aficionado (a), *adj.* fond (of); *n.* fan
afiliado affiliated
afirmar to affirm
afortunadamente fortunately
afortunado fortunate, lucky
afueras, *f. pl.* outskirts, suburbs
agarrar to seize; **—se de la garganta** to clutch one's throat
agitado upset
agotar to exhaust, use up; **—se** to be used up, exhausted
agradable pleasant
agradecido thankful
agrícola agricultural
agricultor farmer
agua (el agua, las aguas) water
aguantar to stand, endure, put up with

aguja needle
agujero hole
• **ahí** there (near you)
• **ahora** now; — **bien** well, now; —
mismo right now
to save (money, etc.)
ahorro (*generally pl.*) saving(s)
aire, *m.* air; **al — libre** in the open air
aislado isolated
ajo garlic
• **al** (*contraction of* **a** + **el**) to the; **al** +
infinitive upon (doing something); —
entrar upon entering; — **principio** at
the beginning; — **oído** into one's ear;
— **revés** on the contrary; **una vez** —
año once a year
ala wing; brim
alabar to praise
alba dawn
alborotar to stir up, disturb
alcalde, *m.* mayor
alcaldesa (lady) mayor
alcance, *m.* reach; **al** — within reach
alcanzar to reach
• **alcoba** bedroom
aldea town
alegar to allege, claim
• **alegrarse** (**de**) to be glad or happy
(about); **Me alegro** (**tanto**). I'm (so)
glad. **Me alegro de que** . . . I'm happy
that . . .
• **alegre** glad, happy, gay
alegría joy
alejado removed, distant
alejarse to move off
alemán German
alfeñique, *m.* sugar paste; **de** — sissyish
alfombra rug
• **algo** something
algodón, *m.* cotton
• **alguien** someone, somebody; (in a
question) anyone
• **algún, alguno** (**a, os, as**) some (one) or
any (of a group)
alimentar to nourish, feed
alma soul
almacén, *m.* store; warehouse;
department store

almorzar (**ue**) to have lunch
• **almuerzo** lunch
alojamiento lodging(s)
alpaca a long-haired, soft furred animal
used as a beast of burden in the Andes.
Its fur is used in fine fabrics.
alquilar to rent; hire (a car, etc., not a
person)
alquiler, *m.* rent
• **alrededor,** *adv.* around; — **de,** *prep.*
around; **alrededores,** *m. pl.*
surrounding area
altiplano high plateau
alto tall; high; loud; **tener de** — to be
. . . tall; **en voz alta** in a loud voice;
adv. ¡**Alto!** Stop!
altura height
aludir to allude, refer to
aluminio aluminum
• **alumna, alumno** pupil
• **alzar** to raise
allá (way over) there; **Allá voy.** I'll
be right there.
• **allí** there
amabilidad niceness, kindness
amable amiable, likeable, pleasant
amalgama amalgam, mixture
amamantar to nurse a baby
amanecer, *m.* dawn
amante lover; *adj.* fond (of)
• **amar** to love
amarillo yellow
amarrar to tie down, bind
ambiente, *m.* atmosphere
ambulante, *adj.* walking
amenaza threat
amenazar to threaten
ameno pleasant
• **amiga, amigo** friend
amigote crony
amistad, *f.* friendship
amontonado piled up
• **amor,** *m.* love
analfabetismo illiteracy
analfabeto illiterate, not knowing how to
read or write
anaranjado, *adj.* orange-colored
anciano old (person)

480

- **ancho** broad, wide
- **andar*** to walk
- **andino** Andean, referring to the Andes mountains
- **ángulo** angle
- **anillo** ring
- **animar** to encourage, animate
- **anoche** last night
- **ansioso** anxious, eager
- **ante,** *prep.* before, faced with
- **anteojos,** *m. pl.* eyeglasses
- **antepasado** ancestor
- **anterior(mente)** previous(ly)
- **antes,** *adv.* before (hand), first; **— de,** *prep.* before; **— de que,** *conj.* before (*always followed by subjunctive*)
- **antigüedad,** *f.* ancient times, antiquity
- **antiguo** old; ancient; former
- **anular** to annul, cancel
- **anunciar** to announce; **— a gritos** to hawk (one's wares)
- **añadir** to add
- **año** year; **al —** per year; **¿Cuántos años tiene Ud.?** How old are you?
- **apaciguar** to pacify, appease
- **apagado** extinguished; put out, turned off; extinct
- **apagar** to turn off (a radio, light, etc.); put out (a fire)
- **aparato** set (TV, etc.)
- **aparecer (zco)** to appear, turn up
- **apasionado** passionate
- **apellido** surname
- **apenas** hardly, scarcely
- **apetecer (zco)** to be appetizing; to have an appetite for; **¿Le apetece?** Would you like some (of this food)?
- **aplastado** crushed
- **apoderarse** to take over
- **apodo** nickname
- **apoyar** to support
- **aprender (a)** to learn
- **apretar (ie)** to press; squeeze
- **aprobar (ue)** to approve; pass (in a course)
- **aprovechar** to benefit; **—se de** to take advantage of
- **apuntar** to aim

- **aquel, aquella, aquellos, aquellas,** *adj.* that, those (over there); **aquél, aquélla,** etc., *pron.* that one, those
- **aquí** here; **— mismo** right here; **de — en adelante** from now on; **He aquí . . .** Here is . . . Behold . . . ; **por —** this way, through here
- **árbol,** *m.* tree
- **arco** arch
- **archipiélago** archipelago, large land mass composed of islands
- **arena** sand
- **árido** arid, dry
- **armario** wardrobe, closet
- **armonía** harmony
- **aromático** aromatic, good-smelling
- **arqueología** archeology, study of ancient cultures
- **arrancar** to pull out; start off (as a car)
- **arrastrar(se)** to drag along
- **arrebatar** to snatch
- **arreglar** to arrange; fix
- **arrendar** to rent, lease
- **arrepentirse (ie) de** to repent about
- **arriba** up; **de —** upper
- **arriero** muledriver
- **arriesgar** to risk
- **arrojar** to throw, hurl
- **arroyo** stream
- **arroz** rice; **— con pollo** chicken and rice, a popular Hispanic dish
- **artículo** article
- **asado** roast(ed); **bien —** well done
- **asaltar** to attack, assault
- **asalto** assault; robbery
- **asamblea** assembly
- **ascensor,** *m.* elevator
- **ascensorista** elevator operator
- **asentar (ie)** to set down (rules, etc.)
- **aseo** washroom
- **asesinar** to assassinate
- **asfixiar** to choke
- **así** thus, so; like this, like that; **— es** so it is . . . ; **— que** and so . . . ; as soon as; **— no más** just like that
- **asiduamente** assiduously, diligently
- **asiento** seat; **tomar —** to be seated
- **asistir a** to attend (a function, class, etc.)

481

asociar to associate, relate
asoleado sunny
asomarse (a) to look out of (a window, etc.)
asombro astonishment, shock
asombroso astonishing
aspiradora vacuum cleaner
astro star
astrología astrology, study of one's destiny through the stars
astrónomo astronomer
astuto astute, shrewd
asunto matter
asustar to frighten
atardecer, *m.* dusk, nightfall
Atenas Athens, capital of Greece. In ancient times it was a great seat of culture.
atender (a) to attend (to someone or something)
ateo atheist, unbeliever in God
aterrizar to land (a plane)
aterrorizado terrorized
atestado crowded
atleta athlete
atmósfera atmosphere
atormentado tormented
atracador hold-up man
• **atrás,** *adv.* behind; **hacia —** back(ward); **por —** in the back; **de —,** *adj.* back
atraso backwardness
atravesar (ie) to cross
atreverse (a) to dare (to)
atribuir (uyo) to attribute
auditorio audience
aumentar to augment, increase
aumento increase
aun even
• **aunque** although, even though
ausencia absence
• **autobús,** *m.* bus
automóvil, *m.* automobile
autonomía self-government, autonomy
autónomo self-governing
avalancha avalanche, slide
avance, *m.* advance
avanzado advanced
avanzar to advance
avenida avenue

aventurero adventurer
averiguar ascertain, find out
avión, *m.* airplane; **en —** by air; **por —** airmail, air delivery
avisar to warn, advise, notify
¡ay! Oh!; **¡Ay de mí!** Oh me, oh my!
• **ayer** yesterday; **— por la mañana** yesterday morning
ayuda help
ayudante assistant, helper
• **ayudar** to help
azahar, *m.* orange blossom
• **azúcar,** *m.* sugar
• **azul** blue

bahía bay
• **bailar** to dance
• **baile,** *m.* dance
baja, *n.* decline
• **bajar** to go down; lower; **— de** to get out of (a car, etc.)
• **bajo** slow; soft (as a voice)
balanza balance, scale
balcón, *m.* balcony
bálsamo balsam, ointment
bananero, *adj.* banana (growing)
bancarrota bankruptcy
banda band
• **bandeja** tray
bandera flag, banner
bandolerismo banditry
bandolero bandit
bañar(se) to bathe
• **baño** bathroom
barato cheap
barco ship; **en —** by ship
• **barrio** neighborhood, district
basar to base; **—se** to be based
báscula platform scale
base, *f.* base; basis; **a — de** based on
bastante enough; quite, rather
bastar to be enough, suffice; **Basta de hablar.** Enough talking.
bastón, *m.* cane
• **beber** to drink
beca scholarship
Belén Bethlehem
Bélgica Belgium

belleza beauty; **salón de —** beauty shop
bello beautiful
bendito blessed
beneficencia generosity, beneficence
beneficiar to benefit
beneficio benefit
• **besar(se)** to kiss (each other)
bestia beast
biblioteca library
• **bien,** *adv.* well; ¿**Está —?** All right?;
más — rather; *conj.* **más — que** rather than; *m.* good; possession
bienestar, *m.* wellbeing
bienvenido, *adj.* welcome
biftec, *m.* beefsteak
bigote, *m.* mustache
• **billete** ticket (Spain); **— de ida y vuelta** return ticket
bizcocho biscuit; sponge cake
blanco white
boca mouth
bocadito tidbit; mouthful, bite
bocado mouthful, bite
bocina horn (of a car)
boda wedding
bodega wine cellar; restaurant; grocery store (parts of Sp. Am.)
boletín, *m.* bulletin
boleto ticket (Sp. Am.)
bolsa bag; purse
bolsillo pocket
bolso purse
bomba bomb; gasoline pump
bombilla (electric) bulb
bonaerense (person from) Buenos Aires
bondad, *f.* kindness, goodness; **tener* la — de** to be kind enough to, please
• **bonito** pretty
bordado embroidered; **— a mano** hand embroidered
borde, *m.* edge; **al —** at the edge
borrador eraser
borrar to erase
botón, *m.* button
brasileño Brazilian
• **brazo** arm
brincar to leap or jump about
brindar to toast (in someone's honor)

brindis, *m.* (a) toast
brisa breeze
broche, *m.* brooch
bruto dull, stupid
• **buen(o)** good; **buen mozo** handsome
buey, *m.* ox
bulevar, *m.* boulevard
bulto package; load
burro donkey; **— de carga** pack-donkey
busca search
• **buscar** to look for

• **caballero** gentleman
caballo horse; **a —** on horseback
caber* to fit
• **cabeza** head
cabo end
cacao cocoa
• **cada** each, every
cadáver, *m.* corpse
cadena chain
caer* to fall; **dejar —** to drop; **—se** to fall down
café, *m.* coffee
cafetero, *adj.* (referring to) coffee
• **caja** box; cashier's office
cajero cashier
cajón, *m.* drawer
calar to soak; pull down to the ears (as a hat)
calavera skull; *m.* old "rake", scoundrel
calendario calendar
calentador, *m.* heater
calidad, *f.* quality
cálido hot (often, and humid)
caliente warm; hot
calmar(se) to calm down
• **calor,** *m.* heat; warmth; **hacer* —** to be warm out; **tener* —** to be (feel) warm (as a person does)
caloría calory
caluroso hot
callado quiet
• **callar(se)** to hush up, be quiet
calle, *f.* street
cama bed
cámara camera; chamber
camarero waiter

483

cambiar to change; exchange
- **caminar** to walk
- **camino** road; way
- **camisa** shirt; — **de fuerza** straitjacket
- **campamento** camp
- **campeonato** championship
- **campesino,** *n.* farmer, rural dweller; *adj.* country, rural
- **campiña** countryside (poetic)
- **campo** country (as opposed to city); field
- **canal,** *m.* canal; channel
- **canción,** *f.* song
- **cancha** court (athletic); field; — **de estacionamiento** parking field
- **cansado** tired
- **cantante** singer
- **cantar** to sing
- **cantidad,** *f.* quantity
- **caña (de azúcar)** sugar cane
- **caoba** mahogany
- **caos,** *m.* chaos, confusion
- **capa** cape; layer
- **capaz** (*pl.* **capaces**) capable, able
- **capital,** *m.* capital, money; *f.* capital (city)
- **capitán** captain
- **capítulo** chapter
- **cara** face
- **¡Caramba!** I'll be . . . !
- **carbón,** *m.* coal
- **carcajada** laugh
- **cárcel,** *f.* jail
- **carecer (zco) de** to lack
- **carga** load
- **cargado (de)** loaded (with)
- **cargo** post, position
- **Caribe,** *m.* Caribbean (Sea)
- **cariño** affection
- **cariñoso** affectionate
- **carioqueño** Cariocan, referring to Rio de Janeiro
- **carne,** *f.* meat
- **carnicería** butcher shop
- **carnicero** butcher
- **caro** expensive
- **carrera** career; race
- **carretera** highway
- **carro** car; cart; — **tirado por bueyes** ox-cart

- **carta** letter
- **cartel,** *m.* sign, poster
- **cartera** wallet; briefcase
- **cartero** mailman
- **casa** house; **a —** (going to) home; **en —** at home
- **casado** married
- **casamiento** marriage
- **casar** to marry (someone off); **—se (con)** to marry
- **cascabel,** *m.* little bell
- **caserón,** *m.* mansion
- **casi** almost
- **caso** case; **en — de que** (*followed by subjunctive*) in case . . .; **hacer* caso a alguien** to pay attention to somebody
- **castigar** to punish
- **castillo** castle
- **castizo** pure; "pure Spanish"
- **castrista** referring to Castro
- **casualidad,** *f.* coincidence; **¡Qué —!** What a coincidence!
- **casucha** shack
- **catastrófico** catastrophic, disastrous
- **catedral,** *f.* cathedral
- **caudillo** caudillo, political leader, "strong man," dictator
- **cautivador(a)** enchanting, captivating
- **cazador,** *m.* hunter; **— de cabezas** head-hunter
- **cebolla** onion
- **celebrar** to celebrate; **—se** take place
- **celoso** jealous
- **cementerio** cemetery
- **cenar** to have supper
- **centavo** cent
- **céntrico** central, downtown
- **centro** centre; downtown area
- **cepillo** brush
- **cerámica** ceramics, pottery
- **cerca,** *adv.* near(by); **— de** (*prep.*) near
- **cercano,** *adj.* near
- **cerebro** brain
- **ceremonia** ceremony
- **cerrado** close
- **cerrar (ie)** to close
- **cerveza** beer
- **cesar** to stop, cease

cielo sky; Heaven; **— raso** ceiling
- **cien(to)** a hundred
ciencia science
científico scientific; scientist
cierto certain; a certain; **Es —.** That's true.
cifra number; sum, total
cigarrillo cigarette
cima top, summit
cincuenta fifty
- **cine,** *m.* movie house; movies (not the film itself)
cinta tape; ribbon
cinturón, *m.* belt
círculo circle
cita date; appointment
ciudad, *f.* city
ciudadano citizen
claramente clearly
- **claro** clear; light (in color); **¡Claro (está)!** Of course; **Claro que no.** Of course not.; **hablar a las claras** to speak frankly
clérigo cleric, clergyman
cliente customer, client
clima, *m.* climate
climático climatic, referring to climate
coalición, *f.* coalition, group formed of various factions
cobarde coward(ly)
cobrador collector, conductor (on a train, etc.)
cobrar to charge; collect
cobre, *m.* copper
- **cocina** kitchen
cocinar to cook
cocodrilo crocodile
coctel, *m.* cocktail; **— de frutas** fruit cocktail
- **coche,** *m.* car
coger to catch, seize
cohete, *m.* rocket
cojear to limp
cojín, *m.* cushion
cojo lame
cola tail; train (of a dress)
- **colegio** secondary school
colgar (ue) to hang (something)
colina hill

colindar (con) to border (on)
Coliseo Colosseum
colmo height; limit; **Esto es el —.** This is the limit!
colocar to place, put
Colón (Cristóbal) (Christopher) Columbus
colono colonist
colosal colossal
columna column; **— vertebral** spinal column
collar, *m.* necklace
comentar to comment (on)
- **comenzar (ie)** to begin, commence
- **comer** to eat; **—se** eat up
comerciar to do business
comestible(s), *m.* foodstuff(s)
cometer to commit
- **comida** meal; dinner
- **como** like; as; **tanto . . . —** as much as; **tan . . . —** as . . . as; **— si nada** as if nothing had happened
- **¿Cómo?** How?; **¿— se llama Ud.?** What is your name? **¡—!** What!; **¡— no!** Of course! Why not!
comodidad, *f.* comfort
- **cómodo** comfortable
compañía company
comparación, *f.* comparison
comparado compared
compartir to share
compás, *m.* beat, tempo, rhythm; **al —** to the beat, in rhythm
com*poner* to compose; fix
compra purchase; **ir de —s** to go shopping
- **comprar** to buy
- **comprender** to understand
comprensión, *f.* understanding; comprehension
compromiso engagement
compuesto composed (*past part. of* **componer**)
común common
- **con** with; **—migo, —tigo** with me, with you; **— tal que** (*followed by subjunctive*) provided that . . .; **contar —** to count on; **soñar —** to dream about; **tener que ver —** to have to do with

485

conceder   to concede, give in (to)
conciencia   conscience; consciousness
concierto   concert
conc*luir*   **(uyo)**   to conclude
conejo   rabbit
confianza   confidence
confiar (ío) en   to trust, confide in
conformarse (con)   to accept, agree (to)
confundir   to confuse
• **congelado**   frozen
• **conmigo**   with me
conmutador, *m.*   switchboard
• **conocer (zco)**   to know (a person or a place), be acquainted or familiar with
conocido   well-known
conocimiento, *generally pl.*   knowledge
conquista   conquest
conquistador   conqueror
conquistar   to conquer
conse*guir* **(i)**   to get, obtain
consejero   adviser
consejo, *often pl.*   advice
conserje   concierge, key-keeper and information man in hotel
consciente   conscious, aware
consistir (en)   to consist (of)
constr*uir** **(uyo)**   to construct, build
• **contar (ue)**   to count; ¿Qué me cuenta? What do you say? What's new?;
  — **con**   count on
contemplar   to contemplate
contemporáneo   contemporary, referring to the present or to the same period
• **contento**   pleased, content
contestación, *f.*   answer
• **contestar**   to answer
• **contigo**   with you
continuar (úo)   to continue
continuo   continuous
• **contra**   against
contrabandista   smuggler
contrabando   smuggling; contraband
contrario   contrary; **al** — on the contrary
contrib*uir* **(uyo)**   to contribute
convencer   to convince
convertir (ie)   to convert; —**se en**   to turn into
copa   stemmed glass; glass (of wine, etc.)

copia   copy
copiar   to copy
copita   a little drink
coquetear   to flirt
corazón, *m.*   heart
• **corbata**   tie
corcho   cork
cordillera   mountain range
corpulento   heavy-set
correo(s)   mail
• **correr**   to run; draw (curtains)
corrida: — **de toros**   bullfight
cortaplumas, *m.*   penknife
• **cortar**   to cut
corte, *m.*   cut; slice; — **de pelo**   haircut
cortejar   to court (a girl)
cortina   curtain
• **corto**   short (in length)
• **cosa**   thing
coser   to sew
cosita   a little thing
cosmopolita   cosmopolitan, worldlywise, sophisticated
costa   coast
costado   side (of a person's body, etc.)
• **costar (ue)**   to cost
costarricense   Costa Rican
costero   coastal
costo   cost
costumbre, *f.*   custom
costurera   dressmaker
crear   to create; make
• **crecer (zco)**   to grow
creciente   growing
• **creer***   to believe; think
crema   cream; — **dental**   tooth paste
• **criada**   maid
criar (ío)   to raise, grow
criatura   baby
crisol, *m.*   melting pot
cristal, *m.*   crystal
crucigrama, *m.*   crossword puzzle
cruz, *f.*   cross
cruzar   to cross
cuaderno   notebook
• **cuadra**   (city) block
cuadrado   square
cuadro   picture, painting; box

- **¿Cuál?** Which (one)? **¿Cuáles?** Which (ones)? What . . .?; **el cual, la cual,** etc. which; **lo cual** which (neuter)
- **cualquier, cualquiera** any (at all)
- **cuando** when; **¿Cuándo?** When?
- **¿Cuánto?** How much?; *pl.* How many?; **en cuanto a** as for; **unos cuantos** a few; **¿Cuántos años tiene Ud.?** How old are you?
- **Cuaresma** Lent
- **cuarto** fourth; quarter; *m.* room
- **cubierto** covered
- **cubrir** to cover (*past part.* **cubierto**)
- **cuchara** tablespoon
- **cucharita** teaspoon
- **cuchillo** knife
- **cuello** neck; collar
- **cuenca** river bed
- **cuenta** bill; account; **darse* — de** to realize
- **cuento** story
- **cuero** leather
- **cuerpo** body; corps; **— de policía** police force
- **cuesta** hill; slope; **a cuestas** on one's back
- **cuidado** care(fulness); **tener* —** to be careful; **¡— ahí!** Be careful! Watch out!
- **cuidar(se)** to take care of (oneself)
- **culpa** blame, guilt; **echar la — a alguien** to blame somebody
- **cultivable** able to be cultivated
- **cultivar** to cultivate
- **cultivo** cultivation, tilling
- **cumpleaños,** *m.* birthday
- **cumplir** to fulfill; **— con** to comply with, live up to; **— años** to reach a certain age
- **confuso** confused
- **cuñada, cuñado** sister-in-law, brother-in-law
- **cuota** quota; amount due
- **cura,** *m.* priest; *f.* cure
- **curso** course
- **curtido,** *m.* tanning
- **cuyo (a, os, as)** whose (*relative possessive, not question!*)

- **champaña,** *m.* champagne
- **charla** talk, speech
- **charlar** to chat
- **chicle,** *m.* gum
- **chico, chica** boy, girl
- **chileno** Chilean
- **chiquito** little boy, baby
- **chiste,** *m.* joke
- **chocante** shocking
- **chocar** to shock, collide, bump into
- **chófer** chauffeur, driver; **— de taxi** taxi driver
- **choza** hut
- **chupar** to lick; **—se los dedos** lick one's fingers

- **daga** dagger
- **dama** lady
- **daño** harm; **hacer* —** to hurt, harm
- **dar*** to give; **— de comer** to feed; **— las gracias** to thank; **—le a uno por** to get a notion to; **— lo mismo** to be all the same, not matter; **—se cuenta de** to realize; **— un paseo** to take a walk or a short trip; **— una vuelta** to take a turn around; stroll
- **dato** fact
- **de** of; from; also used for possession; **más —** more than (before a number); **— memoria** by heart; **— nada** you're welcome; **— nuevo** again; **¿— quién?** Whose? **— repente** suddenly; **— todas partes** from everywhere; **— veras** really; **¿— verdad?** Really? **— vez en cuando** from time to time, once in a while
- **debajo,** *adv.* underneath; **por —** underneath, on the under side; **— de,** *prep.* under, beneath
- **deber** to owe; ought to; should
- **débil** weak
- **debilitar** to weaken
- **década** decade
- **de*c*aer*** to decline, go down
- **décimo** tenth
- **decir*** to say; tell; **querer* —** to mean; **Dígame** . . . Tell me . . .
- **dedo** finger
- **definir** to define
- **definitivamente** definitely

487

- **dejar** to let, allow, permit; to leave (something behind); **— de** + *infinitive* to stop (doing something); **— caer** to drop; **Déjame en paz.** Leave me alone.
- **del** of the, from the (*contraction of* **de** + **el**)
  delantal, *m.* apron
- **delante,** *adv.* in front; **por —** in the front; **— de,** *prep.* in front of
  delatar to inform on (someone)
- **delgado** slim; thin
  delimitado set off, outlined
  delineado delineated, marked off
  delirar to become delirious
- **demás: lo —** the rest (remainder); **los —** the rest (others)
- **demasiado** too much; *pl.* too many
  demente mad
  demostración, *f.* demonstration (of something)
  demostrar (ue) to show; demonstrate
  denominar to call
  dentada, *adj.* saw-toothed
  dentro, *adv.* inside; **— de** *prep.* inside, within
  depender (de) to depend (on)
  deporte, *m.* sport
  deportista sportsman (or woman)
  derecho *n.* right, privilege; *adj.* right; **a la derecha** on the right
  derrota defeat
  derrotado defeated
  derrumbar to overthrow, knock down
  derrumbe, *m.* landslide
  desafiar (ío) to defy
  desafortunado unfortunate
  desagradable disagreeable, unpleasant
  desangrar(se) to bleed dry
  desaparecer (zco) to disappear
  desarrollado developed
  desarrollar(se) to develop
  desarrollo development
  desastre, *m.* disaster; **estar* hecho un —** to be a wreck
  desastroso disastrous
  desayunar(se) to have breakfast
  desayuno breakfast
  descalzo barefoot
- **descansar** to rest

descaradamente outrageously
descargar to unload
descendiente descendant
descompuesto broken, out of order
desconfianza mistrust
desconocer (zco) to ignore
desconocido unknown
descontar (ue) to discount
descubierto discovered
descubridor discoverer
descubrir to discover (*past. part.* **descubierto**)
descuidado neglected
descuidar to neglect
descuido neglect
- **desde** since; from; **— hace una hora** since an hour ago, for an hour
- **desear** to desire, want; wish
  desenchufar to pull out a plug
  deseo desire
  desesperación, *f.* desperation, despair
  desesperado desperate
  desesperar to despair
  desfavorable unfavorable
  desgracia misfortune (*not* disgrace!)
  desgreñado dishevelled, with messy hair
  des*hacer** to undo; **— una maleta** to unpack
  desierto, *n.* desert; barren place; *adj.* deserted
  desigual unequal
  desmayarse to faint
  desocupado not occupied; idle
- **despacio** slow(ly)
  despachar to dispatch, send off
  despedir (i) to fire (someone); **—se (de)** to say "goodbye," take one's leave
  despejado clear, not cloudy
- **despertar(se) (ie)** to awaken
  despierto awake
  desplegar (ie) to display; unfold
  despoblado unpopulated
  despotismo despotism, tyranny
  despreciar to scorn, look down on
- **después,** *adv.* then; later, afterwards; **— de,** *prep.* after; **— de que,** *conj.* after
  destartalado broken down, ramshackle
  destierro exile

488

destino   destiny; destination
destituir (**uyo**)   to deprive of; unseat (a rightful ruler, etc.)
detalle, *m.*   detail
detener(**se**)*   to stop
• **detrás,** *adv.*   behind; **— de,** *prep.*   behind, in back of
destrozar   to ruin, wreck
devolver (**ue**)   (*past. part.* **devuelto**)   to return, give back
• **día,** *m.*   day; **al — siguiente**   on the following day; **Buenos días.**   Good morning; **de —**   by day; **hoy (en) día**   nowadays; **todos los días**   every day
diablo   devil
diamante, *m.*   diamond
diariamente, *adv.*   daily
dibujo   drawing, sketch
• **diciembre**   December
dictadura   dictatorship
dictar   to dictate
dicho, *n.*   saying; *past part. of* **decir***   said; **mejor —**   rather, I mean
diente, *m.*   tooth; **— de arriba**   upper tooth
diferencia   difference; **a — de**   unlike
• **difícil**   difficult
dificultad, *f.*   difficulty
Dígame, . . .   Tell me, . . .
dilema, *m.*   dilemma, predicament
dineral, *m.*   fortune
• **dinero**   money
• **Dios**   God; **¡Por —!, ¡— mío!**   For Heaven's sake
• **dirección,** *f.*   address; direction
dirigir   to direct, lead; **—se a**   to direct oneself to, go over to, address, approach
• **disco**   (phonograph) record
disculpar   to forgive, excuse; **—se**   apologize; **Disculpe.**   Excuse me.
discutir   to discuss; argue
disminuir (**uyo**)   to diminish, lessen
disolver(se) (**ue**—*past part.* **disuelto**);   to become dissolved
disponer*   to dispose; **— de**   to have at one's disposition
• **dispuesto**   ready, disposed
distinguir   to distinguish

distintivo   distinctive, setting off
divertido   funny, amusing; pleasant, enjoyable
divertirse (ie)   to have a good time, enjoy oneself
doblado   bent; doubled over
doblar(se)   to bend
• **docena**   dozen
dócil   docile, tame
doler (ue)   to hurt, pain; **Me duele la cabeza.**   My head hurts.
domar   to break (a wild horse)
dominar   to dominate; command (a language); rule
• **domingo**   Sunday
dominio   rule, domination
• **donde**   where; **¿Dónde? ¿Por —?**   Where? **¿De —?**   From where?
• **dormido**   asleep, sleeping
• **dormir (ue)**   to sleep; **—se**   to fall asleep
dramaturgo   playwright
duda   doubt; **No hay — de que . . .**   There is no doubt that . . .; **sin —**   without a doubt, undoubtedly
dudar   to doubt
dueño   owner
dulce   sweet; *m. pl.*   sweets
• **durante**   during
durar   to last
duro   hard

e   and (in place of *y* before a word beginning with *i* or *hi*)
ea   (*exclamation*) Hey
eco   echo
ecuador, *m.*   equator
ecuatorial   equatorial, referring to the region near the equator
ecuatoriano   Ecuadorean
echar   to throw, hurl, cast; **— la culpa**   to blame; **—se**   to lie down, sit down
edad, *f.*   age; **tener* . . . años de edad**   to be . . . old
edificio   building
educativo   educational
efecto   effect; **en —**   in fact
efectuar(se) (úo)   to take effect
egoísta   selfish

489

ejemplo example; **por —** for example
ejercicio exercise
• **ejército** army
• **él** he; him (*object of a prep.*)
el the *masc. sing.*; **— cual** who, which; **— que** the one who or which
electorado electorate, voters
elegir (i) to elect
elemental elementary
elevar to raise, elevate
• **ella** she; her (*object of a prep.*)
• **ellas, ellos** they; them (*object of a prep.*)
embarcar(se) to embark
embargo: sin — nevertheless, however
embustero liar; cheat
emigrar to emigrate
emisario emissary, representative
emoción, *f.* emotion, excitement
emocionado excited
emocionante exciting
emocionarse to get excited
empaparse (de) to become saturated or drenched (with)
• **empezar (ie) a** to begin to
empinado tilted
• **empleado** employee
emplear to use; employ
empleo job
empresa enterprise; business; job
• **en** in; on; at; **— absoluto** absolutely not; **— casa** at home; **— cuanto a** as for; **— efecto** in fact; **— fin** anyway, in short, so; **— realidad** really; **— seguida** immediately, at once; **— serio** seriously; **— suma** in short; **— un dos por tres** in a jiffy; **— vez de** instead of; **— voz baja** softly
• **enamorado (de)** in love (with)
enamorarse (de) to fall in love (with)
encaminar(se) to head (in a certain direction)
encantado delighted, charmed
encantador charming
encantar to delight: **—le a uno** to love (something or to do something)
encanto charm
encararse con to face (a situation)
encarecimiento praise

encargar to order (something)
• **encender** to light up; turn on (a radio, etc.); set fire to
encerrado locked up
encerrar (ie) to lock up, enclose
encima, *adv.* on top; **por —** on the top side; **— de,** *prep.* on top of, over, above
encogerse to shrug; **— de hombros** shrug one's shoulders
• **encontrar (ue)** to find; meet; **—se con** to happen to meet, bump into, come upon
encrucijada crossroad
encuentro meeting; encounter; match (boxing, etc.)
enchufar to plug in
enemigo enemy
enérgico energetic
• **enero** January
enfadar to anger; **—se** get angry
enfermedad, *f.* illness
• **enfermo** sick
enfrentar to face
engordar to make or get fat
enhorabuena Congratulations.
enojar to anger; **—se** get angry
enorme enormous
enriquecido enriched
ensalada salad
ensayar to try out; rehearse
ensayo rehearsal; attempt; essay
• **enseñar (a)** to teach (to)
• **entender (ie)** to understand; **—se con** to deal with; reckon with
enteramente entirely
entero whole; entire
enterrador gravedigger
enterrar (ie) to bury
• **entierro** burial, funeral
• **entonces** then
entrada entrance
• **entrar (en or a)** to enter
• **entre** between; among
entreabierto ajar, partly open
entregar to hand over, deliver
entrevista interview
entrevistar to interview
envasar to package, wrap, encase
envenenado poisoned

490

envuelto wrapped up
época epoch, era, period
• **equipo** team
equivocarse to make a mistake
erizarse to stand up straight
• **esa** (See **ese**)
escala stop (of a ship or plane); **hacer* —** to make a stop
escalera stairway
escalón, *m.* step (of a stairway)
escaparate, *m.* store window
escasear to be or grow scarce
escaso scarce
escena scene; **¡A la —!** On stage!
esclavitud, *f.* slavery
esclavo slave
escocés Scotsman; Scottish
escoger to choose
escolar, *adj.* school, academic; **año —** school year
esconder to hide
escondido hidden
• **escribir** (*past part.* **escrito**) to write; **— a máquina** to type
escrito written
escritor writer
escritorio desk
escrupuloso scrupulous, honorable; **poco —** unscrupulous
• **escuchar** to listen (to)
• **escuela** school
esculpido sculpted, carved
escupir to spit
• **ese, esa,** *adj.* that (near you); **esos, esas** those; **ése, ésa, etc.,** *pron.* that one, those
esencia essence, basic quality
esfuerzo effort
esmeralda emerald
• **eso** that (in general); **a — de** about, around; **Eso sí que no.** Absolutely no!; **por —** therefore
espacio space
espalda shoulder; back; **a —s de** behind (someone's) back
• **espantar** to frighten
espantoso frightful, frightening
• **español** Spanish; Spaniard
especie, *f.* species, kind

espectáculo spectacle
• **espejo** mirror
esperado expected, hoped for, awaited
esperanza hope
• **esperar** to hope; wait (for); expect
espeso thick
esponja sponge
• **esposa, esposo** wife, husband
esquiar (ío) to ski; *m.* skiing
• **esquina** (outside) corner; street corner
• **esta** (See **este**)
estabilidad stability
estable stable, not subject to frequent change or turnover
establecer (zco) to establish
establecimiento establishment
• **estación,** *f.* station; season
estacionamiento parking
estadista statesman
estadística (*generally pl.*) statistic(s)
• **estado** state; **los Estados Unidos** the USA
estadounidense American
estallar to break out, erupt
estanciero rancher
estaño tin
• **estar*** to be (in a certain place, condition, or position); **— hecho un desastre** to be a total wreck; **— de prisa** to be in a hurry; **¿Está bien?** All right? **Yo estoy de tu parte.** I'm on your side.
estatua statue
• **este, esta,** *adj.* this; **estos, estas** these; **éste, ésta, etc.,** *pron.* this one, these
este, *m.* East
estéril sterile, not fertile
estilo style; **al —** in the style of; **por el —** like that, along that line
estimado esteemed; **E— señor** Dear Sir:
estimular to stimulate
estímulo stimulus, stimulation
• **esto** this (in general)
estómago stomach
estornudar to sneeze
• **estrecho** narrow; *n.* strait (geog.)
estrella star
estrenar to try out, use for the first time
estricto strict
estudiantado student body

- **estudiante** student
- **estudiantil,** *adj.* student
- **estudiar** to study
- **estudio** study
- **estufa** stove
- **estupendo** stupendous, great
- **etapa** period, epoch; phase
- **étnico** ethnic, referring to racial groups
- **europeo** European
- **evitar** to avoid
- **exagerar** to exaggerate
- **examen,** *m.* (*pl.* **exámenes**) exam
- **exigir** to demand
- **exilado** exiled (person)
- **exilio** exile
- **existente** existing
- **éxito** success; **tener*** — to succeed
- **explicación,** *f.* explanation
- **explicar** to explain
- **explorador** explorer
- **explotar** to exploit (a mine, resource, etc.); explode
- **extranjero,** *adj.* foreign; *n.* foreigner
- **extraño** strange, odd
- **extremado** extreme

- **fábrica** factory
- **fabricante** manufacturer
- **fabricar** to manufacture
- **fábula** fable, tale
- **fácil** easy
- **facilitar** to make easy, facilitate
- **faja** strip, band
- **falda** skirt
- **falta** fault; mistake; lack; **hacer*** — to be lacking or needed; **sin** — without fail
- **faltar** to be lacking or missing; — **a** to miss (a class, etc.)
- **falto** lacking; — **de aliento** out of breath
- **familia** family
- **familiar** (referring to a member of the) family; familiar
- **fantasear** to have fantasies, daydream
- **farmacia** pharmacy, drugstore
- **faro** headlight
- **farol** lantern, beacon
- **fascinante** fascinating
- **fatigado** fatigued, tired

- **favela** slum (Brazil)
- **favor,** *m.* favor; **Hágame el favor de** + *infinitive* Please . . .; **por** — please
- **favorecer** (**zco**) to favor
- **febrero** February
- **fecundo** fertile
- **fecha** date (of the month)
- **felicidad,** *f.* happiness **¡Felicidades!,** Congratulations!
- **felicitar** to congratulate
- **feliz** (*pl.* felices) happy; lucky (number, etc.)
- **fenómeno** phenomenon, unusual event
- **feo** ugly
- **feroz** fierce
- **ferrocarril,** *m.* railroad
- **fiambres,** *m.pl.* cold cuts
- **ficha** token
- **fidedigno** reliable, trustworthy
- **fidelismo** Castroism
- **fidelista** follower of Fidel Castro
- **fideos,** *m.pl.* spaghetti
- **fiebre,** *f.* fever
- **fiel** faithful
- **fiesta** party; **día de** — holiday
- **figurarse** to imagine; **¡Figúrese!** Just imagine!
- **fijar** to affix, set; — **en** to notice
- **fila** row
- **filósofo** philosopher
- **fin,** *m.* end; **al** — at the end; **dar*** or **poner*** — **a** to finish off; **en** — in short, anyway, so; **por** — at last, finally; — **de semana** weekend; **a** or **hacia fines de** toward the end of
- **fingir** to pretend, feign
- **fiordos** fiords (as in Norway and Chile)
- **flaco** thin, skinny
- **flamante** brand new
- **flecha** arrow
- **flor,** *f.* flower
- **florecer** (**zco**) flourish
- **floreciente** flourishing
- **flotante** floating
- **flotar** to float
- **follaje,** *m.* foliage
- **fomentar** to foment, encourage
- **fondo** bottom, depth; back

fósforo match
● **foto,** *f.* photograph
fotógrafo photographer
fracasar to fail
francés French; Frenchman
● **frasco** small bottle or vial
frase, *f.* sentence; phrase
● **frente,** *m.* front; **al —** in the front; **en — de, — a** in front of, facing; **hacer* — a** to face; *f.* forehead
fresa strawberry
fresco fresh; cool; **hacer* —** to be cool out
fresquecito nice and fresh
fresquito on the cool side
frío cold; **hacer* mucho —** to be very cold out; **tener* mucho —** to be (feel) very cold
frito fried
frontera border; frontier
fuego fire
fuente, *f.* fountain; source
fuera, *adv.* outside; **— de,** *prep.* outside of; **de —,** *adj.* (on the) outside
● **fuerte** strong
fuerza strength; force: **Fuerzas Armadas** Armed Forces
fugarse to elope
fumar to smoke
función, *f.* function; performance; **dar* una —** to give a performance
● **funcionar** to function, work, run
funda pillow case
fundamento fundamental, basis
furia fury; **hecho una —** hopping mad
fusil, *m.* rifle
fútbol, *m.* soccer

● **gafas,** *f. pl.* eyeglasses
gallego Galician (of Northwestern Spain)
gallina hen
gana desire, urge; **de mala —** unwillingly; **tener* ganas de** to feel like (doing something)
ganadería stockraising
ganadero cattleman, stock raiser
ganado livestock; cattle
ganador winner

ganancia profit; winnings
● **ganar** to win; earn
garantía guarantee
garantizar to guarantee
garganta throat
● **gastar** to spend
gasto expense; expenditure
gato cat
gemelo twin; *pl.* cufflinks
gemido moan, groan
gemir (i) to moan, groan
genio genius; disposition; mood
● **gente,** *f.* people; *also pl.*
gerente manager
germen, *m.* germ; seed
gigante giant
gimnasia gymnastics
girar to spin around
gobernador governor
gobernante ruler
gobernar (ie) to govern, rule
gobierno government
golpe, *m.* blow, smash; **dar* un —** to strike, hit; **— de estado** coup d'etat, takeover
goma gum; resin; rubber; tire
● **gordo** fat; *n.* first prize in lottery; **sacarse el —** to win first prize
gota drop
gozar de to enjoy
gracia grace; wit; **hacerle* a alguien —** to strike someone funny
● **gracias** thank you; **dar* las —** to thank
graduarse (úo) to graduate
gramática grammar
● **gran** (before a sing. noun) great
● **grande** large, big; great
grandecito nice and fresh (*colloq.*)
grandeza greatness
granja farm
gratis free of charge
gris gray
● **gritar** to shout
● **grito** shout; **dar* un —** let out a shout
guante, *m.* glove
● **guapo** handsome
guardafango fender (of a car)
guardar to keep; **— silencio** to keep silent

493

guatemalteco Guatemalan
guerra war; **G— Mundial** World War
guerrero, *n.* warrior; *adj.* warlike
guerrilla guerilla warfare
guerrillero guerrilla fighter
guía, *m.* guide
guijarro pebble
guiñar to wink
guiño wink
• **gustar** to be pleasing; **—le (algo) a alguien** to like something
• **gusto** pleasure; taste; **Tanto —. Mucho — en (or de) conocerle.** I'm so pleased to meet you.; **Con mucho —.** Gladly. I'd be glad to.

• **haber** to have (done, gone, etc.) Used as an auxiliary verb only to form compound tenses.; **hay** (*impersonal*) there is, there are; **había, hubo** there was, were; **hay que** + *infinitive* one must, it is necessary to
habitación, *f.* room
habitante inhabitant
habitar to inhabit, dwell, live
habla, *n.* speech, talk; **al —** speaking
hablador talkative
• **hablar** to speak, talk; **— a las claras** to speak frankly; **— por teléfono** to speak on the phone
• **hace** (with a verb in the past tense) ago; **— tres meses** three months ago; **Hace . . . que** (followed by a verb in the present tense) describes an action that *has been going on for* a period of time.
hacendado ranchowner, landowner
• **hacer*** to make; do; **— calor, frío, viento** to be hot, cold, windy out; **—le caso a alguien** to pay attention to someone, listen to; **— falta** to need, be missing **— una pregunta** to ask a question; **— un viaje** to take a trip; **—se** to become (something); **—se de** to become of; **¿Qué se ha hecho de . . .?** What has become of . . .?
• **hacia** toward
• **hacía . . . que** (followed by a verb in the imperfect tense) describes an action that *had been going on for* a period of time.

hacienda ranch; estate
• **hallar** to find; **—se** find oneself, be
hamaca hammock
• **hambre,** *f.* (*But:* **el hambre**) hunger; **tener* mucha hambre** to be very hungry
hamburguesa hamburger
harina flour
• **hasta,** *prep.* until; *adv.* even; **— que,** *conj.* until; **— pronto, — la vista** so-long
• **hay** there is, there are; **¿Qué — ?** How are things? What's up?; **— que** + *infinitive* one must, it is necessary to
He aquí . . . Here is . . ., Look at . . .
hecho, *n.* fact; (*adj.* and *past part.* of **hacer**) done; made; **— una furia** hopping mad; **de —** in fact, de facto
helado ice cream
hemisferio hemisphere
heredar to inherit
herido wounded; injured
• **hermana** sister
• **hermano** brother; **primo —** first cousin
• **hermoso** beautiful
hermosura beauty
hidalgo gentleman, title of minor nobility in Spain
hierro iron
• **hija** daughter
• **hijo** son
hilo thread
hipo hiccough
historia history; story
historiador historian
hoja leaf
• **¡Hola!** Hi!
• **hombre** man
hombro shoulder; **al —** on one's shoulder
hondureño person from Honduras
honrado honest
• **hora** hour; time; **¿A qué —?** At what time?; **¿Qué — es?** What time is it?
horizonte, *m.* horizon
horno oven
• **hoy** today; **— (en) día** nowadays; **— mismo** this very day
hueco hole
huelga strike

huella trace; track
- **huevo** egg
  huir* (uyo) to flee, run away
  húmedo wet; damp
  humo smoke
  hundir(se) to sink
  huracán, *m.* hurricane
  hurgar to fetch, poke around (for something)

identificar(se) to identify
idioma, *m.* language
iglesia church
- **igual** equal; same; like, similar; **— que** as well as
  ilimitado unlimited
  ilustre illustrious, important
  imaginarse to imagine
  impar odd (of a number)
  impedir (i) to impede; prevent
  imperio empire
  impermeable, *m.* raincoat
  ímpetu impetus, impulse
  im*poner* to impose
  importar to import; be important, matter; **No importa.** It doesn't matter.
  impresionante impressive
  impresionar to impress
  impuesto tax
  inacabable never ending
  Inca ruler (later, member as well) of the Indian tribe that ruled the area now known as Peru, Ecuador and much of South America.
  incaico Incan
  incluir (uyo) to include
  inclusive including
  incluso including
  incorporar to take within; **—se a** to become part of
  incrédulo disbelieving, incredulous
  increíble incredible, unbelievable
  independizarse to become independent
  indicar to indicate
  indígena native (inhabitant)
  indio, *m.* Indian
  individuo individual
  índole nature, kind, character

industrial, *n.* industrialist
ineficaz (*pl.* **ineficaces**) inefficient
influir (uyo) en to influence
ingenio wit; ingenuity
- **inglés** English; Englishman
  iniciar to begin, initiate
  inmediaciones, *f.pl.* outskirts
  inmenso immense
  inmigrante immigrant
  inquietar to disturb
  inscrito inscribed
  insistir (en) to insist (on)
  insoportable unbearable
  instantánea snapshot; **sacar una —** take a snapshot
  instituir (uyo) to institute, set up
  insular, *adj.* insular, island
  integrado integrated
  integrar to make up, compose; integrate
  interés, *m.* interest; **— propio** self-interest
  interesado interested
  interesante interesting
  interno internal
  interrumpir to interrupt
  íntimo intimate
  in*troducir* (zco) to introduce (a subject, etc., not a person)
  inundado (de) flooded (with)
  inútil useless
  invasor invader
  inversión, *f.* investment
  invertir (ie) to invest
- **invierno** winter
- **invitado** guest
  invitar to invite
- **ir*** (a) to go, (be) going (to); **— de compras** or **de tiendas** to go shopping; **— de paseo** to take a short vacation trip; **—se** to go away; **—se de vacaciones** to go on vacation
  Irlanda Ireland
  irlandés Irish(man)
  irreal unreal
  isla island
  isleta tiny island
  istmo isthmus
- **izquierdo** left; **a la izquierda** on the left

495

- **jabón,** *m.* soap
- **jai-alai,** *m.* a popular Spanish ball game
- **jamás** never; (*not* . . . ever)
- **jardín,** *m.* garden
- **jardinero** gardener
- **jefe** chief; leader; boss
- **joven** (*pl.* **jóvenes**) young; young person, youth
- **joya** jewel
- **joyería** jewelry store
- **jubilarse** to retire
- **juego** game; gambling; set (furniture, etc.)
- **jueves** Thursday
- **jugada** trick
- **jugador** player
- **jugar (ue)** to play; **— a** to play (a game)
- **juguete,** *m.* toy
- **jungla** jungle
- **junta** junta, small governing group, often dictatorial
- **juntar(se)** to join
- **junto** *generally pl.* together; **— a,** *prep.* next to, near
- **jurar** to swear
- **justificar** to justify
- **justo** just, fair
- **juvenil** juvenile, childish; youthful
- **juventud,** *f.* youth

kilómetro kilometer, approx. .6 of a mile
kilo kilo, a little more than two pounds

- **la** the *fem. sing.;* her, it, direct object pronoun; **— que** the one who
- **labio** lip
- **labor,** *f.* task, labor (of love, etc.)
- **labrador** farm worker
- **labrar** to work the land
- **lado** side; **de un — para otro** from side to side
- **ladrido** bark
- **ladrillo** brick
- **ladrón,** *m.* thief
- **lago** lake
- **lágrima** tear (crying)
- **lámpara** lamp
- **lana** wool
- **lanzamiento** launching

- **lanzar** to launch; hurl, throw; **— una carcajada** let out a laugh
- **lápiz** (*pl.* **lápices**) pencil; **— de labios** lipstick
- **largamente** for a long while
- **largo** long (*not* large!); **a lo — de,** *prep.* along
- **larguísimo** very long
- **las** the (*fem. pl.*); them (direct object pronoun); **— que** those who
- **lástima** pity; **Es —.** It's a pity; **¡Qué —!** What a pity; **dar* —** to be pitiful
- **lata** tin; tin can; a "mess"; **¡Qué —!** What a mess!
- **lavar** to wash; **—se las manos** to wash one's hands
- **le** him, you (Ud.)—*direct object of a verb;* to him, to her, to it, to you—*indirect object of a verb*
- **lección,** *f.* lesson
- **leche,** *f.* milk
- **lechería** milk bar, dairy
- **lechero** milkman
- **lechuga** lettuce
- **leer*** to read
- **legitimar** to legalize
- **legumbre,** *f.* vegetable
- **lejano** distant, far-off
- **lejos,** *adv.* far (away); **— de,** *prep.* far from
- **lengua** language; tongue
- **lentamente** slowly
- **león,** *m.* lion
- **les** to them, to you (Uds.)—*indirect object of a verb;* them, you (Uds.)—*direct object,* Spain
- **letra** letter (of the alphabet)
- **letrero** sign, poster
- **levantar** to raise, lift up; **—se** to get up, rise
- **ley,** *f.* law
- **libertador** liberator
- **libra** pound
- **libre** free
- **librería** bookstore (*not* library!)
- **libreta** pad
- **libro** book
- **licencia** leave, furlough; permission

- **ligero** light; slight; swift
- **limitado** limited; bordered
- **limpiabotas,** *m.* shoeshine boy
- **limpiar** to clean
- **limpieza** cleanliness
- **limpio** clean
- **lindo** beautiful
- **línea** line
- **lío** "jam", predicament; **— de tránsito** traffic jam
- **lista** list
- **listo** ready; bright, smart
- **lo** him, it, you (Ud.)—*direct object of a verb;* the (*neuter*); **— de** the matter of; **— que** what, which (*not an interrogative!*); **— primero** the first thing
- **loco** crazy
- **locomotora** locomotive
- **los** the (*m.pl.*); them, you (Uds.)—*direct object of a verb;* **— dos** both
- **lotería** lottery
- **loza** pottery
- **lucir (zco)** to shine; show off
- **lucha** fight
- **luchador** fighter
- **luchar** to fight
- **luego** then; later, afterwards; **hasta —** so-long
- **lugar,** *m.* place; **tener* —** to take place
- **lujo** luxury; **de —** de luxe
- **luna** moon
- **lunes** Monday
- **luz,** *f.* (*pl.* **luces**) light
- **llama,** *f.* flame; *m.* llama, sure-footed, long-haired Andean beast of burden
- **llamada** call; **— telefónica** phone call
- **llamado,** *n.* call, appeal
- **llamar** to call; name; **— a la puerta** to knock at the door; **—se** to be named or called; **¿Cómo se llama Ud.?** What is your name?
- **llano,** *n.* low flatland
- **llave,** *f.* key
- **llegada** arrival
- **llegar** to arrive; **— a ser** to become
- **llenar** to fill; **—se de lágrimas** to fill with tears
- **lleno (de)** full (of), filled with
- **llevar** to carry; bring; wear; **— a cabo** to carry out, fulfill; **—le la contraria a alguien** to cross somebody; **—se algo** to take something away with one
- **llorar** to cry
- **llover (ue)** to rain
- **lluvia** rain

- **madera** wood
- **madre,** *f.* mother
- **maduro** mature; ripe
- **maestra, maestro** teacher
- **maíz,** *m.* corn
- **majestuoso** majestic
- **mal(o),** *adj.* bad; *adv.* badly; *m.* bad, evil; **de — en peor** from bad to worse; **menos —** not so bad
- **malestar,** *m.* ill feeling, uneasiness
- **maleta** suitcase
- **maletero** porter
- **malo** bad
- **mandar** to send; order
- **mandato** command
- **manejar** to drive
- **manera** manner; way; **de — que,** *conj.* so (that); **de otra —** otherwise
- **manga** sleeve
- **mango** handle
- **manguera** (vacuum cleaner) hose
- **manifestación,** *f.* (protest) demonstration
- **mano,** *f.* hand; **a —** by hand; **—s a la obra** let's get to work
- **manosear** to handle
- **manta** blanket
- **man*tener**** to maintain; support
- **mantequilla** butter
- **manzana** apple
- **mañana** tomorrow; morning; **por la —** in the morning
- **mapa,** *m.* map
- **máquina** machine; **pasar a —, escribir a —** to type (up); **— vendedora** vending machine
- **maquinaria** machinery
- **mar,** *m.* sea
- **maravilla** marvel, wonder; **¡A las mil —s! Great! Terrific!; ¡Qué —!** How wonderful!
- **maravillado** amazed, marveling at

maravilloso marvelous
marca brand
marcar to dial (a number); mark
marcial martial, warlike
marco frame
marcharse to go off, walk away
marchito withered
marginal marginal, not of good quality
marinero sailor
marisco (*generally pl.*) shellfish
martes Tuesday
martillear to hammer
martillo hammer
marzo March
más more; most; plus; — **de** more than (before a number); — **bien (que)** rather (than); — **que** more than; — **que nada** more than anything; **a** — **no poder** uncontrollably, to the limit; **así no** — just like that; **no** — **que** only; **¿Qué más?** What else?; **sin** — **ni** — without further ado
masa mass
matar to kill; — **de un tiro** shoot to death
materia matter; material; (school) subject, course
máximo maximum
mayo May
mayor older; oldest; major; greater, larger; **la** — **parte** the greater part, the majority
mayoría majority
mayormente mainly
me me, to me, (to) myself (*object of a verb*)
meca Mecca, holy city to which all Moslems were to make pilgrimages
mecánico mechanic; repairman
mecanógrafa typist
media stocking
mediados around the middle of (a year, etc.)
mediano average
medianoche, *f.* midnight
médico doctor
medieval medieval, belonging to the Middle Ages (roughly, from the IX–XV Century)
medio, *n.* middle; means; **en** — **de** amid, in the midst of; **por** — **de** by means of; *adv.* half

mediodía, *m.* noon
meditar to meditate
mejor better; best; — **dicho** rather, I mean
mejorar to improve
memoria memory; **de** — by heart
mencionar to mention
mendigo beggar
menor lesser, smaller; younger; minor
menos less; least; except; **a (por) lo** — at least; **a** — **que** (followed by *subjunctive*) unless; **ni mucho** — not in the least
mentir (ie) to lie
menudo: a — often
mercado market
mercancía merchandise
merecer (zco) to deserve
mermelada marmalade
mero mere
mes, *m.* month
mesa table; desk
mestizo person of mixed race, especially of Indian and white blood
meter to put (into)
método method
metro subway
metrópoli mother country; metropolis, large city
mezcla mixture
mi(s) my
mí me (object of a prep.)
miedo fear; **tener*** — to be afraid
miembro member
mientras (que), *conj.* while; — **tanto** meanwhile, in the meantime
miércoles Wednesday
mil thousand
milagro miracle
milímetro millimeter
militar military (man)
milla mile
millón, *m.* million; **un** — **de . . .** a million . . .
minería mining
minero miner
mínimo minimum
ministro Cabinet officer
mío (a, os, as) mine, of mine

- mirada   glance, look
- mirar   to look at
  misa   (church) mass
  miseria   poverty
  misionero   missionary
- mismo   same; very; himself, etc. (used with a pronoun or a noun for emphasis); **ella misma** she herself; **para sí mismo** for (or to) himself; **ahora —** right now; **aquí —** right here; **hoy —** this very day; **lo —** the same (thing); **lo — que** the same as; **Me da lo —.** It is all the same to me.
  mitad, *f.*   half
- moda   style, fashion
  molestar   to bother, annoy
  molestia   bother, nuisance
  momento   moment; **en este —** at this moment or time
  monarca, *m.*   king, monarch
  moneda   coin; currency
  monopolio   monopoly, exclusive right to something
  monstruo   monster
  montado   mounted; set (as a jewel)
  montaña   mountain; mountain country
  montañoso   mountainous
  moreno   brunette
- morir (ue)   (*past part.* **muerto**) to die; also used reflexively
  mortificante   embarrassing
  mortificar   to embarrass
  mosca   fly (insect)
- mostrar (ue)   to show
  motín, *m.*   riot
  motocicleta   motorcycle
- mover(se)(ue)   to move
- mozo   boy; young man; waiter; porter; **buen —** handsome
- muchacha, muchacho   girl, boy
- mucho   much, very much; **Hace — calor.** It is very warm out.; **Tengo — frío.** I am very cold.
  mueblería   furniture store
  mueblero   furniture seller
- muebles, *m.pl.*   furniture
  mueca   grimace, funny expression on one's face, "look"

  muelle, *m.*   dock, pier
- muerte, *f.*   death
- muerto   dead
- mujer   woman; wife
  multiplicar(se)   to multiply
  mundial, *adj.*   world; worldwide
  mundo   world
  muñeca, muñeco   doll
  muñequita   little doll
  muralla   wall (outside)
  museo   museum
  músico   musician
  mutuo   mutual
- muy   very

- nacer (zco)   to be born
  nacimiento   birth
- nada   nothing; *not . . . anything!* **— de** No . . . ; **— más** that's all; **de —** you're welcome
  nadar   to swim
- nadie   nobody, no one; *not . . . anybody!*
  naipe, *m.*   (playing) card
  naranja   orange (fruit)
- nariz, *f.* (*pl.* **narices**)   nose
  naturaleza   nature
  naturalidad, *f.*   naturalness
  navaja   razor
  Navidad, *f.*   Christmas
  navideño, *adj.* (referring to) Christmas
  neblina   haze
  necesidad, *f.*   need; necessity
  necesitado   needy
- necesitar   to need
  negar (ie)   to deny; **—se a** to refuse
  negocio (*often pl.*)   business
- negro   black
  nena, nene   baby
  nervioso   nervous
  nevada   snowfall; snowstorm
  nevado   snow-capped
- nevar (ie)   to snow
- ni . . . ni   neither . . . nor; **— siquiera** not even; **— yo tampoco** neither do I
  nicaragüense   Nicaraguan
  niebla   fog
- nieto   grandson
  nieve, *f.*   snow

nilón, *m.* nylon
ningún, ninguno (a, os, as) no (one or none of a group); none; **a** or **en ninguna parte** nowhere
• **niña** little girl
• **niño** little boy; child
nivel, *m.* level; **— del mar** sea level; **— de vida** standard of living
• **noche,** *f.* night; **de —** at night; **Buenas noches.** Good evening; Good night
nombrar to name; appoint
nombre, *m.* name
nordeste, *m.* Northeast
norma norm, standard
norte, *m.* North
Noruega Norway
• **nos** us, to us, (to) ourselves
• **nosotros (as)** we, us (object of a prep.)
nostálgico nostalgic, sentimental
nota note; grade (in school)
• **noticia** (*generally pl.*) news
noticiero newsreel; newscast
novena nine-day church celebration
noveno ninth
• **novia, novio** sweetheart, fiance(e)
• **noviembre** November
• **nube,** *f.* cloud
nublar(se) to cloud up
núcleo nucleus
• **nuestro (a, os, as)** our; ours; of ours
• **nuevas,** *f. pl.* news
• **nuevo** new; **de —** again
nuez, *f.* (*pl.* **nueces**) nut
numerado numbered
• **número** number
• **nunca** never

• **o** or; **— ... —** either ... or
obedecer (zco) to obey
objeto object
obra work (of art, etc., generally not physical); **— maestra** masterpiece
obrero worker
occidental western
octavo eighth
octubre October
ocultar to hide
• **ocupado** busy; occupied

ocupar to occupy
• **ocurrir** to occur
• **ochenta** eighty
odiar to hate
odio hate; hatred
oficial, *m.* officer
oficina office
oficio occupation
ofrecer (zco) to offer
• **oído** ear; **al —** into someone's ear
oír* to hear
• **¡Ojalá ... !** If only ... ! How I hope, wish, etc.!
• **ojo** eye
ola wave (ocean)
oleada wave, surge (usually figurative)
oler (huelo) to smell
olor, *m.* odor
olvidar(se de) to forget (about); **Se me olvidó ...** I forgot ...
olla pot
• **once** eleven
operar to operate
oponerse* **(a)** to oppose; be opposed (to)
opresor, *adj.* oppressive
opulento opulent, wealthy
oración, *f.* sentence; prayer
orden (*pl.* **órdenes**), *m.* order (opposite of disorder), orderliness; *f.* (an) order (command)
ordenado orderly, ordered
oreja ear (outer)
orfelinato orphanage
orgulloso proud
oriental Eastern
orilla shore; edge
oro gold
orquesta orchestra
orquídea orchid
os (*familiar pl.*) you; to you; (to) yourselves
oscuridad, *f.* darkness; obscurity
oscuro dark
• **otoño** autumn
otro other; another; **otra persona** somebody else; **de otra manera** otherwise
oveja sheep
oxígeno oxygen

500

pacífico peaceful
pacto pact, treaty
• **padre** father; *pl.* parents
pagar to pay (for)
• **página** page
• **país,** *m.* country, nation
paisaje, *m.* countryside; landscape
• **pájaro** bird
• **palabra** word
palacio palace
palanca lever
• **pálido** pale
palmera palm tree
palo stick
• **pan,** *m.* bread; — **tostado** toast
panadería bakery
panadero baker
panameño Panamanian
pantalón, *m.* (*generally pl.*) trouser(s)
pantalla screen; lampshade
pantano swamp
pañales, *m. pl.* diapers
pañuelo handkerchief
papa potato
• **papel,** *m.* paper; role; **hacer*** or **desempeñar un —** to play a role or part
par, *m.* pair; **un — de (años, etc.)** a couple of (years, etc.); **abrir de — en —** to open wide
• **para** for, in order to; meant for, to be used for; by (a certain time or date); for (compared with); **— fines del año** by the end of the year
• **parada** stop (bus, etc.)
• **parado** standing
paradoja paradox, seeming contradiction
• **paraguas,** *m. sing.* umbrella
paraguayo Paraguayan
paraíso paradise, Heaven
• **parar(se)** to stop
• **parecer (zco)** to seem; **al —** apparently; **cambiar de —** to change one's mind; **—se a** to resemble
parecido similar; resembling
pared, *f.* wall
• **pareja** pair, couple
pariente relative (*not* parent!)

parisiense Parisian
parque, *m.* park
parral, *m.* grape arbor
• **parte,** *f.* part; **a** or **en alguna —** somewhere; **a cualquier —** anywhere; **a** or **en ninguna —** nowhere; **¿De — de quién?** Who's calling?; **de — de** on behalf of; **gran —** a large part; **por la mayor —** for the most part, mostly; **por una —** on the one hand; **por otra —** on the other hand; **de** or **por todas partes** (from) everywhere
participar to participate
particular private
• **partido** game (football, etc.); political party
partir to leave; **a — de** from (a certain time on)
pasado, *n.* past; *adj.* past; last; **la semana pasada** last week
pasajero passenger
• **pasar** to pass; happen; **¿Qué te pasa?** What's the matter with you?; **— a máquina** to type up
pasatiempo pastime, diversion
pasearse to take a stroll
paseo (a) walk, stroll; path, walk; **irse* de paseo** to take a little pleasure trip
pasillo hallway, corridor
pasmado stunned, shocked
paso step; (mountain) pass; **abrirse* —,** to make one's way; **dar* un —** to take a step
pastilla tablet, pastille, "stick" (of gum, etc.)
pastor shepherd
paterno paternal
patinar to skate
pato duck
patria country, homeland
patrón boss
pavimentado paved
• **paz,** *f.* peace; **dejar en —** to let someone alone
pecho chest; breast; "heart"
• **pedir (i)** to ask for, request
pegado stuck; affixed
pegar to stick on glue; to hit, beat, strike (someone, etc.)

501

peinadora hairdresser
• peinar(se) to comb (one's hair)
• peine, *m*. comb
• pelear to fight
película film; movie
peligro danger
peligroso dangerous
pelirrojo redhead(ed)
• pelo hair; tomarle el — a alguien to tease someone
• pelota ball
peluca wig
peluquería barber shop; — de señoras hairdresser
• pena pain; sorrow, sadness; sentence (criminal); — de muerte death penalty
pendiente hanging; pending
penoso painful; difficult
pensamiento thought
• pensar (ie) to think; — + *infinitive* to intend to; — de to think of (have an opinion of); — en to think of or about (someone)
peón peon, unskilled rural laborer
• peor worse; worst
• pequeño small, little (in size)
percusión, *f*. percussion (referring to instruments such as drums, cymbals, tambourines, etc.)
• perder (ie) to lose; waste; miss (a train, etc.)
• perdón pardon; ¡Perdón! Excuse me.
perdonar to forgive; pardon
peregrino pilgrim
perenne perennial, always there or evident
perezoso lazy
• periódico newspaper
período, periodo period (of time)
perla pearl
permiso permission; Con —. Excuse me.
• permitir to permit, allow
• pero but
• perro dog
per*seguir* (i) to pursue
persona (*always f*.) person; *pl*. people
personaje, *m*. personage, important person
perspectiva prospect; perspective
pertenecer (zco) to belong

peruano Peruvian
pesado heavy; boring
pesar to weigh; a — de in spite of
pescado fish (already caught)
pescador fisherman
peso weight; monetary unit of many Spanish American countries
pestaña eyelash
pétalo petal
petrolero, petrolífero oil-producing
pez, *m*. (*pl*. peces) fish (alive); — espada swordfish
pico peak
pie, *m*. foot; a — on foot; en — standing
piedra stone
piel, *f*. (animal) skin, fur; abrigo de pieles fur coat
pierna leg
pieza piece; part; — de repuesto spare part
pilar, *m*. pillar
pimentón, *m*. pimento
pintar to paint
pintor painter
pirámide, *f*. pyramid
pisada footstep
• pisar to step (on)
• piso floor; story
pitazo whistle
• pizarra blackboard
placer, *m*. pleasure
plancha (metal) plate; iron
planear to plan
planicie, *f*. plateau
planta floor; la — baja the ground floor
plata silver; money (slang)
plateado silvery; plated
platino platinum
plato plate; dish
playa beach
plaza (town) square; — mayor main square
plazo period of time; installment
pleito lawsuit
pleno full; en — día in broad daylight; en plena sesión in full swing
plomero plumber

- **pluma** pen; feather
- **pluscuamperfecto** pluperfect (past perfect tense)
- **población,** *f.* population; town
- **poblado** populated
- **pobre** poor
- **pobreza** poverty
- **poco** little (in amount); **a —** in a short while; **hace —** a short while ago: **un — de** a little (bit) of; **— a —** little by little, gradually
- **poder*** to be able; can; **a más no —** to the fullest; beyond control; *m.* power
- **poderoso** powerful
- **poesía** poetry
- **policía,** *m.* policeman; *f.* police (force)
- **política** politics; policy
- **político** political; politician
- **polvera** powder compact
- **pollo** chicken
- **poner*** to put; place; **— en marcha** to start (something) up; **— enfermo, nervioso, etc.** to make (someone) sick, nervous, etc.; **—se** to become; **—se a** to begin to (do something); **—se de acuerdo** to come to an agreement
- **por** by; for; per; by means of; in exchange for; on account of; for the sake of; on behalf of; during; through; along; **— ciento** percent; **— eso** therefore; **— ejemplo** for example; **— favor** please; **— la mañana** in (or during) the morning; **— lo general** in general; **¿Por qué?** Why?; **— sí solo** by himself; **— supuesto** of course; **— teléfono** on the telephone; **— todas partes** everywhere; **en un dos — tres** in a jiffy
- **porcelana** porcelain, china
- **porcentaje,** *m.* percentage
- **porque** because
- **¿Por qué?** Why?
- **portal,** *m.* doorway
- **porvenir,** *m.* future
- **poseer** to possess
- **posterior** later
- **postizo** false; artificial
- **postre,** *m.* dessert
- **postular** to nominate

- **potable** drinkable; drinking (water)
- **potencia** power
- **potencial,** *adj.* potential, future
- **Potosí,** *m.* an enormously wealthy silver mine in colonial Peru
- **pozo** well (*water*)
- **practicar** to practice
- **precario** precarious, dangerously balanced
- **precio** price
- **precioso** cute, adorable; precious
- **preciso** precise; necessary
- **precolombino** before the time of Columbus
- **predominar** to predominate, rule, hold sway
- **preferir (ie)** to prefer
- **pregonar** to preach; peddle
- **pregunta** question; **hacer* una —** to ask a question
- **preguntar** to ask a question
- **premiar** to reward, give an award
- **premio** award; reward
- **prensa** (the) press; printing press
- **preocupar(se de)** to worry (about)
- **preparar** to prepare
- **presenciar** to witness
- **presentación,** *f.* introduction; presentation
- **presentar** to present; introduce (a person)
- **presidir** to preside (over)
- **prestar** to lend; **— atención** pay attention
- **prestigio** prestige, high regard
- **presumido** conceited
- **prevenirse*** to watch out, be on guard
- **primariamente** primarily
- **primavera** spring
- **primer(o)** first; **por primera vez** for the first time
- **primo** cousin; **— hermano** first cousin
- **príncipe** prince
- **principio** beginning; principle; **al —** at first
- **prisa** hurry; **tener* —** to be in a hurry; **darse* —** hurry up
- **probar (ue)** to try; taste; test; **—se** try on
- **problema,** *m.* problem
- **proceder** to proceed
- **proceso** process
- **prodigar** to give generously

503

pródigo generous, lavish
pro*ducir* to produce
productor producer
• **profesor(a)** teacher; professor
profundidad, *f.* depth; bottom
profundo deep; profound
progresista progressive
prohibir to prohibit
promedio average
promesa promise
prometedor promising
• **prometer** to promise
• **pronto** soon; **Hasta —** So-long.
propiamente properly, really
propiedad, *f.* property
• **propio** own
propósito purpose; **a —** by the way
pro*seguir* (**i**) to continue on
próspero prosperous
pro*venir* to come forth or from
proyectar to project
• **próximo** next
publicar to publish
puchero stew
pueblecito little town
pueblo town; (a) people, race; (the) people, public
• **puente,** *m.* bridge
• **puerta** door; gate; **— de atrás** back door
puerto port
puertorriqueño Puerto Rican
pues well, . . .; **— bien** well, then . . .
puesto position, post, job; *adj.* (turned) on (as a radio, light, etc.)
pulsación, *f.* beating, rhythm
punta point, edge, tip
punto point; **a — de** on the verge of, about to
puntual punctual
puño fist

• **que,** *relative pron. and conj.* that, who, which; than; **el —, la —, los —,** etc. who, which, the one who, those who; **lo —** what (*not* an interrogative!); **la semana — viene** next week
• **¿Qué?** What?; Which . . .?; **¡— demonios!** What the . . .!; **¿— le parece?** What do you think?; **¿— sé yo?** How do I know?; **¿— tal?** How goes it? **¡Qué . . .!** What (a) . . .!; **¡— maravilla!** Wonderful!; **¡— va!** Go on!, Nonsense!
quebrar to break
quedar to be left over or remaining; **—le a alguien** to have (something) left; **—se** to remain, stay
quejarse to complain
quemar to burn
• **querer*** to want; like (a person); love; **— decir** to mean
• **querido** dear
quesería cheese store or factory
quesero cheese seller
• **queso** cheese
• **quien** who; (*pl.* **quienes**); **¿Quién(es)?** Who?; (after a prep.) Whom?
• **quince** fifteen
quinto fifth
• **quitar** to take away; **—se** take off (clothing, etc.)

rabiar to be furious
ración, *f.* portion
ramito small bouquet
ranura slot
rápidamente quickly, fast
rapidez, *f.* speed
raquítico rickety; sickly
rascacielos, *m. sing.* skyscraper
rato little while
rayo ray
raza race
razón, *f.* reason; **tener* —** to be right
reacio reluctant; slow
real real; royal
realización, *f.* fulfillment; realization
realizar to bring about, fulfill, realize (make a reality); **—se** to come about, be fulfilled
rebosante de overflowing (with)
rebosar (de) to be bursting (with)
recado message
recepción, *f.* reception; front desk at a hotel
• **receptor,** *m.* receiver, set
recibir to receive
reciente(mente) recent(ly)
reclamar to demand, claim

recoger to pick up
recomendar (ie) to recommend
reconocer (zco) to recognize
reconquista reconquest; **la R—** the reconquest of Spain from the Arabs, finally achieved in 1492 after almost eight centuries of domination
reconstruir (uyo) to reconstruct
• **recordar (ue)** to remember
recostado lying down or back
recrearse to have some fun
rector principal, president (of a college, etc.)
recuerdo remembrance; memory; souvenir
recuperar to recuperate; get back
recurso resource; recourse
rechazar to reject
redentor redeemer
• **redondo** round
reducido reduced; lowered
reemplazar to replace
referente referring
referirse (ie) to refer
reflejar to reflect; **—se** to be reflected
refrán, *m.* refrain; proverb, saying
regalo gift
regatear to bargain, haggle
régimen, *m.* regime, administration, rule
regir (i) to rule
regla rule; ruler (measure)
• **regresar** to return (come back)
regular so-so
reina queen
reinar to rule, reign
reino kingdom
• **reír (i)** to laugh; **—se de** laugh at
relacionado related
relacionar to relate, associate
relinquir to relinquish, give up
reliquia relic
• **reloj**, *m.* clock; watch
relojería watch store
reluciente shiny
relucir (zco) to shine
remedio remedy; **No hay —.** There's no other choice.
remontarse to hark back to (a certain time)
remoto remote, far-off

reñir (i) to scold
repartir to distribute; deal (in cards)
repasar to review
repaso review
• **repente: de —** suddenly
repentino sudden
repetidamente repeatedly
repetir (i) to repeat
representante representative
resentimiento resentment
resentirse (ie) de to resent
resolver (ue) (*past part.* **resuelto**) to solve; resolve
respecto respect, aspect, sense; **a ese —** in that respect
respetar to respect
respeto respect, high regard
respirar to breathe
• **responder** to answer, respond
responsable responsible
respuesta answer
restablecer (zco) to reestablish
restaurar to restore
resto rest, remainder; *pl.* remains
restorán, *m.* restaurant
resultado result
resultar to result, turn out
resurrecto resurrected, brought back to life
retirar to withdraw, pull back
• **reunido** (*generally pl.*) gathered together
reunión, *f.* gathering, meeting
reunirse (úno) to gather, meet
revelar to reveal
revés, *m.* back, reverse side; **al —** on the contrary
revista magazine
rey, *m.* king
rezar to pray
• **rico** rich
riel, *m.* rail
rígido rigid, firm, inflexible
rima rhyme
• **rincón**, *m.* corner
río river
riqueza riches, wealth
riquísimo very rich
• **ritmo** rhythm
rito rite, ceremony

505

rivalizar (con) to rival
robar to rob; steal
robo robbery
• rodeado (de) surrounded (by)
rodear to surround
• rogar (ue) to beg; pray
• rojo red
rompecabezas, *m. sing.* puzzle
• romper (*past part.*, roto) to break
roncar to snore
ronquido snore
ropa (*also pl.*) clothing; clothes; dress
rosado pink
• roto broken
rubí, *m.* ruby
• rubio blond
rudo crude, rough
• rueda wheel
ruedo hem of a skirt
rugido roar
• ruido noise
ruidoso noisy
ruso Russian
ruta route

sábado Saturday
sábana sheet
• saber* to know (a fact); know thoroughly or by heart; know how; — de memoria know by heart; Lo sé. I know (it).
sabroso tasty, delicious
• sacar to take out; —se el gordo win first prize in the lottery
sacerdote, *m.* priest
• saco (suit) coat or jacket
sacrificar to sacrifice
• sacudir to shake; dust (furniture)
• sal, *f.* salt
• sala living room; — de clase classroom
salado salty
• salida exit
• salir* to go out, come out; leave; turn up; — de to go out of, leave (a place); — para leave for
salón, *m.* salon, large hall; — de belleza beauty parlor
salpicado spattered
salsa sauce

saltar to jump
salto, *n.* jump, leap; dar* un — to take a jump
salud, *f.* health; ¡Salud! God bless you!
• saludar to greet
salvadoreño Salvadorean
salvaje savage
sanativo curative, healthful
saneamiento sanitation, public health
sangre, *f.* blood
sangriento bloody
sanidad, *f.* sanitation, public health
santo saint; birthday (saint's day)
santuario shrine, sanctuary
saquear to sack, plunder, loot
sastre tailor
sastrería tailor's shop
Satanás Satan, the devil
• se (to) himself, herself, itself, yourself (Ud.), themselves, yourselves (Uds.); also see special use for indirect object pronoun
seco dry
• sed, *f.* thirst; tener* — to be thirsty
seda silk
• seguida: en — immediately, at once
seguidos *pl.* in a row, consecutive
• seguir (i) to follow; continue, keep on
• según according to
• segundo second
seguramente surely
seguridad, *f.* security
segurísimo most certain(ly), very sure
• seguro sure, certain; safe
selva forest; jungle; — tropical jungle
semáforo traffic light
• semana week; el fin de — weekend; la — que viene next week; la — pasada last week
semanal weekly
sembrar (ie) to sow, plant
semicírculo semicircle
sencillamente simply
• sencillo simple
• sentado seated; sitting
• sentarse (ie) to sit down
sentido sense
sentimiento feeling, sentiment

- **sentir (ie)** to feel; regret, be sorry; **—se** to feel (sad, tired, etc.)
- **señal,** *f.* sign, signal; mark
- **séptimo** seventh
- **ser** to be (someone or something); to be (characteristically); **— de** to belong to; become of; **¿Qué ha sido de . . . ?** What has become of . . . ?
- **serie,** *f.* series
- **serio** serious; **en —** seriously
- **serpentear** to wind around
- **serpiente,** *f.* serpent, snake; **— emplumada** feathered serpent (an Aztec religious symbol)
- **servilleta** napkin
- **servir (i)** to serve; **No sirve.** It's no good.
- **sexto** sixth
- **si** if; whether
- **sí** yes; *pron.* himself, herself, yourself (Ud.), itself, themselves, yourselves (object of a preposition) **para —** to himself; **Eso — que no.** Absolutely not!; **Eso — que es.** That's it!
- **siempre** always; **para —** forever; **— que,** *conj.* whenever
- **sierra** mountain range
- **siglo** century
- **significar** to mean, signify
- **significativo** significant, important
- **siguiente** next; following
- **sílaba** syllable
- **silencioso** silent
- **silla** chair
- **sillón,** *m.* armchair
- **símbolo** symbol
- **simpático** nice
- **simpatizar** to sympathize, feel along with
- **sin** without; **— duda** without a doubt; **— embargo** nevertheless, however; **— más ni más** just like that; **— que,** *conj.* without
- **sindicato** trade union
- **sino** but; on the contrary—*after a negative*
- **siquiera** even (after a negative); **ni —** not even
- **sitio** place
- **sobre** (up)on; above; about (concerning); **— todo** especially
- **sobresalir*** to excel; stand out
- **sobrevivir** to survive
- **sobrina** niece
- **sobrino** nephew
- **sofocar** to suffocate; repress
- **sol,** *m.* sun; **Hace —.** It is sunny out.
- **solamente** only
- **soldado** soldier
- **solicitar** apply for, solicit
- **solo** alone; **por sí —** by himself
- **sólo** only
- **soltar (ue)** to let loose; let go of; let out
- **soltero** bachelor
- **solucionar** to solve
- **sombra** shade, shadow; **a la —** in the shade
- **sombrero** hat
- **sonar (ue)** to sound; ring
- **sonreír (ío)** to smile
- **sonrisa** smile
- **soñar (ue) con** to dream of
- **sopa** soup
- **sóquer,** *m.* soccer
- **sorprender** to surprise
- **sorpresa** surprise
- **sorteo** raffle
- **sospecha** suspicion
- **sospechoso** suspicious
- **sostén,** *m.* support, mainstay
- **su(s)** his, her, your (de Ud. or de Uds.), its, their
- **suave** soft; smooth
- **suavidad,** *f.* gentleness
- **subir** to go up; **— a** to board (a train, etc.); **— a pie** to walk up
- **sublevación,** *f.* uprising, revolt
- **suceder** to happen; succeed (to a throne, etc.); follow, succeed in order (*not* in success!)
- **suceso** event, happening
- **sucio** dirty
- **sueldo** salary
- **suelo** floor; soil, earth
- **sueño** dream; **tener* —** to be sleepy
- **suerte,** *f.* luck; **tener* —** to be lucky
- **suéter,** *m.* sweater
- **sufragio** suffrage, right to vote
- **sufrimiento** suffering
- **sufrir** to suffer

507

sugerido suggested
sugerir (ie) to suggest
suizo Swiss
sujeto subject
suma sum; **en —** in short
sumamente extremely, highly
sumar to add up
sumir(se) to plunge, sink into
sumo extreme, exceeding
superar to surpass; overcome
supremacía supremacy
supuesto supposed; **por —** of course
sur, *m.* south
surgir to arise, come forth
suroeste, *m.* Southwest
surrealista surrealistic, beyond obvious reality
• **suspender** to fail (in school); suspend
suspiro sigh
susurrar to whisper
• **suyo, suya, suyos, suyas** his, her, yours (*de Ud.* or *de Uds.*), theirs; of his, of hers, etc.

tabaco tobacco
tacaño stingy
táctica tactic
• **tal** such a; *pl.* such; **con — que** provided that (followed by subjunctive); **¿Qué —?** Hi. How are things? What do you think of . . . ?; **— vez** perhaps
talón, *m.* heel
tallado carved
tamaño size
• **también** also, too
tambor, *m.* drum
tampoco neither; **Ni yo —.** Neither do I.
tan, *adv.* so; as; **— . . . como** as . . . as
tanto, *adj.* as much, so much; *pl.* as many, so many; **— . . . como** as much (many) . . . as; **Tanto gusto.** Delighted to meet you.; *adv.* as much, so much
taquigrafía stenography
tardar to take (a certain length of time); be late; last (as a trip); **— en** to be delayed in
• **tarde,** *f.* afternoon; early evening; **Buenas tardes.** Good afternoon.; *adv.* late

tarea task; homework
tarjeta card
tarjetita little card
• **taza** cup
• **te** you (object of a verb); to you; yourself, to yourself–*familiar singular*
té tea
techo roof
Tejas Texas
tejido fabric
• **tela** cloth, material
• **teléfono** telephone; **por —** on the phone
telefonear to telephone
• **televisor,** *m.* television set
tema, *m.* theme, topic
temblar (ie) to tremble
temblor, *m.* earthquake, tremor
• **temer** to fear
temor, *m.* fear
templado temperate
templar to temper, make more moderate
temporada stay; season
• **temprano** early
tenedor, *m.* fork
• **tener*** to have, possess; **— años de edad** to be . . . years old; **— calor, frío** to be warm, cold (as a person) **— hambre, miedo, sed** be hungry, afraid, thirsty; **— que . . .** to have to; **— que ver con . . .** to have to do with; **— . . . pies de alto** to be . . . feet tall or high; **— prisa** to be in a hurry; **— razón** to be right; **— sueño** to be sleepy
teñir(i) to dye
• **tercer(o)** third
tercio a third
terminación, *f.* ending
• **terminar** to finish
terremoto earthquake
terreno land; terrain
tertulia a gathering, small party
tesoro treasure
testarudo stubborn
• **ti** you (object of a preposition, familiar singular)
• **tía** aunt
tibio lukewarm
tiburón, *m.* shark

- **tiempo** time; (period of) time; weather; **al mismo —** at the same time; **¿Qué — hace?** How is the weather?
- **tienda** store
- **tierra** land; earth
  tieso stiff; coarse
  timbre, *m.* doorbell
- **tinta** ink
- **tío** uncle
  tipo type; kind; "guy"
  tirando "getting along" (slang)
  tirano tyrant
  tirar to pull; **— de** pull on
  tiro shot
  titularse to be entitled
  título title
- **tiza** chalk
- **tocadiscos,** *m. sing.* record player
- **tocador,** *m.* dresser
- **tocar** to touch; play (an instrument); **— a fuego** sound the fire alarm; **—le a alguien** to be someone's turn
  tocino bacon
- **todavía** still; yet; **— no** not yet
- **todo** everything; all; *adj.* all; every; **del —** entirely; at all; **— el día** all day long; **toda la noche** all night long; **todos los días** every day; **— el mundo** everybody; **— un** a real
- **tomar** to take; eat, drink; **—le el pelo a alguien** to tease someone
  tomate, *m.* tomato
- **tonto** fool(ish)
  torcer (ue) to twist
  tormenta storm
  toro bull; **— criollo** working bull
  torre, *f.* tower; derrick
- **torta** cake
  tortilla pancake; in Mexico, a kind of flat corn cake
  tórtolo lovebird
  toser to cough
  tostado toasted
  totalitarismo totalitarianism, dictatorial government
  trabajador, *n.* worker; *adj.* hardworking
- **trabajar** to work
  trabajo work; job

  traducir* to translate
- **traer*** to bring
  tragar(se) to swallow
  traicionero treacherous
  Trajano Trajan, a Roman emperor who was born in ancient Spain
  traje, *m.* suit; outfit; **— de novia** bridal gown
  tranquilidad, *f.* calm, tranquility
  tranquilo calm, peaceful, tranquil
  transeúnte, *m.* passerby
  tránsito traffic; **lío de —** traffic jam
  tranvía, *m.* trolley
  tras, *prep.* after
  trasladar(se) to move
  trastorno upset, upheaval
- **tratar** to treat; deal with; **— de** try to
  través: a — de across
- **treinta** thirty
- **tren,** *m.* train
  tribu, *f.* tribe
  trigo wheat
  triste sad
  tristeza sadness
  triunfante triumphant, victorious
  tropa troop; *pl.* troops (military)
  tropezar (ie) con to bump into
  trote, *m.* trot
  trozo piece, bit
- **tú** you (familiar singular)
- **tu(s)** your (familiar singular)
  túnel, *m.* tunnel
  turbulencia turbulence, commotion
  turbulento turbulent, upset
  turista tourist
  turístico, *adj.* tourist
- **tuyo, tuya, tuyos, tuyas** yours, of yours (familiar singular)

  u or (before a word beginning with **o** or **ho**)
  últimamente lately
  último last
- **un(o), una** one
- **único** only; unique
  unificar to unify; **—se** to become unified
  unir(se) (úno) to unite
  usar to use

509

- **usted(es)** (*abrev.* **Ud(s)., Vd(s).**) you—*3rd person singular*
- **uva** grape

- **vacaciones,** *f.pl.* vacation
- **vacío** empty; *n.* vacuum, emptiness
- **vacuna** vaccine
- **vagón,** *m.* railroad car
- **valer*** to be worth; **— la pena** to be worth while; **¡Válgame Dios!** Heaven help me!
- **valiente** brave
- **valioso** valuable
- **valle,** *m.* valley
- **Vamos a . . .** Let's . . .
- **vanidoso** vain, conceited
- **vano** vain, useless; **en —** in vain
- **vapor** steam; (steam)ship
- **vaquero** cowboy
- **variar (ío)** to vary
- **varios** various, several, some
- **varonil** masculine, manly
- **vasco** Basque
- **Vascongadas: las Provincias —** the Basque Provinces in the north of Spain
- **vascuence,** *m.* the Basque language
- **vaso** (drinking) glass
- **¡Vaya!** Go on!; **Que le vaya bien** Good luck
- **vecino** neighbor; neighboring
- **veinte** twenty
- **velocidad,** *f.* speed
- **veloz** (*pl.* **veloces**) speedy
- **vena** vein
- **ven**c**er** to conquer
- **vendado** blindfolded; bandaged
- **vendar** to bandage; blindfold
- **vendedor** seller; salesman
- **vender** to sell
- **Venecia** Venice
- **venezolano** Venezuelan
- **ven**g**ar(se)** to avenge, take revenge
- **venir*** to come
- **ventana** window
- **ventanilla** small window; car window
- **ver*** to see; **A —** Let's see.; **tener* que ver con** to have to do with
- **verano** summer

- **veras: de —** really
- **verdad,** *f.* truth; **¿ — ?** isn't it, don't you, haven't they?, etc.; **¿De — ?** Really?
- **verdadero** true, real
- **verde** green
- **vergüenza** shame; **¡Qué vergüenza!** How shameful! **tener* —** to be ashamed
- **vestido** dressed; *n.* dress; *pl.* clothes
- **vestir (i)** to dress (someone); **—se** dress (oneself), get dressed
- **veta** vein in a mine
- **vez,** *f.* time, instance, occasion; **alguna —** ever, at some time; **a la —** at the same time; **de — en cuando** from time to time; **por primera —** for the first time; **rara —** rarely; **tal —** perhaps; **una — al año** once a year; **a veces** at times
- **vía** way; **— ferroviaria** railway; **una —** one way (traffic)
- **viajar** to travel
- **viaje,** *m.* trip; **agencia de viajes** travel agency; **hacer* un —** to take a trip
- **vicioso** full of bad habits
- **víctima** (*always f.*) victim
- **vida** life
- **vidrio** glass (substance)
- **viejo** old; *n.* old person
- **viento** wind; **hacer* —** to be windy
- **viernes** Friday
- **vigilar** to watch over
- **vino** wine
- **Virgen** the Virgin Mary
- **virreinato** viceroyalty, colonial political unit as set up by the Spanish government
- **virtud,** *f.* virtue
- **visita** visit; visitor
- **visitar** to visit
- **visón,** *m.* mink
- **vista** view, sight
- **¡Viva!** Long live . . . !
- **vivienda** dwelling
- **vivir** to live
- **vivo** alive
- **volar (ue)** to fly
- **volcán,** *m.* volcano
- **volumen,** *m.* volume; **a todo —** full blast (a radio, etc.)

510

voluntad, *f.* will
- **volver (ue)** (*past part.* **vuelto**) to return, come back; **— a** + *infinitive* to do something again; **—le loco a alguien** to drive someone crazy; **—se** to turn around
- **vosotras, vosotros** you—subject pron. 2nd person pl.; you, yourselves—object of a prep.

voz, *f.* voice; **en — alta o baja** in a loud or soft voice

vuelo flight
- **vuelta** return; turnabout; **dar* la —** to go or turn around (something); **dar* una —** to take a turn, spin, walk, ride around
- **y** and
- **ya** already; **— no** no longer, not any more; **Ya se acabó.** That's the end of it!

yacer (zco) to lie at rest

yanqui "Yankee", American
- **yo** I

yodo iodine

zapatería shoestore; cobbler shop
zapatero shoemaker or seller
zapato shoe

511

Inglés-Español

a un, una
able: to be — poder*
about unos (some); acerca de (concerning); sobre (on a topic)
absolutely absolutamente; **— not!** ¡En absoluto!
accept aceptar
afraid: to be — tener* miedo
after, *adv.* después; *prep.* después de; *conj.* después de que
afternoon tarde, *f.;* **Good —** . Buenas tardes.
against contra
ago hace (+ period of time) + a verb in the past; **an hour ago** hace una hora
air aire, *m.* **by —** en avión; por avión (a letter); **in the open —** al aire libre
airmail por avión, correo aéreo
airplane avión, *m.*
Alice Alicia
all, *adj.* todo (a, os, as); **with — her heart** con todo el corazón; *n.* todo (everything)
almost casi
alone solo, a solas
already ya
also también
although aunque
always siempre
an un (a)
and y; e (before a word beginning with *i* or *hi*)
angry enojado; **to get —** enojarse, enfadarse
announce anunciar
another otro
answer, *n.* respuesta, contestación, *f.; v.* contestar; responder; **to — the phone** contestar el teléfono
any algún, alguno (a, os, as) (some); cualquier (a) (any at all); **not . . . —** ningún, ninguno (a, os, as)
anybody alguien (somebody); cualquier persona (anybody at all); **not . . . —** nadie

anything algo (something); cualquier cosa (anything at all); **not . . . —** nada
appear parecer (zco) (to seem); aparecer (zco) (to put in an appearance, turn up)
apple manzana
approach, *v.* acercarse a, dirigirse a
arm brazo
army ejército
around por (a certain place); **—here** por aquí; sobre, a eso de (around a certain time); unos (a certain number)
arrive llegar (a)
as tan; **— much** tanto(a); **— many** tantos (as)
asleep dormido
at en (a place); a (an hour); **— least** a lo menos; **— once** en seguida
attention atención, *f.;* **to pay —** prestar atención; hacer* caso de (to heed someone's advice)
autumn otoño
awake, *adj.* despierto; *v.* despertar (se) (ie)
awaken despertar (ie) (someone else); despertarse (oneself)
award, *n.* premio; *v.* premiar

baby nena, nene, criatura
back, *n.* espalda (of a person); *adj.* de atrás, trasero; **— door** la puerta trasera *or* de atrás; *adv.* hacia atrás; **to come —** volver (ue) (*past part.* vuelto), regresar; **to give —** devolver
bad mal, malo (a, os, as)
badly mal
baseball béisbol, *m.;* **— player** jugador de béisbol
basket canasta, cesta
basketball básquetbol, *m.*
bathroom baño
be ser* (refers to who or what the subject is, or what it is like characteristically); estar* (tells how or where the subject is); **Is John in?** ¿Está Juan?

513

beach playa
bear oso
beautiful hermoso
because porque
become llegar a ser; hacerse* (a profession or occupation); ponerse* (refers to a physical change); **— sick, pale** ponerse* enfermo, pálido; also use the reflexive: **to — angry, tired, etc.** enojarse, cansarse, etc.; **to — of** ser* de; **What has become of . . .?** ¿Qué ha sido de . . .?
bed cama; **in —** en la cama; **to go to —** acostarse (ue)
bedroom alcoba
before, *adv.* antes; *prep.* antes de; *conj.* antes de que (always followed by subjunctive)
begin empezar (ie), comenzar (ie) followed by *a;* ponerse* a
behind, *prep.* detrás de
believe creer*
best mejor
better mejor
big grande
bird pájaro
birthday cumpleaños, *m. sing.;* santo
black negro
blackboard pizarra
blond rubio
blow, *n.* golpe, *m.*
blue azul
book libro
bookseller librero
border borde, *m.;* frontera (of a country)
boss jefe
bottle botella; frasco (small)
box caja
boy niño, muchacho, chico; mozo
bread pan, *m.*
break romper (*past part.* roto)
bride novia
bridge puente, *m.*
bring traer*; llevar (a person)
broken roto
brother hermano
brunette moreno, morena
build construir*(uyo)
bull toro

bump into tropezar (ie) con; chocar con
burst romperse; **— with happiness** rebosar de felicidad
bus autobús, *m;* bus, *m.*
but pero; sino (after a negative and when a contradiction is implied)
butcher carnicero
butter mantequilla
button botón, *m.*
buy comprar
by por; para (a certain time or date)

calendar calendario
call, *v.* llamar; *n.* llamada
can, *v.* (to be able) poder*; *n.* lata
car coche, *m.*, automóvil, *m.*
careful: to be — tener* cuidado; cuidarse
carpenter carpintero; **— shop** carpintería
carry llevar
case caso; **in —** en caso de que (followed by subjunctive)
cat gato
certain cierto; seguro; **a —** cierto
chain cadena
chair silla; sillón, *m.* (large)
chalk tiza
charge, *v.* cobrar
cheese queso; **—maker** *or* **seller** quesero
chicken pollo; gallina (hen)
child niño; hijo(a) (son, daughter)
children niños; hijos (sons, etc.)
choose escoger
cigar cigarro
cigarette cigarrillo
city ciudad, *f.*
class clase, *f.*
clean limpio
clock reloj, *m.;* **alarm —** despertador, *m.*
close cerrar (ie)
closed cerrado
closet armario
clothes vestidos; ropa(s)
clothing vestidos; ropa(s); **—seller** ropero; **— store** ropería
coal carbón, *m.*

514

coat abrigo; saco (of a suit)
coin moneda
cold frío; **to be very — out** hacer* mucho frío; **to feel very —** tener* frío
collar cuello
colonize colonizar
comb, *n.* peine, *m.; v.* peinar
come venir*; **— back** volver (ue); **— down** bajar; **— in** entrar; **— out** salir*; **— up** subir; **C— this way.** Pase por aquí.
compact (ladies') polvera
complain quejarse (de)
contrary contrario, opuesto; **on the —** al contrario, al revés
cook, *v.* cocinar
corner rincón, *m.* (inside); esquina (street, outside, etc.)
count, *v.* contar (ue)
country país (nation); campo (opposite of city)
course course; **of —** por supuesto; claro (está)
crowded atestado
cry, *v.* llorar
cup taza

dance, *n.* baile, *m.; v.* bailar
dangerous peligroso
dark oscuro
date cita (appointment); fecha (of the month)
day día, *m.;* **every —** todos los días
dead muerto
deal with tener* que ver con, tratar de; entenderse (ie) con; **You'll have me to deal with.** Tendrá que entenderse conmigo.
dear querido
deer ciervo
desk mesa; escritorio (large)
desperate desesperado
dessert postre, *m.*
destroy destruir* (uyo)
devil diablo
dial, *v.* marcar (un número)
die morir (ue) (*past part.* muerto)
discover descubrir (*past part.* descubierto)
dish plato

disposition genio (temperament)
do hacer*; (end question) **do you?** ¿verdad?, ¿no?
dog perro
dollar dólar, *m.*
donkey burro
door puerta
doorbell timbre, *m.*
drawer cajón, *m.*
dream, *n.* sueño; *v.* soñar (ue) con
dress, *n.* vestido; ropa; traje; *v.* vestir(se) (i)
dressed (in) vestido (de)
drink beber; tomar
drive manejar (un coche); **— someone crazy** volverle (ue) loco a alguien
drugstore farmacia, droguería
drum tambor, *m.*
during durante; por (the morning, night, etc.)

each cada; **— other** *use the reflexive pronoun;* **They love each other.** Se quieren mucho. **We write to each other.** Nos escribimos.
early temprano
earn ganar
easy fácil
eat comer
egg huevo
either o; **— . . . or** o . . . o; **not . . . —** tampoco
elephant elefante, *m.*
elevator ascensor, *m.*
Ellen Elena
empty, *adj.* vacío
engagement compromiso; **— party** fiesta de compromiso
enjoy gozar de
enter entrar en (Spain) *or* a (Span. Am.)
eraser borrador; goma de borrar (for paper)
even aun, hasta
evening noche, *f.;* (early) tarde, *f.;* **Good —.** Buenas noches. Buenas Tardes.
ever alguna vez (affirmative implication); jamás (negative idea); **not . . . —** nunca, jamás
every cada; todo; **— day** todos los días
everything todo

exactly exactamente
exam examen, *m.*
excited emocionado; **to get —** emocionarse
explain explicar
eye ojo
eyeglasses gafas, anteojos

face cara
factory fábrica
faint, *v.* desmayarse
fall, *n.* caída; *v.* caer*; **to — down** caerse*
family familia
famous famoso
father padre
fault culpa; falta
favor favor, *m.*
feather pluma
feel sentir (ie); sentirse (to feel sick, tired, sad, etc.); **to — sorry** sentir
feet pies, *m.pl.*
fight, *v.* pelear
filled (with) lleno (de)
film película
finally finalmente; por fin
find hallar, encontrar (ue)
finger dedo
finish acabar, terminar
first primer(o); **at —** al principio
fish pescado (caught); pez, *m.* (alive)
five cinco
fix arreglar
flag bandera
floor piso (story); suelo
flower flor, *f.*
foot pie, *m.*
football fútbol norteamericano; fútbol, sóccer
for para (meant for, to be used for; for a future date or time; compared with; in order to; with the purpose that); por (in place of; on behalf of; for the sake of; because of; out of; by way or means of)
forget olvidar(se de)
fortune fortuna, dineral, *m.*
fox zorro

Friday viernes; **— night** el viernes por la noche
friend amigo
from de; desde (since)
full lleno
funny divertido, gracioso
furniture muebles, *m. pl.;* **— seller** mueblero

game juego; partido (an individual game of baseball, etc.)
garage garaje, *m.*
garden jardín, *m.*
get conseguir (i); **— angry** enojarse; **— excited** emocionarse; **— married** casarse; **— sick** ponerse enfermo, enfermarse; **— tired** cansarse; **— a job** conseguir un empleo; **Got it!** Entendido.; De acuerdo.
get-together tertulia, reunión, *f.*
gift regalo
girl chica, muchacha; joven; **little —** niña
girlfriend novia
give dar*
glad contento; alegre; **to be — that** alegrarse de que (followed by subjunctive); **I'm (so) glad.** Me alegro (tanto).
glass vaso (for drinking); vidrio (the substance)
globe globo
glove guante, *m.*
go ir*; **— away** irse; **— down** bajar; **— in** entrar; **— out** salir*; **— over to** acercarse a, dirigirse a; **— up** subir; **Go on!** ¡Vaya! ¡Vamos!; **Let's go!** ¡Vámonos!
gold oro
good buen(o,a,os,as)
goodbye adiós; **to say — to** despedirse (i) de
grandparents abuelos
grape uva
gray gris (*pl.* grises)
great gran (before a noun); grande
green verde
greet saludar
guitar guitarra
gum goma de mascar, chicle, *m.*
guy tipo, fulano

hair pelo
half, *n.* mitad, *f.; adj.* and *adv.* medio; ½ la mitad, un medio
hand mano, *f.;* **to — over** entregar
handkerchief pañuelo
happen ocurrir, suceder, pasar; **What happened?** ¿Qué pasó?
happiness felicidad, *f.;* **to be bursting with —** rebosar de felicidad
happy feliz (*pl.* felices)
hard duro (as a substance); difícil; **to work —** trabajar mucho
hat sombrero; **— seller** *or* **maker** sombrerero
hate, *n.* odio; *v.* odiar
have tener*; (as an auxiliary verb to form a compound tense) haber*; **to have just** acabar de (only in the present and imperfect)
he él
head cabeza
hear oír*
heart corazón, *m.*
Heaven cielo, paraíso; **For Heaven's sake!** ¡Por Dios! ¡Dios mío!
Hell el infierno
help, *n.* ayuda; *v.* ayudar
her *direct object of a verb* la; *indirect object* le; *object of a prep.* ella; *possessive adj.* su(s)
here aquí; **right —** aquí mismo; **Here is . . .** Aquí tiene Ud . . .; He aquí . . .
hers suyo(a,os,as); de ella
herself *reflexive object pronoun* se; *reflexive object of a prep.* sí; **she —** ella misma
high alto; **to be . . . feet —** tener* . . . pies de alto
him *direct object of a verb* lo, le; *indirect object* le; *object of a prep.* él
himself *reflexive object pronoun* se; *reflexive object of a prep.* sí; **he —** él mismo
his su(s); suyo(a,os,as)
hole hueco; agujero
home casa; **at —** en casa
homework tarea
hope, *n.* esperanza; *v.* esperar; **How I hope . . .!** ¡Ojalá (que) . . .! (followed by subjunctive)
hot caliente; caluroso (climate); **to be —**

out hacer* mucho calor; **to feel —** tener* mucho calor
house casa
How? ¿Cómo?; **— are you?** ¿Cómo está? ¿Qué tal?; **How (do you like . . .?)** ¿Qué tal . . .? **— much?** ¿Cuánto? **— many?** ¿Cuántos?
hug, *n.* abrazo; *v.* abrazar(se)
hungry: to be — tener* (mucha) hambre
husband esposo, marido

I yo
ice hielo
ice cream helado(s)
if si; **If only . . .!** ¡Ojalá . . .! (followed by subjunctive)
imagine imaginarse; **Just —!** ¡Imagínese! ¡Figúrese!
in en; **— back** por atrás; **— back of** detrás de; **— case** en caso de que (followed by subjunctive); **— front of** delante de; **— the morning,** etc. por la mañana, etc.
ink tinta
inside, *adv.* dentro; *prep.* **—(of)** dentro de
into en
invite invitar
Ireland Irlanda
it *object of a verb* lo, la; *object of a preposition* él, ella; (Note: Do not translate "it" when it is subject of a verb in English!) **It is raining.** Llueve.
its su(s)
itself *reflexive object pronoun* se; *adj.* mismo

job trabajo, empleo, puesto
joke chiste, *m.*
June junio
just: to have — acabar de + infinitive (only in the present and imperfect)

keep guardar; **— on** (doing something) seguir (i) + present participle
key llave, *f.*
kid, *v.* tomarle el pelo (a alguien)
kill matar
kiss, *n.* beso; *v.* besar
kitchen cocina

know saber* (a fact, how to, know by heart); **conocer** (**zco**) (know or be familiar with someone or something)

lady dama, señora
lame cojo
lamp lámpara
large grande (*not* largo!)
last último; pasado; — **night** anoche; — **week** la semana pasada
late tarde
later más tarde, después
laugh, *v.* reír(se) (i); — **at** reírse de
launch, *v.* lanzar
lawsuit pleito
leaf hoja
learn aprender (a)
least menor; menos; **at**— a lo menos, al menos
leave, *v.* dejar (leave behind, abandon); salir* de (to leave a place); — **for** salir para; **Leave me alone.** Déjame en paz.
leg pierna
lesson lección, *f.*
let dejar, permitir (allow); — **in** dejar entrar
Let's . . . Vamos a + *infinitive*, or 1 pl. of present subjunctive.
letter carta; letra (of alphabet)
lettuce lechuga
library biblioteca
life vida
light, *n.* luz (*pl.* luces); *adj.* ligero (not heavy); claro (in color)
like, *prep.* como; — **that** así; **just** — **that** así no más; *v.* querer* a (a person); gustarle algo a alguien; **I like it.** Me gusta. **We like them** Nos gustan.
lion león, *m.*
lip labio
lipstick lápiz de labios, lápiz labial
listen (**to**) escuchar
little pequeño (in size); poco (in amount)
live, *v.* vivir
locomotive locomotora
long largo
look, *n.* mirada; *v.* parecer (zco); estar* (look sick, pale, etc.); — **at** mirar; — **for** buscar; — **like** parecerse a

lose perder (ie)
love, *n.* amor, *m.;* *v.* amar, querer; encantarle a alguien; **I just love . . .!** ¡Me encanta(n) . . .!
low bajo
lunch, *n.* almuerzo; *v.* almorzar (ue)

mad furioso, enojado (angry); loco (crazy); **hopping** — hecho una furia
maid criada
make hacer*; — **off** (with something) llevarse (algo); — **one's way** abrirse paso
man hombre; señor, caballero
many muchos (as)
map mapa, *m.*
marry casar(se con); **get married** casarse
marvelous maravilloso; **Marvelous!** ¡Qué maravilla! ¡A las mil maravillas!
mass masa; misa (church)
match fósforo (for lighting)
mathematics matemáticas, *f.pl.*
mayor alcalde
me, *object of a verb* me; *object of a prep.* mí; **with** — conmigo
meal comida
meat carne, *f.*
meet encontrar (ue); (for the first time) conocer (zco) (usually in the preterite); **I'm pleased to** — **you.** Tanto gusto en (*or* de) conocerle.
melody melodía
milk leche, *f.*
milkman lechero
million millón, *m.* **a** — un millón de
millionaire millonario
mine mío(a,os,as) (also **of mine**)
mirror espejo
mistake falta; **make a** — cometer una falta, equivocarse
Mom mamá, mamacita
money dinero
month mes, *m.*
moon luna
more más
morning mañana; **in** (**or during**) **the** — por la mañana; **at a certain hour in the** — a las — de la mañana; **Good** —. Buenos días.

518

most más
mother madre
mouse ratón, *m.*
mouth boca
movie película; **— house** cine, *m.; pl.* el cine
much mucho; **How —?** ¿Cuánto?; **very —** mucho, muchísimo
mule mulo, mula
museum museo
music música
must tener* que + *infinitive;* deber *or* future of probability to indicate conjecture: Será la una. **It must be one o'clock.** Serán ellos. Deben ser ellos. It must be they.
my mi(s)
myself, *reflexive object of a verb* me; *reflexive object of a prep.* mí; for extra emphasis misno; **I —.** Yo mismo (misma).

name nombre, *m.;* **to be named** llamarse; **What is your name?** ¿Cómo se llama Ud.?
near, *adv.* cerca; *prep.* cerca de
need, *f.* necesidad, *f.; v.* necesitar; hacer* falta: **I need . . .** Me hace(n) falta . . .
neighbor vecino
neighborhood vecindad, *f*, barrio
neither ni; tampoco (opposite of also); **— . . . nor** ni . . . ni; **Neither do I.** Ni yo tampoco.
nervous nervioso
never nunca; jamás
new nuevo
news nuevas, *f.pl.*, noticias, *f.pl.*
newspaper periódico
night noche, *f.;* **at —** de noche; **during the —** por la noche, durante la noche; **Good —.** Buenas noches; **—time** la noche
no no; *adj.* ningún, ninguno (a, os, as); **— one** nadie
nobody nadie
noise ruido
notebook cuaderno
nothing nada
notice, *v.* fijarse en
now ahora; **right —** ahora mismo

number número
nut nuez, *f.* (*pl.* nueces)

occur ocurrir, suceder, pasar
o'clock: at one — a la una; **at two —** a las dos
of de
offer, *v.* ofrecer (zco)
office oficina
old viejo; **the — ones** los viejos
on en; sobre; encima de (on top of)
once una vez; **at —** en seguida
one un(o,a); **the — who** el que, la que, etc.; **— has to, must** hay que + *infinitive*
only sólo, solamente; **If — . . . !** ¡Ojalá. (que) . . . ! (followed by subjunctive)
open, *adj.* abierto; *v.* abrir (*past part.* abierto); **to — wide** abrir de par en par
or o; u (before a word beginning with *o* or *ho)*
orange naranja; anaranjado (color)
orchestra orquesta
other otro
ought deber
our nuestro(a,os,as)
ours (el) nuestro, (la) nuestra, (los) nuestros, (las) nuestras
ourselves, *reflexive object of a verb* nos; *reflexive object of a prep.* nosotros (mismos); **We —** Nosotros mismos (emphatic)
outside, *adv.* fuera; por fuera
over, *prep.* encima de
overcoat abrigo
owe deber
ox buey, *m.*

pad libreta
page página
paint, *v.* pintar
painting cuadro; pintura
pale pálido
pants (trousers) pantalones, *m.pl.*
paper papel, *m.*
pardon, *n.* perdón; *v.* perdonar; **P— me.** Perdón. Perdóneme.
parents padres
party fiesta; tertulia; **engagement —** fiesta de compromiso

519

pass pasar; aprobar(ue) (a course)
passenger pasajero
pay pagar; **— attention** prestar atención; hacer* caso de or a (to heed); **— for** pagar
peach durazno; melocotón (Spain)
pear pera
pen pluma
pencil lápiz (*pl.* lápices)
penknife cortaplumas, *m.sing.*
people gente, *f. sing.*; personas, *f. pl.*; pueblo (race of people *or* nation)
permission permiso
pharmacy farmacia
phone, *n.* teléfono; *v.* telefonear, llamar por teléfono
pig cerdo, marrano
pineapple piña
pink rosado
pity lástima; **What a —!** ¡Qué lástima! **It's a —.** Es lástima.
place *n.* lugar, *m.*; *v.* colocar; **to take —** tener* lugar
plate plato
play, *v.* jugar (ue) a (a game); tocar (an instrument)
please por favor; Haga Ud. el favor de . . .
plumber plomero; **— shop** plomería
pocket bolsillo
police policía, *f.* (force); policía, *m.* (policeman)
poor pobre; **P— thing!** ¡Pobre!
portion ración, *f.*
present, *n.* regalo
pretty bonito
principal, *n.* rector
prize, *n.* premio
probably probablemente; also use future of probability
program programa, *m.*
promise promesa
pull, *v.* tirar; **— out** arrancar
purse bolso, bolsa
put poner*; **— in** meter; **— on** ponerse*

racquet raqueta (tennis)
rain, *n.* lluvia; *v.* llover (ue)
raincoat impermeable, *m.*

rat rata
read leer*
real verdadero, real
realize darse* cuenta de; realizar (to bring about)
really de verdad; verdaderamente, realmente; **Really?** ¿De veras? ¿De verdad?
receive recibir
record, *n.* disco
recordplayer tocadiscos, *m. sing.*
red rojo
refuse, *v.* rechazar, rehusar
rehearse ensayar
remember recordar (ue), acordarse (ue) de
repeat repetir (i)
return volver (ue) (*past part.* vuelto) (to come back); devolver (ue) (*past part.* devuelto) (to give back); **— home** volver a casa
rich rico
right, *adj.* derecho; **on the —** a la derecha; **That's —.** Es cierto. *adv.* **— here** aquí mismo; **— now** ahora mismo; *n.* derecho; razón, *f.* **to be —** tener* razón
ring, *n.* anillo; *v.* sonar (ue) (as a telephone)
robbery robo
rocket cohete, *m.*
room cuarto, habitación, *f.* (of a house); lugar, *m.*, espacio
rubbers zapatos de goma, chanclos
ruler regla (measuring)
run correr

sad triste
say decir*
school escuela, colegio
season, *n.* estación, *f.* (of the year)
seat, *n.* asiento; *v.* sentar (ie)
secret secreto
see ver*
sell vender
send mandar, enviar (ío)
set aparato, receptor (radio, etc.); juego (of dishes, furniture); **TV —** televisor, *m.*
several varios, algunos, unos cuantos
she ella
shelf estante, *m.*

520

shellfish marisco(s) *generally pl.*
shine, *v.* brillar, relucir (zco)
shirt camisa
shoe zapato; — **store** zapatería
shopping: to go — ir de compras *or* de tiendas
should deber
sick enfermo, malo
side lado; parte, *f.*; **I'm on your —.** Yo estoy de tu parte.
sidewalk acera
sign letrero (poster, etc.)
silver plata; *adj.* de plata
since, *prep.* desde; *conj.* desde que
sing cantar
sir señor
sister hermana
skirt falda
sleep, *v.* dormir (ue); **to go to —** *or* **to bed** acostarse (ue)
sleeping dormido
sleepy: to be — tener* sueño
small pequeño
smart listo
smoke, *n.* humo; *v.* fumar
snow, *n.* nieve, *f.*; *v.* nevar (ie)
so, *adv.* tan; **— much, many** tanto(s); *conj.* de modo que, así que
some algún, alguno(a,os,as); unos (as); **— day** algún día
somebody alguien; **— else** otra persona
something algo
song canción, *f.*
soon pronto; **as — as** así que, tan pronto como
sorry: to be — sentir (ie); **I'm —.** Lo siento.
speak habla
spend gastar
sponge esponja
spring primavera (season)
stand levantarse, ponerse* de pie; estar* parado; aguantar (endure, put up with)
standing parado, en pie
start comenzar (ie) a, empezar (ie) a, ponerse* a; **— up** (an elevator, etc.) poner* en marcha
station, *n.* estación, *f.*
steal robar

stop, *n.* parada (of a bus, etc.); *v.* detener (se)*, parar(se); **—** (doing something) dejar de, cesar
store tienda
story historia, cuento; piso (of a building)
straight derecho; **to talk —** hablar a las claras
street calle, *f.*
strike, *f.* huelga; *v.* pegar, dar* un golpe; **to — someone funny** hacerle* gracia a alguien
student estudiante, alumno
study, *n.* estudio; *v.* estudiar
subject materia (in school); sujeto
suddenly de repente
suggest sugerir (ie)
suit traje, *m.*; **bathing —** traje de baño
summer verano
sun sol, *m.*
sunny: to be — hacer* sol
surprise, *n.* sorpresa; *v.* sorprender
surround rodear
surrounded (by) rodeado (de)
sweet dulce; *n.* **sweets** dulces, *m. pl.*
swim nadar
swimmer nadador

table mesa
tablet pastilla
tailor sastre; **— shop** sastrería
take tomar; llevar (a person)
talk hablar
tea té, *m.*
teacher maestro, profesor(a)
tear, *n.* lágrima (crying)
telephone, *n.* teléfono; *v.* telefonear, llamar por teléfono
television televisión; **— set** televisor, *m.*
tell decir*
tennis tenis, *m.*; **— racquet** raqueta
than que; de (before a number)
thank dar* las gracias; **Thank you.** (Muchas) gracias.
that, *demonstrative adj.* ese, esa (near you); aquel, aquella (over there); **demonstrative pron.** eso; **— one** ése, ésa, aquél, aquélla; *conj. or relative pron.* que
the el, la, los, las

521

theater teatro
their su(s)
theirs suyo(a,os,as)
them, *direct object of a verb* los, las, (les); *indirect object* les; *object of a prep.* ellos, ellas
themselves, *reflexive object of a verb* se; **to —** se; *reflexive object of a prep.* sí (mismos); **they —** ellos mismos
then entonces; **well —** pues bien
there ahí (near you); allí; **— is, are** hay; **— was, were** había, hubo; **— will be** habrá; **around —** por ahí (near you), por allí (over there); **It is —.** Allí está.
these, *adj.* estos, estas; *pron.* éstos, éstas
they ellos, ellas
thing cosa
think pensar (ie), creer* (believe); **— about** pensar en; **— of** (have an opinion) pensar de; **— of** (plan to) pensar + infinitive
thirst sed, *f.*
thirsty: to be — tener* (mucha) sed
this, *adj.* este, esta; *neuter pron.* esto; **— one** éste, ésta
those, *adj.* esos, esas (near you); aquellos, aquellas (over there); *pron.* ésos, ésas; aquéllos, aquéllas; **— of** los, las de; **— who** los, las que
thousand mil; **a —** mil
threaten amenazar
throat garganta; cuello
ticket boleto (Sp. Am.), billete, *m.* (Spain)
tie corbata
till, *prep.* hasta
time tiempo; hora (of day); vez, *f.* (an instance or occasion); **At what —?** ¿A qué hora?; **for the first —** por primera vez; **What — is it?** ¿Qué hora es?; **to have a good —** divertirse (ie); **at times** a veces; **two times** dos veces
tired cansado; **to get —** cansarse
to a
today hoy
token ficha
tomato tomate, *m.*
tomorrow mañana; **— morning** mañana por la mañana
tongue lengua
tonight esta noche

too también (also); demasiado (excessive); **— much** demasiado; **— many** demasiados
touch tocar
toward hacia
train tren, *m.*
tray bandeja
tree árbol, *m.*
tremble temblar (ie)
trip, *n.* viaje, *m.;* **to go on a little —** irse* de paseo; **to take a —** hacer* un viaje
trousers pantalones, *m. pl.*
true verdadero, verdad; **That's —.** Es verdad.
trumpet trompeta
truth verdad, *f.*
try tratar, probar (ue); querer* (used in the preterite); **— on** probarse; **— to** tratar de
turn, *v.* volver (ue) (*past. part.* vuelto); **— around** volverse; dar* una vuelta; **— out** resultar
turtle tortuga
two dos
tyrant tirano

ugly feo
umbrella paraguas, *m. sing.*
under debajo de
understand comprender, entender (ie)
united unido; **the — States** Estados Unidos
unless a menos que (followed by subjunctive)
until, *prep.* hasta; *conj.* hasta que
upon en, sobre; **—** (doing something) al + *infinitive:* **— entering** al entrar
upset, *adj.* agitado
us, *object of a verb* nos; **(to) —** nos; *object of a prep.* nosotros (as)
use usar, emplear
used to acostumbrado a; *or* use the imperfect tense: **We used to go.** Íbamos.

vegetable legumbre, *f.*, verdura
very muy; **to be — cold** *or* **hot** hacer* mucho frío, calor; **to be (feel) very hungry, thirsty, sleepy,** etc. tener* mucha hambre, sed, mucho sueño, etc.
visit, *v.* visitar; **to pay a —** hacer* una visita

522

wait, *v.* esperar; **— for** (somebody) esperarle a alguien
waiter camarero
wake despertar (ie); **— up** (oneself) despertarse (ie)
walk caminar, andar*; **— off** marcharse, alejarse
wall pared, *f.*
wallet cartera
want, *v.* querer*; desear
warn advertir (ie)
wash lavar(se); **— one's hands** lavarse las manos
watch, *n.* reloj, *m.; v.* vigilar; mirar (look at); **— out** tener* cuidado; **Watch out!** ¡Cuidado!
watchmaker relojero; **— shop** relojería
water, *f.* (el) agua; *pl.* (las) aguas
way manera; camino (path); **Come this —.** Pase por aquí.; **to make one's —** abrirse paso *or* camino
we nosotros, nosotras
weak débil
wedding boda
week semana
well bien; **— then** pues bien
Western occidental
what, *relative pron.* lo que (*not* an interrogative!)
What? ¿Qué . . . ? ¿Cuál(es) . . . ? (Which one *or* ones . . . ?); ¿Cómo? (What did you say? What was that?); **— is your name?** ¿Cómo se llama Ud.?; **— a . . . !** ¡Qué . . . ! **What a man!** ¡Qué hombre!
when cuando; **When?** ¿Cuándo?
where donde; (a)donde (with ir*); **Where?** ¿Dónde? ¿Adónde?
which, *relative pron.* que; el cual, la cual, los cuales; las cuales (for clarification); lo cual (in general)
white blanco
who quien(es), que; **the one —** el que, la que; **those —** los que, las que; **Who?** ¿Quién(es)?
whole entero; todo; **the — day** todo el día
Why? ¿Por qué?
will, *n.* voluntad; *v.* querer*, desear; also see the future tense (Lessons 7–9)
win ganar

wind, *n.* viento
window ventana
windy: to be — hacer* (mucho) viento
winter invierno
with con; **— me** conmigo; **— you** (*familiar sing.*) contigo
without, *prep.* sin; *conj.* sin que (followed by subjunctive)
woman mujer
wonder preguntarse; or use future of probability (see Lesson 7)
wonderful maravilloso, magnífico; **How —!** ¡Qué maravilla!
word palabra
work, *n.* trabajo; obra (of art); *v.* trabajar
world mundo
worry, *v.* preocuparse (de)
would Use imperfect tense—used to; Use conditional—was going to, etc. (see Lessons 10–12); **wouldn't** Use preterite of querer*—refused to
write escribir (*past part.* escrito)

year año; **per —** *or* **a —** al año
yellow amarillo
yesterday ayer
yet todavía; **not —** todavía no
you, (2nd person): *subject pron.* tú, vosotros; *object of a verb* te, os; **to —** te, os; *object of a prep.* ti, vosotros (as); **with —** contigo (*familiar sing.*); *3rd person: subject pron.* usted (Ud.), ustedes (Uds.); *direct object of a verb* lo, la, le, los, las; *indirect object* le, les; *object of a prep.* usted(es) (Ud., Uds.)
young joven (*pl.* jóvenes)
younger más joven; menor
your, *2nd person:* tu(s), vuestro (a, os, as); *3rd person:* su(s)
yours, *2nd person:* tuyo (a, os, as), vuestro (a, os, as); *3rd person:* suyo (a, os, as)
yourself, *reflexive object of a verb, 2nd person:* te; **to —** te; *3rd person:* se; *object of a prep.* ti, sí; **you —** Ud. mismo, tú mismo
yourselves, *reflexive object of a verb, 2nd person:* os; **to —** os; *3rd person:* se; *object of a prep.* vosotros (as); sí, Uds.; **you —** Uds. mismos, vosotros mismos
youth joven (young person); juventud, *f.* (quality of being young)

INDEX

(Notice that all boldface numbers refer to *sections* of the Estructura. Page numbers are preceded by *p.* or *pp.* Also, verb forms, both regular and irregular, may be found in the Verb Appendix, pp. 463–77).

Adjectives, demonstrative (this, that, etc.), p. 32–33; equal comparisons of, **23**; possessive, p. 30; shortening of, p. 24; **12b**; with *ser* and *estar*, p. 5; *de* + a noun, in place of an adjective, **10**

¿*Adónde?* vs. ¿*Dónde?*, **14e**

Adverbs, equal comparison of, **23**

Animals, special vocabulary, pp. 122–23

Argentina, pp. 285–88

Arithmetic, pp. 26–27

Automobiles, special vocabulary, pp. 372–75

Bolivia, pp. 350–53

Brazil, pp. 364–69

Chile, pp. 319–23

Christmas songs, pp. 177–78

Colombia, pp. 238–41

Commands: See Direct Commands, Indirect Commands

¿*Cómo?* vs. ¿*Qué tal?*, **14c**

Comparisons, equal: *tanto ... como*, **22**; *tan ... como*, **23**

Conditional (tense), forms, **28, 30, 33, 34** (review); meaning and uses, **27**; to express probability, **29**

Conditional perfect (tense), **35**

Costa Rica, pp. 145–48

creer, with indicative and subjunctive, **38**

¿*Cuál?*, contrasted with ¿*Qué?*, **14**

¿*Cuánto?*, **15d**

Cuba, pp. 173–176

Current events, special vocabulary, pp. 459–61

deber, **32**

¿*De quién?*, **15b**; contrasted with *cuyo*, **60**

Demonstratives, pp. 32–33

Direct commands, forms: first person plural, pp. 39–40; polite (Ud., Uds.), p. 39; second person (tú, vosotros), **1, 2**; position of object pronouns with, p. 39

Dominican Republic, pp. 202–05

¿*Dónde?* vs. ¿*Adónde?*, **15c**

Doubt, denial, followed by subjunctive, **37**

e, in place of *y*, **17**

Ecuador, pp. 253–57

el que, la que, los que, las que, **62b**

El Salvador, pp. 94–97

estar, contrasted with *ser*, pp. 5–6; general view of with adjectives, p. 5; with present participle to form the progressive tense, p. 7; with past participle, **3c, 65**

Exclamations, **16**

Familiar commands, affirmative, **1**; negative, **2**

Fractions, **52**

Future (tense), forms: **18, 19, 21, 24, 25** (review); to express probability, **20, 26b, 32b**

Future perfect (tense), **26**

Government and politics, special vocabulary, pp. 459–61

Guatemala, pp. 78–81

gustar, pp. 10–12

haber, forms: conditional, **35**; future, **26**; imperfect subjunctive, **46b**; present, **4**; present subjunctive, **13**

Hispanic world, general history, p. 51; odd facts (Believe It or Not), pp. 205–06; panorama, historic and current, pp. 449–53

Honduras, pp. 109–12

If-clauses, **47**

Imperfect (tense), contrasted with preterite, p. 33; forms, pp. 33–34

Imperfect subjunctive, **44–49**

Impersonal *se*, **68**

Impersonal "they", for passive voice, **66**

525

Indefinite article, omission of, **53**
Indefinites, contrasted with negatives, **12**
Indirect commands, first concept of subjunctive, p. 44
Infinitive, used as a noun, **67**
Introductions, p. 1
Interrogatives, **14, 15**
Irregular first person singular verb forms, present tense, p. 16
Irregular verbs: See Verb Appendix, pp. 473–77

lo que, **62a**

Masculine nouns ending in *-a*, **56**
Mexico, pp. 63–67
Motoring, special vocabulary, p. 372–75
Music, pp. 177–78, pp. 454–56

Nature, special vocabulary, pp. 130–33
Negatives, review of, **11a**; vs. indefinites, **12**; omission of *no*, **11b**
Nicaragua, pp. 124–27
Numbers, cardinal, pp. 24–25; fractions, **52**; ordinals, p. 23

Object pronouns, position of, p. 39
Occupations, pp. 291–93
oír, **50**

Panama, pp. 158–62
para, contrasted with *por*, **55**; uses, **51**
Paraguay, pp. 334–38
Passive voice, meaning, **63**; impersonal "they", **66**; reflexive to express passive, **69**; true passive, **64**
Past participle, **3**; with *estar*, **3c, 65**
Past perfect (tense): See Pluperfect
pero vs. *sino*, **9**
Peru, pp. 269–72
Politics, special vocabulary, pp. 459–61
por, contrasted with *para*, **55**; uses, **54**
Porto Rico (Puerto Rico), pp. 189–92
Possession, with *de*, p. 30; ¿De quién es . . .?, **15b, 60**
Possessives, stressed and unstressed adjectives, pp. 30–31; pronouns, p. 30–31; relative, *cuyo*, **60**

Present (tense), forms, p. 2. Also see Verb Appendix, pp. 463–77
Present participle, p. 7; with *estar* to form progressive tense, p. 7
Present perfect (tense), meaning and forms, **5**
Present perfect subjunctive, **13**
Preterite (tense), contrasted with imperfect, p. 33; forms, pp. 19–20, 28. Also see Verb Appendix pp. 463–77
Pronouns, personal: charts, p. 462; possessive, pp. 30–31; position with verb, p. 39

que, **61a**
¿*Qué?* vs. ¿*Cuál?*, **14**
¡Qué . . .!, **16, 53b**
¿*Qué tal?* vs. ¿*Cómo?*, **15c**
quien, **61b**
¿*Quién?*, **15a**

Reflexive pronouns, uses: impersonal **68**; reciprocal—to each other, **7**; to express passive voice, **69**; with certain verbs, **6**

se, reflexive object pronoun, uses: **6, 7, 68, 69**
should, **32**
sino, **9**
Spain, general panorama, pp. 449–53; regions: Castile, pp. 389–92; Catalonia and the Balearic Islands, pp. 421–25; North, pp. 435–38; South, pp. 406–10
Spelling changing verbs, **57–59**. Also see Verb Appendix, pp. 468–72
Stem-changing verbs (also called radical changing), present tense, p. 16; present subjunctive of *-ir* verbs, p. 43; preterite of *-ir*, p. 28. Also see Verb Appendix, pp. 467–68
Stores and Storekeepers, special vocabulary, pp. 291–93
Subjunctive, concepts of: emotion, p. 46, **42b**; indirect or implied command, p. 44, **42a**; unreality, **36–41, 42c**; forms, imperfect, **44–49**; present; pp. 42–43; present perfect, **13**; uses, **43–49**

tener, idioms with, p. 13
this, that, these, those, pp. 32–33
Time of day, pp. 36–38
Traffic signs, pp. 374–75

Transportation and travel, special vocabulary, pp. 209–11

u, in place of *o* (or), **15**
Uruguay, pp. 304–07

Vamos a . . . (first person plural command), p. 40
Venezuela, pp. 223–26
Verbs: See Verb Appendix. Also, present, imperfect, preterite, future, conditional, present perfect, pluperfect, future perfect, conditional perfect, subjunctive, past participle, present participle, infinitive, commands; English verbs ending in *-posed*, footnote, p. 74

Weather, expressions of, p. 13
would, **31**

Yucatan, pp. 78–81